GOLDMANN
Lesen erleben

Buch

Das Zahlenrad ist ein Schlüssel zur Zufriedenheit der Seele – in allen Altersstufen und Lebenslagen! Nach dem Erfolg des »Tiroler Zahlenrads« legt das bekannte Autoren-Duo Paungger-Poppe »Lebenschance Tiroler Zahlenrad« vor. Darin werden die 31 Signaturen ausführlich gedeutet – die Ziffernkombinationen im Zahlenrad, die das Geburtsdatum vorgibt. Und zwar individuell für Kinder, Jugendliche, Erwachsene und Senioren. So werden verborgene Talente und Lebensaufgaben in jedem Lebensalter offenbar. Ein hilfreiches Praxisbuch, um die in jedem von uns schlummernden Chancen und Potenziale zu erkennen und für ein erfolgreiches, glückliches Leben zu nutzen!

Autoren

Johanna Paungger-Poppe wuchs in einer Großfamilie auf einem Bauernhof in Walchsee in Tirol auf. Ihr Großvater wurde als Heilkundiger von vielen Menschen aus der Umgebung besucht. Das Tiroler Zahlenrad war dort ebenso Teil des Alltagslebens wie das Wissen um den Einfluss des Mondes auf unser Leben.
Ihren Mann, den Autor und Übersetzer Thomas Poppe, lernte Johanna Paungger in der Zusammenarbeit an ihrem ersten Buch »Vom richtigen Zeitpunkt« kennen. Seit fast drei Jahrzehnten setzen sich die beiden unermüdlich für die Verbreitung ihres Wissens über Mond- und Naturrhythmen ein und sind damit einem Millionenpublikum bekannt.

www.paungger-poppe.com
www.wisdom-keeper.com

Von Johanna Paungger und Thomas Poppe außerdem im Programm

Aus eigener Kraft (13927) · Der Mond im Haus (16278) · Die Mondgymnastik (16570) · Der lebendige Garten (17023) · Das Mondlexikon (17172) · Das Mond-Jahrbuch 2015 (17452) · Alles erlaubt! (17461) · Jahresübersichten 2015–2025 (31863) · Fragen an den Mond (39188)

Johanna Paungger
Thomas Poppe

Lebenschance Tiroler Zahlenrad

Sich und andere besser verstehen

GOLDMANN

MIX
Aus verantwortungsvollen Quellen
FSC® C005833

Verlagsgruppe Random House FSC® N001967
Das für dieses Buch verwendete FSC®-zertifizierte Papier
Profibulk von Sappi liefert 2H-Papier.

2. Auflage
Vollständige Taschenbuchausgabe Juni 2013
Wilhelm Goldmann Verlag, München,
in der Verlagsgruppe Random House GmbH

Umschlaggestaltung: Uno Werbeagentur, München
Umschlagillustration: FinePic, München
Bildnachweis: Corbis (Seite 119, 299, 311, 323, 335, 347, 359); Getty (Seite 51, 95, 129, 139, 173, 221, 231, 253, 265, 277, 371, 381, 393); Inge Prader (Seite 399); LOOK-Foto (Seite 71, 83, 185, 209, 243, 289); Mauritius Images (Seite 161); Plainpicture (Seite 149, 197); Shutterstock (Seite 61, 107)
Satz: Uhl+Massopust, Aalen
Druck und Bindung: Těšínská Tiskárna, a. S., Český Těšín
CH/BK · Herstellung: IH
Printed in the Czech Republic
ISBN 978-3-442-17398-3

www.goldmann-verlag.de

Inhalt

Vorwort
von Johanna Paungger & Thomas Poppe

Acht von zehn Vorworten in Büchern werden nicht gelesen, und das hat sicher einen guten Grund. Man will ja etwas Neues erfahren und gleich in das Thema einsteigen. Mit diesem Vorwort wollen wir Sie auch nicht lange aufhalten. Sie sollen nur wissen: Es wäre für Sie von großem Wert, das Buch ganz zu lesen – nicht nur die Abschnitte, die sich auf Ihre persönlichen oder die jeweils gesuchten Geburtszahlen beziehen. Das eröffnet Ihnen zahlreiche neue Wege zum Verständnis für Ihre Mitmenschen, besonders auch für die »Problemkinder« in Ihrer Umgebung, ob jung oder alt. Schulkinder, Eltern, Lehrer, Verwandte, Freunde, Vorgesetzte, Kollegen, Angestellte, Patienten, Klienten, Mannschaftsmitglieder – Sie werden viele Menschen mit anderen Augen sehen, mit neuem Gefühl und echtem Wissen. Sie können sich dann besser vorbereiten, sich besser einstellen und bewegen, Sie können gegensteuern, sich auf gesunde Weise anpassen, besser entscheiden! Sie lernen, warum Menschen so sind, wie sie sind, und Sie brauchen nicht mehr warten, bis sie sich ändern.

Die Aufteilung innerhalb der Signaturen nach den vier großen Altersstufen *Kind, Teenager, Erwachsener* und *Senior* ermöglicht Ihnen ein blitzschnelles Erfassen Ihres Gegenübers. Augenblicklich erkennen Sie Zusammenhänge, die im Verborgenen lagen. Aus zahlreichen Zuschriften von Lesern und eigenen Erfahrungen wissen wir, dass manche Eltern eines ihrer Kinder erst durch das Zahlenrad verstehen lernten. Was für ein großer Segen! Wir alle bringen Talente und Vorlieben schon zu Beginn in diese Welt mit, es sind nicht immer nur Umwelt und Zeitgeist, die unsere

Fähigkeiten entfalten helfen. Vieles ist schon da und in voller Blüte. Ihre Lebenschancen sind lebendig!

Tatsächlich, am liebsten würden wir uns manchmal auf einen Stuhl vors Arbeitsamt setzen und darüber aufklären, dass es keinen Sinn macht, Fortbildungen anzuordnen, für die man nicht geeignet ist. Das verlängert nur die Zeit der Arbeitslosigkeit und kostet viel Geld. Von der Unzufriedenheit ganz zu schweigen. Wir würden den Besuchern und den Angestellten dort mit wenigen Worten den kleinen Zahlenschatz erklären, den sie mitgebracht haben – die Garnitur spezieller Fähigkeiten und Talente, die vielleicht noch schlummern und die zu wecken und entwickeln sich wirklich lohnen würde. Damit die echten Lebenschancen erkannt und wahrgenommen werden!

Sie erfahren in diesem Buch auch, was Sie ab jetzt anders machen können und wie ein völliger Neuanfang im Leben tatsächlich gelingen kann. Wir beleuchten, wie Sie die Freude daran entdecken können, alles im Leben in eigener Verantwortung zu tun. Und Sie erkennen ab jetzt mühelos, warum Kinder und Teenager oftmals etwas anderes lernen möchten, als es der Vorstellung der Eltern entspricht.

Freuen Sie sich auf ein Aufklärungsbuch der ganz anderen Art und genießen Sie es, wie schnell Sie einen Menschen nach dieser Lektüre besser verstehen. Genießen Sie das Nachlassen der Anspannung, des Kämpfens und der Stressbelastung, weil Sie endlich mit dem Versuch aufhören können, aus einem Tiger einen Elefanten zu machen oder umgekehrt. Lassen Sie sich davon fesseln, welche Art von Nahrung Sie wirklich in Ihrem Leben brauchen, und nutzen Sie ab sofort Ihre Lebenschancen!

EINFÜHRUNG

94
50
72

Zahlenrad und Signatur – eine kleine Gebrauchsanweisung

Das uralte Wissen um das Tiroler Zahlenrad ist in Johannas Familie praktisch ohne Worte gelebt und angewendet worden. Man sprach nicht darüber, aus verschiedenen Gründen, die vielleicht einmal in einem eigenen Buch ans Licht kommen werden. Deshalb war und ist das Schreiben darüber Pionierarbeit. Es gab keine Vorbilder, es gab keine Literatur für Vergleich und Recherche. Deshalb haben wir, wie schon im Buch »Das Tiroler Zahlenrad«, auch jetzt im »Buch der Lebenschancen« eine Bitte an Sie: Lesen Sie das ganze Buch, und lassen Sie nichts aus! Viele für ein Gesamtbild wichtige Informationen, Einsichten und Zusammenhänge verstecken sich in Zeilen und Absätzen, die Sie vielleicht überlesen hätten, wenn Sie nur die eigene Signatur betrachten.

Doch nun zum Kern der Sache: Jede Zahl im Geburtsdatum eines Menschen hat eine besondere Bedeutung. Die Zahlen sagen etwas aus über die grundlegenden Fähigkeiten und Talente, mit denen man zur Welt kommt. Sie haben eine weit reichende Bedeutung für Leben und Schicksal, für Chancen und Berufseignung und nicht zuletzt für die körperliche und seelische Gesundheit. Andererseits haben alle Zahlen, die im Geburtsdatum eines Menschen nicht vorkommen, ebenfalls ein besonderes Gewicht: Sie liefern einen klaren Hinweis auf die Aufgabe im Leben – auf die Wege zur Vervollständigung der eigenen Persönlichkeit, auf die besondere Herausforderung, die jeder Lebensweg bereithält. Es gibt aufgrund der Anzahl aller möglichen Zahlenkombinationen genau 31 verschiedene Signaturen – daher auch die 31 Abschnitte im zweiten Kapitel ab Seite 44, von denen einer auch Ihre persönliche Signatur oder die einer bestimmten Person näher beschreibt.

Bei allen Berechnungen im Zahlenrad ignorieren Sie bitte die Zahlen des Jahrtausends und des Jahrhunderts im gesuchten Geburtsdatum! Diese Zahlen spielen zwar eine gewisse Nebenrolle, wie wir in »Das Tiroler Zahlenrad« dargelegt haben, für die Praxis aber sind sie ohne Bedeutung. Denn sie prägen alle Menschen gleich stark und beeinflussen den Zeitgeist über viele Jahrzehnte und Jahrhunderte hinweg.

Wenn Sie einstellige Tage und Monate in Ihrem Geburtsdatum haben und gewohnt sind, sie mit einer Null vor der Ziffer anzugeben, dann vergessen Sie bitte nicht, dass diese Nullen bei der Ermittlung der Signatur nicht zählen! Sie haben sich lediglich im Zeitalter des Formulare-Ausfüllens eingebürgert und sind für die Berechnung des Zahlenrads nicht von Bedeutung. Zwei Beispiele: ~~0~~2.~~0~~5.1906 oder 20.~~0~~5.1998. Die durchgestrichenen Ziffern sind nicht von Belang für Zahlenrad und Signatur.

Die Zahlen im Geburtsdatum und die zugeordneten Himmelsrichtungen lassen sich symbolisch in der Form eines Rades darstellen, als Zahlenrad:

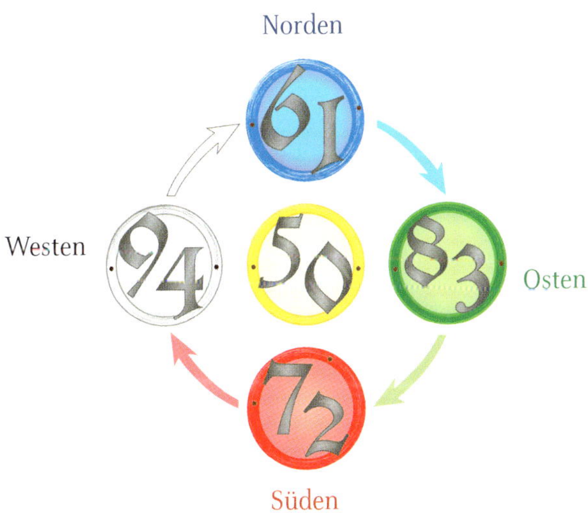

So bestimmen Sie die Signatur

Die Signatur ist das individuelle Zahlenbild einer Person im Zahlenrad. Angenommen, jemand ist am 5. September 1961 geboren. Die persönlichen Zahlen finden sich also im Norden, im Westen und in der Mitte. Dann bildet sich daraus ein bestimmtes Bild, in diesem Fall ein Dreieck zwischen dem Norden, dem Westen und der Mitte des Zahlenrads.

Am besten Sie machen es wie wir und zeichnen einfach zuerst ein Kreuz für die vier Himmelsrichtungen und die Mitte auf ein Stück Papier (siehe rechte Seite). Sie sind an einem 12. geboren? Dann besetzen Sie im Zahlenrad mit ❶ den Norden und mit der ❷ den Süden. Oder Sie sind an einem 5. geboren? Dann besetzen Sie im Zahlenrad die Mitte mit der Zahl ❺.
Jetzt kommen die Zahl oder die Zahlen des Geburtsmonats hinzu. Sie sind im November geboren? Dann kommt zu den Tageszahlen jetzt zweimal die Zahl ❶ im Zahlenrad hinzu, Sie besetzen also den Norden ein zweites und drittes Mal. Oder Sie sind im Oktober geboren? Dann tragen Sie eine ❶ im Norden ein und eine ⓿ in der Mitte.
Drittens sind die Jahres- und Jahrzehntzahlen Ihres Geburtstages von Bedeutung. Wenn Sie 1985 oder 1958 geboren wurden, kommen die ❽ im Osten und die ❺ in der Mitte hinzu. Sind Sie im Jahr 1974 geboren, kommen die ❼ im Süden und die ❹ im Westen hinzu.

Mindestens vier und höchstens sechs Zahlen können also Ihre persönliche Signatur im Zahlenrad bilden. Hier einige weitere Beispiele:

* **Geburtsdatum 4. Juli 1955:** Die maßgeblichen Zahlen dieser Signatur lauten ❹, ❼, ❺ und ❺. Wenn Sie jetzt die Grafik unten oder das Umschlagbild auf dem Buchtitel betrachten, sehen Sie, wohin die Zahlen gehören. Sie können die Zahlen auf Ihrem Zettel etwa so eintragen:

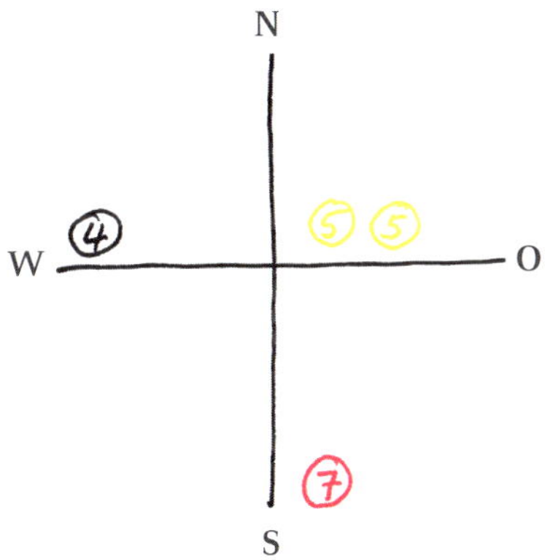

Sie setzen also die ❹ nach links, in den Westen, die beiden ❺ in die Mitte und die ❼ nach unten in den Süden. So erkennen Sie auf einen Blick, welche Signatur sich ergibt, nämlich hier als Beispiel die Signatur Nr. 22, Süd-West-Mitte (siehe Seite 282).

***Geburtsdatum 18. Juli 1972:** Mit diesem Geburtsdatum bringen Sie die Zahlen ❶, ❽, ❼, ❼, ❷ ins Tiroler Zahlenrad. Und so sähe diese Kombination auf Ihrer Skizze aus:

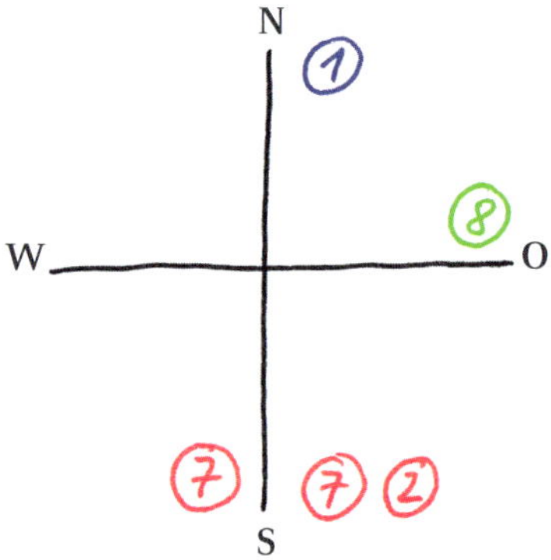

Es ergibt sich also die Signatur Nr. 16, Nord-Ost-Süd (siehe Seite 214):

***Geburtsdatum 22. November 1935:** Hier werden Sie die Zahlen ❷, ❷, ❶, ❶, ❸ und ❺ in die Skizze eintragen. Ihre Zeichnung sähe dann so aus:

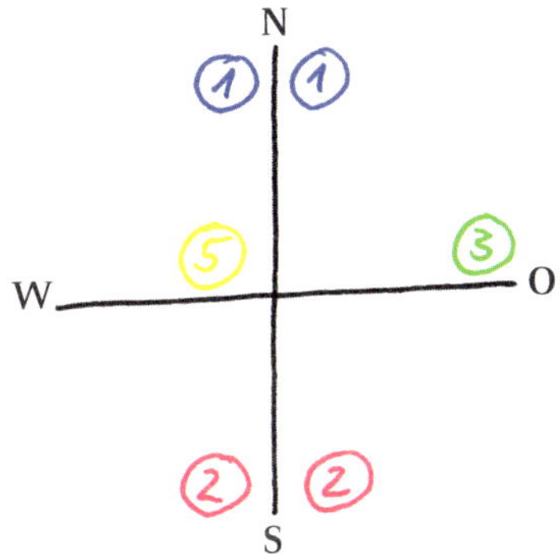

Aus dieser Zahlenkombination ergibt sich die Signatur Nr. 26, Nord-Ost-Süd-Mitte (siehe Seite 328):

Wenn Sie das Buch »Das Tiroler Zahlenrad« schon gelesen haben, können Sie nun zum zweiten Teil vorblättern und die gesuchte Signatur nachschlagen. Wenn nicht, oder um Ihr Zahlenrad-Wissen aufzufrischen, sollten Sie erst in Ruhe die kommenden Seiten lesen, um die nötigen Grundlagen für die Auswertung der gesuchten Signaturen zu gewinnen.

Die Form des Rades

Die Zahlen im Zahlenrad sind kreuzförmig angeordnet, jedoch sprechen wir nicht von einem »Zahlenkreuz«, weil damit etwas Unbewegliches bezeichnet wäre. In der Anordnung der Zahlen ist lebendige Bewegung, und diese erfolgt im Uhrzeigersinn. Die Zahlen verlassen ihren Platz nicht, aber die Energien, die sie symbolisieren, befinden sich in schwungvoll kreisender Bewegung. So wie Sie Ihren Tee oder Kaffee rühren sollten, so wie Sie den Kochlöffel schwingen sollten, damit Ihre Nahrung an Kraft gewinnt, bewegt sich die Energie im Zahlenrad: im Uhrzeigersinn.
Die Kreisbahn symbolisiert kosmische Zusammenhänge: beginnend mit dem Ende des Alten und dem Keim der Idee (Norden mit ❻ und ❶) über die Begeisterung und Freude an der Entwicklung (Osten mit ❽ und ❸) zur temperamentvollen, lebenslustigen Präsentation (Süden mit ❼ und ❷) zum klugen, abgesicherten und reibungslosen Funktionieren und zur Logistik des Erfolges (Westen mit ❾ und ❹) bis zum Schritt an die Öffentlichkeit (wieder der Norden!) und dort zur Verfeinerung und Aufwärtsbewegung. Wie in der Natur: In der Winterruhe sind bei den Bäumen alle Knospen schon voll angelegt und entwickelt, erst im Frühjahr werden sie sichtbar. Der (unsichtbare) Beginn liegt also schon im Winter (❻ und ❶).

Himmelsrichtung und Station

Jedem Zahlenpaar ist eine Himmelsrichtung zugeordnet, entsprechend einer Windrose. Manchmal kommt es vor, dass für die Erläuterung der Zusammenhänge ein Oberbegriff gebraucht wird. Dafür ist der Begriff »Station« gewählt – so zum Beispiel: »Der Süden wird von der vorherigen Station im Zahlenrad belebt, nämlich vom Osten.«

Die Farben der Zahlen

Jeder Zahl im Geburtsdatum ist eine Farbe zugeordnet. Wenn Sie das Zahlenrad auf dem Titelbild betrachten, erkennen Sie dies:

Blau und Schwarz zu ❻ und ❶
Grün zu ❽ und ❸
Rot zu ❼ und ❷
Weiß zu ❾ und ❹
Gelb zu ⓿ und ❺

Die Kenntnis der Zahlenfarben ist von größter Bedeutung und kann in vielfältiger Weise eingesetzt werden, wie Sie vor allem im Hauptteil des Buches bei den Beschreibungen der Signaturen erfahren werden.
In der Gesellschaft mancher Menschen kann es geschehen, dass man sich irgendwann seltsam ausgelaugt und nervös fühlt. Manchmal liegt das daran, dass auf beiden Seiten dieselbe Himmelsrichtung fehlt und damit dieselbe Farbe! Wenn Sie um den Zusammenhang von Zahl und Farbe wissen, können Sie erfolgreich dem Energieverlust entgegenarbeiten. Haben beispielsweise zwei Eheleute keinen Osten (❽ und/oder ❸) im Geburtsdatum, könnte das Grün von Zimmerpflanzen ausgleichend wirken. Wenn ein Partner andererseits Zahlen im Geburtsdatum besitzt, die bei Ihnen fehlen, dann kann dieser Mensch allein durch seine Anwesenheit Gutes für Sie bewirken. Das Gegenüber fühlt sich ebenfalls wohl, denn Sie gleichen mit Ihrer Anwesenheit seine Lücken aus, beziehungsweise bei einer eventuellen Überbelastung sogar das Zuviel.
Ein Tipp noch: Die Farben Braun und Gold gehören zur Mitte, Silber und Beige zum Westen. Mischfarben besitzen die Kräfte der Himmelsrichtungen, aus denen sie zusammengesetzt sind. Zum Beispiel gehört Orange zu Mitte und Süden, Lila zu Norden und Süden.

Einheiten, Schwerpunkt und Drehbewegung

Die Summe der »Einheiten« an einer Station ist einfach die Summe der dort vorhandenen Zahlenwerte. Wenn Sie zum Beispiel am 9. Mai 1979 geboren wurden, besetzen Sie mit der Zahl ❾ den Westen doppelt. Also besitzen Sie gleichsam »18 Einheiten« jener Kräfte, die im Westen des Zahlenrads herrschen. Bei der späteren Beschreibung der Signaturen und im Buch »Das Tiroler Zahlenrad« erfahren Sie, welche Auswirkungen ein solches Übergewicht haben kann.

Innerhalb einer Signatur sorgt die Verteilung der Zahlen auch für eine individuelle Ausprägung der Kräfte und der vorhandenen Talente und mitgebrachten Fähigkeiten. Wo liegt der »Schwerpunkt« der Signatur? Die beiden Geburtsdaten 10. Mai 1966 und 1. Mai 1955 zum Beispiel ergeben zwar die gleiche Signatur Nr. 10 (Nord – Mitte), eine Richtung ist vorgegeben. Dennoch wird sich daraus jeweils ein anderer Charakter herausbilden, jede Person hat ein etwas anderes Schatzkästchen mit anderen Elementen zur Verfügung.

Zuletzt noch einige Worte über die Dynamik im Zahlenrad: Das Zahlenrad ist in Bewegung, spiralförmig nach oben! Werfen Sie kurz noch einmal einen Blick auf sein Symbol. Sie sehen auf dem Außenring einen Pfeil, der im Uhrzeigersinn, von Himmelsrichtung zu Himmelsrichtung, von Station zu Station weist. Das ist die Bewegungsrichtung innerhalb des Zahlenrads – beginnend im Norden, über den Osten, Süden, Westen zurück zum Norden (Beispiele dafür haben wir ausführlicher in »Das Tiroler Zahlenrad« gegeben).

Obwohl der Kreisumfang eines Rads kein Ende hat, besitzt die innere Drehkraft des Zahlenrads gleichsam ihren unsichtbaren Beginn im Norden mit den Zahlen ❻ und ❶. Der Norden repräsentiert das Ende und den Höhepunkt einer Entwicklung, gleichzeitig die Ruhe vor dem Neubeginn, die Energiesammlung fürs Neue, den Winter. Das Neue ist im Ansatz schon da, aber noch nicht sichtbar – wie in der Natur, wo die Knospen der Bäume schon lange vor Weihnachten zu sehen sind. Im Osten mit 8 und 3 ist das Neue schon voll in Arbeit und im Fluss, der Frühling ist in voller Blüte. Der Süden mit 7 und 2 ist die Kraft des Sommers, das volle Ausleben der Energien, das Temperament. Vorbereitungen und Starthilfen sind zu Ende, alle verborgenen Dinge bekommen hier Ausdruck, Form und Umriss. Der Westen mit 9 und 4 festigt dann den Erfolg, präsentiert ihn, macht ihn für die Nachwelt nützlich. Und fügt etwas Besonderes hinzu, was den Keim legt für die nächste Runde, die wieder im Norden mit 6 und 1 beginnt. Der Norden vervollständigt den Kreislauf, indem er das, was zuvor reifte, öffentlich und allen verfügbar macht. Kein starrer Kreislauf mit endlosen Wiederholungen also, sondern hier beginnt eine qualitativ höhere Ebene. Die Zahlen der Mitte, 0 und 5, tragen Elemente aller Stationen in sich. Aus der Mitte heraus können Sie überallhin starten. Die Mitte lässt sich gleichsam als »Joker« einsetzen, um mit ihren Kräften unbesetzte Stationen zum Leben zu erwecken.

Es bleibt im Leben natürlich nicht bei einer einzigen Kreisbewegung. Mit jedem vollendeten Kreislauf der Verwirklichung einer Idee, der Vermittlung von Wissen, der Weitergabe von guten Dingen haben Sie sich selbst ein Stück in die Höhe gehoben! Langsam machen Sie eine Entwicklung durch, und dadurch wird das Zahlenrad zur Spirale. Von oben betrachtet ist es ein zweidimensionaler farbiger Kreis. Von allen Seiten gesehen ist das Tiroler Zahlenrad eine dreidimensionale farbige Spirale, die sich in den Himmel dreht. Denken Sie hin und wieder ein wenig über diese schöne Figur nach. Alles ist im Fließen, alles greift ineinander, vieles davon völlig nahtlos – auch das Zahlenrad. Extreme Entwicklungen, innerer Stillstand stellen sich ein, wenn wir dem Fluss nicht Raum geben.

Alle Menschen sind von Anfang an dafür gedacht, einer Berufung zu folgen. Verwirklichen wir diese Berufung, stellen sich Glück und Erfolg ein – und damit die Verpflichtung, das Gute materiell, geistig und seelisch weiterzugeben. Das Zahlenrad symbolisiert diese Dynamik und zeigt, wie man Stillstand vermeiden und in Bewegung bleiben kann.

Die einzelnen Zahlen des Zahlenrads

Jede Zahl in Ihrem Geburtsdatum gibt Auskunft über die Fähigkeiten und Talente, die Sie von Geburt an mitbringen. Lesen Sie aber nicht nur die Abschnitte zu Ihren Geburtszahlen. Denn auch alle Zahlen, die in Ihrem Geburtsdatum nicht vorkommen, geben Hinweise auf Ihren Weg zur Vervollständigung, auf die Herausforderung Ihres Lebenswegs.

Sechs und Eins – *Charisma, Weitblick und Entschlossenheit des Nordens*

Selbst wenn Sie keine ❻ und/oder ❶ in Ihrem Geburtsdatum tragen – lesen Sie hier bitte unbedingt weiter. Denn viele Gedanken und Zusammenhänge, die für das Erfassen des Ganzen wichtig sind, kommen in diesem Abschnitt zur Sprache!

Die Zahlen ❻ und ❶ bilden gleichsam die Stufen hinauf ans Licht der Öffentlichkeit. Sie verleihen jene inneren Kräfte und Schwingungen, die Ihnen überall Gehör verschaffen können. Sie vermitteln Charisma und Ausstrahlung. Mit diesen Zahlen haben ihre Träger die Aufgabe übernommen, nicht im Stillen zu wirken, sondern alle erworbenen Fähigkeiten und Talente, Wissen und Erfahrungen nach außen zu tragen und einer größeren Öffentlichkeit weiterzugeben, nicht nur den eigenen Kindern. Die ❻ und/oder die ❶ vermitteln das Geschick, Brücken zu bauen zwischen den Menschen. Sie bringen dazu Willenskraft, Durchsetzungsvermögen und

Ausdauer. Diese Zahlen hauchen ihrem Träger visionäre Qualitäten ein, um sich mit Herz und Hirn der Beantwortung wichtiger Zukunftsfragen widmen zu können. Nord-Menschen sind zudem ausdauernd im Anstreben von Zielen, sie werfen nicht gleich die Flinte ins Korn, wenn sich größere Hindernisse auftun.

Nord-Menschen finden ihr Glück eher selten in der jahrelangen Routine, sondern als Pioniere und Erneuerer, als Anwälte, Philosophen, Schriftsteller, als Politiker und Diplomaten, als Lehrer (weil sie Gehör finden und weise unterrichten), als Richter (weil sie klar und weit sehen und das Verborgene leichter erkennen), als Forscher (auch mit ❾ und/oder ❹ im Geburtsdatum!). Auch die Schauspieler finden sich in den Berufen des Nordens. Wer die Bühne oder die Leinwand ohne ❻ und ❶ im Geburtsdatum erobern will, hat in der Regel einen schwierigeren Weg vor sich.

Der forschende Geist ist eigentlich überall beheimatet und Seelenbestandteil jedes Menschen, ob aktiv gelebt oder nicht. Aber im Norden ist es fürs Lebensglück unentbehrlich, ihn auch auszuleben! Auch geben sich die Zahlen ❻ und/oder ❶ nicht mit dem äußeren Anschein von Vorwärtskommen zufrieden, sie durchschauen auch Pseudo-Fortschritt und lassen sich nicht so leicht in den endlosen Strom einander rasch ablösender »neuester Stände der Wissenschaft« und Denk- und Verhaltenstrends hineinziehen. Sie sind so sehr in das Echte verliebt, dass sie sich nicht vom Gefälschten täuschen lassen, zumindest nicht auf Dauer.

Öffentlichkeitsarbeit in jeder Schattierung, die Medienwelt, alle Geisteswissenschaften – hier sind die ❻ und die ❶ zu Hause. So sehr hat der Pioniergeist seine Heimat im Norden gefunden, dass dem Nord-Menschen schon dann Langeweile und Depression drohen, wenn ihn die Umstände zu tagtäglicher Routine verpflichten, ohne Teilerfolge zu bieten. Das Leben ausschließlich für Heim, Haus und Gartenzwerg kann auf Dauer dem Nord-Menschen kein Glück bringen, außer er verhilft dadurch anderen Menschen zum Erfolg. Die ❻ und/oder die ❶ übernehmen deshalb immer ein wenig die Führung, manchmal unterschwellig, und sie betrachten alle anderen Zahlen als untergeordnet, als Helfer auf ihrem Weg, die im besten Falle »der Genialität zuarbeiten«.

Der Norden ist nur in echter Bewegung glücklich. Stillstand oder eingebildete, vorgetäuschte Bewegung rauben ihm die Lebenskraft. Im Zahlenrad ist nirgends Stillstand. Jede Station trägt einen eigenen Bewegungsaspekt zum Ganzen bei. Im Norden, bei den Zahlen ❻ und ❶, ist es die gespannte Ruhe vor dem Neubeginn – eine ungeheuer fruchtbare Phase, die den Keim zu vielen Lebensreisen in sich trägt. Gleichzeitig ist hier auch das Ende des Kreises zu finden, der Übergang von der Idee zu Öffentlichkeit. Was wiederum Platz schafft für neue Ideen.

Die Kids und Teenies des Nordens mit ❻ und/oder ❶ im Geburtsdatum müssen immer etwas Neues erfahren. Wenn sich ihre Eltern aus vor langer Zeit entstandener Resignation eher den oberflächlichen Dingen des Lebens verschrieben haben, wenn ihnen ein grabesruhiger Feierabend mit Bier und Mittwochskrimi heilig geworden ist – dann können die Kinder des Zahlenrad-Nordens manchmal chronisch »lästig« werden. Der Grund dafür ist schlicht, dass es den Eltern an Verständnis fehlt – sie haben den Zugang zu ihren Kindern vermauert. Das geht immer Hand in Hand damit, dass sie sich auch von anderen Menschen abschotten. Die Kinder können dann ihre Fähigkeiten nicht ausleben und wehren sich unbewusst mit den verschiedensten Methoden gegen deren Beschneidung. Resignation und »so werden wie Mama oder Papa« sind für unterdrückte Kinder des Nordens nur die allerletzte Option. Kinder mit ❻ und/oder ❶ im Geburtsdatum brauchen nur sanfte Lenkung und viel Verständnis. Und die Einsicht, dass sie im Leben erfolgreich sein werden, auch wenn sie einen völlig anderen Weg einschlagen als ihre Eltern.

Acht und Drei – *Die mitfühlende Klarsicht im Osten*

Wer mit klarem Blick das Innere der Menschen und der Dinge durchschaut, sich vom schönen Schein nicht täuschen lässt, der ist fast immer mit den Zahlen des Ostens im Geburtsdatum bedacht: mit der ❽ und/oder der ❸. Dieses unverwechselbare Gefühl, begleitet von der Fähigkeit, rechtzeitig und richtig zu reagieren, das Richtige zum richtigen Zeitpunkt zu tun, müssen sich manche hart erarbeiten – den Ost-Menschen ist es in die Wiege gelegt. Freue sich also, wer die ❽ und/oder ❸ im Geburtsdatum trägt. Die Zahlen des Ostens schenken ein »eingebautes Gespür«.

Mit dem ausgeprägten Einfühlungsvermögen und Gespür für Energieflüsse stehen dem Osten öfter als anderen Menschen spezielle Türen im Leben offen, und man sollte dieses Geschick dankbar annehmen und lebendig werden lassen. Richtig gepflegt und wach gehalten, wird es eine lebenslange Hilfe bedeuten, Menschen und Situationen richtig zu beurteilen. Beginnend beim Umgang mit Kindern über die Fähigkeit zu heilen bis zur musikalischen Perfektion – alles ist möglich!

Jede Handlung, jeder Gedanke hat Folgen, ob uns das bewusst ist oder nicht. Doch die Menschen des Zahlenrad-Ostens sind von Anfang an dafür ausgerüstet, mit ihren Zahlen ❽ und/oder ❸ die Konsequenzen dessen, was sie als Gedanke oder Tat in die Welt setzen, zu überschauen. Wer die Tageszeitung aufschlägt, könnte daran zweifeln, ob diese Fähigkeit überhaupt existiert, doch die Menschen des Ostens kommen schon mit ihr zur Welt: mit der Fähigkeit des »Fertigdenkens«.

Sie können abschätzen, wohin die Billardkugel rollen wird, wohin ein Schachzug führt. Wenn sie es wollen, wenn sie also nicht schon früh gelernt haben, den Kopf in den Sand zu stecken, dann können Menschen mit ❽ und/oder ❸ im Geburtsdatum hinter Kulissen blicken und das Feuer der Realität hinter dem Rauch der Werbesprüche erkennen. Symptome täuschen sie nicht, die Ursachen liegen für sie offen – das ist einer der

Gründe, warum sie von Natur aus eine Fähigkeit zum Heilen mitbringen. Viele zum Heilen befähigte Menschen des Ostens verschwenden keine Zeit mit dem Studium oder der Beschäftigung mit der Schulmedizin und ihrer Konzentrierung auf Symptome. Für sie ist selbstverständlich: Wer Ursachen erfasst, behandelt Ursachen.

Wie alle Zahlen im Geburtsdatum übertragen auch die Zahlen des Ostens ihrem Besitzer und ihrer Besitzerin eine besondere Verantwortung. Menschen, die den Osten im Geburtsdatum haben, erhalten die Kraft des Einfühlungsvermögens – sowohl in private Zusammenhänge kleiner Welten wie auch in weltgeschichtliche Zusammenhänge. Sie gewinnen zudem die Fähigkeit und Ausdauer, für eine Sache zu kämpfen, auch wenn es länger dauern sollte. In ihrem »seelischen Medizinschrank« findet sich sogar ein seltenes Gewürz, nämlich das Nichtangewiesensein auf unmittelbaren Erfolg, auf das absehbare Ende von Vorhaben. Sie haben die Fähigkeit, für das Gute einzutreten, selbst wenn sie den glücklichen Ausgang womöglich nicht mehr erleben. Dazu kommt die notwendige Fähigkeit, durchzuhalten, auch wenn es unbequem wird und ersehnte Ruhepausen eine ganze Weile lang nicht in Sicht sind.

Im Osten des Zahlenrads ist Weitblick beheimatet, der die Menschen in die Lage versetzt, auch für Situationen Verständnis zu gewinnen, die man nicht persönlich erlebt hat. Hier herrscht jugendlicher Elan bis ins hohe Alter, die Hoffnung, etwas zum Guten zu bewegen, wird niemals aufgegeben. Die Selbstverständlichkeit, mit der die Jugend und die jugendliche Kraft die Welt erobert, ist für die ❽ und die ❸ das Natürliche, Gewinnbringende.

Eine der großen Herausforderungen im Osten liegt in der Distanz zwischen Gespür und Tat, zwischen richtiger Wahrnehmung und ihrer Konsequenz, dem richtigen Handeln. Oftmals ist ja die korrekte Wahrnehmung eine Sache, folgerichtig zu handeln eine andere. Bequemlichkeit bis hin zur Trägheit ist durchaus ein Thema in den östlichen Regionen des Zahlenrads. Die ❽ und die ❸ vergessen einfach manchmal, dass richtige Wahrnehmung ohne richtiges Handeln so ist, als ob man ein Weihnachtsgeschenk nicht öffnet, in pausenloser Vorfreude auf die Überraschung. Wenn man es schließlich zu Ostern endlich aufmacht, freut man sich dann noch, wenn der Lieblingskuchen zum Vorschein kommt?

Nach den beschriebenen Kräften im Osten überrascht es sicher nicht, dass die Berufe und Arbeitsfelder der ❽ und der ❸ in erster Linie in sozialen, den Menschen zugewandten Bereichen liegen, wo sich die Talente besonders entfalten können. Die Palette reicht von Heiler und Arzt, von Pfleger, Psychologe, Prediger bis zu Sänger und Musiker. Geschickte und geduldige Verhandler, generell alle Berufe, die viel Geduld erfordern, Bio-Bauern, KindergärtnerInnen, TierpflegerInnen und so weiter – sie alle können vom besonderen Geschenk der ❽ und/oder ❸ profitieren. In diesem Zusammenhang kommt manchmal ein feiner Unterschied zwischen den beiden Zahlen zum Tragen: Die ❸ tendiert um ein Winziges mehr in Richtung Arzt und Heiler, während die ❽ einen Hauch mehr von der Kraft der Musikalität in sich trägt.

Die Menschen des Ostens können sehr erfrischend sein, weil sie immer etwas vorhaben. Der Osten verkörpert den Neuanfang im Außen ebenso wie die Wiederbelebung. Er repräsentiert den Frühling, deshalb ist ihm die Farbe Grün zugeordnet. Grün bringt voran, alle Entwicklungen verlaufen schneller. Wenn irgendwo etwas ins Stocken gerät, sind die Menschen des Ostens hilfreich zur Stelle, weil sie solche Herausforderungen lieben. Man ist meist froh, wenn sie auftauchen, weil ihre liebenswürdige Art und das sanftmütige Eingreifen echte Zusammenarbeit erleichtern. Geduld gehört zum »eingebauten Werkzeug« der ❽ und der ❸. Sand im Getriebe zu beseitigen ist eine ihrer Lieblingsbeschäftigungen.

Bei Kindern mit dem Osten im Geburtsdatum ist die große Sensibilität schon früh erkennbar. Zu den wichtigsten Erziehungstipps gehört hier, dass man sie niemals ohne ihr Wissen allein lassen sollte. Man kann sie durchaus allein lassen, das ist meist nicht das Problem, aber die Kinder des Ostens vergessen und verzeihen nicht leicht, wenn man sie enttäuscht oder belügt, und sei es aus bester Absicht. Es erschüttert ihr Weltvertrauen bis in die Grundmauern, und »Ich hab es ja nur gut gemeint!« ist ein Satz, mit dem man ihr Vertrauen sicherlich nicht gleich wieder zurückgewinnt. Kinder mit den Zahlen ❽ und ❸ unterstützen Sie mit viel Zuneigung, Aufmerksamkeit, Geduld und Verständnis. Musische Begabungen fördern, Instrumente erlernen lassen, Fähigkeiten nicht bekämpfen: Das ist schon eine Garantie für die Entfaltung ihrer besonderen Talente.

Sieben und Zwei –
Das Feuer und die Leidenschaft des Südens

Bei Menschen mit dem Geschenk der Zahlen ❼ und/oder ❷ im Geburtsdatum liegt eines klar auf der Hand: Das Temperament haben sie für sich gepachtet. Dieser Ausstrahlung kann man sich nur schwer entziehen, und man sollte es auch gar nicht. Stark, ausdrucksvoll, unabhängig und energisch wirken diese Menschen. Manchmal hat man den Eindruck, als gäbe es nichts, was ihnen nicht gelingt.
Süd-Menschen bieten der Welt die typische »starke Schulter« dar. Zwar hält sie nicht immer, was sie verspricht – aber nicht weil die Kraft nicht da wäre, sondern als Folge einer zeitweiligen oder chronischen Überforderung.
❼ und/oder ❷ tragen auch jene Menschen im Geburtsdatum, die begeisterungsfähig und mit Leidenschaft einer Sache nachgehen. Neugier und Freude strahlen sie schon am frühen Morgen aus, was für Morgenmuffel nicht immer leicht zu ertragen ist. Auch als Erwachsene lieben sie Veränderung und sind schon deshalb keine Stubenhocker. Obwohl sie sparsam sind, stellen sie viel auf die Beine.
Die Jahreszeit des Südens, der ❼ und ❷, ist der Sommer, der fröhliche Reifeprozess, wo Erfahrungen ausgelebt werden, der Höhepunkt des Lebens. Nicht überraschend ist dieser Himmelsrichtung des Zahlenrads die Farbe Rot zugeordnet. Die charismatische Erscheinung der Süd-Men-

schen füllt einen Raum regelrecht. Es tut oft gut, mit den Menschen des Südens zusammenzuarbeiten: Meist finden sie schnell Lösungen, langes Grübeln ist ihnen eher fremd. Das macht sie auch zu unterhaltsamen Weggenossen. Philosophen, Architekten, Forscher und Maler können sich gut mit dem Süden und seinen Eigenschaften anfreunden. Wenn Priester überzeugend predigen, liegt es oft nicht nur an der sorgsam ausgesuchten Position der Kanzel, sondern an einer ❼ und/oder ❷ im Geburtsdatum. Fehlt den Gottesleuten dagegen der Süden, kann man ihnen oft einfach nicht zuhören. Theater, Film, Fernsehen, die ganze Medienwelt wäre ärmer ohne die starken Charakterdarsteller aus dem Süden des Zahlenrads. Revolutionäre aller Schattierungen würden sich ohne ❼ und ❷ schwertun, Mitstreiter für die »gute Sache« zu finden. Ebenso gehören Mönche mit ihrer extremen Lebensform zum Süden, dem Anschein von Beschaulichkeit zum Trotz.

Die Menschen des Südens finden überall Gehör. Ein Politiker mag noch so gut sein, er wird sich schwertun bei Wahlen und Karriere, wenn er keine ❼ und ❷ im Geburtsdatum hat. Eine Gefahr verbirgt sich hier, denn zündende Reden schwingen zu können ohne echte Substanz kann viel Unheil anrichten. Menschen ohne Willenskraft, Unterscheidungsvermögen und Selbstverantwortung verfallen leicht guten Rednern. Viele irrationale Hetzjagden begannen mit überzeugenden Wortführern. Die gewandte Rhetorik eines Süd-Menschen genügt manchmal, um Dinge in Bewegung zu setzen. Deshalb findet sich hier auch der eine oder andere Dampfplauderer und Marktschreier, wenn andere Himmelsrichtungen oder Lebenserfahrung nicht für Ausgleich sorgen.

Die Zahlen ❼ und ❷ sorgen mit ihrer Energie dafür, dass auch schwierige Angelegenheiten in Angriff genommen werden, und geben enormes Durchhaltevermögen mit auf den Weg. Eine Idee löst sich nicht nach ein paar Tagen in Luft auf, auch dann nicht, wenn nicht alles nach Plan läuft. So manche Kundgebung gegen Missstände, manche Aufdeckung dunkler Machenschaften haben wir Menschen mit diesen Zahlen zu verdanken.

Es muss sich aber lohnen! Ausdauer ohne Erfolgsaussicht zahlt sich in den Augen der Menschen des Südens nicht aus.
Kinder mit dem Süden im Geburtsdatum tun gut daran, sich vor dem Schlafengehen noch einmal richtig auszutoben. Das Gefühl, den Tag nicht richtig genützt zu haben, macht sie sonst fast krank. »Schäfchenzählen« würde ihnen nicht helfen, um Ruhe zu finden. Mit ❼ und/oder ❷ möchte man das Leben spüren und erobern. Leseratten sind unter Signaturen mit Schwerpunkt Süden eher selten zu finden.
Ein Kindergeburtstag ohne Kinder des Südens kann todlangweilig werden, auf eher nachdenkliche Menschen wirken sie dagegen manchmal anstrengend. Am besten fördert man diesen Süden-Aspekt bei Kindern, wenn man sie in Sportvereine gehen lässt, um dem Bewegungsdrang ein Ventil zu geben. Sie mögen die Herausforderung, die Beweise ihrer Geschicklichkeit. Orden, Pokale, Medaillen – solche äußeren Zeichen der Anerkennung lieben sie. Sie heften sich gern etwas an die Brust, sind Kämpfer, die gern im Mittelpunkt stehen, besonders bei der Preisverteilung. Eine Wanderung ist toll, aber ein Kind des Südens hätte gerne am Schluss noch die Wandernadel, weil es sich sonst nicht »gelohnt« hat.
Eine gewisse Gefahr ist hier verborgen, weil diese Neigung, wenn sie ins Erwachsenenleben mitgenommen wird, manchmal dafür sorgt, dass man sich leicht manipulieren lässt. Wir alle kennen Menschen, die für einen Blechpokal so gut wie alles geben würden. Leider ist man bei der Überwindung solcher Kindereien meist auf sich allein gestellt, weil diese Neigungen in vielen Bereichen des Erwachsenenlebens lebendig sind, (aus) genützt und aktiv gefördert werden – etwa mit Schildchen für den »Mitarbeiter des Monats« in Firmen, die Hungerlöhne zahlen. Gefahr erkannt, Gefahr gebannt: Wenn Sie bei Ihrem Kind solche Neigungen spüren, lassen Sie es einfach immer wieder Anerkennung spüren, vermitteln ihm aber gleichzeitig den Unterschied zwischen echter Anerkennung und den Mechanismen von Zuckerbrot und Peitsche. Kinder lernen schnell und können auf diese Weise später Heuchelei viel leichter durchschauen.

Neun und Vier –
Geschick und Scharfsinn im Westen

Der Westen mit ❾ und/oder ❹ im Geburtsdatum bringt eine solch starke Kraft ins Leben! Wer eine ❾ vorfindet, der hat schon fast gewonnen, möchte man sagen. Es ist tatsächlich so: Der ❾er setzt sich fast immer durch. Manchmal ist es im alltäglichen Umgang nicht leicht für »Normalsterbliche« ohne ❾, diese guten Leutchen um sich zu haben. Normalerweise sind Menschen, die nicht wissen, was sie im Leben wirklich wollen, viel schwerer zu ertragen, aber der Westen und speziell die ❾ kann einem mit seiner Effizienz und unbeirrten Zielstrebigkeit bisweilen auch den letzten Nerv kosten. Wieder einmal kommt es im Alltag und für ein gedeihliches Miteinander darauf an, wie gut man sich in den anderen einfühlen kann, um zu gestalten, was für alle Beteiligten das Beste ist.

Die Menschen der ❾ und der ❹ haben nicht nur den Erfolg im Plan, sondern sind auch bereit, dafür schwer zu arbeiten und manchmal unerhörte Tüchtigkeit an den Tag zu legen. Die »kreative Phase« dauert eigentlich bei ihnen lebenslang, und nur selten verschließen sie ihre Ohren vor konstruktiver Kritik, wenn diese ihnen Neues bringt und sinnvolle Veränderung einläuten könnte. Angeborener Ehrgeiz kombiniert mit Scharfsinn bringt sie weit nach vorn. Ein Chef, ein Manager, ein Geschäftsführer, ein Anwalt ohne ❾ und ❹ – das ist eher selten zu finden.

Auch die genialen Handwerker sind hier zu Hause. Die Menschen des Westens fühlen sich oftmals am wohlsten in Berufen, in denen sie etwas Sichtbares schaffen, bauen, errichten, am liebsten mit den eigenen geschickten Händen. Diesen Händen zuzuschauen ist fast immer eine reine Freude. Im Gegensatz zu den Trägern »zweier linker Hände« ist ihre Arbeit fast wie ein Tanz. Elend traurig wird einem manchmal bei diesem Anblick, wenn man bedenkt, wie sehr es sich unsere Gesellschaft gefallen ließ, handwerkliche Berufe im Prestige abzuwerten gegenüber rein akademischen Berufen. Welche Folgen das hat, lässt sich jeden Tag im Wirtschafts-

und Umweltteil der Tageszeitungen nachlesen. Wir freuen uns auf den Tag, wo es wieder großen Respekt auslöst, wenn man jemand sagen hört: »Ich bin ein Tischler!« Und natürlich auf den Tag, an dem das Gesetz vorschreibt, dass nur derjenige Landwirtschaftsminister werden kann, der mindestens ein Jahr in der Bio-Landwirtschaft gearbeitet hat!

Die Zahlen ❾ und/oder ❹ vermitteln Beharrlichkeit und ausgeprägten Geschäftssinn. Wobei der Unterschied in beruflicher Hinsicht zwischen beiden Zahlen sehr gering ist: Wer eine ❹ hat, bei dem sind die handwerklichen Fähigkeiten, die Techniker und Bastler etwas stärker vertreten, während bei der ❾ der Geschäftssinn noch mehr hervortritt. Generell sind die Menschen des Westens sehr anspruchsvoll in der Berufswahl, ein 08/15-Beruf kommt nicht in Frage, höchstens unfreiwillig. Den klugen Umgang mit Geld lernen sie so selbstverständlich wie Fische das Schwimmen. Fast als ob kleine »Westler« schon kalkulieren lernen, bevor sie sprechen können. Bankgeschäfte gehören zum täglichen Vergnügen, während sie den anderen Himmelsrichtungen eher als notwendiges Übel erscheinen. Diese Fähigkeit sollte unbedingt genützt werden.

Der Westen fürchtet sich vor nichts und treibt die Dinge voran, bis das Vorhaben zu Ende gebracht ist. Geniale Erfinder sind ebenfalls im Westen angesiedelt. Manche sind mit ihrer Genialität der Zeit weit voraus und werden erst nach ihrem Tod berühmt. Techniker, klug rechnende Kaufleute, Mechaniker, Piloten, Rennfahrer, ehrgeizige Sportler, Sekretäre und Sekretärinnen – sie alle sind im Westen zu Hause. Gute AssistentInnen, Sekretärinnen und Sekretäre sind oftmals das Herz und die Seele einer Firma, Rückgrat und Motor und »Tankstelle« erfolgreicher Chefinnen und Chefs. Die Kräfte des Westens, die Energie der ❾ und ❹, gehören zur idealen Ausrüstung dieser wertvollen Menschen. Sie kennen eine solche Perle und sie hat keine ❾ und keine ❹? Solche Ausnahmen sind gar nicht so selten. Denn nichts auf der Welt ist wirklich schwer, auch nicht die Eroberung des Westens. Hat man neben dem festen Willen das Glück, einem echten, begabten und menschenfreundlichen Lehrer zu begegnen, dann vermittelt er oder sie einem mühelos die Freude am Erobern des unbekannten Westens. Kinder des Westens brauchen Sie in den meisten Fällen gar nicht erst zu erziehen: Sie tun sowieso, was sie wollen. Das heißt nicht, dass es unweigerlich schwierige Kinder werden, ganz im Gegenteil. Sie leben ihr Leben, und wenn sie gute Vorbilder um sich haben, sind sie zufrieden. Ein sicherer Weg, Kindern mit Betonung im Westen das Leben schwer zu machen: als Eltern immer alles besser wissen. Die Kinder des Westens sind Kämpfer und Sieger! Geben (oder lassen) Sie ihnen das Gefühl, sie hätten das Wissen, das neue Terrain aus eigener Kraft erobert. Mit all den großen Fähigkeiten der ❾ und ❹ startet es sich leichter ins Leben. Umso wichtiger ist es, diese Kinder nicht zu bremsen, weder durch Vernachlässigung noch durch Überforderung. Handeln Sie nicht wie jene törichten Leutchen, die am Abend die Pflänzchen aus ihren Blumentöpfen herausrupfen, um nachzusehen, ob sie gut anwurzeln. Kinder des Westens vertragen dies besonders schlecht. Andererseits sind sie oft besser ausgerüstet gegen Eingriffe in die Reifung ihrer Persönlichkeit. Eine gewisse Beharrlichkeit begleitet sie ein Leben lang. Eine wertvolle Eigenschaft, wenn sie das richtige Maß behält. Nehmen Sie den Ehrgeiz dieser Kinder ernst; es verletzt sie sehr, wenn sie nicht für voll genommen werden. Vielleicht haben Sie jetzt ein Gefühl für die Kraft und Energie des Westens gewonnen. Und gleichgültig ob als Kind oder als Erwachsener, diese Kraft gehört ausgelebt. Dass Geld dem West-Menschen wichtig ist, gehört zum Erbe der ❾ und ❹. Der Wunsch danach ist moralisch nicht verwerflich – was zählt, ist der geschickte und menschenfreundliche Umgang damit. Es gehört zum Lebensglück.

Null und Fünf –

Die naturgeborene, ausstrahlende Kraft der Mitte

Das Geschenk der Zahlen 0 und 5 im Geburtsdatum verleiht deren Trägern ganz sicher eines: Stabilität in fast allen Lebenslagen. Es gibt nicht viel, was die Menschen der Mitte aus der Ruhe bringen kann. Geduld und Opferbereitschaft, aber auch Kreativität, Großzügigkeit und Naturverbundenheit sind in der Mitte zu finden.

Die große Fürsorglichkeit, die hier zu Hause ist, bewirkt ein starkes Gefühl von Verwurzelung, sowohl in der heimatlichen Umgebung als auch in festen Lebensprinzipien. Tiefe Spiritualität ist bei den Menschen der Zahlenrad-Mitte ebenso oft zu finden wie klare Vernunft. Bodenständiges Denken zeichnet sie aus, und oftmals bringt man ihnen große Sympathie entgegen.

Die Menschen der Mitte haben es gern, wenn sie jemanden (oder etwas) bedingungslos umsorgen können. Das »Helfersyndrom« findet durchaus eine Heimat in den Zahlen der Mitte. Es ist nicht verwunderlich, dass man diese Hilfsbereitschaft oft nach Strich und Faden ausnützt, wenn sich die Gelegenheit bietet. In welche Richtung sich die Mitte im Alltag entwickelt, hängt sehr stark von den übrigen Zahlen im Geburtsdatum ab. Das gilt selbstverständlich für alle Himmelsrichtungen, nur bei der Mitte kommt noch ein besonderes Element hinzu: Der Unterschied zwischen einer 0 und einer 5 im Geburtsdatum ist zwar nicht sehr nachhaltig, aber dennoch vorhanden. Vielleicht könnte man ihn so ausdrücken: Die 5 bringt Willenskraft, Erdverbundenheit, sie ist die Zahl der Gärtner und (Bio-)Landwirte. Das gilt im Wesentlichen auch für die 0, aber bei ihr kommt hinzu, dass sie von allen Fähigkeiten und Himmelsrichtungen etwas in sich trägt und zudem auch eine etwas stärkere Ader für das Spirituelle im Leben mitbringt. Das ist das Einzigartige an dieser Zahl. Die 5 besitzt die Energie der Mitte, die 0 ebenfalls, aber zusätzlich birgt die 0 die Energie aller anderen Zahlen, wenn auch nicht so kraftvoll wie die jeweilige Zahl selbst. Die Träger einer Kombination aus 0 und 5 besitzen meist eine starke Persönlichkeit. Will man ihr Freund bleiben, muss man sie ihren gewählten Weg gehen lassen.

Ein seltsamer Charakterzug zeigt sich in der Mitte: Oft leiden solche Menschen entweder an starkem Heimweh oder an starkem Fernweh. Das ist kein Widerspruch: Diese beiden Extreme sind hier vereint, tatsächlich auch sehr häufig in einer Person. Schöpferisch tätige, naturverbundene Berufe bringen diese Extreme oft mühelos unter einen Hut. Die Menschen der Mitte sind aufgrund dieser »zwei Seelen in einer Brust« oft Nestbauer und bewegen sich nicht mehr vom gewählten oder angestammten Wohnort fort. Doch manchmal bewegt sich diese Energie ins extreme Gegenteil und sie ziehen oft um, weil sie intensiver und genauer als viele andere fühlen, dass unser aller echte Wurzeln nicht an materielle Dinge und Orte gebunden sind.

In den verschiedensten Berufen ist die Geduld der Mitte von größtem Nutzen. Gärtner, Bio-Landwirte, Förster, Geologen, Erzieher und andere haben es gewiss leichter, wenn sie ihren Weg mit der 0 und/oder 5 antreten. Wer in einem Geschäft ständig anwesend sein muss, dem wäre mit einer 0 und 5 im Zahlenrad sehr geholfen.

Die Zahlen der Mitte zu tragen ist vergleichbar mit dem Besitz starker und tiefer Wurzeln. Diese sitzen nicht nur fest verankert im Boden und trotzen gleichmütig allen Stürmen, sondern sorgen gerade durch diese Kraft und Tiefe für intensive Bewegung – im Ermöglichen eines starken Wachstums oberhalb der Erde! Keine Wurzel unter der Erde ohne Stamm, Blätter und Blüten im Licht. Auch wenn die Wurzel noch so klein und unscheinbar ist: Sie spendet Leben. Ohne diese ausdauernde, unendlich große Keimkraft würde nichts wachsen: Winzige Samen und Nüsse verwandeln sich in Riesenbäume, Blumen brechen sogar durch Teerdecken hindurch. Und obwohl die Wurzel nie die Sonne sieht, sorgt sie dennoch unaufhörlich für Leben und öffnet Wege ins Licht.

Kinder der Mitte wollen viel erleben und können sich für alles begeistern, solange es etwas Neues zu entdecken gibt. Sie forschen auch gern in die Breite, wollen alle Aspekte einer Sache kennenlernen und sind endlos neugierig. Mit einem kleinen, selbst zu pflegenden Garten können Sie allen Kindern eine Freude machen, aber Kinder mit ⓪ und/oder ⑤ warten, bis sich auch der Erfolg einstellt. »Ich bleibe jetzt hier sitzen, bis der Samen aufgegangen ist!« – das könnte ein Kind der Mitte sagen. Es gibt nicht auf, nur weil sich nach zwei Tagen noch keine Tomatenkeimlinge zeigen. Ein eigenes Haustier, ob Hund, Schildkröte oder Hamster, erfährt auch noch nach Monaten und Jahren die angemessene Pflege und Liebe. Hieraus ergibt sich von selbst, welche »angemessene Pflege« für Kinder der Mitte angebracht ist: alle Neugier, allen Forscherdrang, alle Liebe zur Natur fördern, so gut es geht. Sie werden dann vermutlich ein Kind heranwachsen sehen, das mithelfen wird, Natur und Umwelt von den Sünden des 20. Jahrhunderts zu befreien – ein Segen für die ganze Welt.

Nachdem Sie nun die grundlegende Bedeutung der Zahlen in Ihrem Geburtsdatum erfahren haben, bleiben vielleicht die Fragen offen: Was ist, wenn man die Energie der Stationen des Zahlenrads an sich selbst nicht wahrnimmt, obwohl das Geburtsdatum diese Zahlen aufweist? Oder was ist, wenn man die Energie zwar fühlt und kennt, aber ihr nicht den Raum gibt, um sie ins Leben treten zu lassen und um selbst wirklich glücklich zu werden? Diese Fragen haben wir zwar ausführlich im ersten Buch »Das Tiroler Zahlenrad« beantwortet, hier aber nochmals eine kurze Zusammenfassung: Sie haben bereits erfahren, dass jede Zahl in Ihrem Geburtsdatum auf einen mehr oder weniger verborgenen Schatz an Talenten und Fähigkeiten hinweist beziehungsweise auch auf manche Neigung zu Extremen, zu Übertreibungen und Fanatismus. Im Extremfall kann es jedoch geschehen, dass diese Schätze niemals gehoben werden. Stellen Sie sich beispielsweise vor, Sie besäßen das Talent zum Journalisten oder Schriftsteller (bei ⑥ und/

oder ❶ in Ihrem Geburtsdatum) und werden in eine stark mathematisch-naturwissenschaftlich orientierte Familie hineingeboren – oder in eine Arztfamilie, in der Sie womöglich dazu erzogen werden, in die »Fußstapfen des Vaters« zu treten und später die Praxis zu übernehmen. In einer solchen Situation kann es durchaus geschehen, dass Ihre eigentlichen Fähigkeiten und Talente niemals zum Vorschein kommen, außer vielleicht als seltsam wehmütiges Gefühl beim Lesen guter Bücher oder als eine ähnliche Bewegung Ihrer Seele. Oder als undefinierbare Sehnsucht, die sich manchmal regt, wenn Sie einer bestimmten Musik zuhören oder Bilder aus fernen Ländern sehen.

Wichtig ist dabei aber: Wenn Sie ganz anders leben, als Ihre Zahlen es ausdrücken, dann bedeutet das keineswegs automatisch, dass Sie dazu verurteilt sind, in Ihrem Leben niemals so richtig glücklich zu werden, weil Sie Ihrer eigentlichen Bestimmung entgangen sind. Denn es ist nie zu spät! Verlieren Sie nicht den Mut, denn der Schatz Ihrer Zahlen ist niemals verschwendet oder bis zur Neige ausgegeben. Lesen Sie Ihre persönliche Signatur – und viele Möglichkeiten stehen Ihnen sofort offen, egal in welcher Lebenssituation Sie sich gerade befinden!

Zum Schluss des ersten Teils möchten wir Sie noch einmal daran erinnern: Nirgends im Tiroler Zahlenrad ist Stillstand – es sei denn, Sie wünschen es. Nirgendwo im Tiroler Zahlenrad ist Blockade und Stagnation – es sei denn, Sie entscheiden sich dafür, aus Angst, aus welchen Gründen auch immer. Nirgendwo im Tiroler Zahlenrad ist Verurteilung, Urteil, Vorurteil – es sei denn, Sie fällen dieses Urteil, Sie pflegen dieses Vorurteil, welche Ängste oder Überlegungen auch immer Sie dazu anstiften.

Das Tiroler Zahlenrad ist ein Werkzeug, um zu helfen und zu heilen, nicht um zu bremsen und den Geist schlafen zu legen. Nehmen Sie es als Geschenk an, das Ihnen hilft, heil und ganz zu werden und heil und ganz zu bleiben. Aus Liebe zu sich selbst und aus Liebe zum Leben.

50
72
4

DIE SIGNATUREN

Die Signatur in den vier Lebensphasen

Das Zahlenrad bietet genau 31 Kombinationsmöglichkeiten für die Anordnung der persönlichen Geburtstagszahlen – 31 verschiedene Signaturen, bestehend aus Zahlen, Himmelsrichtungen, Stationen, Schwerpunkten, Talenten und Fähigkeiten. In den ersten beiden Kapiteln haben Sie die verborgene »Werkzeugkiste« kennengelernt, die mit den Zahlen des gesuchten Geburtsdatums verbunden ist. Nun gehen wir einen Schritt weiter und vertiefen die Signatur mit der Aufteilung in vier Lebensphasen und ihrem speziellen Bezug zum Zahlenrad.

Die Signatur für Babys und Kleinkinder

Warum ist mein Kind, wie es ist? Warum sind meine Kinder so verschieden? Was kann ich tun, um mein Kind in seinen wahren Talenten zu fördern und in seinen Schwächen zu verstehen? Viele Fragen dieser Art finden hier eine klare Antwort – zum Nutzen aller in der Familie. Die verschiedenen Anlagen, die unterschiedlichen Interessen, die Vielfalt der Wege bei den eigenen Kindern zu entdecken und fördern – das sollte eigentlich eine Selbstverständlichkeit sein. Im großen Konzert aller Seelen guten Willens auf diesem Planeten muss und darf jede Seele ihr eigenes Instrument erlernen, denn nur dann entsteht in den Ohren aller eine harmonische Musik.

Wenn Geschwister sehr unterschiedliche Signaturen haben, ist es überaus wichtig, das jeweils Eigene zu fördern und niemals den Misserfolg des einen Kindes am Erfolg des anderen zu messen. Nie sollte man einem Kind

das Gefühl eines »Mangels« oder eines geringeren Werts vermitteln, auch und besonders bei den Schulnoten!
Das Zahlenrad ist dabei ein wunderbares Instrument in den Händen der Eltern. Es hilft, das echte Miteinander in der Familie wie auch in der Gesellschaft heranreifen zu lassen und die Verschiedenheit der Kinder, die individuelle Persönlichkeit eines jeden Menschen zu fördern.
Zu den wichtigsten »Techniken« hierbei gehört die Wahl des richtigen Zeitpunkts: Bei Kleinkindern sollten die jeweiligen Signatur-Farben und die gesunde Ernährung im Vordergrund stehen, bei größeren Kindern die kluge Wahl interessanter Lektüre und Aktivität. Wichtig ist auch, Gespräche mit den Kindern altersgerecht zu führen, sich immer wieder bewusst zu machen und darauf hinzuweisen, welchen Sinn es hat, wenn Kinder nach Alter, Fähigkeit und Interesse behandelt werden. Bei großen Altersunterschieden fällt das nicht so sehr ins Gewicht, aber bei nur ein oder zwei Jahren Differenz können Kinder diese unterschiedliche Behandlung sonst als ungerecht empfinden. Mit dem Wissen des Zahlenrads können Sie Ihren Kindern einen erfolgversprechenden Start ins Leben ermöglichen!

Die Signatur für Teenager

Die Jahre des Umbruchs und Aufbruchs in die Erwachsenenwelt sind ein besonders wichtiger Lebensabschnitt jeder Signatur – denn einerseits sind das so wichtige Jahre im Leben eines Menschen, andererseits sind es gerade die Teens, denen man oftmals mit viel zu wenig Verständnis und Respekt begegnet. Das Zahlenrad kann hier ausgleichen, vermitteln und mithelfen, dass man (endlich) wieder aufeinander zugeht. Mut für ein eigenverantwortliches Leben und echtes Lebensglück aus eigener Kraft – den kann man sich hier holen. Besonders auch den Mut, diese Eigenverantwortlichkeit und den Weg zum Glück beim eigenen Kind zuzulassen, auch wenn man selbst im Teenageralter dieses Glück nicht erleben durfte. Dieses Nachholen lässt einen selbst heilen.

Die Signatur für Erwachsene

Wir haben es im ersten Buch immer wieder angeregt: Nützen Sie Ihre Talente, um ans Ziel zu kommen – an Ihr eigenes Ziel, wie auch immer es aussehen mag. Das Zahlenrad hilft, verborgene Talente und Fähigkeiten endlich auszugraben und zu neuem Leben zu erwecken. Sie sollen Ihr Leben nicht auf den Kopf stellen, aber das Klagen über verpasste Chancen kann jetzt aufhören. Sie können sich ab sofort auf den Weg machen, der für Sie gedacht ist – das Zahlenrad und Ihre persönliche Signatur sind die Wegweiser. Ab jetzt nehmen Sie Ihr Leben selbst in die Hand!

Die Signatur für Senioren

Hokusai, ein berühmter japanischer Maler, sagte einmal: »Schon mit sechs Jahren war ich davon besessen, die Form der Dinge zu skizzieren. Nach meinem 50. Lebensjahr machte ich eine Reihe von Grafiken, aber alles, was ich vor meinem 70. Geburtstag produziert habe, ist der Rede nicht wert. Im Alter von 73 lernte ich schließlich etwas über die wahre Natur von Tieren, Insekten, Fischen und über das Wesen der Pflanzen und Bäume. Deshalb werde ich im Alter von 86 wohl mehr und mehr Fortschritte erzielt haben, mit 90 werde ich dann noch tiefer in die Bedeutung der Kunst eingestiegen sein. Im Alter von 100 werde ich einen exzellenten Rang erreicht haben, und mit 110 werden jeder Punkt, jede Linie ein eigenes Leben haben. Ich hoffe nur, dass einige Menschen so alt werden, um den Wahrheitsgehalt meiner Worte zu erkennen.« Die Signaturbesprechung für alle Senioren unter uns wird den Weg zu einem Neuanfang öffnen, für alle diejenigen, die dazu bereit sind, und nur nicht wussten, dass dafür alle Türen offen stehen. Es ist dafür nie zu spät.

Signatur-Lebensthema und Farbmeditation

Etwa in der Mitte jeder Signaturenbeschreibung begegnen Sie Affirmationen zum jeweiligen Lebensthema, die helfen können, verborgene Talente auszugraben, zu pflegen und die fehlenden Stationen im Zahlenrad kennenzulernen. Das Farbfoto rechts daneben hilft, Geist und Seele auf das Abenteuer der Ganzwerdung einzustimmen. Nutzen Sie es für regelmäßige Farbmeditationen – und staunen Sie über die heilsame Wirkung!
Jeder von uns hat eine andere Geschichte von seinem Start ins Leben zu erzählen. Je nach individuellem »Seelenbau« sind Sie vielleicht zu schüchtern, zu ängstlich, zu naiv ehrlich, zu vorwurfsvoll, zu misstrauisch, zu geizig, zu schwach, zu gierig, zu faul, zu müde, zu krank, zu was auch immer. Alles was Ihr Leben niederdrückt ... Schluss damit! Betrachten Sie die wunderbaren Anlagen, die in jeder Signatur verborgen sind, und machen Sie ab sofort etwas Gutes daraus. Der Zahlenschatz ist ja schon da und wartet darauf, von Ihnen genutzt zu werden! Da ist nichts, was erst mühevoll erworben oder anstudiert werden muss.

Eine herzliche Einladung und ein wichtiger Hinweis noch einmal an dieser Stelle: Selbst wenn Sie nur an einem einzigen Geburtsdatum und seiner Signatur interessiert sind – Lesen Sie unbedingt die Texte zu allen Signaturen! Vielleicht nicht jetzt sofort, weil Sie zuerst einmal besonderes Interesse an einem bestimmten Geburtsdatum haben, aber irgendwann in einer Mußestunde (oder mehreren) doch.
Wir haben eine große Vielzahl an besonderen Hinweisen und Tipps allgemeingültiger Natur an passenden Stellen in diesem Buch verstreut. Sie können sicherlich sehr vieles davon mit Gewinn für Ihr eigenes Leben anwenden. Schlagen Sie einfach mal den folgenden Signaturenteil dieses Buches an einer beliebigen Stelle auf, lesen Sie einige Zeilen – und Sie kennen den Grund für diese Einladung. Viel Freude bei der Entdeckungsreise!

Signatur Nr. 1

Der Norden

Genialität und das offene Tor in die Welt hinaus – alle Kräfte weisen nach oben

DIE ZAHLEN: ❻ und/oder ❶
vorhandene Farben: Blau/fehlende Farben: Rot, Weiß, Gelb und Grün

➕ positive Eigenschaften

- aufnahmefähig
- sensibel
- genial
- intuitiv begabt
- tiefgründig
- sanftmütig
- visionär
- entschlossen
- wissensdurstig
- spirituell
- weise
- willensstark

NORDEN *für Babys und Kleinkinder*

Babys und Kleinkinder mit dieser Signatur starten ins Leben mit großer Offenheit für alles Neue. Bewegliche und bunte Dinge erfreuen ihr Herz. Anders als viele Kinder sind sie nicht so leicht zu überfordern mit einer großen Angebotsvielfalt: Eltern können ruhig öfter mal ein neues Spielzeug über die Wiege hängen. Neben Abwechslung brauchen diese Kleinen viel Zeit und Ruhe, um alle interessanten Eindrücke zu verarbeiten. Sie werden unruhig und weinen, wenn ihnen langweilig wird. Eine besondere Herausforderung für die Eltern und Geschwister dieser kleinen Genies besteht darin, zu erspüren, wann das Kind Abwechslung braucht und wann Ruhe. Das ist aber meist nicht schwer: Es drückt sich klar aus und gibt nicht auf, bis man seinen Wunsch zumindest erkannt hat.
Achten Sie auf das aktuelle Tagesdatum im Umgang mit diesen Kindern. Wenn darin beispielsweise die Zahlen ❽ und ❸ fehlen, können Sie Ihrem Kind viel Freude machen, wenn Sie ein grünes Spielzeug anbieten. Wenn ❼ und ❷ im Tagesdatum fehlen, bevorzugen Sie rote Bettwäsche oder ein rotes Feuerwehrauto. Die Kinder des Nordens sind für solche Kleinigkeiten sehr dankbar, und als Eltern erleichtert uns diese Einsicht den Umgang mit der Nachkommenschaft sehr. Es ist ein großer Unterschied, ob Sie auf ein Kind wirklich eingehen oder nur seinen Launen folgen. Konsequenz und Unterscheidungskraft hängen nicht selten von solchen Kleinigkeiten ab. Kinder spüren sehr schnell, ob es den Eltern ernst ist oder ob sie einfach halbherzig herumprobieren. Nordkinder können Unsicherheit nicht ausstehen. Durch ihr Verhalten zwingen sie meist die Eltern zum richtigen Handeln. Das macht den Umgang mit einem solchen Kind nicht immer leicht, gerade wenn es das erste ist – denn woher sollen unerfahrene Eltern die Gewissheit beim erzieherischen Handeln gewinnen? Andererseits sollten Sie nie aus dem Auge verlieren, dass jedes Kind einzigartig ist und dass Ihres möglicherweise einen Lebensweg vor sich hat, der sich von Ihrem eigenen sehr weit entfernen wird.

Gerade bei dieser Signatur ist besonders wichtig, die Extreme im Verhalten des Kindes besser zu verstehen. Später muss es in seiner »Spezialität«, in seinen besonderen Talenten gefördert werden, aber zu Beginn genügt es vollkommen, das Baby zu beobachten und seine Gefühlsregungen verstehen zu lernen. Es drückt sich meist sehr klar aus und gibt nicht so schnell auf (manchmal zum Leidwesen der Eltern).
Achten Sie in der Kleidung auf helle, freundliche Farben und meiden Sie möglichst die Farbe Blau, auch wenn es ein Junge ist. Die Farbe würde das Kind sehr bremsen und unruhig machen. Ein wenig Hellblau hier und da kann aber nicht schaden. Die Farben Rot und Gelb andererseits schaffen einen schönen Ausgleich. Nachdem Babys und Kleinkinder sehr unmittelbar auf Dinge reagieren, die ihnen angenehm oder unangenehm sind, werden Sie die Zusammenhänge schnell erfassen.
Die Beobachtungsgabe dieser Kinder ist überdurchschnittlich, alles nehmen sie mit Klarsicht auf. Mit untrüglicher Sicherheit erkennen sie Dinge und Zusammenhänge, dass es uns Erwachsenen sogar manchmal Angst macht. Diese Kinder können Sie gar nicht früh genug ernst nehmen – als eigenständige Seelen in einem Kinderkörper –, denn nur so fühlen sie sich geborgen und verstanden. Sie brauchen es aber auch, von ihren Eltern früh genug Grenzen gezeigt zu bekommen. Wichtig ist zudem, ihren Fantasien zuzuhören, auch wenn wir Erwachsenen viel nüchterner denken. Langsam, Schritt für Schritt muss man Nord-Kinder mit viel Geduld und Liebe »auf den Boden holen«. Hier liegt die wichtigste Aufgabe für Eltern eines Nord-Kindes: es in den Wällen seiner Luftschlösser ernst zu nehmen und gleichzeitig mit der Realität vertraut zu machen.
Wenn möglich, sollte das Bettchen eines Nord-Kindes weder an einer nach Norden weisenden Wand stehen, noch sollte sich sein Zimmer beziehungsweise sein Schlafplatz im nördlichen Abschnitt des Hauses befinden. Ideal ist es, wenn das Kopfteil seines Bettes nach Norden weist, das Fußteil nach Süden. Alternativ ist es ebenfalls günstig, wenn das Kopfteil zum Westen gerichtet ist, das Fußteil zum Osten.

Im ersten Kindergartenjahr wird ein Nord-Kind anfangs schüchtern reagieren, dann aber schnell aufholen. Später kann es durchaus geschehen, dass es sich unterfordert fühlt und ihm schnell langweilig wird. Ständig hofft es auf neue Herausforderungen, was es manchmal aber zu wenig zum Ausdruck bringt. Wenn seine speziellen Begabungen nicht rechtzeitig erkannt werden, besteht die Gefahr, dass es zum Außenseiter wird. Das Genie kann sich zum Versager entwickeln, weil seine Interessen sehr stark gebündelt sind. Der Versuch, ihm eine breite Allgemeinbildung zu vermitteln, ist manchmal sehr schwierig. Es gilt, die in die Wiege gelegten Spezialtalente zu entdecken und zu entwickeln. Dann sieht man ein Kind mit besonderen, einzigartigen Fähigkeiten heranwachsen. Ungeduld, auch seitens des Kindes, kann diesen Schatz verschütten lassen. Mit vielen bunten Farben (wenn auch nicht immer gleichzeitig!) lässt sich die Suche und Reifung der Fähigkeiten unterstützen. Genießen Sie das Zusammenleben mit einem kleinen Genie!

NORDEN *für Teenager*

Die Kindheit hinter sich lassend, kann der Jugendliche jetzt seinem Wesen viel mehr Ausdruck verleihen und seine besonderen Wünsche äußern. Gerade in der Pubertät gerät viel in Bewegung, wird viel aktiv bewegt. Natürlich sind Jugendliche noch immer auf die Eltern angewiesen, aber die ersten selbstständigen Unternehmungen locken. In manchen Ländern wird die Zukunft eines Kindes schon früh in Bahnen gelenkt und die schulische Laufbahn vorgezeichnet. Das kommt dieser Signatur eigentlich entgegen, denn endlich darf das Kind tun, was es schon immer wollte! Nicht jedes Nord-Kind denkt gleich, besonders nicht, was zeitliche Abläufe betrifft. Deshalb kann es hier zu starken Extremen kommen: So kann das eine Kind schon sehr in die Ferne drängen, während das andere noch aus Angst sein Fernweh unterdrückt. Trotzdem ist der heimliche Wunsch, die Welt kennenzulernen und zu erobern, schon präsent. Jugendliche sind heute viel beweglicher in Sachen Information, was Kinder mit dem reinen Norden im Geburtsdatum viel weniger anstrengend macht: Über das Internet stehen alle gewünschten Infos parat, natürlich auch viel Gehirnwäsche und Propaganda – aber hier die Spreu vom Weizen zu trennen fällt einem Nord-Kind in der Regel nicht schwer.

Für seine Zukunft sollte sich der Jugendliche mit Nord-Signatur bedenkenlos auch besonderen Spezialgebieten zuwenden. Er besitzt die Fähigkeit dafür und wird auch wahrscheinlich nur glücklich, wenn er sie einsetzen kann. Ob zum Beispiel als Fachmann in einem Handwerksberuf, als Spezialist in der Chemie oder Mathematik ... – alles ist möglich! Achtung jedoch: Hier wird eine besondere Begabung lebendig, das heißt aber nicht, dass man jetzt alles aus dem Teenager »rausholen« kann. Ein Genie in Mathe hat nicht unbedingt auch Sprachtalent oder manuelles Geschick.

Bei der Wahl der Freunde ist das Besondere des Nord-Teenagers ebenfalls zu spüren: Fast niemand wechselt Freunde so schnell wie er. Der Norden spürt einfach schnell die Qualitäten des Gegenübers und auch was ihn irritiert. Wenn er sich aber einmal entschieden hat, verschwendet er nicht mehr viel Zeit damit, immer alles in Frage zu stellen, und nach dieser eingehenden Prüfung kann die Freundschaft über lange Zeit gepflegt werden. Trennungen können den Teenager mit Nord-Signatur sehr verletzen, wenn sie nicht von ihm ausgehen. Er versteht dann die Welt nicht mehr. Was Freundschaften angeht, ist der Nord-Teenager also sehr wählerisch, weil er oftmals nicht versteht, warum das Gegenüber so »komisch« ist. Wenn Eltern auch hier Verständnis für den Nord-Teenager entwickeln, tun sie viel für die Harmonie innerhalb der Familie.

Noch eine besondere Fähigkeit zeichnet diese Signatur aus: Sie ist fähig, Experimente zu starten, durchzuführen und auch zu leiten. Neue Aspekte der Welt eröffnen sich, die durchaus das Zeug dazu haben, sie grundlegend zu verbessern. Spezialgebiete haben natürlich den Nachteil, dass sich die »große Masse« in der Regel nicht dafür interessiert. Wichtig ist deshalb für den Nord-Teenager, sich nicht vom Weg abbringen zu lassen.

Wenn ein Jugendlicher die Gaben seiner Nord-Signatur nicht durchweg als Segen empfindet, kann er sehr erfolgreich mit Farben für mehr Harmonie sorgen. Die Farbe Rot beispielsweise gibt ihm mehr Schwung und Lebenskraft. Grün lässt ihn ruhiger und einfühlsamer werden. Gelb unterstützt die innere Ruhe und Weiß gibt mehr Mut und Selbstvertrauen. Dem Modetrend Schwarz in diesem Alter zu entgehen ist sicher nicht einfach, aber hier wäre es einen Versuch wert. Hosen oder Röcke in Schwarz sind in Ordnung, in erster Linie sollte Schwarz am Oberkörper und als Kopfbedeckung gemieden werden. Einfach mal mit Farben experimentieren: rote Servietten oder Vorhänge, Zimmerpflanzen, weiße Blüten, gelbe Handtücher oder Bettwäsche ... Manche Jugendliche behelfen sich unbewusst, indem sie ihr ganzes Zimmer in einer grellen Farbe streichen. Oder das Familienauto soll eine bestimmte Farbe haben, statt eines grauen Hamsters muss es unbedingt ein gelber Wellensittich sein. Die Nord-Signatur sollte ihrer Fantasie freien Lauf lassen können und sich jeden Tag etwas Schönes gönnen. Sie sollte ihren Wissensdurst genießen, ihre Willenskraft und vor allem ihre spirituellen Fähigkeiten, auch wenn nicht alle Menschen dafür Verständnis entwickeln.

NORDEN *für Erwachsene*

Das Geheimnis dieser Signatur ist sicher ihre Einzigartigkeit. Leben Sie damit und versuchen Sie erst gar nicht, so wie die anderen zu werden. Das bedeutet nicht, dass Sie sich nicht anpassen sollen, denn für jede Form des Zusammenlebens ist das unbedingt notwendig, aber Ihre Einzigartigkeit müssen Sie ausleben dürfen. Sollten Sie einen Partner mit vielen Stationen im Zahlenrad haben, müssen Sie großzügig sein. Das gilt auch für die Kinder eines Menschen mit dieser Signatur: Niemals darf man »automatisch« erwarten, dass die Nord-Fähigkeiten, die ja meist in eine Spezialisierung hineinreifen, von der Nachkommenschaft in derselben Geschwindigkeit nachvollzogen werden können.

Unter den Erwachsenen dieser Signatur finden sich auch Denker, Wahrsager, Philosophen und viele andere Geisteswissenschaftler. Spezialgebiete, auf die sich andere kaum wagen, sind für Nord-Menschen eine willkommene Herausforderung. Sie lieben die Extreme und schaffen Dinge, von denen andere nur träumen können. Natürlich führt ein Großteil von ihnen ein ganz »normales« Leben, aber hier geht es darum, zu erfahren, wie mit Gefühlen und Träumen richtig umgegangen werden kann. Wenn Sie das Gefühl haben, nicht Ihre Träume und Vorstellungen zu leben, dann können Sie etwas Neues beginnen, genau jetzt!
Oftmals befällt uns die Ahnung: »Das kann nicht alles gewesen sein.« Viele Paare gehen auseinander, weil sie neue Gefühle erleben möchten, und wundern sich dann, dass nach einiger Zeit am neuen Ort, mit dem neuen Partner das alte Muster zurückkehrt. Die zugrundeliegende Unzufriedenheit liegt ausschließlich in einem selbst begraben! Natürlich spielen äußere Umstände eine Rolle, wie Familie, Beruf, Haus, Krankheit, Verpflichtungen und so weiter. Aber was Menschen mit »nur Norden« im Geburtsdatum lernen müssen, ist Nein zu sagen. Sie sind für etwas Besonderes gedacht und haben deshalb oft das Gefühl, ihr Leben zu verschwenden, wenn sie für allzu viele Kleinigkeiten da sein müssen. Wenn die Menschen um sie herum das verstehen, können sie nur davon profitieren. Verstehen sie dagegen die genialen Sonderwege nicht, kann das zu großen Belastungen auf beiden Seiten führen.
Sollten Sie also mit Ihrem Lebensweg nicht zufrieden sein, ordnen Sie Ihr Leben neu. Alle Beteiligten können nur gewinnen! Manchmal genügt es schon, ein neues Hobby zu beginnen oder sich einen lang gehegten Wunsch zu erfüllen. Um sich wohl und glücklich zu fühlen, brauchen Nord-Menschen das Gefühl, verstanden zu werden. Sie müssen dafür aber lernen, sich den anderen verständlich zu machen, und auch dann werden es nicht viele Menschen sein, die zum engeren Kreis gehören. Das Verständnis der anderen darf gleichzeitig nicht die Bedingung für die Wahl des Weges sein! Sonst könnte es passieren, dass sich ihr Herzens-

Affirmationen für die Signatur Nr. 1

Meine Genialität kann ich in vielen Lebensbereichen zum Ausdruck und zum Einsatz bringen.

Mein Weg wird über ein Spezialgebiet führen, das gleichzeitig meinen großen Wissensdurst stillt.

Mit Freude akzeptiere ich meine Genialität und gebe ihr Raum; meine Intuition setze ich nur für das Gute ein.

Fast hellseherische Fähigkeiten können mir vielfältig dienstbar sein.

Meine Lernaufgabe ist es, die Geduld zu entwickeln, für meine Ziele auch im guten Miteinander und im Team zu arbeiten.

Geduld und Ausdauer, Temperament und Lebensfreude wachsen langsam und gehören zu meinen Wegstationen.

Für Andersdenkende entwickle ich von Tag zu Tag mehr Verständnis.

wunsch – das, wofür sie gedacht sind, in diesem Leben – nicht erfüllt. Tiefgründigkeit, Sanftmut, Entschlossenheit, Mut und Aufnahmefähigkeit weisen den Weg. Nord-Menschen brauchen Mut, um ihre besonderen, extremen Fähigkeiten zu leben – auch wenn sie in ihrer Familie der erste Journalist, Anwalt, Politiker, Forscher ... sind.

NORDEN *für Senioren*

Wie erfüllt ein Leben war und ist, das zu beurteilen ist jedes Menschen ureigene Sache. Wir alle wollen uns so entwickeln, dass wir innere Zufriedenheit gewinnen, doch das ist oftmals leichter gesagt als getan. Trotzdem ist es niemals zu spät, neu anzufangen. Tief drinnen wissen wir: Jeder Tag ist ein neuer Tag. Wer sein Berufsleben hinter sich hat, kann auf eine Menge Erfahrung zurückgreifen. Die Erfahrungen, auf die es jedoch wirklich ankommt, sind meist privater Natur. »Wie man sich bettet, so liegt man« – das Sprichwort hat immer einen leicht ironischen Klang, aber es liegt viel Wahrheit darin. Wer mit seiner Vergangenheit im Reinen ist, wird sich wohl fühlen, gleichgültig in welchem Alter. Wer mit seiner Vergangenheit hadert, wird nicht zufrieden sein, auch wenn er gesund ist. Deshalb ist es notwendig, genau zu betrachten, was nicht passt und was vielleicht fehlt oder was uns belastet. Wir haben vieles selbst in der Hand und müssen nicht auf den Segen anderer warten. Beginnen Sie bei Kleinigkeiten. Gefällt Ihnen das Bild an der Wand, das Sie jeden Tag anschauen? Wenn nicht, hängen Sie es noch heute ab, auch wenn es schon seit 40 Jahren die Wand ziert. Gefällt Ihnen die Farbe der Bettwäsche, der Vorhänge, der Tischdecke, der Lampenschirme? Ändern Sie solche Details nach und nach – ein Anfang ist gemacht! Passen Sie Ihr Leben und Ihre Umgebung so weit wie möglich den Vorstellungen an, die Sie von einem erfüllten Lebensabend haben.

Johanna erzählt:

Kürzlich klagte mir ein 70-jähriger Mann sein Leid. Er habe sein ganzes Leben lang hart gearbeitet, gespart und drei Kinder großgezogen. Obwohl genug Geld vorhanden sei, merke er, dass sich seine Kinder jetzt schon »um den Kuchen streiten«. Seine Frau sei vor zwei Jahren plötzlich verstorben, und jetzt habe er nichts mehr vom Leben. Ich schaute mir seine Zahlen an und riet ihm: »Nimm dein ganzes Geld, kauf dir eine professionelle Tischlerfräse und erfülle dir den Herzenswunsch einer eigenen Werkstatt.« Er schaute mich entsetzt an und meinte, das sei wohl reichlich egoistisch. Ich antwortete: »Wenn es dir zu egoistisch vorkommt, nach einem langen, arbeitsreichen Leben das eigene Geld auszugeben, wie nennst du dann deine Kinder? Die wollen auch dein Geld ausgeben, aber ohne dafür zu arbeiten.« Dieser Gedankengang war ihm tatsächlich fremd, aber nach längerem Gespräch gab er zu, dass etwas dran sei. Er wusste nur nicht, was er tun sollte, und hatte Angst, seine Kinder zu befremden. Ich sagte ihm, dass er nicht verlieren könne, was ihm nicht gehöre, nahm ihn in die Arme und wünschte ihm, dass er genau hinschauen und eine gute Entscheidung treffen könne. Einige Zeit später schickte er mir ein Foto von seiner neuen Fräse und erzählte, dass die Werkstatt im Entstehen sei. Seine Kinder warten nun nicht mehr aufs Erbe und besuchen ihn öfter als früher. Er trauert nicht mehr seiner Frau nach, sondern erzählt ihr jeden Abend voll Liebe, was er alles vollbracht hat. Nebenbei verdient er jetzt wieder Geld, weil er mit seinen großen Fähigkeiten viele Aufträge bekommt.

So einfach kann es gehen. Der erste Schritt aber muss getan werden. Seien Sie immer bereit für etwas Neues, egal in welchem Alter. Es muss ja nicht gleich eine Werkstatt sein – richten Sie Ihre Gedanken auf etwas Positives, und es wird etwas Positives zurückkommen. Mut, Entschlossenheit und Willenskraft haben Sie. Wenn Sie die guten Sachen versteckt haben, mit denen Sie zur Welt kamen, holen Sie sie wieder hervor.

Signatur Nr. 2

Der Osten

Das tiefe Einfühlungsvermögen, die Musikalität und die Begabung zum Heilen – in konzentrierter Dosis

DIE ZAHLEN: 8 und/oder 3
vorhandene Farben: Grün/fehlende Farben: Rot, Weiß, Gelb und Blau

+ positive Eigenschaften

- naturverbunden
- einfach
- genügsam
- voller Hoffnung
- genial
- musikalisch
- sehr mitfühlend
- geduldig
- tolerant
- kreativ
- großzügig
- selbstlos

OSTEN *für Babys und Kleinkinder*

Mit den Zahlen ❸ und/oder ❽ im Geburtsdatum wird die Welt mit einem Übermaß an Gefühl betrachtet. Für Babys bedeutet das in erster Linie ein Bedürfnis nach Ruhe. Man sollte ihnen Zeit geben, alles zu betrachten, alles auszukosten, allem nachzuspüren und alles zu fühlen. Dann entwickeln sie ihre großen Stärken im Leben. Meist sind diese Babys eher ruhiger und werden erst durchs Herumreichen und Herzeigen nervös. Sie brauchen viel Schlaf, Liebe, Regelmäßigkeit. Bei einem ersten Kind wundern sich die Eltern vielleicht, dass es so viel schläft, und wecken es sogar manchmal auf, weil irgendjemand einen »Essensrhythmus« empfohlen hat. Nichts könnte dieses Baby nervöser machen! Um das Vertrauen wieder zu erringen, braucht es dann viel Geduld und Regelmäßigkeit.

Ein Ost-Kind sollte nicht mit elterlichem Ehrgeiz überfordert werden. Es wird zum richtigen Zeitpunkt stehen, sitzen, gehen lernen, nämlich wenn es selbst dazu bereit ist. Statistische Standards haben hier absolut nichts verloren, sie bringen im Laufe der Zeit viel mehr Schaden als Nutzen. Eltern, die hier voller Ehrgeiz in einen Wettstreit mit anderen Eltern treten, müssen später viel Zeit und Geld aufwenden, die körperlichen Schäden (besonders der Wirbelsäule) wieder gutzumachen.

Das freundliche Wesen der Ost-Babys wirkt ansteckend auf junge Eltern und lässt manchmal einen »Babyboom« in der Familie folgen. Wenn dann dem Osten beispielsweise ein Kind mit viel Süden (❷ und/oder ❼) oder Westen (❹ und/oder ❾) folgt, verstehen die Eltern oft die Welt nicht mehr und fragen sich, was sie falsch gemacht haben. Die Antwort heißt: gar nichts! Es ist nur ein völlig anderer Mensch zur Welt gekommen, der eine andere Behandlung braucht. Seien Sie froh und dankbar für diese Unterschiede und genießen Sie sie. Erziehen Sie Ihre Kinder nach gleichen Prinzipien und Werten, aber nicht gleich. Ein Kind mit ausschließlich Osten im Geburtsdatum ist etwas Besonderes, sollte aber deshalb nicht bevorzugt, sondern besonders gefördert werden.

Mit den ausgeprägten Fähigkeiten des Ostens – Geduld, Naturverbundenheit, Musikalität, Großzügigkeit – muss behutsam umgegangen werden. Lassen Sie es beispielsweise nicht so weit kommen, dass ein solches Kind ausgenützt wird. Bringen Sie ihm bei, Nein zu sagen, und bekräftigen Sie, dass es dadurch sein Gegenüber nicht verletzt. Solche Schuldgefühle hat dieses Kind nämlich oft und leidet dann unnötig.
Schwierig für die Eltern ist der Umgang mit anderen Kindern, die manchmal scheinbar grausam mit ihrem Ost-Kind umgehen. Sie können es ja nicht zu einem kleinen Tyrannen erziehen, nur damit es lernt, sich zu behaupten. Hier den Mittelweg zu gehen ist eine knifflige Angelegenheit, auch weil andere Eltern fast immer zu ihrem Kind halten, gleichgültig wie es sich »in der Welt draußen« aufführt. Kinder mit ausschließlich Osten im Geburtsdatum bewegen sich dann in einer fremden Welt. Am besten beginnen Sie schon früh, Ihr Kind ein wenig fürs Leben »abzuhärten«.
Mit Farben lässt sich wunderbar Unterstützung für den Alltag geben. Setzen Sie nur die Farbe Grün sparsam ein – Ihr Kind liebt wahrscheinlich ohnehin alle anderen Farben mehr. Bei Lustlosigkeit helfen Rot und Weiß. Gelb wirkt beruhigend und gibt Selbstvertrauen. Rosa sollten Sie bei Ost-Mädchen aber sparsam verwenden, weil es sie unruhig und nervös macht. Zu viel Blau bei Jungen wirkt allzu beruhigend und unterstreicht zu sehr die angeborene Sanftmütigkeit. Singen Sie viel mit Ihrem Kind! Beobachten Sie, welche Musik es liebt. Tagsüber spielen und/oder singen Sie dann völlig andere Musik, aber am Abend die Lieblingslieder.
Mit Problemen und Hektik konfrontiert schlafen besonders Ost-Kinder schlecht. Ihr angeborenes Einfühlungsvermögen bringt später viele Freunde, aber auch Enttäuschungen, die schwer verkraftet werden. Glücklicherweise vertrauen sie in der Regel ihren Gefühlen und wagen Neuanfänge. Ein Ost-Kind muss sanft auf eine Welt vorbereitet werden, die meist härter ist als es selbst. Mitleid ist aber absolut fehl am Platz: Dieses Kind hat viele Fähigkeiten, und Sie würden es nur schwächen. Seien Sie stolz auf Ihr Kind und fördern Sie es in seiner ureigenen Richtung.

OSTEN *für Teenager*

Dass die Gefühle in diesem Lebensabschnitt Achterbahn fahren, macht es für ein Ost-Kind nicht leichter – es ist ja ohnehin mit einer reichen Gefühlswelt ausgestattet. Keine Sorge, das ordnet sich nach einiger Zeit und macht klareren Vorstellungen Platz.

Wenn ein »Teenager des Ostens« Musiker oder Sänger werden will, statt lange die Schulbank zu drücken, sollte sich niemand wundern. Von Geburt an besitzt er alle Talente dazu, und er wird zweifellos Erfolg haben. Eltern jedoch betrachten das Streben nach einer »brotlosen Kunst« nicht immer wohlwollend. In der Pubertät herrschen oft Orientierungslosigkeit und Gefühlschaos; Sport und Hobbys helfen, die »Krise« zu meistern. Wenn Ihr Kind den Wunsch äußert, Musik zu machen, können Sie zum Beispiel ruhig darauf bestehen, dass es sein Instrument bei einem Lehrer von Grund auf lernt.

Mit den Zahlen des Ostens (❽ und/oder ❸) hat man es in dieser materiell orientierten Zeit nicht leicht. Umso wichtiger ist es, dem Teenager in dieser Zeit unterstützend und beratend und nicht fordernd zur Seite zu stehen. Nicht nur die musikalischen Talente sind stark präsent, sondern alle Lebensbereiche, in denen Gefühle eine größere Rolle spielen. So kommt es nicht selten vor, dass diese Signatur einen echten Heiler und Arzt in sich trägt. Aber zur anerkannten Ausübung heilender Berufe ist eine lange Ausbildung nötig, was dieser Signatur nicht immer leicht fällt. Das heißt nicht, dass es nicht zu schaffen wäre, aber so manch intuitives Heilwissen geht im Laufe des Studiums verloren. Es wird noch einige Zeit vergehen, bis die wahren Zusammenhänge zwischen Gesundheit und Ernährung, Denkweise sowie Verhalten an den Universitäten gelehrt werden. Das macht die Sache nicht leichter, denn ein Ost-Teenager mit seinen angeborenen Heiler-Fähigkeiten spürt genau, dass ihn die klassische medizinische Ausbildung zwingen würde, Symptome zu bekämpfen statt vorzubeugen und wirklich zu heilen.

Kurz zurück zum Thema Musik und Gefühl. Jeder kann Klavierspielen lernen, aber kann auch wirklich jeder Klavier spielen? Nein, denn die Musik liegt einem im Blut, wie es vielfach zu Recht heißt. Die besten Musiker spielen nicht vom Blatt, sondern direkt aus der Seele, aus dem Bauch. Dasselbe gilt für einen guten Arzt. Wie ein Musiker die Noten lernt, so lernt ein Arzt die Kunst des Heilens. Ob er aber ein echter Heiler wird oder »nur« Arzt, auch das liegt im Blut. Menschen mit dieser Signatur sollten etwas Besonderes aus ihrem Leben machen, denn sie sind etwas Besonderes. Sie sollten sich niemals von vorübergehenden Hindernissen abhalten lassen, ihren besonderen, einzigartigen Weg zu gehen.
In der Jugend macht man sehr viele Erfahrungen zum ersten Mal. Erst langsam und mit der Zeit lassen sich dann die verschiedenen Gefühle einordnen und verarbeiten. Ist ein Teenager mit der Energie des Ostens in Reinform ausgestattet, kommt es manchmal knüppeldick für die Seele. Nicht jeder ist so gefühlvoll – das wird er oftmals schmerzvoll erfahren. Manchmal reagiert er dann auf die eigene Dünnhäutigkeit mit innerer Härte und verschüttet damit seine wunderbaren Gaben. Um dies zu vermeiden, muss er früh genug lernen, Nein zu sagen – und es nicht nur zu sagen, sondern auch entsprechend zu denken und zu handeln. Ein Gegenüber braucht manchmal mehr als nur zarte Andeutungen, nämliche klare Anweisungen. Sie auch zu geben gehört zu den schwierigsten Lektionen für einen Ost-Menschen. Das Gefühl, immer gut sein zu müssen, kann hier zur Manipulation der anderen um der Harmonie willen führen. Das aber ist eine Art sanfter Gewalttätigkeit, mit der man langfristig das Gegenteil erreicht. Auf diese Weise lässt sich auch nie ein guter Neuanfang schaffen, Freiheit für Anderes, Neues, Schönes. Der Osten steht für Neuanfang, und wenn das aus Angst und Unsicherheit nicht gelebt wird, kann der Ost-Teenie nicht glücklich werden. Je früher der Jugendliche herausfindet, wo seine Talente liegen, seine Richtung, seine Liebe zu was auch immer, desto schneller wird er auf ein erfülltes Leben zusteuern. Im lauwarmen Menschengewühle hat er nichts verloren. Wer die Ost-Signatur in Reinform

trägt, sollte sich nicht davor fürchten, ein Außenseiter zu sein. Dies gehört zum ganz persönlichen Weg des Ostens! Der Mensch sollte keine für ihn falschen Wege gehen, nur um von der Umgebung zu hören: »Der ist aber nett ...« Diese Signatur ist dafür gedacht, Kreativität, Geduld, Musikalität, Toleranz und heilende Fähigkeiten zu leben!

OSTEN *für Erwachsene*

Wer als Erwachsener diese Signatur trägt, hat seinen Weg entweder schon gefunden, oder er hadert mit sich und der Welt. Endlos viele Chancen warten hier, wenn sich der richtige Weg noch nicht aufgetan hat. Mit Ihrem angeborenen Talent, Natur, Mensch und Universum in Zusammenhängen zu sehen und zu fühlen, steht Ihnen eigentlich immer die Welt offen. Äußere Umstände mögen dafür gesorgt haben, dass Sie nicht »Ihr« Leben leben, doch dieser Zustand sollte bald Vergangenheit sein. Niemals ist die Verantwortung dafür bei jemand anderem zu suchen. Sie selbst haben diese Lage irgendwann zugelassen, auch wenn Sie zum Beispiel nur die »gute Tochter«, der »gute Sohn« sein wollten. Wenn Sie meinen, etwas wirklich Gutes zu tun, aber kein entsprechend gutes Gefühl dabei haben, für wen ist es dann gut? Miteinander bedeutet nicht, sich ausnützen zu lassen. Echtes Miteinander erzeugt ein gutes Gefühl, gleichgültig, ob man manchmal mehr oder manchmal weniger zum Gelingen des Ganzen beiträgt. Das ist der Dreh- und Angelpunkt in dieser Signatur. Ihre besonderen Talente müssen verwirklicht und gelebt werden. Sie sind ja sicherlich in irgendeiner Weise schon auf dem Weg – wahrscheinlich als Spezialist, als (vielleicht unverstandenes) Genie. Nehmen Sie Kontakt auf zu Menschen des Südens (mit ❷ und/oder ❼ im Geburtsdatum). Sprechen Sie viel mit ihnen. Wenn Sie dann ein Stück weiter gekommen sind, brauchen Sie Partner mit viel Westen (❹ und/oder ❾) im Geburtsdatum, die helfen, die Finanzen in Ordnung zu bringen (Vorsicht jedoch, manchmal kümmern sich diese Partner zu sehr um die eigenen Geldbeutel!). Anschließend suchen Sie sich Menschen des Nordens (❻ und/oder ❶), die wiederum helfen, Ihre Erfindung, Ihre Leistung, Ihre Fähigkeit zum Heilen, Ihre Musikalität oder was auch immer an die Öffentlichkeit zu bringen. Im nächsten Schritt sind Sie wieder mit Ihrem Osten an der Reihe. So schließt sich das Zahlenrad, und alle notwendigen Kräfte sind in Spiralform vereinigt – ein ewiger Kreislauf, der alle Energie in der Welt trägt. Ein Genie braucht die fehlenden Zahlen, um etwas aus seinen Talenten zu machen. Es gibt viele Manager, ohne die nichts läuft, obwohl sie sonst kein spezielles Talent haben. So wie es auch genügend Talente gibt, die keinen Nerv dazu haben, die Maschinerie für den Erfolg in Bewegung zu setzen. Doch wir alle brauchen Erfolg in irgendeiner Form. Wenn der Osten so stark vertreten ist, dann empfindet man angesichts der Macht der Gefühle oftmals eine Art Lähmung. Dem lässt sich entgegenwirken, wenn man mit Farben arbeitet, zunächst mit den Farben des jeweiligen Tagesdatums. Wenn beispielsweise ❼ und ❷ im Datum fehlen, könnten Sie mit Rot ausgleichen. Fehlen ❹ und ❾, dann bevorzugen Sie Weiß. Mit Schwarz und Blau können Sie arbeiten, wenn ❻ und ❶ im Datum fehlen. Gelbe Farbtöne können Sie zu allen Zeiten dazumischen, weil sie das Selbstvertrauen fördern. Was spricht gegen ein gelbes Arbeitszimmer oder ein gelbes Halstuch? Wenn Sie Ihre Talente bereits nützen, aber trotzdem Stillstand empfinden, ändern Sie etwas. Wenn Sie in einen Beruf eingebunden sind, der Sie nicht glücklich macht, leidet Ihre ganze Umgebung darunter. Die wahre Bestimmung zu entdecken und zu leben ist besonders wichtig bei Menschen mit einer einzigen Himmelsrichtung im Zahlenrad. Der häufigste Bremsklotz ist hier die Angst, andere Menschen vor den Kopf zu stoßen. Sie müssen mit klarer Sprache sprechen und Ihre Wünsche äußern, an Ihren Weg glauben und dabei Freude empfinden, nur dann sind Sie auf der richtigen Fährte. Genießen Sie Ihre Einzigartigkeit und machen Sie was draus!

Affirmationen für die Signatur Nr. 2

Für meine Liebe zur Natur bin ich dankbar.

Mein Weg ist es, anderen zu helfen und zu heilen, was auch immer der Heilung bedarf; dabei achte ich auch liebevoll auf mich selbst.

Meine angeborene Kreativität lebe ich voll aus, jetzt und in Zukunft.

Ab jetzt werde ich neue, unbekannte Wege gehen und genießen!

Zur Ruhe komme ich, wenn ich innerlich zufrieden bin – mit mir selbst.

Welche Überraschung: Die Finanzwelt macht mir auf einmal Freude!

Ich gehe selbstsicher auf andere Menschen zu.

Von genialer Denkweise lasse ich mich leiten und sorge für den entsprechenden Rahmen.

Ein sehr stark entwickeltes Einfühlungsvermögen lässt mir dennoch Platz zum Handeln.

OSTEN *für Senioren*

Bei kaum einer Signatur ist es so wichtig wie für den Osten, auch am Lebensabend nicht die Hände in den Schoß zu legen. Ihre besonderen Fähigkeiten schwinden nicht, nur weil Sie älter werden, vielfach im Gegenteil! Entscheidend ist, ob Sie mit sich selbst wirklich zufrieden sind. Wenn nicht, hören Sie niemals auf, daran zu arbeiten. Der häufigste Fehler im fortgeschrittenen Alter ist die Selbstaufgabe. Wer sich aufgibt, hat verloren. »Wenn morgen die Welt unterginge, würde ich heute noch einen Baum pflanzen«: Zumindest in dieser Hinsicht kann man sich bei Martin Luther eine Scheibe abschneiden.

Viele Menschen betrachten die Lücken im Leben als Herausforderung, sie ruhen sich nicht auf dem Erreichten aus. Bei Ihrer Signatur beispielsweise fehlen Süden (❼ und/oder ❷), Westen (❾ und/oder ❹), Norden (❻ und/oder ❶) und Osten (❽ und/oder ❸). Um alle dort versammelten Fähigkeiten zu erobern, könnte man zum Beispiel eine Beschäftigung wählen, die viel mathematisches Verständnis erfordert. Richtig glücklich werden die »Ost-Menschen« aber im Umgang mit Natur, Heilen, Musik, Gesang. Wenn Sie aus welchem Grund auch immer unzufrieden sind, beginnen Sie mit kleinen, machbaren Änderungen und steigern Sie sich dann. Lassen Sie sich helfen, suchen Sie Kontakt zu Menschen, die Verständnis für Sie haben. Das müssen keineswegs Verwandte sein, auch nicht die eigenen Kinder. Wunderbar, wenn sie Ihnen zur Seite stehen – wenn nicht, gehen Sie trotzdem Ihren eigenen Weg.

Zu den kleinen machbaren Änderungen gehören immer die Farben. In Ihrem Fall werden als Ausgleich Rot, Gelb, Weiß, Blau und Schwarz gebraucht. Mit Grün können Sie sparsam umgehen, davon bringen Sie mehr als genug selbst mit. Ein Raum, in dem Sie sich viel aufhalten, kann ruhig ohne das Grün von Zimmerpflanzen auskommen. Nicht vergessen: Oftmals sind es die kleinen Dinge, die uns entweder glücklich machen oder zum Wahnsinn treiben. Ein gutes Beispiel, um sich aus dem täglichen Einerlei herauszuziehen, ist ein Farbwechsel bei Tisch- und Bettwäsche. Kleine Ursache, große Wirkung! Denken Sie daran, wie sich Ihr Herz freut, einen neuen Blickfang zu haben. Für wen sparen Sie? Das soll keine Anleitung zum Verschwenden sein, aber jeder sollte mehr auf sich selbst schauen im guten Sinne, weil das eigene Glück auf alles andere abstrahlt. Wenn junge Menschen, etwa Ihre Enkelkinder, viel ausgeben, sollen sie es sich selbst verdienen. Sie müssen ihnen nicht alles aufheben, wenn Sie sich selbst eine Freude machen können. Alte Dinge sind nicht nur mit angenehmen Erinnerungen getränkt. Werfen Sie Ballast ab, um Platz für Neues, Schönes zu gewinnen. Bilder, Sportgeräte, Bücher, elektrische Geräte – vielen »Ost-Menschen« fällt es schwer, hier auszumisten. Aber Sie müssen ja nichts wegwerfen – Sie können es auch an ein soziales Möbelprojekt spenden oder es an Liebhaber verkaufen. Jeder Lebensabschnitt ruft nach solchen Entrümpelungen, besonders in Speicherabteilen, denn das Gewicht des Alten wirkt auf alle Bewohner im wahrsten Sinne des Wortes bedrückend. Sie fühlen sich hinterher wie neugeboren, versprochen! Sie haben wieder Raum für neue Ideen und Vorhaben, für Ihr Hobby und so weiter. Ihre Signatur schenkt Ihnen von Haus aus eine fröhliche Natur, das sollten Sie pflegen beziehungsweise wiedererwecken. Manche Menschen haben überhaupt erst am Lebensabend Zeit, sich einen lang ersehnten Wunsch zu erfüllen. Zögern Sie nicht! Auch wenn nur noch ein Teil davon Wirklichkeit wird, es ist Ihr Leben, Sie haben es sich verdient und sind dafür gedacht. Die Gesundheit spielt nicht so mit? Machen Sie regelmäßig eine oder zehn Minuten am Tag leichte Gymnastik, zum Beispiel unsere Mondgymnastik (siehe Buchtipp Seite 397), und Sie fühlen sich in kurzer Zeit viel fitter. Ihre sparsame, genügsame Natur hat sicher dafür gesorgt, dass Sie schon viel Gutes im Leben getan haben. Jetzt ist es Zeit, zu sich selbst auch gut zu sein. »Liebe deinen Nächsten« – das ist in Ordnung, aber das »wie dich selbst« sollte niemand vergessen. Fühlen Sie tief in sich hinein, denn das können Sie so gut wie sonst niemand, und überraschen und verwöhnen Sie sich mit etwas Besonderem.

Signatur Nr. 3

Der Süden

Das feurige Temperament, die Begeisterungsfähigkeit und die Begabung zum Mitreißen – alles unter einem Dach

DIE ZAHLEN: ❼ und/oder ❷

vorhandene Farben: Rot/fehlende Farben: Blau, Grün, Gelb und Weiß

➕ positive Eigenschaften

- begeisterungsfähig
- temperamentvoll
- unabhängig
- charismatisch
- findet Gehör
- aktiv
- genial
- inspirierend
- leidenschaftlich
- freudig
- neugierig
- mitreißend

SÜDEN *für Babys und Kleinkinder*

Ein Baby zu beschreiben, das mit dieser Signatur zur Welt kam, ist eine Herausforderung für sich. Versuchen wir es einmal so: Sie merken von der ersten Stunde an: Es ist da! Nichts mehr in der Familie ist so, wie es einmal war. Ein Baby mit Südenergie füllt nicht nur den Raum, sondern Ihr ganzes Leben. Seine Energie ist unverwechselbar präsent, und keiner kann sich diesem Charmebündel entziehen. Dieses Baby wird kaum übersehen, übergangen oder an den Schluss gestellt. Für die junge Mutter ist es natürlich anstrengend, dem munteren kleinen Wesen gerecht zu werden. Am Anfang ist sie wahrscheinlich »nur noch Mutter«. Gleich zu Beginn eine kleine Hilfe: Ein Baby macht sich grundsätzlich mit Schreien bemerkbar. Da ist es gut zu wissen, dass es etwas will. Das Schreien ist also nicht immer Zeichen dafür, dass ihm etwas fehlt. Manchen jungen Eltern wurde anderes gesagt, aber man sollte ein Baby niemals längere Zeit schreien lassen! Doch Achtung: Süd-Babys unterscheiden nicht, ob sie aus Langeweile etwas möchten oder ob sie tatsächlich gerade hilfsbedürftig sind! Bei Babys lässt sich dies normalerweise am Klang des Schreiens leicht feststellen. Bei Süd-Babys dauert das etwas länger, und wenn man Pech hat, so lange, bis der Verwöhneffekt schon eingetreten ist.

Die Unsicherheit der Eltern ist für Babys mühelos wahrnehmbar, und sie nützen das aus. Dann ist es meist schwierig, wieder zu einem vernünftigen Ruhe-Rhythmus zurückzukehren.

Manche Eltern wiegen und schaukeln ihr Kind immer, wenn sie es auf dem Arm tragen. Darüber freuen sich die Babys auch meist, aber diese Gewohnheit sollten Eltern besser ablegen oder zumindest reduzieren. Die Kinder kommen dann nämlich nie zur Ruhe und verlernen nebenbei auch das Aufstoßen. Das dauernde Schaukeln schadet den Babys also eher, und auch ihre Wirbelsäule wird zu stark belastet. Ein Baby mit ausschließlich Süden im Geburtsdatum hat überaus viel Temperament, braucht aber gerade deshalb viel ausgleichende Ruhe.

Wenn Ihr Süd-Baby ein Mädchen ist, verschonen Sie es mit der Farbe Rot. Ein wenig Rosarot sieht süß aus und ist schon in Ordnung, aber jedes Zuviel macht Ihr Kind unruhig, hektisch und nervös. Als Ausgleich zu seinem »heißblütigen« Temperament wirkt hier jede Blautönung. Deshalb ist Blau auch die ideale Begleitfarbe für Süd-Jungen. Kleine Jungen ohne viel Süden in ihrer Signatur wirken durch viel Blau dagegen eher langweilig und müde. Ein einigermaßen verlässlicher Rhythmus ist bei dieser Signatur besonders notwendig. Das bedeutet auch, dass Eltern dann nicht bei jedem Muckser springen müssen. Babys unterhalten sich oft nur mit sich selbst und wollen dafür ihre Ruhe haben. Stellen Sie sich vor, Sie drehen sich nachts um und stöhnen dabei ein wenig – wollten Sie dann sofort von einem Riesen zärtlich auf den Arm genommen werden? Oder gefragt werden, wie es Ihnen geht? Wahrscheinlich würden Sie richtig wach werden und könnten vielleicht gar nicht mehr einschlafen. Sie würden sich ärgern – wie das Baby auch zu Recht. Lassen Sie es ruhig allein, solang es sich wieder allein in den Schlaf jammert. Süd-Babys haben meist mehr Hitze als andere Babys und weinen oft nur, weil ihnen zu warm ist. Auch bekommen sie schneller Fieber, ohne schon richtig krank zu sein. Die beste Voraussetzung ist es, Ihr Baby genau zu beobachten, dann entwickeln Sie ein sicheres Händchen für seine Bedürfnisse. Scharfe oder zu süße Speisen bringen schnell rote Flecken ins Gesicht und den Windelbereich, besonders bei Süd-Babys. Das gilt auch, wenn Mütter stillen: Das Baby ernährt sich von dem, was die Mutter isst, und es kann extreme Speisen nur mit Problemen verdauen. Wenn Sie solche Kleinigkeiten bedenken, haben Sie und Ihr Kind es viel leichter.
Ihr Baby ist grundsätzlich neugierig und begeisterungsfähig. Es wird sich früh auf den eigenen Weg machen, selbstständig handeln, und will alles selbst ausprobieren. Wenn Sie es behutsam im Auge behalten und nur in echten Gefahrensituationen eingreifen, wird Ihr Kind unabhängig, selbstgewiss und sicher. Versuchen Sie, kontrollierendes Eingreifen so gut es geht zu meiden. Das würde Ihr Kind nur unsicher und gereizt machen.

Die Leidenschaft, mit der Ihr Baby zur Welt kam, braucht Freiraum, um sich entwickeln zu können. Später, wenn Ihr Kind etwas größer ist und reden kann, ist es sehr wichtig, es auch tatsächlich sprechen zu lassen. Also bitte nicht seine begonnenen Sätze unterbrechen, weil Sie schon wissen, was kommt. Handeln Sie auch nicht voreilig, weil sie vorausahnen, worum es geht, etwa wenn Ihr Kind Sie um etwas bittet. Sie würden das Kind so verstören und ihm viel von der erworbenen Kraft nehmen.
Das Kind des Südens ist es gewohnt, im Mittelpunkt zu stehen, und beansprucht dies meist auch. Im Kindergarten freut sich jeder, wenn es auftaucht, und viele andere Kinder beginnen erst dann zu spielen, weil der Tag jetzt erst anfängt. Ihr Kind pendelt hier manchmal zwischen zwei verschiedenen Empfindungen: Einerseits genießt es die Aufmerksamkeit, andererseits ist es durch sie überfordert. Bei allen Signaturen mit einer einzigen Himmelsrichtung passiert es nicht selten, dass das jeweils andere Extrem zum Vorschein kommt: Ein temperamentvolles Kind wird beispielsweise plötzlich ganz still und zurückgezogen. In der Regel sind das nur Phasen des Erholens und Auftankens. Doch wenn sie zu lange dauern, sollte man die Ursachen genauer betrachten. Jeder Mensch sollte nach seinen Fähigkeiten und Anlagen leben dürfen. Wenn ein temperamentvolles, leidenschaftliches Kind immer gebremst wird, weil es extrem ruhige Eltern hat, wird es mit der Zeit unglücklich und weiß gar nicht, warum. Viele Probleme im Erwachsenendasein haben hier ihren Ursprung. Freuen Sie sich über ein begabtes, unabhängiges, neugieriges Baby und stehen Sie ihm sanft, aber manchmal auch bestimmt zur Seite.

SÜDEN *für Teenager*

Teenager hatten es wohl noch nie leicht. Aber was ist mit einem Energiebündel, das sich vielleicht schon mit 13 aufmachen möchte in die große weite Welt? Ein solches Kind hat es sicher noch schwerer. Um hier helfend eine Brücke zu bauen, ist viel Selbstbewusstsein nötig.

Kinder und Jugendliche des Südens haben oft das Gefühl, alles schon zu können und nichts mehr lernen zu müssen. Wenn ihre Eltern sich dann aus der Erwachsenenwelt melden mit einer Vielfalt an Verboten, Anweisungen und »guten Ratschlägen«, dann reagieren diese Kids oft trotzig bis aufsässig. Fingerspitzengefühl ist angesagt. Weil Jugendliche oft täglich oder sogar stündlich anders drauf sind, kommt man oft gar nicht mehr nach. Aber hier verbirgt sich der Schlüssel: Sie brauchen gar nicht nachzukommen! Ihr Kind weiß oft ganz von allein, was zu tun oder zu lassen ist. Es braucht einfach mehr Zeit, um sich seinen Gefühlen widmen zu können. Viele Probleme lösen sich dann ganz von selbst.
Süd-Kinder brauchen oft gar keine »Lösungen« für Probleme, die wir nur aus unserer subjektiven Sicht sehen. Sie tanzen gern, bewegen sich gut und gehen mit einer Leidenschaft durchs Leben, als ob sie alle kleine Hollywood-Italiener wären. Eine Party ohne sie ist langweilig. Natürlich geht das Temperament auch Sonderwege und überschreitet die eine oder andere Grenze. So schnell wie der »Anfall« gekommen ist, erholen sie sich aber auch wieder. Erschreckend ist das nur für manche in der Umgebung, die solche gewaltigen Gefühle gar nicht kennen. Vergessen Sie einfach nicht, dass viele Benimmregeln aus dem 18. Jahrhundert stammen und wir uns längst nicht mehr so steif durch die Welt bewegen müssen. Zum Klang der Musik aus dem MP3-Player durchs Einkaufszentrum zu tanzen sollte uns als Inspiration dienen, nicht als Anlass zum Kopfschütteln! Den Süd-Kindern ist diese Fluchtbewegung schon in die Wiege gelegt und jetzt wollen sie das als Teenager voll auskosten. Mit Verboten ist da nichts erreicht, eher im Gegenteil. Besser Sie verbieten gleich ein Zeugnis mit guten Noten, dann besteht eine gewisse Chance, genau das von Ihrem Kind zu bekommen. Lassen Sie die Zügel lockerer, am besten freiwillig, bevor Sie dazu gezwungen werden. Ihr Kind wird es Ihnen danken und muss nicht erst rebellisch werden. Das Vertrauensverhältnis zwischen Ihnen bleibt auf diese Weise bestehen, und Sie müssen sich viel weniger Sorgen um Ihr Kind machen.

Die meisten Südkinder haben eine wunderbare Stimme – was spricht da gegen Gesangsunterricht? So vieles lässt sich organisieren, um Ihr Kind glücklich zu machen. Es muss einfach hinaus in die Welt! Auffällig ist auch, dass diese Kinder weniger Schlaf brauchen als andere. Sie genießen den Tag weit in die Nacht hinein und sind noch fit, wenn anderen schon die Augen zufallen. Die Kehrseite: In den Morgenstunden sind sie oft »scheintot« und zu nichts wirklich zu gebrauchen. Ideal wäre es, diesen Rhythmus zu genießen, aber leider verlangt unsere Gesellschaft das frühe Aufstehen. »Der frühe Vogel fängt den Wurm« – diese Redensart kontert das schlaue Südkind mit dem Satz »Schon gut, aber was ist, wenn ich der Wurm bin?«. So müssen wir alle eben ein wenig nachgeben und umlernen, damit hier ein fröhliches Miteinander möglich wird.

Das Gegenteil von Temperament ist Frustration – ein Gefühl, das Jugendlichen nur allzu bekannt ist. Wenn es aber häufiger vorkommt, müssen wir uns Sorgen um das Südkind machen. Eine chronische Ablehnung seiner Eigenschaften kann es in Depression und Krankheit treiben. Süd-Kinder sind geborene Forscher, und wenn man ihnen den Raum dafür gibt, bleibt auch keine Zeit zum Grübeln. Sie haben viel Talent zum Architekten, Maler, Philosophen und Prediger. Auf alle Fälle neigen sie zu Extremen und schaffen Dinge, von denen andere nur träumen können. Man darf sie nur nicht »brechen« wollen, was leider manche ängstliche Eltern gerade bei Süd-Kindern versuchen.

Wenn sich ein Süd-Teenager schon sehr in eine Sackgasse verrannt hat, kommt man am schnellsten zu einer Lösung, wenn ohne Schuldzuweisungen und Vorurteile gearbeitet wird. Sehr hilfreich könnte es hier sein, dem Jugendlichen die berühmten schwarzen Klamotten zu lassen, vielleicht sogar zu kaufen – manche Eltern haben mit dieser Farbe ihre Probleme, aber es lohnt sich, hier über den eigenen Schatten zu springen. Schwarz wirkt bei Südkindern geradezu heilend! Auch die Seele braucht klare Signale. Sie kränkelt, wenn ein Jugendlicher das Gefühl hat, seine Wünsche seien entweder falsch, schlecht oder ungesund.

Mithilfe von Farben können Körper, Seele und Geist gesunden. Rot vermeiden Sie hier am besten, Schwarz und Dunkelblau wirken ausgleichend, Grün macht geduldig und ruhig, Gelb beruhigt und fördert die Erdung.
Ist Ihr Süd-Teenager dann wieder in eine Welt zurückgekehrt, in der er leben möchte, und haben Sie gelernt, ihn zu akzeptieren, wie er ist, dann wird sich alles gut entwickeln. Sie können Freude haben an einem Kind voller Tatendrang, und Ihr Kind ist wieder unternehmungslustig und strahlt von innen, wenn es den Raum betritt. Was man, oft unbewusst, ständig bekämpft hat, lässt sich dann mit ganz anderen Augen erkennen.
Natürlich sei auch gesagt: Sie müssen es gar nicht so weit kommen lassen. Jeder Teenager sollte das Bewusstsein entwickeln können, dass Freunde wichtig sind und dass sie abfärben – im Guten wie im Schlechten. Erfahrungen zu sammeln ist die eine Sache, sich abwärts ziehen zu lassen eine andere. Im Zweifelsfall werfen Sie einen Blick auf die Geburtszahlen der Freunde und lesen in den Signaturen nach. Sie können dann wahrscheinlich erkennen, was hier warum in die falsche Richtung gelaufen ist. So wird es möglich, ein gesundes Miteinander aufzubauen beziehungsweise eine Trennung von sogenannten Freunden zu wagen.
Für eine optimale Berufswahl ist es ebenfalls sinnvoll, sich selbst gut kennenzulernen und die eigenen Fähigkeiten zu erproben. Mit dieser Signatur ist der Teenager sicher für etwas Besonderes gedacht.

SÜDEN *für Erwachsene*

Kaum eine Signatur strahlt so viel Selbstsicherheit und Begeisterung aus wie der Süden in Reinform (nur ❼ und/oder ❷ im Geburtsdatum). Sie fühlen das in Ihrem eigenen Leben nicht? Haben Sie keine Sorge – es ist Ihnen die Wiege gelegt, und Sie können es sicherlich zu neuem Leben erwecken, wenn Sie wollen. Denn wenn Sie den »Champagner im Blut« nicht mehr spüren, dann nur deshalb, weil man Ihren Schwung gebremst oder gar abgewürgt hat, womöglich schon in der Kindheit.

6 1
8 3
7 2
9 4
5 0

Affirmationen für die Signatur Nr. 3

Ich freue mich über mein angeborenes Temperament und verwirkliche es geschickt im Alltag.

Ich gewinne die Einsicht, dass Ausdauer nichts mit Aushalten zu tun hat, sondern dass sie mich stolz und glücklich macht.

Die Menschen hören mir zu, können aber im Alltag manchmal nicht gleich alles anwenden und umsetzen – das verstehe ich immer mehr.

Geduld zu lernen macht weise.

Ich lebe meine Genialität und lerne, Andersdenkende zu respektieren.

Die Finanzwelt muss ich nicht erobern, aber ums Kleingedruckte mache ich ab jetzt keinen Bogen mehr.

Mein Leben sind die Worte, das Tanzen, das Unter-die-Menschen-Gehen.

Ab heute plane ich jeden Neuanfang gut im Voraus.

Selbstverständlich haben Eltern oft Probleme mit der Kraft der Kinder des Südens, aber die Erziehung sollte mit Maß und Ziel erfolgen und im Schwung und Drang das Talent, das Schöne erkennen und beizeiten fördern. Beim späteren Schicksal von »Süd-Menschen« kommt es mehr als sonst darauf an, wie sich die Eltern in das Miteinander gefügt haben. Welche Signaturen prägten die Eltern? Wie gelang es, mit Ihnen als Kind richtig umzugehen, ja, manchmal Sie zu ertragen? Sie sind als starke Persönlichkeit auf die Welt gekommen, und nicht jeder ist dem gewachsen. Waren Eltern, Lehrer, Mitmenschen stolz auf Sie oder bekämpfte man Sie? Wahrscheinlich beides. Im Erwachsenendasein ist so viel davon abhängig, wie ich mit dem umgehe, was mir als Kind zugestoßen ist! Vor solchen Erkenntnissen drücken sich viele und ziehen es vor, zu schmollen und mit dem Finger auf »Schuldige« an der eigenen Lage zu zeigen. Davon leben zwar Heerscharen von Therapeuten, aber die Methode »Kopf in den Sand« hilft besonders Menschen wie Ihnen gar nichts. Nicht nur sind alle Menschen verschieden, es gibt auch nur sehr wenige Menschen wie Sie! Sie sind als Sonnenschein gedacht und »Was kostet die Welt« sollte Ihr Motto sein. Natürlich war das nicht immer leicht für Ihre Eltern, denn wenn Sie heute erwachsen sind, haben Ihre Eltern wahrscheinlich noch die Nachkriegsjahre beziehungsweise deren Nachwirkungen erlebt. Da gibt man sich erst mal nicht dem besonderen Glück hin, einen quirligen, sorglosen Sonnenschein zu Hause zu haben. Kinder sind sehr sensibel und hellsichtig, und sie deuten dieses versteckte Misstrauen als »Ich bin nicht gut genug« und vertrauen dann irgendwann auch nicht mehr ihrer Unbeschwertheit. Sollten Sie also nicht rundum glücklich sein, machen Sie sich (eventuell mithilfe von außen) auf die Suche nach dem Grund, ohne Schuldzuweisung – einfach nur hinschauen, verstehen und dann loslassen. Gehen Sie ab sofort Ihren eigenen Weg. Ihre Fähigkeiten liegen klar auf der Hand; etwas daraus zu machen, um glücklich zu sein, ist Ihre persönliche Aufgabe. Ihre besondere Fähigkeit, beliebige Dinge und Informationen mit Charisma unter die Leute zu bringen, sollten Sie nützen. Ein Ver-

treter für Produkte aller Art ohne Süden in der Signatur ist meist schwer zu ertragen. In der Werbung, beim Vermitteln von Aufträgen, in den Nachrichten, als Pfarrer beim Predigen ... Überall da kommt es darauf an, dass auch verstanden und aufgenommen wird, was gemeint ist. Generell gehört die Tätigkeit des Vermittelns und Übersetzens in den Süden. Dabei spielt es keine Rolle, ob Sie direkt mit den Menschen reden. Ein Bild, ein Gebäude, kann ebenso eine »Botschaft überbringen«. Horchen Sie in sich hinein und nützen Sie Ihre überdurchschnittlichen Talente. Vielleicht sind Sie schon längst Künstler oder bringen Ihre genialen Fähigkeiten anderweitig zum Ausdruck, haben dies aber noch nicht an die Öffentlichkeit getragen. Oder aber Sie sind schon nach außen gegangen, bringen aber die Aufträge nicht fertig und zum guten Ende. Lassen Sie sich von Menschen mit Westen im Geburtsdatum (❾ und/oder ❹) helfen, damit auch die finanziellen Dinge in Ihrem Leben rund laufen. Ideal wäre im nächsten Schritt ein Nord-Mensch (❻ und/oder ❶) im Boot und zum Schluss ein Mensch des Ostens (❽ und/oder ❸). Der Norden sorgt dafür, dass Ihre Leistungen eine breit gefächerte Öffentlichkeit finden, der Osten achtet darauf, dass Sie nicht abheben und vergessen, ein Produkt immer wieder zu erneuern. Dann kommen wieder Sie selbst mit dem Süden an die Reihe und der Kreislauf im Zahlenrad kann von vorn beginnen. Eine Zusammenarbeit dieser Art bringt die wahren Talente zum Vorschein. Sie könnte beispielsweise so aussehen, dass Sie sich einmal im Monat mit solchen Menschen zusammensetzen und alle Vorhaben genau strukturieren. Ihre charismatische, unabhängige und leidenschaftliche Natur kann dann voll zur Entfaltung kommen, und dem Glück steht nichts mehr im Weg.
Ein Tipp noch zur Farbenwahl im Leben: Meiden Sie möglichst die Farbe Rot, davon haben Sie zum Verschenken. Schwarz ist ideal für Sie, auch Blau, dann kommen Grün, Weiß und Gelb.

SÜDEN *für Senioren*

Die meisten Menschen mit dieser Signatur wirken nicht nur jünger beziehungsweise jugendlicher, als sie sind, sondern auch fitter und lebenslustiger, fröhlicher und beweglicher. Wenn äußere Umstände mitgeholfen haben, dass es nicht so gekommen ist, dann ändern Sie das – und zwar jetzt! Dafür ist es nie zu spät, selbst wenn Sie ans Bett oder den Rollstuhl gefesselt sind oder wenn es Ihnen an Geld fehlt. Nehmen Sie die Änderung in Angriff – im Kopf und im Herzen. Andere Menschen tun sich damit viel schwerer als Sie. Stellen Sie sich im Geiste Ihr Leben glücklich vor, und zwar genau so, wie Sie es haben wollen. Ganz intensiv und ohne Zweifel. Nicht grübeln, dass es doch nicht möglich ist, sondern sich alles so schön vorstellen, wie Sie es sich wünschen. In Ihrem Leben werden Dinge tatsächlich geschehen, die Sie sich auf diese Weise erträumen. Ihre Energie ist stark genug. Sie müssen sich mit nichts abfinden, es sei denn, Ihre Gedanken sind damit einverstanden. Um gut meditieren zu können, sorgen Sie für einen schönen Blickfang, ein Bild, eine Kerze, eine schöne Aussicht oder einfach eine weiße Wand. Gehen Sie nach Gefühl vor, meiden Sie nach Möglichkeit rote Farben (oder schließen Sie die Augen, wenn das nicht geht). Machen Sie sich in Ihrer Fantasie Ihr eigenes Bild.

Johanna erzählt:

Ein alter Mann befand sich im Pensionistenheim in einer hoffnungslosen Situation. Er war pflegebedürftig und konnte sich nicht damit abfinden. Er war sein Leben lang beim Militär gewesen. Tatsächlich war ihm nie bewusst geworden, dass sein Alltagston die Familie kränkte. Er tat nur »sein Bestes«. Zwei Jahre als Pflegefall machten ihn nicht zugänglicher, sondern nur verbitterter und zorniger. Nach einem Vortrag über das Zahlenrad kam die Tochter zu mir und sagte, jetzt sei ihr alles klar. Sie habe von Anfang an keine Chance gehabt. »Stimmt nicht«, war meine Ant-

wort: »Sie sind es, die sich alles gefallen ließ!« Nach anfänglichem Entsetzen begann sie zumindest darüber nachzudenken. Ich empfahl ihr die Lektüre ihrer Signatur und die ihrer Eltern. Das ewige Dahinjammern der Mutter hatte nämlich ebenfalls einen großen Einfluss gehabt und die Situation verschlimmert. Statt die Situation anzunehmen oder sich zu behaupten, wählte die Mutter den ungünstigsten Weg und lehrte die Tochter auf diese Weise unbewusst, dass es wohl keinen Ausweg gebe. Der Mann bekam leichtes Spiel und fühlte sich im Recht. Das gute Ende aber kam dann doch noch: Die Tochter hat ihrem Vater aus dem »Tiroler Zahlenrad« vorgelesen – jetzt musste er zuhören und konnte sie nicht mehr herumkommandieren. Heute kann dieser alte Herr nicht nur aufstehen, er ist auch wieder zu Hause, hat sich mit dem Zahlenrad beschäftigt (allerdings heimlich ...) und hat eingesehen, dass seine Denkweise nicht die einzig richtige auf der Welt sein kann. Er ist mit seiner Familie noch nie so glücklich gewesen wie heute – das berichtet seine Tochter. Auf diese Weise kann er vieles Schöne, das er in seinem Leben versäumt hat, doch noch erleben.

Solche Briefe und Berichte machen uns glücklich. Manchmal ist nur ein kleiner Schubs nötig oder einige Tage Bettruhe, bis man sich die Zeit nimmt, ernsthaft nachzudenken und über den eigenen kleinen Horizont hinauszuwandern. Im Prinzip ist es gleichgültig, mit welchem Zahlenschatz Sie diese Welt betreten haben, diese Form der Meditation über das Gute und Positive würde uns alle aus dem Sumpf holen. Diese Signatur mit ihrem extremen Süden würde gut daran tun, sich manchmal darauf zu besinnen, dass nicht jedem alles so leicht fällt wie ihr. In manchen Situationen spürt man das sehr wohl, es ist aber nur schwer einzuordnen. Die negativen Seiten eines Süd-Menschen sind oft schwer zu »verdauen«, weil sich eine echte innere Überzeugung einerseits und Herrschsucht und Hochmut andererseits so oft äußerlich gleichen. Bleiben Sie als Süd-Mensch immer auf der Überholspur Ihrer guten Ansätze und genießen Sie ihre Liebenswürdigkeit, Ihren jugendlichen Elan und machen Sie auch uns damit glücklicher.

Signatur Nr. 4

Der Westen

Zum Erfolg verurteilt –
dankbar angenommenes Geschick

DIE ZAHLEN: ❾ und/oder ❹
vorhandene Farben: Weiß/fehlende Farben: Rot, Gelb, Blau und Grün

+ positive Eigenschaften

- kreativ
- tüchtig
- geschäftstüchtig
- erfolgsorientiert
- kritikfähig
- scharfsinnig
- durchsetzungsstark
- pflegt gute Beziehungen
- ehrgeizig
- handwerklich begabt
- gläubig
- genial

WESTEN *für Babys und Kleinkinder*

Was bedeutet diese Signatur für ein Baby? Ganz einfach: Um dieses Kind brauchen Sie sich nicht zu kümmern! Natürlich braucht es Ihre Liebe, Zärtlichkeit und Fürsorge. Gemeint ist, dass Sie schon sehr früh Ihre erzieherischen Talente wieder an den Nagel hängen können. Ihr Kind macht seinen Weg im Leben. Schon sehr früh weiß es genau, was es will. Sollten Sie dann ein wenig zu langsam reagieren, werden Sie mit viel Gebrüll auf Ihre »Nachlässigkeit« aufmerksam gemacht.

Zu den allerwichtigsten Aufgaben der Eltern eines West-Babys gehört es, die Geduld für konsequentes Verhalten aufzubringen. Mit viel Liebe und gleichzeitig Konsequenz entwickelt sich dann ein kleines Genie. Wenn Sie nachgeben, weil Sie Angst vor Lärmorgien haben, dann wartet ein schwerer Weg auf Sie und Ihr Kind. Lassen Sie alle Zügel locker, sagen Sie nur dann Nein, wenn's darauf ankommt, und lassen Sie dann keine Diskussion zu – die würden Sie ohnehin nicht gewinnen. Sagen Sie Ihrem Kind immer ein ganzes Ja oder ein ganzes Nein. Für ein intelligentes West-Kind gibt's kaum Schlimmeres als ein »Vielleicht«! Erklären Sie ihm geduldig und bestimmt, was Sache ist, und dann entscheiden Sie. Auch wenn Ihr Kind noch ein Säugling ist – glauben Sie niemals, dass es noch nichts versteht! Es versteht so ziemlich alles – nur nicht mit Unsicherheit vorgetragene Wünsche seiner Eltern.

Besonders wichtig: Bei keiner anderen Zahlenkonstellation im Geburtsdatum ist es so bedeutsam, auf die Ernährung zu achten. Es kann nämlich vorkommen, dass Ihr Kind sich irgendwann am liebsten nur noch von Süßigkeiten ernähren möchte – weil es dadurch eine schnelle Befriedigung erfährt: Fühlt sich »praktisch« an, stillt Gelüste und hält nicht lange auf. Was später einmal ein großes Talent ist – die blitzschnelle Auffassung und Umsetzung – ist in diesem Fall der direkte Weg in ein Suchtverhalten, das nur sehr schwer wieder zu korrigieren ist. Der Kreislauf Süßes-Müdigkeit-Aufputschen-Süßes kann zu einigen gesundheitlichen Problemen führen.

Machen Sie sich jedoch bei alldem keine Sorgen, dass Sie ein »schwer erziehbares« Kind vor sich haben. Sie müssen es nur verstehen lernen und großzügig sein. Versuchen Sie nicht, ihm Ihre Weltphilosophie aufzuzwingen, und genießen Sie seine angeborene Selbstständigkeit. Je mehr Sie Ihr Kind verstehen, desto einfacher wird der Weg. Ein West-Kind können Sie sehr verärgern, wenn Sie zulassen, dass es von Tanten, Onkeln und anderen ständig geknuddelt wird. Seien Sie auch selbst aufmerksam dafür, wann Ihr Kind Körperkontakt angenehm findet und wann nicht. Dies gilt für alle Kinder, aber für ein West-Kind besonders.

Dieses Kind will lernen, erfahren, auch erfühlen. Wenn es allmählich heranwächst, macht man ihm die größte Freude mit Dingen, die es selbst zusammenbauen kann – Autos, Puppenhaus, was auch immer. Seine motorischen Fähigkeiten sind sehr ausgeprägt und die heutigen »vorgefertigten« Spielsachen sind Gift für seine Entwicklung. Es gibt nichts, was diese Kinder nicht zerlegen – und dank ihrer praktischen Fähigkeiten meist hinterher auch wieder zusammenbauen können. Lange Geschichten vorzulesen, wie es die Ost-Kinder lieben, ist hier nicht nötig. Kurz, klar und knackig sollten die Texte sein, und wenn es gleich hinterher was zum Ausprobieren und Anwenden gibt, umso besser.

Um dafür zu sorgen, dass diese Kinder genügend Nachtruhe bekommen, ist es nötig, das Bett von einer Westseite im Raum fernzuhalten. Auch sollte sich das Kinderzimmer möglichst nicht an der Westseite des Hauses befinden. Ideal wäre der Osten, Richtung Mitte des Hauses. Das Bettchen sollte in Nord-Süd-Richtung stehen: Kopf im Norden, Füße im Süden.

Auf weiße Bettwäsche sollten Sie nach Möglichkeit verzichten. Am meisten freut sich Ihr Kind über Bettwäsche in beruhigenden Grün- oder in Gelbtönen. Auch jede Tönung von Rot oder Blau wäre akzeptabel. Das bedeutet kein Aus für weiße Bettwäsche, nur eben kein Reinweiß. Ihr Baby verlangt nach bunten Farben. Denken Sie einfach beim nächsten Einkauf daran.

Sie haben die Wahl zwischen einem gelben Teddybär und einem weißen Hasen? Der Bär ist der richtige Kumpan für Ihr Kind.

West-Kinder lernen aus allem und von jedem. Deshalb sind für sie auch gute und starke Vorbilder wichtig. Verhätscheln Sie dieses Kind nicht, sondern nehmen Sie es ernst. Auch alleinerziehende Mütter und Väter, die nie genug Zeit zu haben scheinen, kommen trotzdem gut mit einem solchen Kind zurecht, es sei denn, sie haben keine klaren und bestimmten Worte und Vorgaben zu bieten. Nicht Quantität, sondern Qualität ist hier entscheidend. Die besonderen Eigenschaften, die hier schon sehr früh erwachen, sollten gefördert und nicht gebremst werden. Wie gesagt, bremsen sollten sie Ihr Kind nur dann, wenn es offensichtlich keine Grenzen sieht. Sagen Sie klar und bestimmt Ja oder Nein, und handeln Sie jeweils entsprechend. Kinder mit West-Signatur sind sehr ehrgeizig, handwerklich begabt, scharfsinnig und kreativ. Sie wissen, was sie wollen. Freuen Sie sich entspannt an diesem kleinen Genie.

WESTEN *für Teenager*

Ein schönes Stück Weg mit Ihrem intelligenten, begabten und willensstarken Kind liegt nun bereits hinter Ihnen. Ein Lehrerspruch sagt: »Behandle deine Schüler gut, es könnte der nächste Präsident darunter sein.« Sicherlich war es nicht immer einfach, den Ansprüchen des Kindes gerecht zu werden. Wenn ein Kind von Anfang an seinen eigenen Kopf durchsetzen möchte, sind gute Nerven nötig. Die Pubertät macht die Sache nicht einfacher: Hier zeigt sich deutlich, ob der von Eltern und Kind eingeschlagene Weg gangbar ist. Manchmal ist jetzt die beste Zeit, um Änderungen einzuleiten. Für manche aber führt scheinbar kein Weg mehr dahin – zumindest haben beide Seiten manchmal dieses Gefühl. Wenn ein Jugendlicher unausgeglichen und verschlossen ist, dann ist er in erster Linie mit sich selbst und der Situation unzufrieden. West-Kinder wissen überdurchschnittlich früh, was sie wollen, und tun sich schwer, wenn Eltern oder Lehrer kein Verständnis für »Sonderwünsche« aufbringen. Das führt nur dazu, dass sie ihren Weg noch eigensinniger verfolgen.

Sie brauchen viel Lob, viel Bewunderung, Anerkennung, Geld ... Doch das sollte niemand negativ sehen! Erst wenn solche Neigungen bekämpft werden, weil das Verständnis fehlt, verwandeln sie sich in ein egoistisches Problem. Das Sprichwort sagt: »Wo Geld ist, fließt Geld hin.« Das West-Kind kann noch kaum auf selbst verdientes Geld zurückgreifen, aber es braucht es schon zum »Üben«. Niemand sollte sich dabei Sorgen machen, etwa wenn viel Taschengeld verlangt wird. Wenn die Zeit reif ist, wird Ihr Kind genug Geld haben. Es braucht es zum Leben, wie ein Fisch das Wasser. Geld stinkt nicht, zumindest grundsätzlich nicht. Das Geld, das Spekulanten, teilweise die Banken, Versicherungen, Industrien »machen«, stinkt zum Himmel. Nicht aber redlich verdientes Geld. Die Anlage, gut mit Geld umgehen zu können, wurde diesem Kind in die Wiege gelegt. Fördern und unterstützen Sie diese Fähigkeit im ehrlichen Sinne.

Kreativ, gläubig und kritikfähig ist diese Signatur. Vom Piloten, Anwalt und Rennfahrer bis zum Erfinder – es ist alles drin. Mit ihrer Geschicklichkeit fallen solche Menschen überall auf. Die Fähigkeit, verständig mit Maschinen umzugehen, wurde diesem Kind in die Wiege gelegt. In dieser Signatur hat man es mit Extremen zu tun, deshalb kann es geschehen, dass all diese Talente nicht erkannt werden. Sollte der Jugendliche nicht die Chance bekommen, sie auszuüben oder damit zu experimentieren, bleibt ein Genie auf der Strecke, und zwischen Genie und Taugenichts ist nur ein schmaler Grat. Oft muss man mit ansehen, wie diese Kinder als Störenfriede gelten und bei viel Pech sogar in einer Sonderschule landen.

Als besonders intelligentes Kind ist man natürlich in hohem Maß von der Einsicht der Eltern abhängig. Auch Lehrer wollen es lieber bequem und pflegeleicht, und so kommt es leider oft vor, dass West-Kinder nicht früh genug auf das nötige Verständnis treffen. Das Jahr 1999 hat viele solcher Kinder hervorgebracht, es ist also noch genug Zeit zum Umdenken. Begegnen Sie Ihrem West-Kind mit Liebe, Verständnis und Humor. Lassen Sie sich aber nicht alles gefallen, zeigen Sie gesunde Grenzen auf und lernen Sie von Ihrem Kind.

Johanna erzählt:

Vor vielen Jahren habe ich ein solches »Problemkind« kurz vor der Einschulung in die Sonderschule für einige Tage zu mir geholt. Wir rechneten gemeinsam den Biorhythmus aus, lernten an den guten Tagen Mathe; ich erklärte ihr das Tiroler Zahlenrad und wir stellten gemeinsam mit den Eltern die Ernährung auf den Ernährungstyp Alpha um (siehe Buchtipp Seite 397). Drei Wochen später war ihre Allergie verschwunden, sie hatte keine Sucht nach Süßigkeiten mehr ... und sie schaffte die Aufnahmeprüfung fürs Gymnasium! Sie ist heute eine begabte Sängerin und studiert mit Erfolg. Aus einem Sorgenkind ist ein glücklicher Erwachsener geworden. Nebenbei stellte sich auch noch heraus, dass sie großes Talent für Sprachen hatte. Manchmal ist es wie mit der Raupe und dem Schmetterling – die Schönheit liegt anfangs noch verborgen. Ich persönlich finde Raupen aber auch schon wunderschön.

WESTEN *für Erwachsene*

Dass Sie mit besonderen Begabungen gesegnet sind, wissen Sie sicher schon längst. Ob diese Kräfte auch zum Leben erwacht sind, ist sicher von den verschiedensten Entwicklungen in Ihrer Vergangenheit abhängig. Einmal angenommen, Sie leben Ihre Einzigartigkeit schon: Dann sind Sie erfolgreich, glücklich und ... zufrieden? Wahrscheinlich nicht ganz und gar zufrieden. Das ist aber gar nicht schlimm, denn es gehört zu Ihrer Natur, immer nach Neuem und Besserem zu streben. Dabei ist nur eines wichtig, nämlich dass Sie diese Neugier nicht auf Kosten anderer ausleben. Zum glücklichen Leben brauchen wir alle eine gesunde Neugier. Wenn sie verschwunden ist, sind wir schon fast tot. Wenn Sie feststellen, dass Sie Ihre Anlagen nicht verwirklicht haben, dann ist es ja noch nicht zu spät. »Für mich schon«, denken Sie vielleicht? Nein! Das sind nur Ihre Gedanken. Aus Gedanken werden Worte, Taten, Schicksal.

Warum also nicht Ihre Gedanken ändern? Allein schon der Versuch, Verantwortung oder gar Schuld für die eigene Situation woanders zu suchen, führt geradewegs in die Sackgasse. Setzen Sie sich ruhig einfach mal hin, machen Sie eventuell eine längere Pause und ändern Sie Ihre Gedanken. Jede Form der Meditation versucht nur ein Ziel zu erreichen, nämlich Herr der eigenen Gedanken zu werden. Sie sind zu müde, eigene Gedanken zu entwickeln? Versuchen Sie es später noch einmal. Alles will geübt sein, auch das richtige Denken. Für den Anfang suchen Sie einfach nicht mehr die Schuld bei anderen. Sie sind dafür gedacht, etwas Besonderes zu sein und zu tun in dieser Welt. Wenn Sie das noch nicht erreicht haben, dann beginnen Sie mit ganz einfachen und machbaren Schritten. Achten Sie beispielsweise als Erstes darauf, wie Sie sich anziehen. Sind Sie damit glücklich? Fühlen Sie sich wirklich wohl? Oder fängt's da schon an: »Eigentlich nicht, aber man muss ja ...« und so weiter und so fort? Als West-Mensch müssen Sie gar nichts! Außer so leben, dass Sie immer und allezeit dazu stehen können, denn sonst kann es nämlich niemand mit Ihnen aushalten. Machen Sie sich auf den stillen Weg des Umdenkens, dann werden die gewünschten Ereignisse und Ergebnisse zwangsläufig folgen. Gedanken haben eine magnetische Kraft – sie ziehen Wirklichkeit an.
Nützen Sie Ihren Erfindungsgeist auch im privaten Bereich. Neue Ideen, neue Aufgaben, neue Herausforderungen! Wenn man zum Genie geboren ist, sollte man nicht nur »sein Dasein fristen«. Geduld ist nicht Ihre Stärke, hier müssen Sie immer ein wenig an sich arbeiten. Nicht jeder Mitmensch ist so schnell wie Sie im Erfassen, und was in Ihren Augen richtig ist, finden andere manchmal völlig unpassend und falsch.
Um geduldiger und einsichtiger zu werden, lassen Sie sich vom Wissen des Zahlenrads helfen: Ziehen Sie sich in Zukunft etwas farbenreicher an. Dieser Tipp gilt vor allem für die Männer. Frauen wagen es ohnehin eher, ihren Gefühlen und Intuitionen nachzugeben. Männer sind mit der gleichen Intuition gesegnet, sie bekamen nur meist schon sehr früh mitgeteilt, dass die freie Wahl der Kleidung nicht zu ihrer Rolle gehört.

Affirmationen für die Signatur Nr. 4

Meine angeborene Fähigkeit zum weisen Umgang mit materiellen Dingen und mit Geld lasse ich in Ruhe reifen.

Die Herausforderung, mich intensiv um die Geschäftswelt zu kümmern, ohne dabei die Demut zu verlieren, nehme ich dankbar an.

Handwerkliches und geschäftliches Geschick gehen eine fruchtbare Verbindung ein.

Mit Oberflächlichkeit halte ich mich ungern auf, deshalb ist das Bezähmen meiner Ungeduld ein Lebensthema.

Der ehrliche Umgang mit Geld und der Einsatz meines scharfen Verstandes für das Gute gehören zu meinen wichtigsten Herausforderungen.

Was ich nicht kenne, möchte ich kennenlernen.

Ich öffne mich für die Menschen und das Mitgefühl.

6 1
8 3
7 2
9 4
5 0

Trotzdem haben Männer heutzutage mehr Freiheit, was die Kleidung betrifft. Wir leben schließlich nicht mehr in den 50er-Jahren des letzten Jahrhunderts, wo man mit anderen Farben als Braun, Weiß, Grau und Dunkelblau fast überall unangenehm als »bunter Vogel« aufgefallen wäre. Auch wenn es im Augenblick zu einfach klingt: »Bunt!« in allen Variationen würde Sie wieder ins Leben zurückholen. Mehr Blumen in der Wohnung, Farben in Bettwäsche, Tischwäsche, Socken, Bildern, Teppichen, Handtüchern ... Weiß ist die Farbe des Westens, und davon haben Sie zum Verschenken, sie können getrost darauf verzichten. Zu viel Weiß würde Sie sogar lähmen! Zwingt Sie der Beruf, viel Weiß zu tragen? Nichts spricht gegen farbige Unterwäsche! Genießen Sie zumindest in der Freizeit die Pracht der Farben. Um dem Überangebot an Kraft des Westens Rechnung zu tragen: Ihr Arbeitszimmer sollte nicht im Westen des Gebäudes liegen, zumindest gehört der Schreibtisch nicht an eine Westwand, ebenso nicht das Bett. Manche West-Menschen mussten sogar vom Westen in den Osten einer Stadt ziehen, weil sie am alten Ort nicht mehr klar denken konnten. Meistens aber genügt es, nicht auch noch in westlich gelegenen Räumen zu arbeiten. Wenn Sie selbstständig arbeiten, haben Sie sich wahrscheinlich schon alles harmonisch eingerichtet. Wenn Sie aber ab und zu Hilfe brauchen, suchen Sie sich Kollegen mit Norden (❻ und/oder ❶) und Osten (❽ und/oder ❸), vielleicht auch noch mit Süden (❼ und/oder ❷). Um die Sache abzurunden, wären Kollegen mit Mitte im Geburtsdatum (⓿ und/oder ❺) nützlich, dies ist aber nicht unbedingt notwendig. Das Geheimnis großer Erfolge liegt nicht immer in der Tüchtigkeit eines Individuums, sondern in seiner Fähigkeit, Dinge oder Informationen weiterzugeben. Sie sind ein Erfolgsmensch, doch um den Erfolg zu erringen und langfristig zu sichern, sollten Sie Ihre großen Talente und Fähigkeiten weitergeben und in den großen Kreislauf einbringen.

Im Umgang mit diesem Wissen haben Sie mehrere Möglichkeiten, wie Sie vielleicht schon erkannt haben: Entweder leben Sie Ihre Zahlen bis an die Grenze, Sie loten alle Möglichkeiten Ihres Schatzes aus, oder Sie suchen (vielleicht schon sehr früh im Leben) Ausgleich zu den fehlenden Zahlen, zu den »weißen Flecken« Ihrer seelischen Landkarte, erweitern so Ihre Palette um die fehlenden Farben und gewinnen den Regenbogen, die Ganzheit des Geistes. Denn es gibt immer mehrere Möglichkeiten: Das eine fehlt mir zum Glück, weil ich eine Lücke im Zahlenrad habe, und das andere fehlt mir, weil ich zwar die Zahlen habe und leben sollte, aber es verlernt habe, ausgetrieben bekommen habe, mich davor fürchte. Die Palette der Möglichkeiten zur Öffnung, Reifung und Vervollständigung ist endlos vielfarbig – wie auch die Zahl der Wege, vor diesen Aufgaben und Abenteuern die Augen zu verschließen. Sie haben die Wahl! Viele Zahlen ohne Förderung sind manchmal schlechter als nur wenige Zahlen, die sich entfalten dürfen und können!

WESTEN *für Senioren*

Millionen Menschen werden alt und älter und blicken dann mit mehr oder weniger großer Zufriedenheit auf ihr gegenwärtiges und vergangenes Leben. Irgendwie richtet man es sich ein, mehr oder weniger »passend« – und meist war es das dann. Nicht so bei Ihnen! Entweder haben oder hatten Sie großen Erfolg – oder Sie warten noch darauf. Herzlichen Glückwunsch, wenn Sie zu den erfolgreichen Menschen gehören, Sie haben es sich verdient! Wenn nicht, dann warten Sie jetzt nicht mehr. Tun Sie etwas, ändern Sie etwas, oder ändern Sie alles. Niemals ist es zu spät und selten zu früh dafür. Lassen Sie nicht zu, dass sich Ihre heimlichen Wünsche und Ideen nicht verwirklichen. Beauftragen Sie Menschen, Ihnen zu helfen, und wenn es vom Bett aus geschieht! Im Zeitalter von Computer und Internet können Sie noch viel Gutes bewegen, selbst wenn der Körper nicht mehr so mitmacht.

Ihre Natur ist es, etwas anzupacken und erfolgreich zu sein. Scharfsinn und Kreativität sind ebenfalls Ihre Natur, Ihnen wird garantiert etwas einfallen! Gestalten Sie notfalls zu Beginn einfach Ihre Wohnung um. Lassen Sie

6 1
8 3
7 2
9 4
5 0

Farbe und die Kraft des Neuen in Ihr Leben. Treffen Sie sich wieder mehr mit anderen Menschen und versuchen Sie, zu verstehen, dass nicht alle so gewieft sind wie Sie. Umso mehr können andere von Ihren Fähigkeiten profitieren! Ein wenig mehr Verständnis und Nachsicht könnte also nicht schaden. Denken Sie an früher zurück, als Sie noch so viele Ideen hatten und so wenig Zeit. Tauchen Sie ein in Ihre Gedankenwelt und holen Sie die Schätze hervor, die dort bisher Staub sammelten. Mit ein wenig Übung kommt alles wieder zum Vorschein. Natürlich auch manche unangenehme Szenen, aber die betrachten Sie einfach wie einen schlechten Film, den Sie irgendwann einmal gesehen haben. Fangen Sie neu an, es ist jederzeit möglich! Vielleicht kommt auch die eine oder andere Einsicht zum Vorschein, und Sie nehmen einen Gesprächsfaden wieder auf, der jahrelang abgeschnitten war. Was auch immer – werden Sie aktiv! Menschen mit Ihrer Signatur können sich bis ins hohe Alter nützlich (und damit automatisch glücklich) machen, weil sie viel wissen und können. Das Weitergeben wäre eine sehr schöne Aufgabe. Jugendlichen beispielsweise wird vieles heute nicht mehr beigebracht, was früher selbstverständlich war – angefangen bei der Reparatur eines tropfenden Wasserhahns. Sollten Sie das Pech haben, dass sich Ihre Familie auf welche Weise auch immer »abgeseilt« hat, nehmen Sie eben zu anderen Menschen Kontakt auf. Sie wissen ja: Im eigenen Land ist der Prophet oft nichts wert. Spitzensportler, Pilot, Techniker – es gibt einfach viele Berufe, die man im hohen Alter nicht mehr ausüben kann, aber darüber schreiben kann man, man kann Erfahrungen austauschen, lehren. Die Fähigkeiten des West-Menschen sind vielfältig, und handwerklich begabte Menschen sind bis ins hohe Alter gefragt.

Johanna erzählt:

Ein Leserbrief hat uns zum Schmunzeln gebracht: Ein »alter Herr« beschwerte sich im Altersheim ständig darüber, dass nichts funktioniere. Einmal war's die Fernsehantenne, ein anderes Mal der Abfluss oder der Duschkopf. Türen quietschten und Fensterhebel klemmten.
Eines Tages erhielt er von seinem Sohn unser Buch »Das Tiroler Zahlenrad«. Nach der Lektüre seiner Signatur stand er auf und ließ sich von seiner (schon übergebenen) Werkstatt Werkzeug bringen. Heute ist er im Altersheim nicht nur der geheime Hausmeister, er ist auch der Schwarm vieler anderer Heimmitglieder. Ein Mann für alle Fälle.
Was mich zum Schmunzeln brachte, war allerdings etwas anderes: Der Leserbrief des Sohnes enthielt die Frage nach meiner Meinung. Er fände es komisch, dass sein Vater wieder heiraten wolle und nach dem richtigen Zeitpunkt dafür fragte. Natürlich antwortete ich ihm, dass es hier wohl nicht vorrangig um einen guten Termin ginge; ich wünschte dem Vater viel Glück und dem Sohn viel Gelassenheit. Er war wahrscheinlich noch zu jung, um zu verstehen, dass Liebe keine künstlichen Altersgrenzen beachtet. Ich habe dann nichts mehr von den beiden gehört, hoffe aber sehr, dass der Vater sich »getraut« hat.
Leider schließen allzu viele Menschen mit dem Leben ab, obwohl sie noch so viel zu sagen hätten. Sie leben so dahin und warten, bis es zu Ende ist. Schade! Wir alle könnten viel mehr von ihnen profitieren. Vielleicht denke ich so, weil ich alles von meinem tauben Großvater lernen durfte. Heute, beim Schreiben dieser Zeilen, ist sein 42. Todestag, und er ist mir noch genauso nah wie früher.

Signatur Nr. 5

Die Mitte

Der geduldige Wanderer zwischen allen Welten – innen und außen daheim

DIE ZAHLEN: 0 und/oder 5

vorhandene Farben: Gelb/fehlende Farben: Rot, Weiß, Blau und Grün

+ positive Eigenschaften

- schöpferisch
- opferbereit
- großzügig
- geduldig
- naturverbunden
- ausgeglichen
- beharrlich
- spirituell
- sympathisch
- fürsorglich
- vernünftig
- hilfsbereit

MITTE *für Babys und Kleinkinder*

Ein Baby mit dieser Signatur scheint zu Beginn für einen ähnlichen Weg gedacht wie das Ost-Baby. Das ruhige, gelassene Wesen macht den Eltern Freude und nur wenig Mühe. Es liebt es besonders gemütlich und nimmt sich viel Zeit für alles. Nicht, dass es von etwas langsamerer Natur wäre, nein, es genießt nur mehr. Hektisches Essen mag es nicht, auch nicht mal eben für einige Sekunden auf den Arm genommen und dann wieder abgesetzt zu werden. Ebenso mag es nicht wegen des kleinsten Mucksers aus dem Bettchen gehoben werden. Diese Kinder lernen schnell, »was Sache ist«, vorausgesetzt, man lässt ihnen Zeit und Ruhe dazu. Eine gewisse Ordnung und Tagesroutine mögen sie. Wenn sie dann »alles im Griff« haben, beginnen sie, die Welt zu entdecken. Von Anfang an wäre es sinnvoll, die sich entfaltenden Interessen zu fördern, aber in der individuellen Geschwindigkeit. Unterforderung mündet in Langeweile, Überforderung in störrischem Widerstand. Deshalb ist Fingerspitzengefühl nötig, um das Kind kennenzulernen. Ruhe und Frieden braucht es anfangs am meisten. Zu Farben hat auch dieses Kind ein besonderes Verhältnis. Viele Eltern lehnen die Diktatur der Babyfarben – Jungenhellblau und Mädchenrosa – ab und wenden sich dem »neutralen« Gelb zu. Das ist auch grundsätzlich gut so, aber bei dieser Signatur sollte man nicht auf ein Übermaß der Farbe Gelb zurückgreifen – damit können Sie hier nicht viel gewinnen. Wählen Sie zur Unterstützung der Entwicklung dieses Kindes alle anderen Farben, am besten abwechselnd – in Kleidung, Bettwäsche, Wandfarbe und so weiter. Weiß wäre hier besonders geeignet. Verstauen oder verschenken Sie gelbe Bettwäsche, gelbe Vorhänge, und denken Sie beim nächsten Kleiderkauf daran, dass Ihr Schützling nichts Gelbes mehr braucht. – Manchmal reagiert eine Mutter auf diese Empfehlung verständnislos. Betrachten Sie in Ruhe Ihre eigene Signatur: Fehlt bei Ihnen ⓪ und ⑤? Dann ist Gelb eine der Farben, die Sie brauchen! Und schon wird klarer, warum Sie sich das Weglassen von Gelb bis jetzt kaum vorstellen konnten.

Das Verdauungssystem lässt sich bei dieser Signatur viel Zeit, deshalb kommen Bauchweh, Blähungen und Bauchzwicken auch häufiger vor. Wenn Sie diese Probleme kennen, achten Sie genau auf die Ernährung. Beim Stillen ist natürlich die Ernährung der Mutter ausschlaggebend: Wann wird das Baby nach der Mahlzeit unruhig oder weint sogar? Rötet sich die Haut im Windelbereich? Lassen Sie alle scharfen, blähenden und säurehaltigen Lebensmittel weg. Wenn Sie ratlos sind, lassen Sie sich von uns einen Alpha-Omega-Fragebogen schicken (Adresse siehe Seite 396), und das Leiden wird schnell ein Ende haben. Wenn eine stillende Mutter allerdings keine hochwertige, schadstoffarme Nahrung isst, wird das Kind oft Verdauungsprobleme bekommen. Obst aus fernen Ländern sollten Sie unbedingt meiden! Die »bequemen« Obst- und Gemüsegläschen machen Babys ebenfalls oft zu schaffen, weil nicht auf die richtigen Kombinationen gemäß dem Ernährungstyp geachtet wird. Karotten und Tomaten gemeinsam in einem Gericht verträgt kein Baby der Welt! Und Bananen und Reis sind für Alpha-Babys eine kleine Katastrophe! (siehe unser Buch »Alles erlaubt!« oder unsere Website, Seite 396/397). Um Ihr Baby besser kennenzulernen, achten Sie besonders darauf, an welchen Tagesdaten Ihr Kind unruhig ist. Die Jahreszahl fällt weniger ins Gewicht, so wird es beispielsweise im zweiten Jahrzehnt des neuen Jahrtausends kein Datum ohne eine ❶ geben, eine gewisse Neugier wird uns in dieser Zeit also ständig begleiten. Tagesdaten ohne ❽ und ❸ bedeuten für ein Kind immer etwas Unruhe. Unterstützen Sie dann zum Ausgleich mit der Farbe Grün (in der Kleidung, mit Pflanzen, in der Ernährung, beim Spielzeug ...). Tage ohne ❼ und ❷ lassen manchmal den nötigen Schwung vermissen. Hier leistet Rot als »Arbeitsfarbe« die besten Dienste. Tage ohne ❾ und ❹ brauchen zum Ausgleich der fehlenden Energie die Farbe Weiß. Umgekehrt ist es ebenso einfach, für Ausgleich zu sorgen: An Tagen mit viel ❼ und/oder ❷ im Datum meiden Sie die Farbe Rot, denn Ihr Kind reagiert eventuell hektisch und nervös. Die Zahlen des jeweils aktuellen Datums lassen Kinder, besonders Kleinkinder, noch viel stärker reagieren als Erwachsene.

Den zarten Winken der Natur gehorchen wir in dieser schnelllebigen Zeit nicht mehr so leicht. Von Kindern könnten wir es wieder lernen.
Das Baby der Mitte ist schöpferisch, geduldig, dem Spirituellen zugeneigt und sympathisch – auch werden Sie kaum ein vergleichbar vernunftbegabtes Kind erleben. Obwohl von Natur aus großzügig, will es aber auch wie alle Babys ernst genommen werden. Sanfte Massagen tun dem Babybäuchlein besonders gut, wenn es einmal unruhig ist. Massieren Sie grundsätzlich im Uhrzeigersinn, niemals umgekehrt! So fördern Sie die Verdauung und begleiten den Darm in seinem natürlichen Verlauf. Wenn die Mitte-Kinder ins Kindergartenalter kommen, treibt es sie extrem nach außen, oder aber extrem nach innen (nach Hause). Nehmen Sie auf diese Entwicklung Rücksicht und behandeln sie Ihr Kind verständnisvoll. Extreme gehören zu seiner Natur und sind langfristig ein Geschenk.

MITTE *für Teenager*

Naturverbunden, opferbereit und großzügig – diese Eigenschaften werden Sie bei dieser Signatur häufig finden. In der Jugend geschieht es allerdings häufiger, dass diese positiven Eigenschaften etwas aus dem Vordergrund verschwinden. Im Alltag treffen dann eher Attribute wie verschwenderisch, zerstreut oder geistesabwesend zu. Natürlich gibt sich das im Laufe der Zeit wieder, aber man muss es doch erst einmal aushalten können. Lassen Sie Ihren Teenie auf irgendeinem Weg spüren, dass es in Ordnung ist, manchmal aus den Fugen zu geraten. In solchen Phasen lernt man sich auch besser kennen – es gibt kein halbleeres Glas, das sich nicht mühelos in ein halbvolles Glas verwandeln lässt! Trotzdem muss es Grenzen geben, daran sollten die Eltern denken. Sie haben's manchmal schwer und verstehen die Welt nicht mehr, wenn aus dem besonnenen und einsichtigen Kind der Mitte plötzlich ein »Problemkind« wird.
Der Teenager muss aber die Erfahrung machen, dass auch angeborene Gutmütigkeit in Ausnützen münden kann, wenn man kein Ende kennt.

So kommen hier zwei Probleme zusammen: Einerseits müssen Eltern mit einem plötzlich wie verwandelten Kind umgehen lernen und andererseits gleichzeitig froh sein darüber, dass es jetzt lernt, sich zu behaupten. Die Grenzen für die Eltern und die Grenzen für den Jugendlichen sind jetzt gleichzeitig Thema. Die Lebenserfahrung zeigt, dass Erwachsene fast unfähig zu echten Beziehungen sind, wenn man ihnen als Kind keine Grenzen aufgezeigt hat. Andererseits: Nur mit »Bravsein« und Anpassung an Eltern, Lehrer, Freunde ist man später ebenso wenig zu Miteinander und Teamarbeit fähig. Für uns alle ist es wichtig, Grenzen richtig einzuschätzen. Wann mache ich mich zum Sklaven? Wann gehe ich auf Kosten anderer Menschen mit dem Kopf durch die Wand? Wir alle müssen diese Phasen selbst erleben, um unsere gesunden Grenzen kennenzulernen.
Bei dieser Signatur der »reinen Mitte« können sich solche Erfahrungen wie Erdbeben anfühlen und auswirken. Bei genügend Verständnis und Einsicht seitens der Eltern ziehen diese Wolken vorüber und hinterlassen keine dauerhaften Furchen in der Seele. Fehlt die Einsicht in diese Zusammenhänge, haben es alle Beteiligten schwer, aus der naturgegebenen Krise wieder heil zu entkommen. In diese Zeit fällt zudem noch oft die Berufswahl beziehungsweise die Entscheidung, ob weiterführende Schule oder nicht. Und wenn ja, welche? Da passt es nicht so gut, dass die speziellen Talente manchmal nicht erkannt werden, weil der Jugendliche träumerisch und lustlos wirkt. Man traut ihm deshalb weniger zu, als er eigentlich »auf dem Kasten hätte«. Dabei wäre das sehr viel!
Berufe mit hohen Anforderungen an die Geduld sind seine Spezialität, auch gibt es wenige Menschen, die mit so viel Ausdauer gesegnet sind wie die Signaturen der Mitte. In der Orientierungsphase der Jugendlichen der Mitte kommt es oft zu Situationen, in denen völlig andere Fähigkeiten verlangt sind als die, die sie selbst gerade an sich wahrnehmen.
Schon an der Schule wird Kindern und Jugendlichen alles abverlangt, ob sie wollen oder nicht, ob Talent vorhanden ist oder nicht. Grundsätzlich ist das nichts Schlechtes, denn so mancher muss auf sein Glück und seine

Talente erst mit der Nase gestoßen werden. Dennoch sind bestimmte Richtungen schon so stark an der Oberfläche, dass es für den Jugendlichen zur Qual wird, scheinbar überflüssige Verrenkungen durchzustehen. Ein Genie welcher Färbung auch immer kann getrost auf Schindereien verzichten, wenn Arbeit ansteht, die um 180 Grad entgegengesetzt dem eigenen Weg verläuft. Diese Phase durchzustehen ist eine der größten Herausforderungen im Leben der jungen Menschen mit dieser Signatur.

Ihr Gefühlsleben ist sehr intensiv entwickelt – manche Menschen kommen ihr Leben lang nicht einmal in die Nähe solch intensiver Empfindungen. Hier verbirgt sich auch der Grund, warum sich diese Menschen oftmals zurückziehen in der Überzeugung, ohnehin nicht verstanden zu werden.

In Berufen wie Gärtner, Förster, Landwirt und Co. hat man größtenteils die Möglichkeit, ungestört seinen Träumen nachzugehen. Man ist nicht ständig von nervenden Chefs und Kollegen umgeben. Von der gesamten Anlage her wären in dieser Signatur auch sehr gute Politiker zu finden. Allerdings sind heute eher die vorlauten, großsprecherischen Politiker gefragt, während Menschen, die in Zusammenhängen denken können, leider nur eine Bedrohung darstellen. Halten Sie sich einfach vor Augen, dass in dieser Signatur im Grunde ein zentriertes, großzügiges, schöpferisches, fürsorgliches und hilfsbereites Wesen wohnt, dann wird auch die Teenager-Zeit für Ihre Familie problemlos vorübergehen. Der Mensch der Mitte sollte niemals seine wahren Träume vergessen, und er sollte sich vor allem nicht in eine Schablone pressen lassen, in der seine wahren Fähigkeiten vertrocknen. Zeigen Sie dem Teenager mit dieser Signatur voller Liebe seine Grenzen auf, und lassen Sie ihn durchstarten.

MITTE *für Erwachsene*

Im Erwachsenenalter sind meist bereits viele Weichen gestellt, aber nicht jeder ist schon in seinem ureigenen »Bahnhof« angekommen. Wenn Sie sich in dieser Situation fühlen, dann stehen ja auch noch viele Wege

offen – das ist Ihre Chance! Oftmals ist der eine heilfroh, seine Schäfchen im Trockenen zu haben, der andere empfindet genau das Gegenteil, nämlich langweiligen Stillstand. Vor nichts graut ihm mehr, als dass nichts Neues mehr nachkommt. »Die Menschen sind nun einmal verschieden ...« Richtig! Nur sprechen wir im Fall der Mitte nicht von verschiedenen Personen – Menschen mit der Signatur Mitte haben mit inneren Extremen zu kämpfen wie kein anderer. Sie beginnen nach einigen Jahren ein neues Leben, einen neuen Beruf, suchen sich eine neue Heimat oder einen anderen Freundeskreis. Sie ziehen in die Welt hinaus und lassen alles hinter sich. Oder es bleibt alles beim Alten, aber sie empfinden dauerhaft eine offene oder versteckte Frustration, eine tiefe Sehnsucht. Im Extremfall kann es geschehen, dass ihnen nichts auf der Welt so wichtig ist wie das traute Heim und die Familie. Zwei Seelen in einer Brust: Damit muss diese Signatur leben und umgehen lernen. Was immer Sie fühlen, machen Sie sich auf den Weg – ob im Außen oder Innen –, um Ihr Glück zu finden. Schauen Sie also immer genau hin und betrachten Sie die Chancen und Möglichkeiten von allen Seiten. Die Mitte hat sehr viel Geduld zu ihrer freien Verfügung. Aber irgendwann »reicht es« auch ihr, und dann kann es sein, dass sie die Vielfalt der möglichen Alternativen und Auswege nicht mehr sieht oder sich darin nicht mehr zurechtfindet.
Aufgrund der Zahlen im Geburtsdatum lassen sich die besten Lösungswege erkunden. Man erkennt seine Anlagen, Wünsche, Träume und Talente. Wenn jemand unglücklich ist, bedeutet das nicht, dass ihn das »Gegenteil« glücklich macht – vielleicht lässt sich aus der aktuellen Situation heraus ein neuer Weg gehen. Betrachten Sie in Ruhe die Palette Ihrer Möglichkeiten. Aber dann: Handeln Sie!

Affirmationen für die Signatur Nr. 5

Meine Zufriedenheit lässt mich Licht und Liebe ausstrahlen.

Wenn mich meine intensive Mitte unruhig macht, suche ich neue Wege.

Hilfsbereit und fürsorglich gehe ich meinem Ziel entgegen.

Verantwortung und Geduld begleiten mich.

Um meinen Zielen mehr Nachdruck zu verleihen, suche ich Kontakt zu den verschiedensten Menschen.

Eine große Hilfe ist es für mich, auch unbekannte Wege zu beschreiten.

Neuanfänge beleben den Alltag und machen Mut.

Die Herausforderung, weise mit den Finanzen umzugehen, nehme ich an.

Johanna erzählt:

Bei einem meiner Vorträge wandte sich ein Mann mittleren Alters an mich, der von einer besonderen Schwierigkeit in seiner Ehe berichtete. Seine Frau wolle immer fort und in Bewegung bleiben, während er den elterlichen Betrieb übernommen hatte und sich niemals vorstellen konnte wegzuziehen. Das alles sei sehr belastend für ihn, denn er hatte nicht das Gefühl, die falsche Frau an seiner Seite zu haben. Nach dem Blick auf die Geburtszahlen waren wir beide sehr überrascht. Beide hatten ein extremes Übergewicht in der Mitte. Hier wurde klar, dass es schwierig sein würde, einen Weg zu finden, der beide glücklich macht. Denn beide hatten sich gemäß ihrer Zahlen-Mitgift entschieden – nur jeweils für das andere Extrem. Nach längerem Gespräch stellte sich heraus, dass sich die Frau in die Angst hineingesteigert hatte, für immer an einen Ort gefesselt zu sein. Er hatte sie in einer Umbruchphase kennengelernt und für Sie war das genau das Richtige. Die Beharrlichkeit ihres Mannes aber, »auf Gedeih und Verderb« im Ort verankert zu sein, machte ihr immer mehr Angst. Der Mann seinerseits bekam immer stärkere Angst, seine Frau eines Tages zu verlieren. Die Zahlen ließen sie nun erkennen, dass beide die Extreme ihrer Zahlen fühlten und dass jeder um die »Berechtigung« dieser Gefühle kämpfte. Sie schraubten ihre Erwartungen zurück und konnten aus dem gewonnenen Abstand die Situation gelassener betrachten. Als der Mann aufhörte, das Angebundensein als »eisernes Gesetz« zu vermitteln, lockerten sich die angestauten Ängste bei seiner Frau. Nebenbei betrachteten wir noch die Zahlen der Mutter des Mannes und kamen gemeinsam zu dem Entschluss, dass seine Frau tagsüber tatsächlich in eine »neue Welt« eintauchen würde, nämlich in die Berufswelt, und dass abends keine Besuche mehr »bei Muttern« stattfinden würden, weil dort die blockierende Verankerung ständig erneuert worden war. Das ist jetzt über zehn Jahre her und beide sind inzwischen glücklich. Die Ängste waren nicht mit dem Bleiben oder Gehen verknüpft, sondern Resultat der extremen Mitte. Die Einsicht in diesen Zusammenhang führte zur Lösung.

Meist fühlen sich Menschen mit starker Mitte am wohlsten in Berufen, die in irgendeiner Weise naturverbunden sind. Sie brauchen Zeit für sich allein, um dann wieder voll für andere da zu sein. Wer einen Weg eingeschlagen hat, der der eigenen Natur zuwiderläuft, wird zerstreut bis geistesabwesend, manchmal verschwenderisch, oder er lässt aus Resignation alles (mit sich) geschehen. Er driftet in Situationen, in denen er ausgenutzt wird, oder entwickelt sich zum Fanatiker. In dieser Signatur ein Gleichgewicht zu schaffen ist die Kunst. Danach kann diesen Menschen nichts mehr aus der Ruhe bringen. Er muss nur Acht geben, aufgrund seiner gemütlichen Ausstrahlung nicht wieder ausgenutzt zu werden.
Ein gelebtes Leben bringt ständig Herausforderungen, das gilt für jede Signatur! Arbeiten Sie in Ihrem Alltag mit den Farben Weiß, Schwarz, Rot und Grün. Das sorgt für Wohlbefinden und bringt den nötigen Schwung für Ihre Absichten.

MITTE *für Senioren*

»Den Lebensabend genießen« – für manche Menschen ist das eine echte Herausforderung. Je nachdem, wie zufrieden man mit dem Berufsleben war, so gestaltet sich auch der »Feierabend«. Die manchmal weit auseinanderliegenden eigenen Vorstellungen machen es bei dieser Signatur nicht immer leicht. Wenn Sie mit Ihrem Dasein aus welchem Grund auch immer nicht zufrieden sind, müssen Sie etwas ändern. Junge Menschen ändern oftmals ihre Position nicht, weil sie zu streng gehalten werden. Machen Sie nicht den gleichen Fehler. Wer soll Sie halten? Lassen Sie Ihren Träumen und Vorstellungen freien Lauf und richten Sie es sich gut ein. Wie Ihre Ziele aussehen, ist völlig gleichgültig, solange Sie damit glücklich sind. Immer wieder gibt es Menschen, die überzeugt sind, dass sie selbst erst dann ein Recht auf persönliches Glück haben, wenn sie vorher andere glücklich gemacht haben. Zu dieser Denkweise sind wir fast alle erzogen worden (wobei die Kirche keinen geringen Anteil hat).

Schon die nächste Frage eines denkenden Menschen sollte lauten: Warum sind dann aber so viele unglücklich? Die Gleichung wäre so einfach: Erst wenn ich mit mir zufrieden bin, kann ich auch andere Menschen glücklich machen. Das soll nicht heißen, dass man nicht auch Opfer bringen muss. »Liebe deinen Nächsten ...« – das ist absolut in Ordnung. Nur die zweite Hälfte dieser sanften Empfehlung muss zu Ihrem Recht kommen, wenn alles ins Lot kommen soll: »... wie dich selbst.«

Wollten Sie neben einem mürrischen alten Mann, einer grantigen alten Frau leben? Niemand wünscht sich das! Dabei ist es völlig gleichgültig, wer an Ihrer Unzufriedenheit schuld ist – eine solche Rechnung wird nie aufgehen. Schluss also mit den falschen Vorstellungen! Leben Sie so, wie Sie persönlich es für gut befinden (und nicht Nachbarn, Verwandte, Kinder, der »Zeitgeist« ...). Sie werden sehen, fast über Nacht sammeln Sie auf diese Weise fröhliche Menschen um sich, und wenn Sie glücklich sind, werden es Ihre Kinder auch.

Menschen mit so viel Mitte haben vielleicht ihr ganzes bisheriges Leben nur anderen gedient. Jetzt wollen sie auch ein wenig die Ernte einfahren – aber natürlich werden die Menschen in Ihrem Umfeld zunächst einmal überrascht reagieren, wenn sie nun auch einmal nehmen statt immer nur geben wollen. Machen Sie daher Ihre Wünsche und Gedanken deutlich!

Viele Menschen mit dieser Signatur erfüllen sich jetzt den lang ersehnten Urlaubswunsch, vielleicht auf sechs Monate oder ein Jahr ausgedehnt, und lassen endlich alle fünf gerade sein. Da die Mitte solche Extreme mit sich bringt, ist es aber auch möglich, dass man nun das Haus gar nicht mehr verlässt. Besonders belastend ist das für die (Haus-)Frauen solcher Männer, weil jetzt plötzlich »immer jemand im Haus« ist, obendrein vielleicht jemand, der immer bedient werden möchte und zu allem eine Meinung hat. Diese Männer haben den Spruch »Werdet wie die Kinder« etwas missverstanden! Viel entspannter für alle Beteiligten wäre es, Aktivitäten für planen, den Tag genau einzuteilen und dafür zu sorgen, dass alle auf ihre Kosten kommen.

Eine gute Partnerschaft zu führen bedeutet nicht, alles gemeinsam zu machen. Ein Partner hegt oft allzu große Erwartungen ans Rentnerdasein und kann nicht verstehen, dass das Gegenüber seinen Wünschen nicht nachkommt. Ein alltägliches Problem, das sich bei dieser Signatur manchmal etwas stärker bemerkbar macht.

Ein Vorteil der »reinen Mitte« ist es, dass der Übergang vom Beruf zum Hobby sehr oft leicht fällt und dass Hobbys fast nahtlos weitergeführt werden können, gleichgültig wie alt man ist. Meist hatte der Beruf schon mit Natur zu tun, und jetzt ist die Zeit gekommen, nach Lust und Laune auch bis spät in die Nacht den Interessen nachzugehen. Niemand drängt, und das ist auch gut so, denn das können die Menschen der Mitte nicht gut ertragen. Sie kommen ohne Anstöße von außen aus und bedürfen keiner Ermahnungen, die Dinge zeitgerecht fertigzustellen. Sie erkennen die Notwendigkeit früh genug selbst und übernehmen auch die Verantwortung. Wenn Mitte-Menschen sich ihren Neigungen gemäß beschäftigen können, sind sie angenehme Zeitgenossen, die selten einmal jemandem auf die Nerven gehen. Das Angenehme an dieser Signatur ist ihre grundlegende Zufriedenheit. Sie sucht sich immer eine Beschäftigung und ist damit meist auch noch für andere von Nutzen.

Wenn Sie Lust auf Änderungen spüren, aber die Umstände dagegensprechen (oder Sie dies zumindest fest glauben), dann ändern Sie doch einfach in Ihren vier Wänden etwas: ein guter Anfang! Beginnen Sie, Ihr Heim mit den Farben Rot, Grün, Weiß oder Blau zu schmücken (wenig Gelb, denn davon haben Sie genug). Das bringt sofort neue Energie ins Haus. Wenn Sie mit Ihrer Gesundheit nicht zufrieden sind, dann machen Sie ab sofort täglich eine Minute lang die Mondgymnastik (siehe Buchtipp Seite 397), und ändern Sie langsam Ihre Ernährungsgewohnheiten. Manche sagen: »Es lohnt sich nicht, nur für eine Person zu kochen.« Das ist eine Beleidigung, die Sie sich selbst zufügen und die in Ihrem Körper Spuren hinterlässt. Tun Sie sich mit einem sorgfältig zubereiteten Essen und einem schön gedeckten Tisch etwas Gutes – heute noch!

Signatur Nr. 6

Norden/Osten

Mit viel Gespür und mit dem scharfen Blick hinter die Kulissen – die großen Zusammenhänge locken!

DIE ZAHLEN: 6 und/oder 1, 8 und/oder 3
vorhandene Farben: Blau und Grün/fehlende Farben: Rot, Weiß und Gelb

+ positive Eigenschaften

- tiefgründig
- kreativ
- sanftmütig
- visionär
- wissensdurstig
- spirituell
- mutig
- willensstark
- naturverbunden
- musikalisch
- mitfühlend
- geduldig
- tolerant
- großzügig

NORDEN/OSTEN *für Babys und Kleinkinder*

In den meisten Fällen sind Babys ein Spiegel der Eltern – in vielfacher Hinsicht. Erst später im Leben tritt das Eigene deutlicher zutage: die Interessen und Fähigkeiten, die das Kind zum eigenständigen Menschen werden lassen. Innerlich ruhige, gelassene und selbstbewusste Eltern strahlen Ruhe aus, und besonders ein Baby mit der Signatur Nord-Ost fühlt sich dann sicher. Es braucht nicht ständig greinen und weinen, bis man es versteht, bis es bekommt, was es braucht.

Ein sicherer Weg, diese Ruhe zu verlieren, wäre es, in die Flut von Informationen, Ratschlägen und Vorschriften einzutauchen, von denen junge Eltern heute bombardiert werden. Jedes Kind ist anders, und jede Situation erfordert andere Maßnahmen. Lassen Sie sich deshalb viel Zeit, als Eltern die eigenen Empfindungen, Wahrnehmungen und Bedürfnisse zu entwickeln, um eine tragfähige Brücke zu Ihrem Baby zu bauen. Das Baby gewinnt so an Sicherheit und Vertrauen, macht gesunde Fortschritte und kann sich altersgerecht entwickeln. Das Wichtigste für den Umgang mit Ihrem Baby haben Sie schon: bedingungslose Liebe.

Im Alltag liebt das Baby mit den Geburtszahlen im Norden und Osten »geordnete Verhältnisse«. Es lernt schnell, wann es Zeit ist zum Kuscheln, zum Essen, zum Schlafen. Aus solchen tröstlichen Routinen herausgerissen zu werden lässt dieses Baby unruhig und unsicher reagieren. Gerade Erstgeborene machen diesbezüglich viel mit, weil die jungen Eltern oft noch viel Abenteuerlust treibt beziehungsweise das »Angehängtsein« ihnen noch nicht zur Alltagsroutine geworden ist. Sie schleppen oft das Baby überallhin mit und überfordern das kleine Wesen hoffnungslos.

Genau wie Ihr Baby haben auch Sie das Recht auf Ruhe. Wenn Sie sich bei jedem Piepser des Babys umdrehen, verunsichern Sie es nur. Ihr Kind will Klarheit spüren und nicht immer hochgehoben werden. In der Aufwachphase lassen Sie es erst einmal zu sich kommen, bevor Sie es herausnehmen. Eine kurze »Denkpause« zur Orientierung liebt es!

6 1
8 3
7 2
9 4
5 0

Das Nord-Ost-Kind ist neugierig, tiefgründig, musikalisch und liebt es, für alles genug Zeit zu haben – sie sollten darauf Rücksicht nehmen. Reden Sie tagsüber mit liebevollem, ruhigem Ton über alles, was Sie gerade tun, auch wenn Sie denken, dass Ihr Baby Ihre Worte noch nicht versteht. Wenn Sie dagegen Ihr Kind nachts stillen, dann sagen Sie fast nichts. Leise und im Dämmerlicht legen Sie es an und lassen Sie es anschließend aufstoßen. Ohne Worte und mit einem zärtlichen Kuss bringen Sie es wieder ins Bettchen. Mit der Zeit machen Sie das fast im Schlaf und Ihr Baby auch. Es braucht sicher nicht lange nachts gestillt werden, und dann gewinnen alle ihre verdiente Nachtruhe.
Junge Eltern wissen oft nicht, dass Babys nicht vor dem täglichen Lärm geschützt werden müssen. Im Gegenteil: Die Geräuschkulisse gibt ihnen Sicherheit und Geborgenheit. Babys können stundenlang friedlich in einem dahinrauschenden Intercity schlafen! Manche besorgte Eltern schleichen auf Zehenspitzen aus dem Schlafzimmer, und trotzdem schreit ihr Kind beim leisen Knacksen der Zimmertür. Hier wird das Baby nicht wach wegen des Geräuschs, sondern wegen der Schwingungen der Unsicherheit, die es als viel »lauter« empfindet als jede akustische Störung.

Johanna erzählt:

Ein Tipp aus eigener Erfahrung: Ich habe beim Stillen immer auch die Babydecke mit ins Bett genommen, damit das Baby nach dem Stillen nicht vom Warmen ins Kalte muss, sonst wird es zu wach. Besonders Kinder mit dieser Signatur haben nicht so viel »Eigenhitze« wie die Süd-Kinder mit ❼ und/oder ❷ im Geburtsdatum.

Nord-Ost-Kinder haben seltener Fieber und können Wärme gut gebrauchen. Wenn aber doch einmal ein fiebriger Infekt auftritt, dürfen Sie ihn nicht auf die leichte Schulter nehmen. Warme Füßchen sind bei dieser

Signatur nicht nur wichtig, sondern fürs allgemeine Wohlbefinden eine Notwendigkeit. Kalte Füße machen diese Kinder am ehesten krank. Manchmal kann man beobachten, wie Babys fast leblos in Umhängetüchern hängen und links und rechts nackte Beinchen sichtbar werden, fast blau! Meist haben wir es hier mit einer Mutter zu tun, die glaubt, Ihrem Kind etwas Gutes zu tun, weil sie selbst zu viele hitzige Elemente trägt. Das Tragetuch sollte gut sitzen und die Beinchen nicht abschnüren. Fast jedem Baby ist auch im Sommer nach kurzer Zeit an den Füßen zu kalt, deshalb sollte es immer Strümpfe und Hose tragen. Das Mützchen sollte über die Ohren reichen, gut sitzen und nicht verrutschen: Nur eine Mütze mit Ohrenschutz und Bändern zum Schnüren verhindert Erkältungen und schmerzhafte Ohrenprobleme. Ohrenschmerzen erkennen Sie übrigens an schnellen Bewegungen der Ärmchen, fast als ob das Baby Fliegen verscheuchen möchte. Ab und zu röten sich auch die Ohren, aber dann ist es meist schon passiert. Viele Besuche beim Kinderarzt oder in der Apotheke lassen sich vermeiden, wenn man auf solche Kleinigkeiten achtet. Fördern Sie früh genug das Gehör Ihres Kindes mit guter Musik. Ohne Musik kann dieses Kind gar nicht auskommen. Lassen Sie aber nicht den ganzen Tag Musik laufen, sonst »betäuben« und überfordern Sie Ihr Kind.

NORDEN/OSTEN *für Teenager*

Ihr Kind hat sicher schon längst ein Musikinstrument gelernt und übt freiwillig. Nein? Dann ist etwas schiefgelaufen. Viele Instrumente, etwa Gitarre oder Saxofon, kann man auch im hohen Alter noch lernen. So lange sollte diese Signatur aber nicht warten, denn es wäre schade um das angeborene Talent. Die Stimmungsschwankungen, mit denen ein Jugendlicher zu kämpfen hat, lassen sich viel leichter überstehen, wenn er in die Tasten (oder Saiten) hauen kann. Mitglieder von Bands brauchen solche Signaturen. Wenn Sie jemand kennen, der wunderbar ein Instrument spielt, aber nur im stillen Kämmerlein, fragen Sie ihn mal nach seinem Geburtsdatum.

Ausgestattet mit den Zahlen des Nordens und Ostens ist es auch einem Jugendlichen möglich, erfolgreich eine Band zu gründen.
Um den Erfolg unter die Leute zu bringen, ist allerdings ein Partner mit den Zahlen des Südens (❼ und/oder ❷) nötig. Und um mit all dieser Genialität auch noch finanziell in schwarze Zahlen aufzusteigen, dazu braucht es das gute Miteinander mit Menschen des Westens (❾ und/oder ❹ im Geburtsdatum). Dann würde sich die geeignete Form entwickeln, um das Zahlenrad in Schwung zu halten und Talent mit materiellem Erfolg zu verbinden. Damit auch etwas Greifbares entsteht, das man verkaufen kann, können wieder alle Menschen mit Nord-Ost-Energie zur Tat schreiten: Hier verbirgt sich oftmals das Geheimnis von Erfolg und Misserfolg. Gefühl, Taktik, richtiger Zeitpunkt – alles sollte im Einklang stehen. Diese Geduld bringen viele Menschen heute nicht mehr auf. Sie verfallen der Gleichung »Zeit ist Geld«. Dabei muss jeder seinem individuellen Gefühl nach seine Zeit und sein Geld gewinnbringend einsetzen.
Wenn Jugendliche zu arg gedrängt werden, obwohl sie noch ohne Orientierung durchs Leben tanzen, folgt Unsicherheit so sicher wie das Amen in der Kirche. Das Tiroler Zahlenrad lässt erkennen, mit welchen Begabungen und Talenten Mitmenschen, Eltern und Geschwister gesegnet sind. Alles wird leichter, weil man begreift, warum bestimmte Wünsche und Richtungen sich entwickeln.
Um auf die speziellen Talente dieser Signatur zurückzukommen: Zu den musikalischen Fähigkeiten des Ostens gesellen sich auch die Heiler-Qualitäten des Ostens. Auffällig ist, wie sich beides oftmals glücklich verbindet. Es gibt zahlreiche Ärzte, die sehr musikalisch sind. Manchmal genügt es schon, sich nach einem anstrengenden Tag in der Praxis mit Musik zu belohnen und zu regenerieren. Wussten Sie, dass früher viele herumreisende Musiker gleichzeitig Heiler waren? In uralten Schwarzweiß-Filmen kann man das manchmal noch erkennen. Der Zusammenhang leuchtet ein, denn der Erfolg eines Konzerts hängt nicht zuletzt von der Ausstrahlung der Musiker ab. Bei einem Konzert kann man sich regelrecht

»heilen«. Und das betrifft keineswegs nur Konzerte mit klassischer Musik! Auch Rockmusik kann heilende und belebende Impulse geben.
Die mitfühlende Energie des Ostens (8 und/oder 3) kann manchmal ins Gegenteil umschlagen, wenn sie überschießt: Der Jugendliche kann dann regelrecht »aus der Haut« fahren und vorübergehend zu einem wirklich unangenehmen Zeitgenossen werden. Das legt sich zwar wieder, will aber erst einmal verdaut werden. Mit Gefühlen umgehen zu lernen ist Thema Nummer eins in diesen Jahren. Teenager mit Nord-Ost-Geburtszahlen würden sehr unter konservativen, autoritären Eltern leiden. Vorgefertigte Ziele – von Eltern, Mode, Zeitgeist, Schule, Kirche und so weiter – sind ihnen ein Gräuel. Setzen Sie Ihr Kind nicht in ein vorfabriziertes Nest, das womöglich auch noch wie ein Büro oder eine Fabrik aussieht. Es könnte geschehen, dass sich das Wort bewahrheitet: »Eine Generation baut auf, die nächste lebt davon, die dritte fährt alles in den Graben.«
Lassen Sie Ihren Jugendlichen zuerst einmal eigene Erfahrungen machen. Vielleicht kehrt er ja freiwillig ins gemachte Nest zurück. Dann steht er aber auch mit seiner Energie und Entschlossenheit dahinter.
Fast in die Wiege gelegt sind der Signatur Nr. 6 Berufe wie Schriftsteller, Lehrer, Forscher, Anwalt, Richter, Pionier, Musiker, Arzt, Landwirt, Heiler, Pfleger sowie alle Medienberufe. Was der Jugendliche will, muss er selbst herausfinden und entscheiden – nur dann kann er sich voll dafür einsetzen. Für diese Entscheidung braucht er vor allem eines: genug Zeit!

NORDEN/OSTEN *für Erwachsene*

Aus der Palette Ihrer zahlreichen Talente die richtige Wahl zu treffen ist sicher auch ein Stück Glück. Früher lernte oder studierte man und machte sich dann auf die Suche nach einer entsprechenden Arbeit. Heute sind die Wege und Möglichkeiten vielfältiger, was die Auswahl größer und die Wahl schwieriger macht. Mit Ihrer Signatur haben Sie so viele Talente in

die Wiege gelegt bekommen, dass Sie sicher einen Berufsweg finden können, der Sie erfüllt und bei dem Sie gleichzeitig Geld verdienen.
Sollten Sie noch nicht Ihre wahre Berufung gefunden haben, machen Sie sich schlau und wechseln Sie das Feld. Im Zeitalter des Internet müssen Sie dafür nicht einmal eine Abendschule besuchen. Umschulungen und Fortbildungen sind heute an der Tagesordnung. Gab es früher einen Traumberuf, bevor Sie sich in vermeintliche Notwendigkeiten gefügt haben? Können Sie Ihr berufliches Wirken erweitern, um verschüttete Talente zu nutzen, oder trauen Sie sich zu, noch einmal völlig neu durchzustarten? In früheren Zeiten wäre es eine Katastrophe gewesen, noch einmal neu anfangen zu wollen, und die mehr oder weniger stille Unzufriedenheit wäre vorprogrammiert. Heute sind unter den Studenten und anderen Lernenden alle Altersstufen vorhanden. Nützen Sie diese Freiheit, wenn Ihr Herzenswunsch erfüllt werden kann!
Ihrem Glück sollte nichts im Wege stehen, Sie sind es ja nicht nur sich selbst schuldig. Vielleicht waren Sie »damals« noch zu jung, vielleicht bekamen Sie sehr früh ein Kind? Das bedeutet dann aber auch, dass Sie noch jung sind, wenn Ihr Kind selbstständig geworden ist, und dass Sie viele Chancen noch immer wahrnehmen können. Wenn die »wahren Träume« sich nicht erfüllen, wenn man nicht lebt, wofür man gedacht ist, können sich alle guten, tragenden Energien umdrehen und aus einem sanftmütigen Menschen kann ein rechtes Ekel werden. Die negative Seite des Nordens kann sich dann Bahn brechen – nervig, fanatisch, schikanös – ebenso wie die negative Seite des Ostens – überfahrend, einmischend, zerstörerisch.
So weit sollten Sie es nicht kommen lassen. Wenn verborgene Talente brachliegen, machen Sie sich ebenso unangenehm bemerkbar wie die »Leichen im Keller« des Seelenlebens. Lassen Sie Ihrer Kreativität freien Lauf und holen Sie alles aus sich heraus!
Das Fehlen von Süden, Mitte und Westen in dieser Signatur sollte Ihr Augenmerk auf einige Kleinigkeiten richten. Das fehlende »Feuer« des Südens können Sie sehr gut ausgleichen, wenn Sie der Farbe Rot etwas

Affirmationen für die Signatur Nr. 6

Mein Leben ist schön, und ich lerne jeden Tag neu, es zu genießen – mit immer neuen Herausforderungen.

Mit Dankbarkeit nehme ich die Klarheit der Gedanken an.

Mein Gefühl für Zusammenhänge gibt mir immer wieder Sicherheit.

Bei notwendigen Neuanfängen werde ich Ja sagen.

Kontakte zu neuen Menschen werden mich in Zukunft beflügeln.

Für Fröhlichkeit und Lebensfreude nehme ich mir mehr Zeit.

Ich gönne mir in Zukunft, Dinge zu lernen, für die ich jetzt keine Zeit habe.

Geduld und Ausdauer begleiten mich jeden Tag mehr.

6 1
8 3
7 2
9 4
5 0

mehr Raum in Ihrem Leben gönnen, etwa in Ihrer Kleidung, Ihrer Wohnung oder an Ihrem Auto oder Fahrrad.
Männern mit dieser Signatur würde Rot in der Kleidung gut stehen, wobei die Auswahl begrenzt ist. Aber eine rote Krawatte oder ein Einstecktüchlein, ein roter Schal oder Pullover sowie rote Unterwäsche »gehen« allemal. Frauen haben hier sehr viel mehr Auswahl und können unter vielen Kleidungsstücken in Rot oder rötlichen Nuancen wählen, die ihnen mehr Energie bringen. Diese feurige Energie ist manchmal entscheidend, wenn der erste Schritt in Richtung Erneuerung getan werden soll! Wenn Sie sich intensiv um Geschäftliches kümmern müssen, etwa in Verhandlungen, dann tragen Sie Weiß. Das verleiht Mut! Mit Ihrer Signatur neigen Sie dazu, zu vergessen, dass ehrlich verdientes Geld nicht stinkt. Sie müssen lernen, dass nicht nur die Dienstleistung erbracht, sondern auch die Rechnung dafür gestellt und eingetrieben werden muss. Wenn der Westen (❾ und/oder ❹) fehlt, fällt diese Einsicht manchmal schwer. Das kann so weit gehen, dass es schwerfällt, die eigene Leistung in Geldwert zu vertreten oder gar mündlich einzutreiben. Allein schon die Diskussion über die Höhe von Honoraren kann Gefühle der Peinlichkeit wecken. Diese materielle Seite in unserem Dasein müssen Sie sich aber unbedingt erarbeiten. Dass Ihre Gutmütigkeit – oder sollten wir sagen Naivität – ständig ausgenutzt wird, können Sie sich auf Dauer gar nicht leisten.
Wenn Sie ein eigenes Geschäft haben, brauchen Sie eine Sekretärin mit einer ❾ und/oder ❹ im Geburtsdatum als ausgleichendes Element. Sie wird sich erfolgreich um die finanziellen Dinge kümmern. Vergessen Sie aber dann nicht die notwendige Kontrolle: Nur weil Ihnen das Thema nicht »liegt«, sollten Sie nicht den Überblick verlieren.
Dass sich in dieser Signatur auch die Diplomaten tummeln, liegt auf der Hand. Ihre Fähigkeit, die Dinge im Zusammenhang zu sehen und Resultate schon weit im Voraus zu erkennen, macht sie zu idealen Vermittlern zwischen den Welten. Manchmal verläuft das Leben wie ein Schachspiel, und wer nicht gleich zu Anfang die richtigen Züge macht, hat oft schon ver-

loren. Es sei denn, die Gegner arbeiten auf dem gleichen chaotischen Niveau. Bei geübten »Gegnern« tun Sie gut daran, am Ball zu bleiben. Zusammenfassend gesagt, ist es bei der Nord-Ost-Signatur ganz besonders wichtig, den eigenen Herzenswunsch zu erkennen und für seine Erfüllung zu arbeiten, auch wenn dazu Hilfe von außen nötig ist. Als finanziell erfolgreicher, angesehener Rechtsanwalt zum Beispiel würden Sie niemals das Glück Ihrer Seele finden, wenn Ihr Herz in der Musik oder in einem Kunsthandwerk zu Hause ist.

NORDEN/OSTEN *für Senioren*

Die Kombination von Scharfsinn und Geduld hat Sie durchs Leben geführt. Diese beiden Fähigkeiten sind für sich allein schon eine besondere Gottesgabe. Wo solche Energien sich vereinigen, kann eigentlich nur Gutes entstehen. Natürlich begegnen uns im Laufe des Lebens zahllose Umstände, die dafür sorgen, dass nicht alles so läuft wie gewünscht – um es einmal milde auszudrücken. Kosten Sie dennoch jeden Tag aus, als ob es der letzte wäre, und planen Sie, als ob es der erste wäre! Mit Ihren Anlagen sind Sie auch für Herausforderungen in späten Jahren bestens gerüstet. Ob Sie sich der Musik verschrieben haben oder ein gewiefter Anwalt sind, ob Sie in der Landwirtschaft oder als Heiler tätig waren oder sind – alle ihren Talenten entsprechenden Tätigkeiten können Sie noch bis ins sehr hohe Alter ausüben. Was spricht dagegen, Ihrem Nachbarn mit Rat und Tat zur Seite zu sehen, obwohl Ihre Kanzlei/Praxis längst übergeben ist? Was spricht dagegen, sich als »Nanny« zu betätigen, obwohl Sie schon selbst Urenkel haben? Wichtig ist, den inneren Ruf zu hören und ihm zu folgen, und diese Grundvoraussetzung für echtes Glück ist altersunabhängig. Ein guter Musiker kann vielleicht an seinem 80. Geburtstag nicht mehr »wie der Teufel« spielen wie früher, dafür hat er eine überaus große musikalische Reife erworben und kann sein Wissen und Können als Mitspieler und Musiklehrer weitergeben. Der Elan, der dieser Signatur gegeben ist, bleibt lange gegenwärtig, wenn er immer wieder aufs Neue angefacht wird.

Johanna erzählt:

Der berühmte Pianist und Komponist Adolph Kurt Böhm aus Murnau ist mit seinen über 80 Jahren nicht nur aktiv, sondern erhielt kürzlich eine hohe Auszeichnung. Wir hatten die Ehre, ihm auch privat zu begegnen und am Flügel zu hören. Ein Besuch, den wir nie vergessen werden. Seine Ausstrahlung ist voller Liebe und Schönheit. Auch unsere Töchter waren fasziniert. Wenn ein Mensch seinen Passionen nachgeht, wird er nicht nur selbst glücklich, er verbreitet auch Glück. Jeder kann von dieser Musik profitieren – ein wunderbares Beispiel dafür, wie schön sich ein Lebensabend gestalten lässt. Seine Musik würde ihm auch ohne Veröffentlichung Freude machen. Freude und Erfolg haben nichts mit dem Alter zu tun!

So mancher 20-Jährige lässt solchen Elan vermissen! Vor 30 Jahren war jeder 70-Jährige fitter als ein heutiger 40-Jähriger. Das hat sehr viel mit unserer Ernährung zu tun: Wir belasten unseren Körper mit viel zu viel tierischem Eiweiß, mit Fastfood und Fertiggerichten. Wer sich auf diese Weise selbst seine Lebensenergie entzieht, wird sich auf Dauer schwer tun, etwas aus seinem Leben zu machen.
In unseren Mondwochen haben wir immer wieder das Gleiche erlebt. Die Leute kommen zu unseren Seminaren (oftmals ist das ihr letzter Hoffnungsschimmer) und erfahren zum ersten Mal, wie uns die Ernährungsweise kaputt macht oder aufbaut und lebendig hält. Nach sieben Tagen verstehen sie die Welt nicht mehr. Jahrelange chronische Schmerzen sind verschwunden. Gelüste und Suchtverhalten, jahrzehntelang gepflegt, lösen sich auf. Bewegungen, die sie als Kind zuletzt ausführen konnten, sind plötzlich kein unüberwindbares Hindernis mehr. Zu wenig Luft fürs Treppensteigen ist kein Thema mehr. Dabei tun wir nichts Besonderes in dieser

Woche. Nur einige Dinge, die viele vergessen haben, unter anderem, dass wir nichts tun können, was keine Folgen hat.

Wir konzentrieren uns auf positive Handlungen und das Gesetz der Natur sorgt dafür, dass sich positive Ergebnisse einstellen. Alte, ja teilweise hochbetagte Menschen haben in dieser einen Woche wieder zu ihrer wahren Bestimmung zurückgefunden. Erfahrungen werden ausgetauscht, es wird viel gelacht, manchmal ein paar Tränen vergossen – auch darüber, wie Jung und Alt in einer Harmonie leben können, die man vergessen geglaubt hatte.

Wenn Sie wollen, können Sie die Zügel ab sofort (wieder) in die Hand nehmen! Mit Ihrer Nord-Ost-Signatur haben Sie die besten Voraussetzungen dafür, denn Sie gehören zu den Menschen, die gerne dazulernen. Wenn Sie Ihre Lebensgewohnheiten erneuern und sich ab jetzt gesund ernähren und genug bewegen, haben Sie auch die nötige Energie dafür, noch einmal richtig durchzustarten.

Nicht gelebte Talente führen bei jedem Menschen zu Frust. Eine wunderbare Beschäftigung in dieser Hinsicht ist das Schreiben. Ob Sie Ihre Erfahrungen zu Papier bringen oder Beobachtungen dokumentieren: Es hält den Geist fit, und Sie bleiben wach. Als »Nebenwirkung« haben auch noch andere Menschen etwas davon, nämlich Ihre LeserInnen. Warten Sie also nicht darauf, dass Sie am Lebensabend gereizt und bitter werden, weil Ihnen etwas fehlt! Nutzen Sie Ihre Talente und Fähigkeiten bis ins hohe Alter hinein. Sie werden erleben, wie sich Ihre Gefühlswelt und Gesundheit fühlbar verbessern und alle Menschen um Sie herum ebenfalls fröhlicher werden!

6 1
8 3
7 2
9 4
5 0

Signatur Nr. 7

Osten/Süden

Fröhlich, hilfsbereit und mit viel Einfühlung, eine höchst lebendige Signatur – wenn man sie pflegt

DIE ZAHLEN: 8 und/oder 3, 7 und/oder 2
vorhandene Farben: Grün und Rot/fehlende Farben: Blau, Weiß und Gelb

+ positive Eigenschaften

- leidenschaftlich
- energisch
- unabhängig
- musikalisch
- mitfühlend
- geduldig
- tolerant
- kreativ
- großzügig
- begeisterungsfähig
- temperamentvoll
- charismatisch
- hilfsbereit
- neugierig

OSTEN/SÜDEN *für Babys und Kleinkinder*

Wir gratulieren! Sie haben sich den »geborenen Sonnenschein« in Ihr Zuhause geholt. Alle Eltern mit einem Baby dieser Signatur werden durch seine aufgeweckte und gutmütige Art bereichert. Wenn Ihr Baby erst einmal lächeln kann, wird kein Tag mehr vergehen, ohne dass es die Menschen beglückt. Seine herzerfrischenden Gefühlsausbrüche bringen wirklich jeden zum Staunen und Dahinschmelzen.

Das Baby mit dieser Signatur wird gehört – und verstanden. Kaum ein Säugling drückt sich so gekonnt aus. Selbst wenn das Kind nie sprechen lernen würde, würde man es verstehen. Der Süden bringt das nötige Temperament mit, der Osten sorgt für den beruhigenden Ausgleich. Anfangs kann es geschehen, dass ein kleines Kind mit diesen zwei Polen noch nicht umgehen kann. Es braucht dann manchmal tagelang viel Ruhe in seiner Umgebung, während gleich darauf wieder eine Phase folgt, in der es mit sehr wenig Schlaf auskommt. Bleiben Sie dann gelassen und ziehen Sie keine falschen Schlüsse oder lassen sich von »Experten« und Elternzeitschriften welche aufdrängen. Auf ein Baby einzugehen und trotzdem Grenzen zu setzen, das ist eine Kunst, die wie alle anderen Künste auch geübt werden will. Nehmen Sie sich Zeit, Ihr Baby kennenzulernen, dann wird es Ihnen bald seine Vorlieben zeigen.

Manche Kinder dieser Signatur neigen zum hektischen Essen und übergeben sich dann plötzlich. Junge Mütter sind oft unnötig überfordert mit dem ständigen Umziehen des Babys. Freuen Sie sich über seinen gesunden Hunger, aber steuern Sie das Tempo ein wenig: Beim Stillen gibt's keine Probleme, aber beim Wechsel zum Fläschchen sollte das Luftschlucken vermieden werden. Falls Ihr Baby zu hektisch trinkt, setzen Sie die Flasche einen Moment lang ab. Dabei das Fläschchen nicht aufstellen, sondern schräg nach unten in der Hand behalten, neue Luftblasen sorgen sonst für unnötige Blähungen.

Ihr Kind braucht vielleicht auch manchmal länger zum Aufstoßen. Um nicht in Wäschebergen zu versinken, legen Sie sich immer eine weiße Stoffwindel über die Schulter. Auch das Baby sollte immer ein Lätzchen tragen (am besten die Sorte, die man schnell über den Kopf streifen kann), bis das Essen und Aufstoßen beendet ist.

Die manchmal langen Wachphasen der Babys dieser Signatur sollten nicht Anlass geben, sich unaufhörlich mit dem Kind zu beschäftigen. Es ist dankbar für etwas Ruhe, auch wenn es gerade nicht schläft. Interessante Mobiles, bunte, sich bewegende Vorhänge oder auch nur ein Blumenstrauß – alles ist interessant. Babys brauchen Zeit, um ihre Eindrücke zu verarbeiten, und haben kein Verständnis für dauerndes Baby-Geplapper der Erwachsenen. Reden wird dieses Baby noch genug, aber anfangs will es möglichst oft seine Ruhe!

Die Kräfte des Südens wird das Süd-Ost-Kind im Kindergarten entwickeln, die Kräfte des Ostens etwas früher. In der Zwischenzeit könnte es gut von der Mitte (⓪ und/oder ❺) profitieren, wenn man es dahingehend unterstützt. Himmelsrichtungen, die im Geburtsdatum fehlen, sollten die Eltern unterstützend einfließen lassen. Hier ist beispielsweise die Farbe Gelb für Ihr Kind ideal. Sie sorgt für Geborgenheit, Ausgleich in jeder Beziehung und wirkt beruhigend. Unruhe und Nervosität folgen oft auf die Farben Rot und Grün. So können Eltern oft nicht verstehen, warum ihr Kind plötzlich nicht mehr in sein mit roter oder grüner Bettwäsche bezogenes Bettchen will. Kleinkinder sind sehr sensibel, wenn zu viel Energie aus einer bestimmten Richtung auf sie einströmt. Nord-Kinder (mit ❻ und/oder ❶ im Geburtsdatum) brauchen unbedingt Rot zum Ausgleich, während dieses Kind davon überlastet wird. Ein Bettbezug mit viel Rot lässt es manchmal gar nicht erst einschlafen – achten Sie einmal auf diese Zusammenhänge. Viele Eltern lieben Weiß. Wenn Sie ein Süd-Ost-Baby haben, können Sie sich mit weißen Möbeln, Gardinen, Bettbezügen im Kinderzimmer nach Herzenslust »austoben«, denn die Farbe des Westens tut auch Ihrem Kind gut.

Im ersten Trotzalter kann es geschehen, dass Eltern ihr Kind mit Süd-Ost-Signatur nicht wiedererkennen. Viele geben dann dem Umgang im Kindergarten die Schuld. Das ist nicht ganz falsch, aber auch nicht durchweg richtig: Ihr Kind entdeckt jetzt einfach seinen Süden. Viele Berg- und Talfahrten der Gefühle hat es vor sich, bis es damit klarkommt. Dazu addieren sich tausend neue Eindrücke. Bleiben Sie möglichst ebenso gelassen wie später in der Pubertät, es geht alles vorbei. Lassen Sie Ihrem Kind viel Freiheit, aber setzen Sie sehr klare Grenzen, wo es nötig ist. Sagen Sie nicht Nein und geben dann später nach, wenn nur lange genug gejammert wird. Sagen Sie erst dann Nein, wenn es wirklich nötig ist, und niemals nur, weil Sie gerade einfach Ihre Ruhe haben wollen. Sonst bekommen Sie alles andere, nur nicht Ihre Ruhe. Liebevolle Großzügigkeit mit klaren Grenzen ist hier das Geheimnis.

OSTEN/SÜDEN *für Teenager*

Teenager fühlen sich oft klug und überlegen – und auch wenn sie sich damit meist vor allem abgrenzen oder provozieren wollen, sind sie doch tatsächlich oft viel klüger, als wir annehmen. Gerade Jugendliche mit viel Osten und Süden haben ein klares Gefühl für Gerechtigkeit und Ungerechtigkeit, kaum eine andere Signatur empfindet so stark in dieser Weise. Diese Teenager haben den Mut, ihre Stimme zu erheben, und: Sie denken vorher darüber nach. Selten hört man von dieser Signatur leeres Geplapper. Die Zukunft ist ihnen wichtig und die Erhaltung einer gewissen Weltordnung ebenso. Wenn ein Süd-Ost-Jugendlicher das volle Ausmaß dessen begreift, was die Erwachsenen der Welt und ihrer Zukunft bisher angetan haben, ist ein Zornesausbruch nicht unwahrscheinlich. Nicht überraschend ist es, dass viele Umweltaktivisten mit dieser Signatur ausgerüstet sind. Teamgeist ist in dieser Signatur nicht nur reichlich vertreten, sondern er ist ein zentraler und notwendiger Bestandteil der Ausrüstung. Der fehlende Westen macht sich nämlich dadurch bemerkbar, dass zwar gute Ideen reifen, aber manchmal der nötige Schwung zu ihrer Verwirklichung fehlt. Der Westen (❾ und/oder ❹) in Form eines Teammitglieds oder Kollegen würde diese Lücke füllen. Später dann, wenn alle finanziellen Angelegenheiten geklärt sind, braucht das Team einen Nord-Menschen (❻ und/oder ❶). Er wird helfen, die Idee der Öffentlichkeit zu übergeben. Die Energie der Mitte (⓪ und/oder ❺) im Boot zu haben ist immer eine gute Sache, weil man dadurch erfolgreicher die Füße auf dem Boden behält. Jugendliche haben immer viele Ideen, und Sie sollten sie ernst nehmen, auch wenn das Umsetzen oftmals lange dauert.

Leistungsfähig, sparsam, genügsam, mitfühlend, unabhängig, begeisterungsfähig – viele positive Eigenschaften, die es in sich haben: Die Jugendlichen dieser Signatur wechseln langsam, aber auch manchmal sprunghaft zu Charakterzügen, die man von ihnen so gar nicht gewohnt ist. Langweilig, manipulierend, naiv, leichtgläubig oder herrschsüchtig – widersprüchliche Gefühle und Wesenzüge müssen erst einmal eingeordnet, zugeordnet und verarbeitet werden, bis wieder Ordnung in den Köpfen herrscht.

Dieses Hin und Her der Gefühle muss nicht nur vom Jugendlichen selbst, sondern von der ganzen Familie erst einmal verdaut werden. Meistens sind diese Kids sehr gut im Sport, und das hilft allen Beteiligten als willkommener Ausgleich. Ein besonderes Bewegungsgefühl zeichnet diese Signatur aus, und ihre Inhaber tanzen wie die Weltmeister. Gerade in der Jugend lassen sich viele Hürden meistern, wenn man gut tanzen kann! Oftmals sind solche Talente mangels Gelegenheit nur zugeschüttet. Diese wunderbare Medizin in ausreichendem Maß zu verabreichen, dafür sind Gemeinden und auch Eltern in der Regel noch viel zu wenig eingerichtet – materiell wie auch seelisch. Aber was nicht ist, kann ja noch werden!

Der Osten bringt dieser Signatur obendrein eine ausgeprägte Musikalität. Bessere Voraussetzungen für eine Karriere im Showgeschäft gibt es eigentlich nicht. Nicht jedoch für das finanzielle Drumherum, das sollte jemand anderes übernehmen.

Mit den Voraussetzungen der Süd-Ost-Signatur wäre es für einen jungen Menschen auch ein Problem, einen elterlichen Betrieb zu übernehmen, nur weil er »halt schon da« ist. Eingezwängt in ein Büro? Mit dieser Signatur lieber nicht! Das Leben spielt sich auf Bühnen ab! Geheime Wünsche und Träume sollten hier nicht auf der Strecke bleiben, dann ist zusätzlich auch Raum für einen »ernsten Beruf«. Glücklicherweise lässt sich jede Begabung auch als Hobby ausleben. Sollte es aus zwingenden Gründen keine Möglichkeit geben, im Beruf den angeborenen Talenten zu folgen, können diverse Freizeitunternehmungen mithelfen, im Einklang mit der eigenen wahren Natur zu leben.

Ein heimlich gehegter Wunsch, Arzt zu werden, sollte bei dieser Signatur unbedingt Gehör und Unterstützung finden, gleichgültig, ob das Geld dafür da ist oder nicht oder ob es schon Ärzte in der Familie gibt oder nicht. Jeder Studentenkredit wäre hier gut angelegt. Heilende Fähigkeiten sind eine große Gabe – und gute Ärzte mit Einfühlungsvermögen eine Seltenheit.

In ländlichen Gegenden müssen Kinder vielfach immer noch auf ein Internat, um später studieren zu können, oder stundenlange Anfahrten auf sich nehmen. Bei dieser Signatur kann jedoch das Heimweh zum Problem werden. Bereiten Sie Ihr Kind entsprechend vor und wirken Sie unterstützend mit homöopathischen Mitteln. Dieser Einsatz lohnt sich für alle Seiten und für die zukünftigen Patienten! Es wäre traurig, wenn solche Talente auf der Strecke blieben, nur weil die passende Ausbildungsstätte nicht um die Ecke zu finden ist.

OSTEN/SÜDEN *für Erwachsene*

Erst einmal ins Erwachsenenleben eingestiegen, finden sich viele mit dem ab, was sie vorfinden. Dass manche mit ihrer Situation nie zufrieden sind, dass sie bereits ab dem 20. Lebensjahr nichts mehr unternehmen – das bedeutet, sich abzufinden mit etwas, das im eigenen Innersten nicht im Gleichgewicht ist. Sie sollten sich aber niemals abfinden und resignieren!

Entdecken Sie Ihren Herzenswunsch neu, sagen Sie zu irgendetwas Ja und leben Sie es dann auch. Von Bedeutung ist, welches Gefühl Sie bei dem haben, was Sie tun. Eine Arbeit kann ruhig auch mal anstrengend werden, allzu lange dauern oder ein notwendiges Übel sein, und hinterher ist man hundemüde. Der Sinn der Arbeit aber muss stimmen, und das Bewusstsein, dass sich dann Gutes daraus entwickelt. Wir alle haben es erlebt und erleben es immer wieder: Noch so viel Anstrengung kann beteiligt sein – wenn man mit Liebe und Freude arbeitet, ist immer Licht am Ende des Tunnels erkennbar. Wenn Sie kein Licht sehen, machen Sie etwas falsch. Nicht Ihr Boss, nicht »jemand anderes«, nein, Sie selbst! Denn selbst wenn Sie am falschen Arbeitsplatz rudern oder an der falschen Beziehung leiden: Ausnahmslos ist es Ihre Aufgabe und nur Ihre Aufgabe, die Situation zu ändern. Meistens hören wir jetzt die Liste der Ausreden: Geld fehlt, die Eltern kann man nicht allein lassen, zu weit entfernt, Wohnung zu klein und so weiter. Schon gut, Sie mögen ja Recht haben. Aber geht es Ihnen dadurch wirklich besser? Wenn andere schuld sind, verbessert das Ihre Situation? Es wird alles besser, wenn Sie etwas anders machen als bisher. Beginnen Sie damit, sich selbst zu lieben. Das geht ganz schnell und erfolgreich, wenn Sie aufhören, sich vorzumachen, dass andere an Ihrer Situation schuld sind. Denn wenn Sie sich selbst erst einmal von dieser Lüge überzeugt haben, brauchen und können Sie gar nichts mehr ändern. Genau hier liegt der Schlüssel zu Glück und Unglück verborgen, nirgends sonst. Das trifft auf alle Signaturen zu, damit sind Sie nicht allein. Aber Ihre spezielle Signatur bringt alle Kräfte und Fähigkeiten mit sich, um diesen Zusammenhang zu erkennen und einen echten Neuanfang zu gestalten. Ein Neuanfang sollte im Leben oft stattfinden. Damit ist nichts Radikales gemeint, Sie müssen nicht die Familie verlassen, den Arbeitsplatz wechseln, in eine andere Gegend ziehen. Nein, Neuanfang bedeutet nicht Davonlaufen. Sie nehmen sich selbst ja überallhin mit, und damit die Quelle all Ihrer Probleme. Nach der Gewöhnung an das »Neue« melden sich die alten Kumpane und der Tanz beginnt von vorn. Hier die gute Medizin: Es ist von

Affirmationen für die Signatur Nr. 7

Meine Liebe zu Menschen, Tieren und Pflanzen macht mich glücklich.

Kontaktfreudig und mit Einfühlungsvermögen meistere ich mein Leben.

Ab sofort genieße ich meine Musikalität.

Ich bin glücklich, mein Temperament mit angeborener Fürsorglichkeit verbinden zu können.

Meiner Toleranz muss ich manchmal Grenzen setzen.

Auch wenn ich mich überwinden muss, ab sofort werde ich mich mehr um die Finanzen kümmern.

In Zukunft sollen meine Ideen auch Ausdruck finden.

Um meine Mitte zu stärken, wende ich mich mehr der Natur zu.

Handwerkliche Fähigkeiten kombiniere ich mit meiner Kreativität – und entdecke dabei, wie einfach das eigentlich geht.

größter Bedeutung, sich selbst zu mögen, sich nichts vorzumachen und die eigenen Prinzipien zu kennen und zu befolgen. Ein Neuanfang bedeutet immer, das Ganze neu zu überdenken. Ihre grundlegende fröhliche, unabhängige, geduldige und tolerante Natur darf nicht unter den künstlichen Normen des Zeitgeists verschüttet werden. Das wäre ein Verlust nicht nur für Sie, sondern für die ganze Menschheit. Lassen Sie uns alle an Ihrem Mut teilhaben! Die fehlenden Himmelsrichtungen einer Signatur sollte man immer mit den dort zugehörigen Farben ausgleichen und unterstützen. Als Teil Ihrer »Medizin« tragen Sie am besten viel Schwarz und Weiß. Das wird den Mut zum Vorschein bringen, den Ihnen der Alltag abverlangt. Ein Vorstellungsgespräch, ein wichtiger Termin – all das fällt Ihnen in Schwarz und Weiß leichter. Auch Dunkelblau wäre eine Farbe für Sie, ebenso Gelb. Gelb hilft meist, in den eigenen vier Wänden effizient zu arbeiten. Hauptsache, Ihre Fähigkeiten und Talente kommen zum Vorschein und beleben Ihren Alltag – Tanz, Musik, Heilen, gute Gespräche, Kreativität, Toleranz, Naturverbundenheit. Wenn Sie diese Fähigkeiten nicht nützen, verwandelt sich ein klarer Bergbach in ein stehendes Gewässer, modrig und trüb. Dann werden Sie nicht nur unglücklich, auch das Zusammenleben mit Ihnen wird problematisch. Ihre Reizbarkeit, eine Mischung aus Geiz, Herrschsucht und Hochmut oder Haarspalterei macht dann allen das Leben schwer. Kehren Sie zurück nach innen, zu Ihren Möglichkeiten!

OSTEN/SÜDEN *für Senioren*

Mit Ihren Fähigkeiten werden Sie bis ins hohe Alter Freude haben, ebenso auch Ihre Mitmenschen. Wenn Sie Ihrer Natur folgen, sind Sie niemals langweilig und gelangweilt. Sie haben nun mehr Zeit und Sie müssen unbedingt so denken: »Jetzt ist meine Zeit gekommen!«

Sie haben Glück mit Ihrer Signatur, denn tief drinnen ist die Gewissheit verankert, dass jeder Lebensabschnitt voll und ganz gelebt werden will. Machen Sie immer das Beste aus sich und dem Leben. Gehen Sie hinaus in

die große oder kleine Welt und nehmen Sie das Leben wahr. Probieren Sie unbesorgt einmal etwas völlig Neues, vielleicht auch »Verrücktes« aus. Beginnen Sie neu, und lassen Sie das Grübeln sein.
Unterstützen Sie den Alltag mit den Farben Schwarz und Weiß, nach Belieben auch Gelb. Sollten Sie zu Fieberschüben neigen, meiden Sie möglichst Rot. Ein Bild an der Wand, auf das Sie häufig blicken, sollte in Ihrem Fall nicht sehr viel Rot oder Grün enthalten.

Johanna erzählt:

Ein sehr nettes älteres Ehepaar, mit dem wir schon etwa fünf Jahre lang korrespondiert hatten, lebte seinen Traum, noch einmal von vorn anzufangen. Einen Streitpunkt gab es allerdings: die Ernährung. Die Frau hatte schon vor etwa zehn Jahren begonnen, völlig auf tierisches Eiweiß zu verzichten, konnte aber trotz blühender Gesundheit ihren Mann nicht überzeugen. Abgesehen von dem »Küchenthema« waren die beiden aber zufrieden. Nach dem Tod des Mannes fiel die Frau in ein tiefes Loch. Sie kochte kaum noch für sich selbst, weil es sich ja »nicht lohnte«. Eines Tages sagte ich zu ihr: »Hör mal, du hattest eine tolle Ehe, du warst fast immer gut drauf, mit der einen Ausnahme, dass du immer extra kochen musstest. Versuch doch einmal, so für dich zu kochen, wie es dir gut tut.« Zuerst wusste sie gar nicht, wovon ich redete. Ganz einfach, seit dem Tod ihres Mannes hatte sie weiter so gekocht, wie er es gern hatte. Erstens bekam es ihr nicht, und zweitens vermisste sie ihren Mann dadurch noch mehr! Sie begann, wieder für sich selbst zu kochen, und genoss es, dass dies ja jetzt kein Streitpunkt mehr war. Sehr schnell ging es mit ihr wieder bergauf. Die Zahlen der Signatur haben bei ihrem Neuanfang kräftig mitgeholfen. Der Süden gibt nicht so schnell auf und findet schnell wieder zur Unabhängigkeit.

Signatur Nr. 8

Süden/Westen

*Mit Temperament und Ehrgeiz zum Ziel –
auf guten Wegen*

DIE ZAHLEN: ❼ und/oder ❷, ❾ und/oder ❹
vorhandene Farben: Rot und Weiß/fehlende Farben: Blau, Grün und Gelb

positive Eigenschaften

- begeisterungsfähig
- temperamentvoll
- unabhängig
- handwerklich begabt
- kreativ
- tüchtig
- erfolgsorientiert
- kritikfähig
- scharfsinnig
- ehrgeizig
- charismatisch
- Veränderung liebend
- leidenschaftlich
- neugierig

SÜDEN/WESTEN *für Babys und Kleinkinder*

Ehrgeiz – ein Wort, das dieses Kind ein Leben lang begleiten wird. Es freut sich immer, Neues zu lernen, und kann sich auch problemlos allein beschäftigen. Die Farben Blau, Grün und Gelb sollten relativ früh in seiner unmittelbaren Umgebung lebendig werden. Sie wirken auf das Baby beruhigend und besänftigend. Dieses Kind kann mit seinen Schlafgewohnheiten ein wenig irritieren, weil es manchmal große Schwierigkeiten hat, zur Ruhe zu kommen, bisweilen schläft es viel länger als gewohnt. Es braucht ein wenig mehr Zeit, einen inneren Rhythmus zu entwickeln. Die Durchsetzungskraft im Leben ist hier schon sehr früh zu spüren, und Eltern tun gut daran, gesunde Grenzen zu setzen. Liebevolle Wiederholungen und Rituale sowie viel Einfühlungsvermögen sorgen dafür, dass dieses Kind seine innere Ruhe und einen guten Rhythmus (besonders für die Nachtruhe) findet.

Besonders wichtig ist es, dass die stillende Mutter keine blähenden Gemüse isst. Nicht selten stehen Blumenkohl oder Erbsen auf dem Speiseplan einer Wochenbett-Station im Krankenhaus – sprechen Sie dies bei der Stationsleitung an, bitten Sie um eine Alternative oder lassen sich von Ihrer Familie mit verträglicheren Speisen versorgen.

Auch wenn Ihr Kind schon etwas älter ist, besteht mit dieser Signatur eine Neigung zu Verdauungsstörungen. Ein Süßigkeitenverbot prallt oft auf den starken Willen des Kindes. Statt der Zucker-Farbstoff-Bomben an den Ladenkassen können Sie Ihrem Kind selbst gemachte Süßspeisen anbieten, am besten mit Bio-Zutaten, das gilt besonders für Omega-Babys (siehe Buchtipp Seite 397). Süd-West-Kinder neigen dazu, Grenzen zu missachten – auch bei der Ernährung. Eltern sollten dieser Tendenz liebevoll, aber bestimmt entgegenarbeiten. Wenn Ihr Kind gesunde Ernährungsgewohnheiten erlernt, wird es sichtlich zufriedener. Behält dagegen der Trotz die Oberhand, kann sich später ein Suchtverhalten entwickeln, das nur mit Mühe in den Griff zu bekommen ist.

Im Kindergarten bringt diese Signatur viel Leben in die Bude (in den Augen der ErzieherInnen manchmal zu viel)! Es ist fröhlich, macht überall mit, erzählt gern Geschichten, will beim Spielen gewinnen und ist aus lebhaften Spielrunden nicht wegzudenken. Früher wurde man zu Rücksichtnahme und Gehorsam erzogen – mit der Folge, dass Egoisten leichtes Spiel hatten. Oft galt derjenige als »schlecht«, der Ungerechtigkeiten aufdeckte. Glücklicherweise hat ein Umdenken stattgefunden, und bedingungsloses Gehorchen hat ausgedient. Kleinkinder mit dieser Signatur lassen sich nichts gefallen und zwingen so Menschen mit festgefahrenen, unsinnigen Regeln zum Nachdenken oder zur Änderung ihres Verhaltens. Früher hat man solche Kinder vielfach bestraft, um sie zu zähmen – und oft das Gegenteil erreicht. Ein sehr lebhaftes Kind im Haus zu haben wird einfacher, wenn seine Kreativität in Bahnen gelenkt wird. Schon Ihr Baby ist dankbar, wenn Sie seine handwerklichen Fähigkeiten fördern. Alle altersgemäßen »Bauarbeiten« machen ihm Freude, etwa eine Box mit Löchern, in die es verschiedene Formen stecken kann. Schrauben, Zerlegen, Knöpfe drücken – alles das wird Ihr Kind freudig tun. Mit Spielzeug, an dem sich nichts verändern lässt, ist es dagegen schnell »fertig«.

Sehr wahrscheinlich wird Ihr Süd-West-Kind schnell unabhängig werden wollen. Den berühmten Satz »Kann ich selber!« sollte es nicht allzu oft ausrufen müssen: Lassen Sie es »selber machen«! Wenn es Ihnen einmal zu viel wird, wenn es eilt, wenn es einfach notwendig wird, zu bremsen, dann reden Sie nicht lange. Heute muss es anders gehen – und aus! Solche notwendigen Grenzen werden auch respektiert, solange Ihr Kind Ihre Entschlossenheit spürt. Ihr Kind ist sehr klug und will auch Ihren Respekt bekommen. Kreativität, Neugier, Scharfsinnigkeit und Charisma zeichnen dieses Kind aus und es ist zufrieden, wenn es diese Eigenschaften ausleben kann. Sonst wird es auch mal wütend, widerspenstig, herrschsüchtig.

Die Farben Blau und Gelb wirken beruhigend, Grün schenken Sie ihm am besten mit viel Natur (ziehen es für das Nickerchen unterm Baum aber nicht gelb an, denn die Farbe lockt Insekten).

SÜDEN/WESTEN *für Teenager*

Zu den Herausforderungen dieser Signatur gehört es, Heil an Leib und Seele durch die Pubertät zu kommen. Der Süd-West-Teenie drängt stark nach außen und kann es kaum erwarten, selbstständig zu werden. Er weiß viel, interessiert sich für vieles und möchte alles hautnah erleben. Wenn dieser Drang allzu stark abgebremst wird, kann er unleidlich werden. Sein Temperament will ausgelebt werden. Eine Party, die ohne ihn stattfindet – unmöglich! Manche Jugendliche verfallen regelrecht in eine Depression, weil sie ihr Leben nicht leben dürfen. Dabei tun sie gar nichts Schlimmes, außer überall dabei sein zu wollen, wo etwas los ist. Und ohne sie wäre manchmal gar nichts los – das ist es, was diese Jugendlichen auch so attraktiv macht. Sie haben immer Spitzenideen oder außergewöhnliche Vorhaben im Kopf. Sie sind außergewöhnliche Tänzer, werden scheinbar nie müde und sind für alle »Schandtaten« zu haben. Im stillen Kämmerlein brauchen sie aber dann doch unbedingt auch mal Ruhe, denn sie sind manchmal einfach ausgelaugt vom Dabeisein um jeden Preis.

Wichtiges von Unwichtigem zu unterscheiden, gesunde Prioritäten zu setzen, das ist dieser Signatur nicht gerade angeboren. Hier müssen viele Eltern in der Jugendzeit leider den »Buhmann« spielen und Grenzen aufzeigen. Das macht sie momentan nicht gerade populär, ist aber nötig, um den Respekt des Jugendlichen zu gewinnen. Wie bei jedem Erziehungsweg sind Maß und Ziel das Rezept, das zum Erfolg führt. Unter der rauen Schale, die beide Seiten manchmal vorzeigen, wirkt ein gesunder Kern, der immer wieder für den gemeinsamen Neuanfang sorgen kann.

Mädchen sind ja in der Regel schneller »reif« als Jungen, aber bei dieser Signatur können Jungen fast immer mithalten. Bewegung, Tanz, Sport, auch Extremsport, sind hier zu Hause. Die breite Palette der beruflichen Möglichkeiten reicht vom Piloten, Rennfahrer, Meister-Handwerker, Maler bis zum Pfarrer. Das Leben will direkt gespürt werden. Wo andere Angst bekommen, da fängt es für diese Signatur manchmal erst an.

Eine chronische Unzufriedenheit begleitet diese Jugendlichen öfter, denn wenn man so viele Spezialinteressen hat, können viele nicht mithalten. Auf der einen Seite steht das Gewinnen im Vordergrund, auf der anderen Seite fehlt Konkurrenz. Macht man es ihnen zu leicht, fehlt der nötige Respekt, wird es zu schwer, geben sie den Umständen die Schuld – nicht gerade eine Denkweise, die zu echter Zufriedenheit führt. Ein gesunder Antrieb und überraschende Leistungen entspringen oft den Gedanken »Was der kann, kann ich schon lange!« oder »Jetzt zeig ich's allen!«. Manche Jugendliche können sich aus einer Abwärtsspirale chronischer Müdigkeit und Lustlosigkeit nicht mehr befreien. In erster Linie ist hier die falsche Ernährung schuld. Teenager mit der Süd-West-Signatur können sich aber dank ihres enormen Ehrgeizes schneller als andere aus dem Teufelkreis von In-sich-Hineinstopfen und Lustlosigkeit befreien.

Johanna erzählt:

Eine Mutter schrieb uns, dass sie mit ihrem 16-jährigen Sohn nicht mehr klarkomme. Nichts interessiere ihn mehr, für die Schule mache er nur das Nötigste und schaue am liebsten Fußball im Fernsehen. Sein Zimmer sei ein Rot-Weiß-Meer in den Farben seines Lieblingsclubs. Wir staunten nicht schlecht, als sich herausstellte, dass der junge Mann eine Süd-West-Signatur hatte. Ich erklärte der Mutter, dass die Farben Rot und Weiß ihn müde machen würden. Mein Vorschlag war, eine Fan-Ecke im Zimmer einzurichten und den Großteil des Zimmers mit viel Grün und auch Schwarz zu dekorieren: Grün durch Pflanzen und eventuell dazu ein schwarzes Möbelstück. Die Mutter war entsetzt, denn sie hatte mit viel Mühe und Ärger erreicht, dass die »gruseligen schwarzen Sachen« aus dem Zimmer verschwanden. Die Mutter hatte selbst viel Norden im Geburtsdatum und konnte daher Schwarz nicht gut ertragen. Inzwischen hält sich der junge Mann nicht mehr nur zum Fernsehen im Zimmer auf und es imponierte ihm sehr, als er von der Mutter die schwarzen Sachen wiederbekam.

SÜDEN/WESTEN *für Erwachsene*

Alle Menschen, deren Zahlen im Geburtsdatum nur zwei Himmelsrichtungen besetzen, haben entweder eine Zahl in einer Himmelsrichtung und mindestens drei in der zweiten versammelt – oder es tummeln sich jeweils mindestens zwei Zahlen in den beiden Feldern. Das bedeutet, dass entweder beide Himmelsrichtungen sehr stark besetzt sind oder eine Himmelsrichtung sogar extrem stark. Der Umgang mit diesen starken Kräften will erst einmal gelernt sein. Als Erwachsener haben Sie diese schwierige Reise vielleicht schon hinter sich, aber wenn nicht, dann müssen Sie am Ball bleiben! Außergewöhnliche Fähigkeiten lösen bei den meisten Mitmenschen Stress aus. Der Großteil ist froh, wenn er Ruhe hat, vor was auch immer. Mit dieser Signatur sind Sie nicht dafür geboren, die Pensionierung als ruhigen Hafen anzusteuern. Der Wissensdurst ist dafür viel zu groß. Eine sportliche Karriere wäre geradezu vorprogrammiert, und die nötige Beweglichkeit ist Ihnen in die Wiege gelegt. Unzufriedenheit macht sich breit, wenn diese Talente nicht gelebt werden – leider auch die Neigung, andere für eine solche Entwicklung verantwortlich zu machen. Sie sollten immer vor Augen haben: Es ist niemals zu spät im Leben! Einmalig ist Ihre Fähigkeit, mit Menschen umzugehen, sie zu begeistern und mitzureißen, sie zu Bewegung und Tanz zu animieren. Ein Tanzlehrer beispielsweise muss ja nicht nur tanzen können. Er muss auch ansteckend wirken, muss die Musik in seinem Blut mitteilen können. Mit dieser Signatur besitzen Sie Fähigkeiten, die man nicht lernen kann. Ihr Besitz allein ist jedoch nicht genug: Sie müssen sie aktiv hervorholen und im Alltag leben! Im stillen Kämmerlein üben ist für den Anfang in Ordnung, aber dann gehören Sie auf die Bühne des Lebens. Der fehlende Norden (❻ und/oder ❶) lässt Sie vielleicht im letzten Moment immer zurückschrecken, und manche Vorhaben bleiben in der Traumphase stecken.
Tun Sie sich selbst und uns allen den Gefallen: Schrecken Sie nicht mehr zurück! Ziehen Sie auf der Bühne da draußen viel Schwarz und/oder Dun-

kelblau an, und Sie werden sehen, alles wird leichter. Mit dieser Signatur sind Sie auch der geborene Erfinder. Beachten Sie aber, dass mit dem abwesenden Norden auch eine bestimmte Energie fehlt, mit deren Hilfe sich Erfindungen verwirklichen und öffentlich werden. Dann wird ein Partner mit den Geburtszahlen ❻ und/oder ❶ nötig, mit dem Sie Ihre Ideen teilen können. Machen Sie gute Verträge (eines Ihrer Talente!) und geben Sie einen Teil der Abläufe aus der Hand. So kann die Energie in Schwung bleiben. Dann fehlt noch ein Partner mit dem Osten des Zahlenrads (❽ und/oder ❸) im Geburtsdatum). Der Osten bringt das Feingefühl für die richtigen Entscheidungen. Zur Abrundung gehört ein Partner mit den Zahlen der Mitte (⓪ und/oder ❺) ins Boot. Erfolg ist nicht nur Resultat von Können, sondern auch von der geschickten Verteilung der Arbeitsschritte. Wenn Sie aus irgendeinem Grund mit Ihrer Arbeit nicht zufrieden sind, stellen Sie neue Überlegungen an.

Nicht immer muss gleich Arbeitsstelle oder Beruf gewechselt werden, kleine hilfreiche Schritte in der angestrebten Richtung können das Steuer schon grundlegend herumreißen. Wenn auch nur der Funken einer Chance besteht, eine bessere, lebenswertere Richtung einzuschlagen, sollte sich niemand mit dem Status quo zufrieden geben! Bei dieser Signatur sind zwei Seelen in einer Brust: Zum einen ist Anerkennung wichtig, zum anderen wird Verantwortung gern abgegeben. Manche kämpfen lange Zeit mit diesem Zwiespalt. Suchen Sie sich Ihre Herzensbeschäftigung (verborgen vielleicht im Bereich Ihres handwerklichen Talents!) und versuchen Sie, Berufung zum Beruf zu machen. Viele Talente haben Sie, deshalb sollten Sie sich viel Zeit lassen, das Richtige zu finden. Notfalls in einer anderen Stadt, einem anderen Land, auf einem anderen Kontinent. Nostalgische Heimatverbundenheit sollte gerade bei Ihnen nicht den Blick auf das Glück hinter dem Horizont versperren.

Affirmationen für die Signatur Nr. 8

Schwungvoll und mit viel Temperament meistere ich meinen Alltag.

Die Freude, dabei zu sein, gibt mir Ausdauer – wenn andere das können, kann ich das auch!

Ich kann vielen Menschen als Vorbild dienen.

Was ich anfange, bringe ich auch zu Ende.

Meine Leidenschaft wirkt ansteckend, auch für die Jugend.

Langsam erkenne ich immer mehr, dass nicht alles sofort geschehen muss, wenn andere Menschen beteiligt sind.

Meine Geduld und meine Einsicht wachsen von Tag zu Tag.

Ich entdecke immer mehr, dass die Natur mir viel Liebe und Geduld entgegenbringt.

SÜDEN/WESTEN *für Senioren*

Nicht viele Menschen sind handwerklich so begabt wie Sie. Bis ins hohe Alter können Sie etwas aus diesem Geburtskapital machen. Kombiniert mit Ihrer Gabe, mit Menschen umzugehen, macht Sie das zum schier unentbehrlichen Berater in vielen Lebenslagen. Die Menschen hören Ihnen zu und verstehen Sie auch. Sind Sie Schauspieler geworden (bei dieser Signatur keine Seltenheit), können Sie sehr lange tätig sein. Es gibt für Sie extrem viele Möglichkeiten, um den Alltag immer interessant zu gestalten. Wo Ihre tiefschürfende Neugier verschüttet war, wartet sie nur auf eine Auferstehung, und oft hat man ja erst im Ruhestand wirklich Zeit, sich diesen Herzensdingen zu widmen. War vielleicht früher kein Kapital da, um Erfindungen zu verwirklichen? Für Neues ist man nie zu alt.
Viele Menschen haben im höheren Alter die fehlenden Zahlen und Himmelsrichtungen ausgeglichen und können sich zufrieden zurücklehnen beziehungsweise ihrer wahren Bestimmung nachgehen. Eine schleichende Unzufriedenheit ist oft nur Symptom versäumter Erfahrungen, denen man unbewusst nachtrauert. Rundum glücklich – das ist immer auch eine Folge von Zufriedensein mit sich selbst, und mit dem, was ist. »Ich wäre ja zufrieden, wenn ...« – dieser Gedanke sollte irgendwann ausgedient haben. Allzu viele ältere Menschen lassen es zu, angebunden zu sein, sei es durch Krankheit, alte Gewohnheiten, falsche Erwartungen und Hoffnungen. Tun Sie das nicht! Sagen Sie nicht: »Ich würde ja gern, aber ...« Das Wort »aber« wird allzu oft missbraucht und leitet meist eine blockierende Rechtfertigung ein. Viele ältere Menschen sind es nicht gewohnt, ein klares Nein zu sagen, zu meinen und zu handeln. Vergessen Sie nicht: Stress bedeutet Nein denken und das Gegenteil tun. Erziehung sitzt tief, und Dienen war früher eine Selbstverständlichkeit. So manche Großmutter würde viel lieber selbst die Welt bereisen, als die Enkelkinder an der Haustüre in Empfang zu nehmen und ihren Eltern hinterherzuwinken, wenn sie in trauter Zweisamkeit auf die Traumreise gehen.

Natürlich fühlt man sich gut, wenn man noch »gebraucht« wird – und schon ist es wieder da, das »Ich würde ja gern, aber ...«. Schluss mit solchen Gedanken! Bringen Sie liebevoll zum Ausdruck, dass Sie beispielsweise nicht mehr ganz selbstverständlich jeden Mittwoch als Babysitter zur Verfügung stehen, nur weil sich diese Gewohnheit eingeschlichen hat. Stellen Sie sich nicht als Lückenbüßer zur Verfügung. Bringen Sie Ihre Wünsche und Bedürfnisse zum Ausdruck – zuerst sich selbst gegenüber! – und gehen Sie nicht ständig Kompromisse ein. Für Ihre Verwandten und Ihre Umgebung mag sich das ganz neu anfühlen, aber versuchen Sie es trotzdem. Noch heute! Stoßen Sie niemanden unfreundlich vor den Kopf, lassen Sie nicht einfach wichtige Termine platzen, aber machen Sie sich klar, dass Sie diesen Schritt tun müssen. Niemand kann glücklich werden, wenn er sich nicht auf den richtigen Weg macht. Ihre Signatur schreit geradezu nach klaren Verhältnissen in dieser Hinsicht.

Das Ausgenütztwerden auf Kosten des eigenen Herzensweges sollte nur als Beispiel dienen. Auch die gegenteilige Situation kann Licht in die Sache bringen: Die Großeltern hocken unausgelastet in den eigenen vier Wänden, während ihre Kinder heilfroh wären, ein wenig Unterstützung zu bekommen. Das Dilemma ist dasselbe: Unausgesprochene Wünsche machen unglücklich. Die Großeltern warten vergeblich darauf, die Enkel anvertraut zu bekommen, während die Kinder nur nicht lästig sein wollen. Solche oder ähnliche Missverständnisse machen traurig. Unausgesprochene, ungeklärte und missverstandene Wünsche und Träume verhindern das Glück. Der richtige Weg will hier gelernt sein: Manchmal wird es noch als »edel« oder »demütig« schöngefärbt, wenn man seine Wünsche unterdrückt – aus kaum versteckten egoistischen Gründen. Heute werden zu nachgiebige Menschen eher ausgenützt oder einfach nicht verstanden. Dem Zeitgeist muss man auch trotz der eigenen Moralvorstellungen manchmal Raum geben, um im Hier und Jetzt das Glück zu finden. Verwirklichen Sie ab sofort Ihre Träume. Und noch etwas: Hören Sie ab sofort auf, über Krankheiten zu reden. Das macht Sie nur krank.

Signatur Nr. 9

Norden/Westen

Willensstärke und Weitblick –
auch Großes ist machbar

DIE ZAHLEN: ❻ und/oder ❶, ❾ und/oder ❹
vorhandene Farben: Blau und Weiß/fehlende Farben: Gelb, Grün und Rot

➕ positive Eigenschaften

- kreativ
- tüchtig
- kritikfähig
- scharfsinnig
- durchsetzungsstark
- aufnahmefähig
- tiefgründig
- visionär
- entschlossen
- wissensdurstig
- spirituell
- mutig
- handwerklich begabt
- ehrgeizig

NORDEN/WESTEN *für Babys und Kleinkinder*

Mit dieser Signatur ausgestattet, weiß ein Baby schon mit wenigen Wochen genau, was es will. Zumindest weiß es, was es nicht will. Manche Babys sind geduldig und entwickeln erst nach einigen Monaten eigene Wünsche – nicht so bei dieser Signatur. Schon sehr früh muss sich die Mutter auf ihr Kind einstellen, damit sie seinen Ansprüchen einigermaßen gerecht wird, aber sie muss auch angemessene Grenzen setzen. Viele Eltern sind stolz darauf, alle Kinder gleich zu behandeln, aber das ist von Anfang an nicht der richtige Weg. Alle Menschen sind verschieden, schon im frühesten Babyalter! Wir wollen hier Eltern nicht raten, dem einen Kind alles »durchgehen« zu lassen, während das andere strenger behandelt wird. Es geht einfach darum, die unterschiedlichen Anlagen eines Kindes zu fördern und bestimmte negative Tendenzen nachdrücklich abzulenken. Ein gutmütiges, genügsames Baby sollte nicht ausgenützt werden, ein rebellisches Kind nicht bekämpft und unterdrückt werden, nur damit man »seine Ruhe« hat.

Viele Eltern sind mit einem intelligenten Baby anfangs überfordert. Wenn es auch noch das erste Kind ist, herrschen oft falsche Vorstellungen. Entweder man liest zu viele Ratgeber, oder man fällt auf die Werbung herein. Eine junge Mutter kommt sich schnell als Versagerin vor, wenn ihr Kind und sie selbst nicht immer so fröhlich lächeln wie auf den Plakaten. Wie auch: Das Stillen schmerzt, es ist schon wieder Zeit für eine neue Windel, und um drei Uhr früh schallt Hungergeschrei durch die Wohnung ... Alles will gelernt sein, gerade beim ersten Kind. Ein forderndes Kind kann einen schon an den Rand der Erschöpfung bringen. Unser Trost: Erstens geht diese Zeit vorbei, und zweitens haben Sie später mit diesem selbstständigen kleinen Wesen viele Abenteuer hinter sich, die Sie nicht nur abgehärtet haben, sondern aus denen sie viel lernen konnten. Denn das ist das Geheimnis im Umgang mit einem Kind dieser Signatur: Niemand wird Ihnen besser als dieses Baby einen Spiegel vorhalten.

Das lernwillige, mutige, spirituelle kleine Kind hält Sie in positiver Weise auf Trab. Es ist kreativ, praktisch begabt und aufnahmefähig. Durch seine Willenskraft lernt es mit solchem Tempo, dass die Gleichaltrigen es schnell langweilen.

Im Kindergartenalter sind Konflikte manchmal vorprogrammiert. Diese Signatur ordnet sich nicht gern unter und ist meistens schneller als die anderen. Mütter solcher Kinder machen sich dann manchmal nicht beliebt, weil der Stolz auf ihr Kind für Angeberei gehalten wird. Im Umgang mit solchen Müttern (und Vätern!) darf man aber nicht vergessen, dass sie es inzwischen gewohnt sind, ihr Kind immer unter den ersten zu finden. Auch das Kind ist es gewohnt, seinen Willen durchzusetzen. Nicht unbedingt weil seine Eltern zu nachgiebig sind, sondern weil es nicht eher aufgibt, bis es seinen Willen bekommt. Wenn eine solche Charakterkombination auf andere Kinder, beziehungsweise auf ein verträumtes, sensibles Kind stößt, können Sie sich den Rest denken. Andere Mütter sind dann natürlich etwas verstört, weil sie ihr zurückhaltendes Kind nicht auch noch zusätzlich von einem »Rowdy« eingeschüchtert sehen wollen. Geben Sie als gute Medizin Ihrem Kind viele knifflige Aufgaben und liebevolle Zuwendung, und führen Sie es geschickt in den Kindergartenalltag ein.

Es darf erleben, dass es ein besonders Kind ist, muss jedoch gleichzeitig lernen, auf die Besonderheiten anderer Kinder einzugehen. Menschen entwickeln sich nun mal unterschiedlich schnell und in unterschiedliche Richtungen. Und niemand ist schlechter oder besser, weil er so ist, wie er ist. Ihr Kind ist schließlich von Natur aus intelligent und wird dies schnell begreifen.

Sie können Ihr Kind mit dem Einsatz von Farben erfolgreich in seiner Entwicklung unterstützen. Reinweiße Bettwäsche beispielsweise würde es schnell langweilen. Es braucht die Farben Rot, Gelb und Grün. Rot ist während der Nachtruhe nicht geeignet, aber tagsüber sehr positiv und macht das Kind fröhlich. Gelb sorgt für innere Ruhe und Ausgleich, Grün hilft, geduldiger zu werden, mit sich selbst und anderen.

Alle Tanten und Onkels Ihres Nord-West-Kindes sollten erfahren: Spielsachen, die man zerlegen kann, kommen gut an! Viele Eltern achten heute auf ungiftiges Spielzeug, beispielsweise aus biologisch lackiertem Buchenholz. Eine grundsätzlich gute Entscheidung, aber bei dieser Signatur manchmal nicht so wichtig, denn das Kind könnte kalte, metallene Spielzeuge vorziehen. An Autos und Werkzeugen hat es mehr Freude, weil man damit »etwas machen kann«. Alles, was man zerlegen, zusammenbauen, schrauben, biegen kann, erfreut sein Herz. Die Kreativität Ihres Kindes braucht Auslauf, und seine intuitive Begabung braucht Herausforderungen. Messen Sie es nicht an den Leistungen anderer, weder im positiven noch im negativen Sinn, und machen Sie sich keine Sorgen, dass es jemals einen langweiligen Beruf ergreifen wird. Abenteuer warten!

NORDEN/WESTEN *für Teenager*

Haben Sie sich schon daran gewöhnt, dass Ihr Kind ein ausgeprägtes Eigenleben hat? Die schon früh einsetzende Selbstständigkeit kommt Ihnen jetzt entgegen. Wenn dagegen in der Familie nicht genügend Respekt für seine manchmal extravaganten Vorstellungen herrscht, sind in der Pubertät Kämpfe vorprogrammiert. Die außergewöhnliche Entschlossenheit des Nord-West-Teenies mündet oft in Konflikte. Möglicherweise erhält diese Signatur aufgrund ihres starken Willens zu Hause viel Fürsorge, gibt sich aber nach außen aggressiv. Oder der Jugendliche hat nach außen wenig Zutrauen zu sich selbst, ist schüchtern und zurückhaltend, in der Familie verhält er sich dagegen brummig, streitsüchtig, immer kurz angebunden. Manchmal haben diese Kinder einen besten Freund, eine beste Freundin, der oder die völlig anders »gestrickt ist«. Solche Gegenüber werden instinktiv gesucht, um nach innen und außen einen Ausgleich zu schaffen. Vorgefertigte Schablonen der Eltern provozieren nur einen Ausbruch. Erkunden Sie mit viel Gefühl die inneren Wünsche des Teenagers und stehen Sie helfend zur Seite.

Die beruflichen Möglichkeiten sind hier so breit gefächert, dass sich die Wahl tatsächlich manchmal zur Qual wandeln kann. Umso wichtiger ist es, den persönlichen Vorstellungen Raum zu geben. Handwerkliche Fähigkeiten sollten sich entfalten können, denn obwohl alle Fähigkeiten für ein Studium vorhanden sind, könnte es sein, dass die Herzensrichtung ein Handwerk ist – bis hin zu Feinmechanik, Modellbau, Goldschmiede – was natürlich für akademisch gebildete Eltern manchmal schwer einzusehen ist. Einfach daran denken: Es geht um das Glück Ihres Kindes. Sie selbst haben es ja hoffentlich schon gefunden. Wenn nicht, dann vielleicht deshalb, weil man eine »gut gemeinte« Entscheidung für Sie getroffen hat? Leider übersieht man immer wieder, dass Glück für jeden Menschen und in jeder Zeit etwas anderes bedeutet. Furchtlosigkeit und Willensstärke helfen bei dieser Signatur mit, dass gewählte Wege auch zu Ende gegangen werden. Nehmen Sie also bitte diesem Kind nicht den Mut, wenn es in Ihren Augen »unmögliche« Ziele verfolgt.

Diese Signatur bringt auch Geschäftstüchtigkeit und Ehrgeiz mit. Berufe wie Anwalt oder Diplomat können ebenso erfolgreich gewählt werden wie Forscher, Lehrer, Erfinder, Handwerker. Wird der Jugendliche allerdings von außen in eine Richtung gedrängt, die ihm nicht liegt, kann sich das verheerend auswirken. Er oder sie fühlt sich vom Leben überfordert und wählt extreme Maßnahmen, um dieses Gefühl zu betäuben. Die Palette reicht vom Entstehen eines tyrannischen Charakters bis zum seelisch angeschlagenen, depressiven Menschen. Es müssen keineswegs immer Drogen im herkömmlichen Sinne im Spiel sein. Lassen Sie es nicht so weit kommen und gehen Sie auf die Wünsche des Teenagers ein. Wir haben nicht die Pflicht, alle Wünsche eines Menschen zu verstehen, aber wir müssen es zumindest versuchen – und Herzenswünsche notfalls auch dann erfüllen, wenn wir ihren Sinn nicht nachvollziehen können. In jeder Familie gibt es den einen oder die eine, die alle ausgetretenen Pfade verlässt und nicht selten trägt das »schwarze Schaf« diese Signatur. Freuen Sie sich ein besonderes Kind zu haben, und lassen Sie es diese Freude spüren.

Extreme Begabungen bringen extreme »Nebenwirkungen« mit sich. Negative Begleiterscheinungen treten umso weniger zutage, je weniger man die eigenen Talente ausleben darf. In diesem Fall wäre das Negative durch bestechliche, heuchlerische, egoistische, schikanierende oder zerstörerische Energien gekennzeichnet. Im Alltag lassen sich viele kleine unterstützende Hilfen durch die passende Farbwahl einbauen. Das Leben ist nicht nur schwarz und weiß, auch wenn der Jugendliche das oft so empfindet. Achten Sie darauf, dass er sich viel mehr mit bunten Farben umgibt. Vielleicht hat er oder sie Freude an einem neu gestalteten Zimmer? Grüne Pflanzen, roter Teppich, gelbe Wände – das wäre ein Anfang.

NORDEN/WESTEN *für Erwachsene*

Bei dieser kraftvollen Signatur mit speziellen Talenten fällt auf, dass sich unterschiedliche Zahlen innerhalb einer Himmelsrichtung stärker auswirken als bei fast jeder anderen Signatur. Betrachten wir zuerst den Westen mit den Zahlen ❾ und/oder ❹: Immer wieder erlebt man hier, dass ein stark mit ❹ besetzter Westen nicht ausgelebt und zur Reife gebracht wird (❹ bedeutet großes handwerkliches Geschick). Wenn eine Himmelsrichtung zu stark besetzt ist, schlägt die vorhandene Energie manchmal ins Gegenteil um. Nicht dass das entsprechende Talent dann nicht vorhanden wäre, aber die hohen Ansprüche an Präzision und Genauigkeit der Ausführung lassen dann eine Ausführung gar nicht mehr zu. Andere Menschen können natürlich diesen Ansprüchen erst recht nicht genügen, und ewiges Nörgeln ist manchmal die Folge. »Seltsam, selbst rührt er keinen Finger, aber an anderen kritisiert er herum« – ein öfter gehörter Satz in diesem Zusammenhang. Wer seine starke ❹ nicht lebt, ist manchmal ein absoluter »Sportschau«-Profi, der glaubt, am besten beurteilen zu können, was der jeweilige Supersportler im TV falsch macht, ohne selbst die Couch zu verlassen und Sport zu treiben. Wohnzimmersportler haben alle eines gemeinsam: Entweder sie sind selbst nicht aktiv, oder sie sind unzufrieden, weil sie nicht den gewünschten Erfolg hatten. Manche versinken aus purer Bequemlichkeit in Trägheit, sind aber eher zufrieden, weil sie aus den verschiedensten Gründen mit ihrer Faulheit einverstanden sind. Wer aber aufgrund zu hoher Erwartungen resigniert, wird unleidlich. Wenn Sie also einen starken ❹er-Westen tragen, haben Sie hoffentlich Ihre Chancen genützt. Wenn nicht, machen Sie sich sofort auf den Weg! Es wäre sehr schade, auf Ihre Talente verzichten zu müssen. Sicherlich könnten Sie jedes Auto, ja, jedes Flugzeug reparieren, ein Haus mit eigenen Händen bauen. Vielleicht haben Sie die falsche Berufsrichtung gewählt? Machen Sie etwas aus Ihrem besonderen Talent! Eine Umschulung zu machen ist heutzutage viel leichter. Wird der Westen stärker von der ❾ beherrscht, besteht ebenso eine handwerkliche Begabung, aber es kommt noch ein ausgeprägter Geschäftssinn hinzu. Umsichtiges Organisieren kombiniert mit geschäftlichem Denken ist hier in die Wiege gelegt. Bei Frauen mit dieser Signatur ist es sehr wichtig, nach einer Babypause gleich wieder in den Beruf einzusteigen. Klingt vielleicht hart für das Baby, aber noch härter wäre eine unzufriedene »Hausfrau und Mutter«. Eine Doppelbelastung würde diese Signatur übrigens leichter wegstecken, als ganz zu Hause zu bleiben! Wenn der Norden mit ❻ und/oder ❶ stärker ausgeprägt ist, dann ist dieser Mensch meist mit solch großer Weitsicht begabt, dass er seiner Zeit oft weit voraus ist. Hier lautet eine Lebensaufgabe, das Wissen in einen Rahmen zu setzen, zu dem andere einen Zugang finden können. Dazu ist natürlich die Fähigkeit nötig, sich in andere Menschen hineinzuversetzen. So manche weitblickende Menschen erfahren erst lange nach ihrem Tod Verständnis auf breiter Basis. Lassen Sie es nicht so weit kommen: Der Zeitgeist will erkannt und umworben werden! Sie müssen Ihr eigener treffsicherer Übersetzer werden, um schon jetzt verstanden zu werden. Die meisten Menschen finden sich im Laufe der Zeit mit gegebenen Umständen ab, der Nord-West-Mensch jedoch versinkt in Unzufriedenheit, wenn er seine Natur nicht leben darf. Das äußert sich ganz unterschiedlich, aber fast immer irgendwie extrem und selten unauffällig.

Affirmationen für die Signatur Nr. 9

Meine rasche Auffassungsgabe begleitet mich durchs Leben.

Entschlossen, aber sanftmütig, setze ich mich für gute Dinge ein.

Immer mehr erkenne ich, dass ich Schnelligkeit mit Weisheit verbinden muss.

Geduld und Toleranz baue ich immer öfter in den Alltag ein.

Mehr Berührung mit der Natur kann viel Harmonie in mein Leben bringen.

Ich sorge für ein harmonisches Miteinander, um mich selbst vollständig zu fühlen.

Wenn ich meine Mitmenschen mit einbeziehe, ist fast alles machbar.

Meine Zielstrebigkeit kombiniere ich mit Liebe und Geduld.

Der eine wird zum chronischen Nörgler, der andere zieht sich zurück – bis er professionelle Hilfe braucht, um dem Loch zu entsteigen. Eine Heilung kann jedoch über Nacht eintreten, wenn man diesem Menschen sein Leben zurückgibt, für das er gedacht war. Sie haben dieses echte Leben selbst oftmals noch nicht kennengelernt, die mutige Natur und der Ehrgeiz sind verschüttet. Doch bis hierher und nicht weiter – Gefahr erkannt, Gefahr gebannt! Lenken Sie die widersprüchlichen Gefühle in die für Sie gedachten Bahnen. Machen Sie niemals andere Menschen für die eigene Situation verantwortlich – und Ihrem Glück steht nichts mehr im Weg.

NORDEN/WESTEN *für Senioren*

Bis ins hohe Alter Herausforderungen annehmen und bestehen: Das ist in dieser Signatur nichts Neues und gehört zur Grundausstattung. Bleiben Sie also am Ball – zurücklehnen und auf das Ende warten gilt nicht! Menschen wie Sie werden auch später noch gebraucht, zum Beispiel in beratenden Funktionen. Ihr Weitblick, durch die Ungeduld der jüngeren Generation oftmals vernebelt, wird immer gebraucht. Computer, Handy, Internet lassen in der heutigen Zeit oft übersehen, dass ausnahmslos alles seine Zeit braucht. Wie das Sprichwort schon sagt: »Wenn es schnell gehen muss, lass Dir Zeit.« Leider erlebt die Jugend oft einen gescheiten älteren Menschen subjektiv als »altmodischen« Besserwisser. Es liegt dann am reiferen Menschen, die Geduld aufzubringen, bis man Verständnis findet. Die Erfahrung ermöglicht es herauszufinden, wie das Gegenüber »gestrickt« ist. Braucht es mehr Verständnis? Mehr Geduld? Mehr Beweise? Mehr Überzeugung? Mehr Praxis und Erfahrung? Oder einfach nur ein wenig mehr Zuwendung? Der Weg zum Kern einer anderen Person, zu einer anderen Sichtweise, zu einer Wendung der Dinge führt über das Verstandenwerden. Geduld ist nicht die Stärke dieser Signatur, deshalb sollte diese Tugend erlernt werden, um sich nach und nach vollständig zu fühlen. Nicht jeder Mensch ist so schnell wie Sie, aber er ist deshalb nicht »schlechter«, son-

dern nur anders. Er muss auch anders behandelt und verstanden werden, damit Sie erfolgreich mit ihm leben und arbeiten können.
Das große Plus älterer Menschen ist es, nicht Tag und Nacht gefordert zu sein. So können Sie sich auf das konzentrieren, was Sie schon immer tun wollten. Natürlich will auch das gelernt sein: Manche können ohne Druck nicht arbeiten, und die Zeit rinnt ihnen durch die Finger. Das führt zu Frustration. Nehmen Sie sich Zeit für neue Herausforderungen und planen Sie alles gut durch. Ist Ihnen die Umgebung zu langsam, tragen Sie etwas Gelbes oder Grünes am Körper: Grün lässt das Einfühlungsvermögen wachsen, Gelb lässt Sie großzügiger werden. So können Sie in Ihrem Leben sehr viel Positives in Bewegung bringen.

Johanna erzählt:

Ein älterer Mann mit dieser Signatur berichtete, dass er immer in die Natur hinaus wollte, statt zur Arbeit zu gehen. Sein Traum war es, im Rentenalter endlich Reisen zu unternehmen. Gesundheitliche Probleme hinderten ihn jedoch daran. Nach einem längeren Gespräch fand ich heraus, dass es ihm in erster Linie gar nicht ums Reisen ging. Er übersetzte nur sein inneres Gefühl in ein undefinierbares »Rauswollen«. Warum holte er sich die Natur nicht ins Haus? Gemeinsam mit seiner Tochter verwandelte der Witwer daraufhin sein Wohnzimmer in ein grünes Paradies, komplett mit einem kleinen Glashaus auf dem Balkon. Das brachte ihn so zum Aufblühen, dass er jetzt ein viel besseres Verhältnis zur Familie hat. Er nörgelt nicht mehr an allen herum, und plötzlich ist die Tochter auch nicht mehr so »vielbeschäftigt« und kommt öfter zu Besuch. Seine Enkel besuchen ihn oft und helfen, die Aquarien zu reinigen. Was ich mit seiner Tochter angestellt habe, weil sie so verändert sei, fragte er mich.

Signatur Nr. 10

Norden/Mitte

Mit Weitblick und der geduldigen Kraft aus der Mitte – ein großer Wissensschatz zur Weitergabe

DIE ZAHLEN: 6 und/oder 1, 0 und/oder 5

vorhandene Farben: Blau und Gelb/fehlende Farben: Grün, Rot und Weiß

+ positive Eigenschaften

- tiefgründig
- sanftmütig
- visionär
- schöpferisch
- großzügig
- geduldig
- naturverbunden
- ausgeglichen
- vernünftig
- hilfsbereit
- entschlossen
- wissensdurstig
- spirituell
- furchtlos

NORDEN/MITTE *für Babys und Kleinkinder*

Alle werdenden Eltern haben eines gemeinsam: Vorfreude und Angst liegen nahe beieinander. »Was ist, wenn ...« – so beginnt mancher Gedankengang, der die Monate bis zur Geburt begleitet. Doch die Natur hat es so eingerichtet, dass eine Mutter ein klares Gespür dafür besitzt, was ihr Baby braucht. Alle Umwege und Abwege von diesem Gespür werden von außen eingeflüstert. Je mehr sich eine junge Mutter in Büchern oder einschlägigen Elternzeitschriften »informiert«, desto stärker betäubt wird ihr Gespür, desto unsicherer wird sie. Wären diese Zeitungen und Bücher hilfreich, wir hätten doch schon längst die perfekte Erziehung, die »perfekten« Kinder, die sich alle wünschen. Aber was ist schon perfekt? Aufklärung und Information verdienen nicht, so bezeichnet zu werden, wenn sie das ureigene Gespür lahmlegen. Auf das eigene Gespür kommt es an, damit Sie ohne Umwege erkennen, was Ihr Baby will und braucht.

Ein Baby mit dieser Signatur erfühlt seine Umgebung stark und direkt. Es freut sich über viel Ruhe und genug Zeit für alles. Es genießt die Essenszeiten ebenso wie die Zeiten zum Baden und zum Schlafen. Hektik weiß kein Baby zu schätzen, aber dieses ganz besonders nicht. Ein besonnenes Menschenwesen reift da heran, das aus Erfahrungen lernt. Wird es pausenlos unterschiedlichen Erfahrungen ausgesetzt, stellt sich Verwirrung ein. Mit der Folge, dass allmählich auch die Mutter sich nicht mehr auf die Reaktionen ihres Kindes verlassen kann. Das gegenseitige Kennenlernen verlängert sich, und der Alltag wird schwieriger.

Dieses Kind ist neugierig, wissensdurstig und bedacht zugleich. Bei einer Kontaktaufnahme zu Fremden hat es hohe Ansprüche. Nicht jedem lächelt es freundlich entgegen, nur weil der Bewunderer den Kopf tief ins Bettchen oder den Kinderwagen steckt. Zu viel Besuch von Menschen, die ihm unbekannt sind, wird es auch später im Leben nicht so sehr schätzen. Dass Kinder fremdeln, ist völlig normal und für ein harmonisches Miteinander notwendig. Bei dieser Signatur kann es vorkommen, dass solche Phasen öfter auftauchen beziehungsweise manchmal sogar das ganze Leben begleiten. Es wäre sehr wichtig, diese Zeiten der scheinbaren Ablehnung zu achten und nicht das Kind als »merkwürdig« abzustempeln. Es will einfach genau wissen, ob jemand ein echter Freund ist – und das braucht Zeit! So manche Enttäuschung im Leben könnte man sich sparen, wenn man die Menschen mit derselben Intensität betrachten würde, wie dieses Kind es tut. »Drum prüfe, wer sich ewig bindet« – den Spruch könnte diese Signatur geprägt haben. Bei der Wahl eines Babysitters sollte man sich deshalb wirklich Zeit lassen, zumindest nicht ständig wechseln. Kleinkinder verweilen spielerisch lange im Lande der Verträumtheit. Das ist ein sehr wichtiger Prozess, den die Eltern nicht aus falschem Ehrgeiz stören sollten. Jeder Mensch hat seine ganz eigene Lern- und Erfahrungsweise; dieses Kind mag es gar nicht, wenn alle auf es einreden und stören beim »Lernen durch spielerisches Träumen«. Im Kindergartenalter hat es ganz unbeeinflusst große Lernschübe, die von außen gut zu erkennen sind. Das Kind will alles Erlernte erst richtig genießen und macht dann wieder einen großen Schritt. Leider wollen Eltern und KindergärtnerInnen oftmals ihren Schützlingen ständig Neues zeigen und beibringen, meist in bester Absicht. Damit überfordern sie nicht nur diese Kinder, sondern gehen auch vielen Mitmenschen auf die Nerven. Besonders bei dieser Signatur würde man damit Schaden anrichten.

Der goldene Mittelweg in allen Dingen, das ist für viele Eltern immer wieder eine Herausforderung. Beispiel: die Diskussion um ein Haustier, die fast alle Eltern irgendwann oder sogar öfter führen müssen. Alle Kinder wünschen sich früher oder später ein Haustier (oder mehrere!), was Eltern geradewegs in eine Zwickmühle führt. Von möglichen Allergien bis zum Verlust der Unabhängigkeit durch die Pflegebedürfnisse des Schützlings – alles will abgewogen und durchdacht sein. Unser Tipp: Wenn es irgendwie möglich ist, sagen Sie Ja! Die vielen kleinen täglichen Verpflichtungen gegenüber dem neuen Familienmitglied lassen das Kind das soziale Umfeld besser kennenlernen. Ein Haustier fordert täglich und gibt täglich, der ideale Lehrmeister für ein gutes Miteinander. Wenn ein Kind aus Liebe zu einem Tier »Arbeit« hat, geht es auch später im Leben anders mit Verpflichtungen um – gesünder, harmonischer, lebensfroher. Ist ein Haustier wegen einer Allergie des Kindes nicht möglich, ändern Sie sofort den Speiseplan und geben Ihrem Kind keine Milchprodukte mehr. Das ist die beste Medizin bei fast allen Allergien (die berühmte »Rotznase« ist fast immer eine Allergie gegen Milchprodukte). Überwiegt bei dieser Signatur der Norden (❻ und/oder ❶), dann sollten Sie früh genug damit beginnen, die außergewöhnlichen Ideen Ihres Kindes verwirklichen zu helfen. Ideen zu entwickeln ist diesem Kind mitgegeben, zum Verwirklichen braucht es meist die Eltern und später Freunde und Kollegen. Genialität und notwendige Behördenwege vertragen sich bei dieser Signatur nicht so gut. Überwiegt die Mitte (⓿ und/oder ❺), ist die Notwendigkeit der Unterstützung dagegen nicht so stark ausgeprägt, besonders wenn eine ⓿ dabei ist. Ihr geniales Kind kommt sich vielleicht öfter unverstanden vor. Mit der Anwendung der Farbe Rot können Sie diese Neigung gut ausgleichen. Sparen Sie also mit Rot nicht, auch wenn es sich um einen Jungen handelt. Ebenfalls hilfreich ist es, dieses Kind oft »ins Grüne« zu schicken oder mit der Farbe Grün zu arbeiten. Das sorgt bei aller Genialität für die nötige Geduld und Beruhigung.

NORDEN/MITTE *für Teenager*

Jugendliche nicht ernst zu nehmen ist ein Volkssport, den wir nur zu gern abschaffen würden. Niemand leidet unter dieser Krankheit der Erwachsenen mehr als Kinder mit besonderen Fähigkeiten. Eine schwer erträgliche Lebensbremse bei dieser Signatur ist der Umstand, dass man noch »nicht alt genug« ist, um selbstverantwortliche Entscheidungen treffen zu dürfen. Bei der Genialität dieser Signatur wäre das aber für die Entwicklung notwendig. Die Gefahr ist beispielsweise, dass die Talente im Keller verschwinden, dass aus einem hochbegabten Kind ein fader, lustloser Teenager wird. Leider haben viele Lehrer auch nichts Besseres gelernt, als mit jedem Schüler das gleiche Programm durchzuziehen. Verträumte, tiefgründige Schüler werden selten angemessen gefördert, deshalb verschlafen sie manchmal den notwendigen Anschluss. Erwachsene, besonders »Experten«, glauben immer zu wissen, was Kinder in jeder Altersstufe können müssen, und die Schulen sind an diesem krassen Ideologiebaukasten ausgerichtet. Besonders begabte Kinder finden oft kein Angebot und verwandeln sich, oberflächlich-bequem betrachtet, in »lästige Störenfriede«. Die gute Nachricht aber lautet: Eltern haben heutzutage viel mehr Möglichkeiten, erfolgreich vorzubeugen! Achten Sie bei dem Jugendlichen mit dieser Signatur genau darauf, ob schon etwas versäumt worden ist, und wählen Sie ab jetzt den richtigen Weg. Vor allem: Sprechen Sie mit Ihrem Kind! Und zwar so lange, bis es aus eigener Kraft zum Ausdruck gebracht hat, was es sich wirklich vom Leben wünscht. Diesem Wunsch gemäß sollte die weitere Schullaufbahn gewählt werden – ob das angestrebte Ziel Meistertischler oder Super-Ingenieur heißt, ist dabei gleichgültig. Manchmal will ein Jugendlicher alles hinwerfen und nichts mehr von Schule und Pflicht wissen. Das geht zwar vorüber, ist aber für alle Beteiligten eine schwere Zeit. Oft liegt der Schlüssel zum Beseitigen der Blockade darin, eine lästige Aufgabe zu entfernen, die das Kind nicht mag, noch nie mochte und auch in Zukunft nie lieben wird, weil seine Fähigkeiten einfach woanders liegen! Manchmal verrennen sich Eltern in die Erwartung hinein, dass ihre Kinder Leistungen auf Gebieten erbringen sollen, auf denen die Eltern selbst einmal gut waren oder aber auf denen sie selbst nie eine Chance bekommen hatten. Zu dieser Signatur könnte zum Beispiel passen, dass das Kind schon seit Jahren Klavierunterricht bekommt und daran weder Freude hat noch später wirklich Lust dazu, das Instrument zu spielen. Für den Jugendlichen ist es nur vergeudete Zeit und frustriert ihn.

Bei der Signatur Norden-Mitte sind zahllose Leseratten anzutreffen, und ihr Wissensdrang ist so hoch, dass man sich nur auf Knien beim Internet bedanken kann. Man begegnet hier den zukünftigen Schriftstellern und

Geistheilern, den Pionieren und Erfindern. Diese jungen Leute ergreifen aber nicht immer einen Beruf, den sich die Eltern für ihr Kind wünschen. Gehen Sie auf diese genialen Fähigkeiten ein und entdecken Sie, wie viele positive Überraschungen Ihr Kind für Sie bereithält. Manchmal muss man eben beide Augen zudrücken und viel Großzügigkeit walten lassen, bis sich die wahren Talente entfalten können. Nicht jeder Mensch kann alles, das sollte uns immer bewusst bleiben.

In der Pubertät wechseln viele Jugendliche zu durchgehend schwarzer Kleidung, Wenn hier der Norden (6 und/oder 1) stärker betont ist als die Mitte, dann ist Schwarz eher hinderlich und trägt dazu bei, dass sich das Kind noch mehr abschottet. Ideal wäre die Unterstützung durch die Farben Rot, Grün oder Weiß. Kleinigkeiten entscheiden hier häufig, ob man sich erschöpft oder wohl fühlt. Jedoch nicht vergessen: Der jugendliche »Rückzug« ist manchmal auch ein Entwicklungsschritt, der sich in der Wahl schwarzer Kleidung äußert. Gute Ratschläge treffen dann auf taube Ohren – was ein ganz normaler Vorgang ist! Schenken Sie Ihrem Kind lieber einen großen Strauß Blumen fürs Zimmer, oder kaufen Sie gemeinsam neue, lebhafte Vorhänge.

Es gehört zu den notwendigen Lernprozessen von Eltern und auch von Lehrern, nicht der Versuchung zu erliegen und sich ständig ins Leben des Teenagers einzumischen – weil man glaubt, man wisse stets besser, was für ihn gut ist. Die sprichwörtliche »Rebellion der Pubertät« ist nicht unbedingt »ganz normal«. Der Jugendliche rebelliert nur, weil er sich sagt: »Wenn ich mich so verhalte wie die Erwachsenen, werde ich so wie die!« Andererseits sollte man auch nicht in ein allzu wohlwollendes, nachgiebiges Verhalten hineinrutschen, das dann auf das Kind gleichgültig wirkt. Ja, Kinder sind wirklich die besten Lehrmeister!

Wenn bei dieser Signatur die Mitte überwiegt (0 und/oder 5), dann ist wahrscheinlich eine Null dabei. Mit ihr ausgestattet, hat man Zugang zu allen Himmelsrichtungen und Talenten des Zahlenrads – wenn auch nicht so stark, als wenn die einzelnen Zahlen direkt im Geburtsdatum vorkommen. Lassen Sie dann Ihren Jugendlichen eventuell auch Wege gehen, die vor ihm noch keiner gegangen ist. Er oder sie wird es schaffen! Wenn der Teenager dann auch noch lernt, Hilfe von außen anzunehmen, steht ihm die Welt offen. Idealerweise stammt die Hilfe von Menschen mit Westen, Süden oder Osten. Der Westen übernimmt das Geschäftliche, der Süden bewirkt, dass mündlich formulierte Ideen und Gespräche nicht im Sande verlaufen, und der Osten bringt mehr Geduld!

NORDEN/MITTE *für Erwachsene*

Weitblick, Geduld und Durchsetzungsvermögen – sicherlich haben diese Eigenschaften bisher Ihr Leben geprägt. Allein mit diesen drei Gefährten konnten Sie alle Untiefen des Lebens meistern. Die äußeren Umstände haben natürlich so manchen Stolperstein auf Ihren Weg geworfen, aber das bringt Sie im Kern nicht aus dem Gleichgewicht. Als Erwachsener hat man ja den Riesenvorteil, Kursänderungen selbst entscheiden zu können, mit allen Konsequenzen. Warten Sie deshalb nicht darauf, in Situationen zu geraten, in denen Sie Ihr Leben nicht leben können. Talente und Ausdauer für das Neue, für die grundlegende Kurskorrektur haben Sie genug! Grundsätzlich gilt: Wer zwei Stationen im Zahlenrad besetzt hält, sollte drei Stationen ausgleichen, es sei denn, er oder sie schöpft Begabung und Berufung voll aus. Mit dieser Signatur, bei der immer auch die Mitte (0 und/oder 5) zum Tragen kommt, haben Sie einen großen Vorteil: Die Mitte wirkt immer auch ausgleichend, besonders wenn eine Null vorhanden ist. Im Alltag sollten Sie darauf achten, nicht zu viel Schwarz und Blau zu tragen, und stattdessen Farben wie Rot, Grün und Weiß vermehrt in Ihr Leben zu lassen – eine Erleichterung der täglichen Abläufe.
In dieser Signatur übt der fehlende Westen (9 und/oder 4) manchmal starken Einfluss aus – durch seine Abwesenheit! Am besten umgibt man sich hier mit Freunden, Kollegen und anderen Menschen, die den Westen

Affirmationen für die Signatur Nr. 10

Meine sensible, tiefgründige Art bringt mich so manchen Meilenstein weiter.

Sanftmütig und willensstark gehe ich meinen Weg.

Spirituelle Fähigkeiten gebe ich mit Liebe weiter.

Mit meiner Fürsorge und Vernunft kann ich vielen Menschen helfen.

Ohne Scheu werde ich mehr auf die Menschen zugehen.

Temperamentvolle und geschäftstüchtige Kollegen kann ich in Zukunft besser verstehen.

Meinen inneren Gefühlen werde ich mehr Raum geben und sie auch mit Tanz und Musik ausleben.

Neue und unbekannte Wege haben durchaus ihren Reiz für mich.

Meine Träume kann ich auch mit anderen teilen.

im Geburtsdatum aufweisen. Das hilft, alle geschäftlichen Angelegenheiten erfolgreicher in den Griff zu bekommen. Fehlt dagegen der Westen in der »erweiterten Familie«, kommt es nicht selten vor, dass hervorragende Arbeit geleistet wird, aber sich niemand um die Rechnungsstellung kümmert. Das tiefe bis manchmal blinde Vertrauen wird zuweilen ausgenützt, und nicht immer kann man sich das leisten. Weiß in der Kleidung hilft hier viel, und vor allem auch der Entschluss, ab jetzt alles ordnungsgemäß abzuwickeln. So erobert man sich die fehlende Himmelsrichtung!
Der fehlende Süden (❼ und/oder ❷) kann durch den klugen Einsatz der Farbe Rot ausgeglichen werden. Warum das wichtig ist? An manchen Tagen fühlt sich diese Signatur hoffnungslos übergangen und ignoriert, und keiner merkt es: »Niemand hört mir wirklich zu!« Und warum merkt es niemand? Weil sich diese Signatur nur subjektiv öfter so fühlt, und das von außen betrachtet scheinbar ohne Anlass. Dieses Gefühl kann sogar mitten in einer Preisverleihung aufkommen! Hinzu kommt, dass Menschen ohne Süden tatsächlich manchmal übersehen werden – unabhängig von der Qualität ihrer Mitteilungen. Deshalb nur Mut – tragen Sie öfter rote Kleidungsstücke. Das gilt auch für Männer, zumindest eine rote Krawatte darf es sein, meine Herren! Ein interessanter Aspekt: Die Farben jener Himmelsrichtungen, die im eigenen Geburtsdatum fehlen, stehen einem besonders gut. Experimentieren Sie damit! Bei der nächsten geschäftlichen Besprechung tragen Sie viel Weiß, und Sie werden fühlen, wie Sie als Geschäftsperson durchaus eine gute Figur machen. Arbeiten Sie auch im privaten Bereich viel mit Rot, Weiß und Grün, und Ihr Wohlbefinden steigert sich merklich. Warum man ein schwarzes Auto, ein rotes oder ein anderes bevorzugt, hat einen Grund. Bei der Auswahl von Vorhängen, Badetüchern, Servietten und so weiter bekommt man manchmal zu hören: »Du immer mit deinem Rot (Weiß, Schwarz ...)!«
Vielleicht erkennen Sie jetzt den Grund! Instinktiv möchte man das Fehlende ausgleichen, es sei denn, man wird ständig für diese Wahl kritisiert. Diese Kritik ist oftmals der erste Schritt in die falsche Richtung im Leben,

so merkwürdig das auch klingen mag. Wenn unsere Eltern für uns ausschließlich das als »gut, passend, angemessen« beurteilen, was sie dafür hielten, dann ernten wir als Erwachsene oft die falschen Früchte. Manche Menschen trauern ein Leben lang einem nicht erfüllten Wunsch nach und machen diesen Umstand für all ihr Unglück verantwortlich. Dies steht natürlich jedem offen (und ernährt viele Therapeuten und Rechtsanwälte), aber wirklich helfen tut's niemandem. Nehmen Sie Ihre Chancen wahr und greifen Sie zu! Wie auch immer Ihre Wünsche, Talente, Sehnsüchte aussehen mögen, fangen Sie an zu leben – und zwar jetzt!

Beruflich gesehen haben Sie viele Talente mitgebracht. Vom Journalisten bis zum Gärtner ist alles möglich, Ihnen steht die Welt offen. Ein Journalist aus unserem Bekanntenkreis begann erst mit 45 Jahren mit dem Schreiben, als wir ihm die Bedeutung seiner Signatur schilderten. Wegen der Zahlen der Mitte hatte er schon immer Probleme mit dem Reisen gehabt und seine Liebe zum Journalismus einschlafen lassen. Wir meinten damals, er solle sich auf Kolumnen beschränken und auf Themen, die keine Reisen erforderten. Inzwischen ist er nicht nur erfolgreich, sondern auch glücklich.

Er hat endlich seine Berufung zum Beruf gemacht. Weil er erkannte, dass die Zahlen der Mitte (0 und/oder 5) für seine Probleme verantwortlich waren, mied er ab sofort die Farbe Gelb und umgab sich mit Weiß und Rot. Seitdem ist er mehr auf Reisen als je zuvor.

NORDEN/MITTE *für Senioren*

Geduld und Ausdauer: Für viele Menschen waren diese Eigenschaften die wichtigsten Voraussetzungen für Lebenserfolg. Sie könnten ein solcher Mensch sein. Nicht jedem sind Geduld und einfühlsames Denken in die Wiege gelegt. Umso mehr haben Sie einen ruhigen Lebensabend verdient. So mancher jedoch will sein aktives, berufliches Leben nicht bloß deshalb beenden, weil er oder sie ein bestimmtes biologisches Alter erreicht hat. Das ist mehr als verständlich: Es ist heutzutage in mancher Hinsicht sogar

sehr wichtig. Mit dieser Signatur beschenkt, haben Sie sehr, sehr viele Möglichkeiten, noch einiges auf die Beine zu stellen und sich selbst und andere zu überraschen. Als Frau wie als Mann! Ihre sympathische, fürsorgliche Art, kombiniert mit angeborenem Wissensdurst, lässt Sie überall problemlos einspringen. Manchmal bringen auch bestimmte Lebensphasen die Notwendigkeit mit sich, etwas anderes zu tun. Nützen Sie diese Chance, Abwechslung in Ihren Alltag zu bringen. Willkommener Nebeneffekt: Die Kasse lässt sich damit ein wenig auffüllen. Vergessen Sie nicht, dass Sie nicht unbedingt in Ihrem erlernten Beruf bleiben müssen, sondern dass Sie alle Talente, Wünsche, Sehnsüchte zum Einsatz bringen können und dürfen! Manchmal wurde die Berufswahl aufgezwungen, weil es kaum Wahlmöglichkeiten gab. Umso wichtiger wäre es jetzt, sich einem Hobby oder einer Tätigkeit zuzuwenden, die Sie erfüllt.
Wenn das nicht möglich ist, sollten Sie sich die eigenen vier Wände zumindest so einrichten, dass Sie sich wohl fühlen. Angenommen, Ihr Partner trägt viel Osten im Zahlenrad und die Mitte fehlt: Dann kann es sein, dass er oder sie im Haus Blumen oder Grünpflanzen nicht sehr schätzt. Bei Ihrem fehlenden Osten wäre aber Grün von großem Vorteil! Das gegenseitige Verstehen kann sich wunderbar vertiefen, wenn man die Gründe kennenlernt, warum jemand etwas ablehnt oder immer wieder sucht. Viele Menschen erreichen ihr Glück nicht, weil sie immer nur auf den Partner Rücksicht nehmen. Selbst wenn dieser schon gestorben ist, wird oft noch unbewusst die Anpassung geübt. So wichtig und wertvoll Rücksichtnahme in Beziehungen ist, so darf sie doch nicht dem eigenen Glück im Wege stehen! Schleichende Unzufriedenheit ist die Folge, die sich als dunkle Wolke über die Familie senkt und sich oft auch in körperlichen Störungen äußert. Jeder Mensch hat sein Glück verdient. »Liebe deinen Nächsten!« Richtig – aber das »... wie dich selbst!« bitte nicht vergessen.
Wenn Sie sich körperlich nicht so recht fit für ein Hobby fühlen, dann möchten wir Ihnen wärmstens die Mondgymnastik (siehe Buchtipp Seite 397) empfehlen. Täglich ein paar Minuten Bewegung in Harmonie

mit dem richtigen Zeitpunkt, und schon nach einer Woche geht es fühlbar bergauf! 80-Jährige haben uns berichtet, dass sie sich jetzt besser fühlen als mit 60. Später können Sie je nach Inspiration die Übungen auch etwas länger machen. Nicht jeder Mensch geht gern in einen Turnverein, schon gar nicht im vorgerückten Alter oder wenn der Aufwand zu groß ist. Besonders bei Kreuzschmerzen nach der Garten- oder Hausarbeit genügt oft die Grundübung aus der Mondgymnastik, damit alle Schmerzen verschwinden. Meist sind nicht eingeklemmte Wirbel schuld, und auch keine »Abnützung«, sondern zu große Anstrengung! Überlassen Sie schwere Arbeiten der Jugend und genießen Sie die Restarbeiten ausgiebig.

Lesen ist sicher ein Hobby, das Sie ein Leben lang begleitet hat. Nehmen Sie sich auch dafür Zeit und holen Sie sich die ganze Welt ins Wohnzimmer. Geschichtenerzählen könnte ebenfalls zu Ihren Talenten gehören. Echte Geschichtenerzähler waren lange Zeit fast verschwunden, aber wie wertvoll sie auch heute noch wären, lässt sich am ständig steigenden Erfolg von Hörbüchern ablesen. Besonders schön ist es, wenn sich ältere Menschen wieder mehr Zeit für Enkelkinder nehmen. Lange Zeit war das nicht »modern«, und Großfamilien schienen fast ausgestorben. Dass »nur die Welt bereisen« auch nicht der Weisheit letzter Schluss ist, haben inzwischen viele Menschen erkannt.

Kein Alter ist so sehr geeignet wie das Rentenalter, endlich das zu tun, was einem im Herzen gut tut. Gleichgültig ob man die »besten Jahre« als Richter, Förster, Politiker, Anwältin oder Kaufmann verbrachte – Sie haben jetzt die Chance, die tatsächlich beste Zeit Ihres Lebens vor sich zu haben! Frischen Sie Ihre zahlreichen Talente auf und unterstützen Sie Ihr Vorhaben mit farbenreicher Kleidung. Verbannen Sie die Farbe Schwarz, so oft es geht. Rot belebt, Weiß macht Sie mutig, Grün unterstützt Ihre Sanftmut. Fangen Sie mit kleinen Schritten an und wagen Sie das Neue!

Signatur Nr. 11

Osten/Mitte

Mit Mitgefühl und der Harmonie aus der Mitte –
auf guten Wegen wandernd

DIE ZAHLEN: 0 und/oder 5, 8 und/oder 3
vorhandene Farben: Gelb und Grün/fehlende Farben: Rot, Weiß und Blau

+ positive Eigenschaften

- genügsam
- musikalisch
- mitfühlend
- geduldig
- tolerant
- kreativ
- großzügig
- selbstlos
- schöpferisch
- opferbereit
- naturverbunden
- ausgeglichen
- fürsorglich
- vernünftig

OSTEN/MITTE *für Babys und Kleinkinder*

Geduldig, genügsam und tolerant macht sich Ihr sympathisches Baby auf den Lebensweg. Ein Kind zum Knuddeln! Alle wollen es hochheben und herumtragen – sicher oft hilfreich für eine junge Mutter, denn auch beim ruhigsten Kind kennen die Eltern schlaflose Nächte. Andererseits braucht ein Baby mit dieser Signatur sehr viel Ruhe und ist leicht überfordert, bis alle Verwandtenarme durchwandert sind. Zu Beginn schläft es viel und ist genügsam, und das wäre es auch noch später, aber meist wird ihm nicht die nötige Ruhe gegönnt. Gerade bei einem solchen »Vorzeigebaby« sollten die Eltern seine Bedürfnisse gut beobachten und respektieren.
Wenn es etwas älter ist, freut es sich sehr an liebevoll vorgetragenen Gutenachtgeschichten. Rituale werden wichtig, und alles Gewohnte baut in Ihrem Kind das nötige Urvertrauen auf. Vertrauen ist bei dieser Signatur auch ein zentrales Thema. Mit nichts können Sie dieses Kind mehr verunsichern als mit dem Missbrauch von Vertrauen. Das bedeutet keineswegs, immer das Gewohnte einzuhalten oder allen Wünschen des Kindes zu gehorchen. Es bedeutet, dass Sie Änderungen am Gewohnten mitteilen und öfter auch begründen. Auf alle Fälle sollten Sie das Kind nicht anschwindeln, nur weil das momentan der einfachere Weg scheint, etwa wenn Sie abends noch ausgehen. Eltern machen oft den Fehler, anzunehmen, dass ihr Kind das »noch nicht versteht«. Mag sein, dass es Zusammenhänge nicht erfasst, aber es hat ein unfehlbares Gespür für Notwendigkeit und Geradlinigkeit, für Unwahrheit und schlechtes Gewissen.
Grundsätzlich ist ein Kind hilflosen Eltern immer ausgeliefert. Machen Sie also Ihrem Kind (jedem Kind!) klar, dass sich heute die Dinge so und so verhalten, und erzählen Sie keine Märchen, auch wenn das Kind nicht freundlich reagiert. Lassen Sie es, wenn es schon größer ist, auf keinen Fall ohne sein Wissen allein! Es könnte so erschüttert sein, dass es nie wieder freiwillig allein bleibt. Wenn Sie einem größeren Kind deutlich sagen, dass, wie lange und warum es allein bleiben wird, macht es keine Probleme.

Im Kindergartenalter kann es vorkommen, dass die vielen neuen Eindrücke vorübergehend zu Verwirrung und Überforderung führen. Zu viel geht dem Kind durch den Kopf, und der raue Umgang, zu dem viele Kinder durch Vorbild und Fernsehen leider verführt werden, wirkt zeitweise verstörend. Ihr dem Wesen nach sanftes Kind trifft im Kindergarten auf die Herausforderung, sich mit wesensfremden Mitteln durchsetzen zu müssen. Hier kommt es häufiger vor, dass Eltern ihr Kind vor alldem beschützen und aus dem Kindergarten nehmen wollen, denn der neue Umgang wird auch zu Hause fühlbar – zum Beispiel durch »Kraftausdrücke«, die sie bisher so gar nicht von ihrem Kind kannten. Messen Sie dem keine große Bedeutung bei, denn erstens ist es nur eine Phase, zweitens muss Ihr Kind lernen, mit der »Welt da draußen« zurechtzukommen. Vielleicht hatten Sie bisher kaum Grund, die Stimme zu erheben oder allzu viel einzugreifen? Machen Sie jetzt nicht den Fehler, dem Kindergarten die Schuld zu geben. Das ist zwar nicht ganz unberechtigt, aber um später für die Schule gerüstet zu sein, braucht Ihr Kind diesen Lernprozess.
Mit Farben können Sie unauffällig und sanft Ihren Beitrag zu dieser notwendigen »Abhärtung« leisten! Kleine Ursache, große Wirkung: Ist Ihr Kind zu ängstlich, verwenden Sie großzügig die Farbe Weiß. Haben Sie öfter das Gefühl, dass Ihr Kind zu kurz kommt, kleiden Sie es mehr in Rot. Hat es Schwierigkeiten, immer wieder etwas Neues zu lernen? Dann greifen Sie unbesorgt zu Schwarz und/oder Blau, weil diese Farben das mutige Zugehen auf das Neue fördern. Auch bei der Wahl des Pausenbrots können Sie unauffällig Gutes tun: Kinder lieben es, wenn der kleine Imbiss farbenprächtig daherkommt, und in diesem Falle sollte die Farbe Rot nie fehlen. Allerdings sollten es nicht immer Tomaten sein, Allergien wären nämlich vorprogrammiert, wenn Ihr Kind ein Alpha-Typ ist (siehe unser Buch »Alles erlaubt« und unsere Website, Seite 396).
Ganz wichtig zum Schluss: Fördern Sie bei dieser Signatur früh genug die musikalischen Fähigkeiten. Ihr Kind kann sie spielerisch entfalten und mit ihnen eine Quelle des Glücks anzapfen, die ein Leben lang sprudelt.

OSTEN/MITTE *für Teenager*

Wenn Kinder ins Teenageralter kommen, macht die Gefühlswelt eine Berg- und Talfahrt mit – gleichgültig welche Signatur das Kind mitbringt. Bei diesen speziellen Zahlen kann es aber zu Turbulenzen kommen, die man von diesem jungen Menschen bisher so ganz und gar nicht kannte. Normalerweise hat man es hier mit einer friedfertigen Persönlichkeit zu tun gehabt, und plötzlich ist man mit Forderungen konfrontiert! Das Harmoniebedürfnis des Ost-Mitte-Kindes existiert zwar immer noch, das harmonische Miteinander will aber jetzt nicht mehr so mühelos errungen sein. Oft geben Eltern dann dem »falschen Freundeskreis« die Schuld, der die »brave Tochter« oder den »braven Sohn« angeblich in die falsche Richtung beeinflusst hat. Das mag auch genau so sein, aber dabei wird meist übersehen, dass sich der Jugendliche diese Freunde gezielt ausgesucht hat! Selbst empfindet er oder sie sich oft als zu vorsichtig, vernünftig, geduldig ... und sucht dann Unterstützung und Ausgleich bei »starken« Freunden. Der Teenager vermutet, dass es sonst der rauen Welt nichts entgegenzusetzen hat. Das Gefühl, den Herausforderungen nicht gewachsen zu sein, lädt den Jugendlichen zu Entscheidungen ein, die in der Umgebung auf Unverständnis stoßen. Plötzlich fühlt er sich in der Gruppe stärker. Meistens legt sich das nach einer gewissen Zeit, weil man entdeckt, dass die Gruppe gar nicht so stark ist wie vermutet. Dennoch kann aus der ganzen Geschichte eine Nervenprobe für die Eltern werden. Ein Teenager mit dieser Signatur muss leider lernen, dass nicht alle Menschen so vernünftig, einsichtig und opferbereit sind und dass so mancher »Freund« keiner ist – keine sehr einfachen Lektionen.

Für die Zukunft und das Berufsleben will natürlich auch geplant werden. Das hat aber noch Zeit, denn dieser Jugendliche braucht eventuell etwas länger, um seinen Herzensweg zu finden. Es müssen alle Möglichkeiten erfühlt werden, es reicht nicht, mit diesem Teenager zur Berufsberatung zu gehen oder entsprechende Bücher zu beschaffen.

6 1
8 3
7 2
9 4
5 0

Die beruflichen Möglichkeiten sind beim Teenager mit Osten und Westen in der Signatur vielfältig und haben fast immer etwas mit Menschen und/oder Natur zu tun. Seine helfende, fürsorgliche Art lädt ihn geradezu dazu ein, die Berufung zum Beruf zu machen. Heilende Fähigkeiten sind stark vorhanden, und der Traum, Arzt zu werden, sollte unbedingt verfolgt werden. Die Geduld für den Beruf ist von Geburt an mitgebracht – nicht notwendigerweise allerdings die Geduld für das entsprechende Studium. Es muss so viel offensichtlich Überflüssiges gelernt werden, und Zeitverschwendung liebt diese Signatur überhaupt nicht! Interessantes wird sofort verstanden und Überflüssiges durchschaut. Vielleicht wäre da die Ausbildung zum Heilpraktiker sinnvoller.
Viele TrägerInnen dieser Signatur zieht es hinaus in die Natur – als Förster, Gärtner, Landwirt oder Geologe. Fördern und bestärken Sie Ihren Teenager nach Möglichkeit darin, sich diesen Traum zu erfüllen, denn es gibt kaum etwas Schöneres in der Berufswelt als Zufriedenheit. Viele finden sich im Leben mit vorgegebenen Schablonen ab, nicht so Ihr Kind.
Bei einer solch starken Konzentration in der Mitte und im Osten, muss es, wenn irgendwie möglich, seinen Gefühlen folgen – auch wenn Eltern manchmal die seltsamen Wege ihrer Kinder nicht nachvollziehen können, wenn diese so ganz andere Richtungen einschlagen als sie selbst.
Unterstützen Sie Ihr Kind auch mit einer klugen Auswahl von Farben. Erlauben Sie unbedingt viel Schwarz in der Kleidung, wenn gewünscht, und sorgen Sie für Rot in den Kombinationen. Weiß ist ebenfalls notwendig im Alltag. Wenn Sie Ihr Kind zum nächsten Geburtstag mit einer Gitarre überraschen, dann bitte mit genau solchen Farben. Rot hebt die Stimmung, Weiß macht mutiger und Schwarz wirkt in diesem Fall beruhigend.
Am einfachsten lassen sich die manchmal schwierigen Teenagerjahre mit Musik überbrücken. Wenige Kinder sind so musikalisch wie die InhaberInnen dieser Signatur. Ideal wäre es, hier eine Gruppe von gleichgesinnten Jugendlichen zu finden – und einen Raum zum Üben! Nicht

nur Musizieren, auch das Songschreiben ist hier eine angeborene Fähigkeit. Wenn der Traum Ihres Teenies eine eigene Band vorschreibt, dann sollten die übrigen Bandmitglieder weitere Signaturen mitbringen! Für den Erfolg ist gute Musik nicht genug. Wer die Fans mitreißen will, braucht den Süden (❼ und/oder ❷). Ein anderer muss die finanzielle Seite im Interesse aller pflegen und braucht den Westen (❾ und/oder ❹). Er oder sie muss nicht unbedingt mitspielen, aber für die Band da sein. Und ein Mensch mit Norden im Geburtsdatum (❻ und/oder ❶) ist dafür zuständig, immer rechtzeitig neue Musik nachkommen zu lassen und gesunde Kritik zu üben oder einzuladen. Die Signatur Osten/Mitte kommt nun zum Zug und schließt den Kreis mit ihrer Begabung, nicht nur Musik zu machen, sondern auch die Menschen zu verzaubern. So würde sich ein Miteinander gestalten, das allen Beteiligten Glück bringt.
Übrigens: Wenn eine Signatur eine Null aufweist, hat dieser Mensch automatisch auch Anteile der anderen Himmelsrichtungen zur Verfügung, wenn auch nicht mit ganz so intensiver Wirkung. Eine Null ist also fast ein »Joker«!

OSTEN/MITTE *für Erwachsene*

Bei einer Signatur, in der nur zwei Himmelsrichtungen besetzt sind, kann eine Station bis zu fünffach besetzt sein! In der Einführung ab Seite 20 können Sie noch einmal ausführlicher nachlesen, was das bedeutet. Im Wesentlichen aber gibt eine mehrfache Besetzung einer Himmelsrichtung einer bestimmten Fähigkeit ein starkes Gewicht. Hier müssen Sie ansetzen, um in Ihrem Leben das zu verwirklichen, was Ihnen in die Wiege gelegt wurde. Wenn das einem Erwachsenen mit der Signatur Ost-Mitte nicht gelingt, fühlt er oder sie sich oft unverstanden oder entwickelt starke Sehnsüchte, die keine echte Erfüllung finden. Zudem kann das Einfühlungsvermögen zu solcher Intensität heranreifen, dass man gar kein Eigenleben mehr entfaltet. Das ist natürlich auf Dauer nicht befriedigend.

Also gehen Sie in sich und stellen Sie sich immer wieder die Frage: »Was will ich eigentlich? Was würde mich wirklich glücklich machen? Wenn ich mit irgendeinem Vorhaben garantiert erfolgreich wäre, was würde ich dann tun?« Lassen Sie nicht zu, dass die Umstände, die Umgebung, Sachzwänge, Verwandte, Kollegen, künstliche Moralvorstellungen und so weiter Ihr Leben diktieren. Sie sind volljährig, Sie können aus Ihrem Leben machen, was Ihnen beliebt.
Sie kennen diese Unterschiede sicher auch aus eigener Erfahrung: Während der eine sein Glück darin findet, für andere da zu sein, kann sich ein anderer gar nicht vorstellen, dass Verantwortung glücklich macht. Ihren mitgebrachten Neigungen nach gehören Sie wahrscheinlich zur ersten Kategorie. Sie blühen auf, nicht nur wenn Sie teilen, sondern auch wenn jemand durch Ihr Wissen gesund und glücklich wird. Mag sein, dass Sie durch Vorbilder oder andere Einflüsse irritiert worden sind und woandershin marschierten, aber sollte der jetzige Weg kein Glück bringen, ändern Sie ihn. Wichtig im Leben ist immer, das Eigene zu finden.
Viele Menschen betrachten die Lücken im Leben als Herausforderung, sie ruhen sich nicht auf dem Erreichten aus. Manchmal ergänzt man eine fehlende Himmelsrichtung am besten, indem man sich dort beruflich austobt. Bei Ihrer Signatur beispielsweise fehlen der Süden (❼ und/oder ❷), der Westen (❾ und/oder ❹) und der Norden (❻ und/oder ❶). Um alle dort versammelten Fähigkeiten zu erobern, könnte man durchaus einen Beruf wählen, der viel mathematisches Verständnis erfordert. Auf den ersten Blick mag das nicht leicht einsichtig sein, aber für eine gewisse Zeit wäre es ein optimaler Weg.
Etwas kommt hinzu: Die Wahrscheinlichkeit ist groß, bei dieser Signatur eine Null im Geburtsdatum zu tragen. Mit einer Null hat man die Talente aller Zahlen erworben! Kaum eine Signatur ist so sehr fähig, mehrere Berufe innerhalb einer Lebensspanne auszufüllen. Deshalb gehen Ihnen wahrscheinlich auch die Ideen niemals aus. Der Wermutstropfen hierbei könnte darin bestehen, dass Sie nicht immer auf das

Affirmationen für die Signatur Nr. 11

Das starke Einfühlungsvermögen werde ich in positive Bahnen lenken, so dass es mir dienstbar wird.

Meine schöpferischen Fähigkeiten bekommen nun einen passenden Rahmen.

Mein musikalisches Talent und meine heilenden Kräfte finden Ausdruck.

Mein Herz erfüllt alles, was mit der Natur in Verbindung steht.

Ich mache mich auf den Weg, um auf andere Menschen zuzugehen.

Um mein Temperament zu wecken, lasse ich die Farbe Rot in mein Leben.

Geschäftliche Angelegenheiten sind eine Sache des Alltags, und ich mache keinen Bogen mehr um sie.

Langsam lerne ich, Hilfe von außen anzunehmen, und sogar danach zu fragen, wenn es nötig wird.

Verständnis Ihrer Umgebung treffen, denn viele Mitreisende im Zug des Lebens können sich nicht vorstellen, mehr als ein- oder zweimal ganz neu anzufangen.

Eine besondere Herausforderung sind für Ost-Mitte-Menschen deshalb Berufe, die mit vielen Reisen verbunden sind. Extreme liegen hier nahe beieinander – ständig auf Achse sein oder immer am gleichen Ort verharren, beides ist möglich. Die Extreme können sich aber auch im Wechsel zeigen: Manch einer mit dieser Signatur baut in bester Absicht, Wurzeln zu schlagen, ein schönes Haus, nur um es fünf Jahre später ohne Bedauern zu verkaufen und sich wieder auf Reisen zu begeben. Nachbarn und Freunde haben dann Probleme, dafür Verständnis aufzubringen.

Die Zahlen der Mitte (0 und/oder 5) üben einfach diesen seltsamen Einfluss aus: Sie treiben extrem umher oder binden extrem fest an einen Ort. Da Sie dies nun von uns erfahren haben, können Sie in Zukunft ohne schlechtes Gewissen und Zweifel an Ihrer Standfestigkeit der inneren Berufung nachgehen. Glück ist niemals an einen materiellen Ort gebunden.

Wichtig noch: Der fehlende Westen (9 und/oder 4) lässt oft die finanzielle Seite des Alltags zu kurz kommen. Wenn Sie eine solche Schwäche bei sich beobachten, tragen Sie viel Weiß und lesen Sie ab heute auch das Kleingedruckte bei Verträgen und Co.

Meist aber fehlt dieser Signatur weniger der materielle Aspekt im Leben, sondern vielmehr der Herzenspartner. Wenn Sie das Gefühl haben, in Gesellschaft öfter übergangen oder übersehen zu werden, dann tragen Sie mehr Rot und mehr Schwarz oder Blau. Letztere gleichen den fehlenden Norden aus und fördern die Konzentration auf Neues, besonders im Zusammenhang mit Lernaufgaben.

Auslandshelfer oder Menschen, die in Krisengebiete geschickt werden, haben nicht selten eine Ost-Mitte-Signatur. Für sie kann sich damit die Sehnsucht nach dem Traumberuf erfüllen, während andere dem scheinbaren Chaos nie gewachsen wären. Ärzte und andere Helfer im Einsatz in Unruhegebieten brauchen sehr viel Kraft, Nerven und Ausdauer. Nicht

jeder ist solchen Anforderungen gewachsen. Musiker mit Leib und Seele brauchen ähnlich viel Kraft, auch wenn ihr Tun nach »Vergnügen« aussieht. Sie sind mit allem Einsatz fürs Publikum da.
Gleichgültig, ob man dafür die Familie viel allein lassen muss oder ob die Freunde mit auf Reisen gehen: Wenn man Talente in die Wiege gelegt bekommt, sollte man sie dankbar annehmen und zumindest für bestimmte Phasen ausleben. Das macht ein glückliches, zufriedenes Leben aus. Eingezwängt in Schablonen, die allen Menschen in der Umgebung Freude machen, nur einem selbst nicht, lassen keine Entfaltung von Glück zu. Und das ist langfristig ein Schaden für alle.

OSTEN/MITTE *für Senioren*

In späteren Lebensjahren ergibt sich oft die Notwendigkeit, andere Menschen, besonders den Ehepartner, pflegen und versorgen zu müssen. Mit dieser Signatur ausgestattet, wird Ihnen das sicher nicht schwerfallen. Fremde Hilfe würde sicherlich im Laufe der Zeit notwendig werden, zumindest zwischendurch, grundsätzlich aber stehen bei dieser Signatur die helfenden Energien und Fähigkeiten im Vordergrund. Manche Menschen verbrachten ihr ganzes Leben damit, anderen zu helfen. Auch wenn man es gern tut, ist der körperliche Einsatz manchmal aufreibend. Gymnastik sollte unbedingt zur täglichen Pflichtübung werden, um alle Wirbel wieder an ihren Platz zu locken. Kreuzschmerzen und Dauerschäden können sonst den Alltag belasten.
Wenn die beruflichen Pflichten hinter einem liegen, sollte der wohlverdiente »Feierabend« genützt werden. Wie auch immer Ihr Traum ausgesehen hat, jetzt wird es Zeit, ihn zu leben. Selbst musizieren, Theaterbesuche, Reisen, Tagesmutter sein, der eigene Garten und so weiter. Haustiere bringen zwar eine gewisse Abhängigkeit, aber vielleicht entwickeln Sie Freundschaften mit anderen Tierliebhabern, mit der Pflege Ihrer Lieblinge könnten Sie sich dann gut abwechseln. Die reiche Lebens-

erfahrung älterer Menschen sollte nicht durch Schweigen verschwendet werden. Nehmen Sie am Leben teil, lassen Sie Jüngere an Ihrer Erfahrung teilhaben, und werden Sie reich durch Weitergeben.
Es gab eine Zeit, in der ältere Menschen zu wenig geschätzt worden sind. Das ist ebenso traurig, wie wenn Kinder und Teenager nicht ernst genommen werden, und es ist wenig förderlich für ein echtes Miteinander. Inzwischen hört man wieder mehr auf ältere Menschen, und hier liegt die Chance für Sie. Manche Senioren haben allerdings auch scheinbar nichts zu geben und sprechen nur noch über ihre Krankheiten. Das zieht keine guten Energien an, um es milde auszudrücken. Fragen Sie sich immer nur, was für Sie und Ihre Lieben wirklich förderlich und gut ist. Denn was Sie denken, das wird Sie umgeben. Ihre Gedanken haben große Kraft. Mit Ihrer Gabe, anderen sichtbar zu helfen, sind Sie auch mit der besonderen Gabe ausgestattet, Ihre Gedanken positiv einzusetzen. Grundsätzlich kann das jeder Mensch, aber diese Fähigkeit wird eher selten genützt, weil sie einer gewissen Konzentration bedarf. Auch ohne Konzentration kommt alles auf Sie zu, was Sie denken, nur etwas stärker zeitversetzt. Leider wird dieses uralte Wissen in der modernen Zeit ignoriert. Und die Menschen wundern sich, warum es ihnen nicht besser geht, wenn sie ihr Leid klagen. Sicherlich: »Geteiltes Leid ist halbes Leid« – diese Wahrheit sollte aber den Blick nicht darauf verstellen, dass ständiges Jammern eine Fahrstuhlfahrt in den Keller des Lebens bedeutet. Unternehmen Sie unbedingt etwas anderes als bisher: andere Freunde, andere Gespräche, andere Unternehmungen. Kennen Sie das vielleicht auch? Sie telefonieren mit jemandem und sind hinterher regelrecht erschöpft. Gleichgültig ob es die Tochter, ein Bekannter, die »alte Freundin« war – je näher Ihnen diese Person steht, desto weniger können Sie sich wehren. Doch nur scheinbar! Niemand hat das Recht, Sie so sehr aufzuzehren, dass Sie langsam, aber sicher Ihre Nerven verlieren. Machen Sie sich bewusst: In solchen Fällen müssen Sie entweder ständig auf die Person eingehen, ohne Rücksicht auf Ihr eigenes Leben und Ihre eigenen Gefühle, oder es wird von Ihnen etwas verlangt,

was nicht oder längst nicht mehr zu Ihren Aufgaben gehört. Nabeln Sie sich ab, machen Sie sich frei, machen Sie sich unabhängig. Warten Sie niemals auf die Genehmigung Ihres Gegenübers beziehungsweise Ihrer Umwelt, solche Belastungen abzuwehren. Sie erleichtern schließlich auch das Schicksal Ihres ausbeuterischen Gegenübers, denn er oder sie würde sonst noch viel später seine Lebenslektionen lernen.
Gehen Sie Ihren eigenen Wünschen und Ihren Hobbys nach – bestimmt gibt es einiges aufzuholen. Eine besonders befreiende Tätigkeit ist das Entrümpeln: Allein im Kleiderschrank befinden sich vielleicht auch bei Ihnen viele Stücke, die zwar teuer waren, aber ihre Zeit schon längst hinter sich haben. Der Preis, sie zu behalten, könnte vielleicht höher sein als ihr ursprünglicher Kaufpreis, denn wer jeden Tag mit einem Kleidungsstück aus früheren Zeiten konfrontiert ist, das weder an den Körper noch in die Zeit passt, lädt sich eine unnötige Last auf. Diese Dinge wirken auch durch Mauern und Türen hindurch, also raus damit, weg damit! Genießen Sie das befreiende Gefühl, das sich schon bald einstellt. Schätzen Sie alte Dinge – aber lassen Sie sich keinen Klotz am Bein daraus sägen. Das macht nur krank. Ihre musische Seite könnte eventuell auch der Auffrischung bedürfen. Mit Sicherheit haben Sie eine schöne Stimme. Nur Mut: Mit ein wenig Übung könnten Sie wieder in jeden Chor einsteigen. Oftmals verzichtet man zum Beispiel auf Theaterbesuche, weil der Partner immer nicht mitkommen wollte. Auf Dauer dient es aber nicht dem guten Miteinander, die eigenen Bedürfnisse immer zurückzustellen. Die Unzufriedenheit sickert in den Alltag hinein und beeinflusst alles in der Umgebung. Eine Tischnachbarin beim Kaffeekränzchen kann Ihren Nachmittag mit Licht erfüllen oder zur Qual machen. Entscheiden Sie ab sofort selbst, neben wem Sie sitzen wollen – in allen Situationen und geben Sie alte, belastende Gewohnheiten auf. Zu allen Zeiten steckt in uns viel jugendlicher Schwung!

Signatur Nr. 12

Süden/Mitte

Fröhliches Temperament verbindet sich mit dem Willen zur Harmonie – ein glücklicher Weg

DIE ZAHLEN: 0 und/oder 5, 7 und/oder 2
vorhandene Farben: Gelb und Rot/fehlende Farben: Weiß, Blau und Grün

+ positive Eigenschaften

- schöpferisch
- opferbereit
- begeisterungsfähig
- temperamentvoll
- unabhängig
- großzügig
- geduldig
- naturverbunden
- ausgeglichen
- fürsorglich
- vernünftig
- charismatisch
- Veränderung liebend
- neugierig

SÜDEN/MITTE *für Babys und Kleinkinder*

Ein Temperament der besonderen Art kommt hier zum Vorschein: ein fröhliches, aufgewecktes Kind, das auch noch besonnen und sympathisch ist. Ihr erstes Kind? Es wird sich sicherlich zum Mittelpunkt der Familie entwickeln, und Sie haben das große Los gezogen. Sind schon Geschwister da? Dann sollten Sie darauf achten, dass die älteren Kinder nicht zu kurz kommen, weil sich sonst nach und nach Eifersucht entwickeln kann. Alle Kinder in einer Familie sollten gleich viel Liebe und Verständnis erhalten, aber sie sollten nicht gleich behandelt werden. Nicht nur, dass jedes Kind auf der Welt anders ist, jedes hat auch andere Anlagen und Bedürfnisse. Das gilt sogar für Zwillinge: Das Zahlenrad gibt ihnen dieselben Anlagen und Talente mit, aber unter Zwillingen bevormundet immer einer den anderen ein wenig. Diese Unterschiede formen einen anderen Charakter, wenn man »sich immer wehren muss«. Das Bedürfnis, besser zu sein als die Schwester/der Bruder formt einen anderen Ehrgeiz im Leben. Wenn ein Kind immer ansteckend fröhlich wirkt, leidet langsam das Geschwisterchen immer mehr. Bewusst oder unbewusst kommt es zu Machtkämpfen. Manchmal nimmt ein Baby auch so viel Raum im Familienleben ein, dass ein Ehepartner auf der Strecke bleibt – wobei es hier keineswegs immer der Mann ist, der den Kürzeren zieht. Diese Zusammenhänge zu erkennen ist wichtig, und dazu ist Fingerspitzengefühl notwendig.
Ihr Baby kann mitunter sehr energisch auftreten. Es ist mit großer Ausdauer gesegnet und will gehört, gesehen und bewundert werden. Kein großes Problem, denn die meisten Menschen geben ihm das Gewünschte freiwillig. Bei dieser Signatur kommt es ein wenig auf die Verteilung des Schwerpunkts an. Mehr Süden (❼ und/oder ❷) vorhanden? Dann entwickelt das Kind viel Temperament. Überwiegen die Zahlen der Mitte (⓿ und/oder ❺)? Wenn hierbei die Null überwiegt, steht dem Kind jeder Weg im Leben offen. Ist die Fünf im Zentrum, dann ist das Kind mit viel Geduld ausgestattet.

Ein Kind mit viel Süden zu zügeln, das können Sie eigentlich gleich vergessen. Dieses Temperament will ausgelebt werden, und Ihre Aufgabe besteht darin, gute Wege zur Verfügung zu stellen und Ihr Kind manchmal auch in Schach zu halten. Genießen Sie diese Munterkeit, die Ihnen vielleicht hilft, in der eigenen Kindheit Versäumtes nachzuholen.

Im Kindergartenalter wird sich das Kind voll entfalten und von den vielen Spielgefährten begeistert sein. Bei jedem Spiel in der Gruppe hat es die Nase vorn und dient den anderen Kindern als Orientierung. Wahrscheinlich erzählt es daheim nur Positives vom Kindergarten. Es bleibt natürlich nicht aus, dass manch andere Kinder (oder Eltern) mit Eifersucht reagieren, aber das ist auf Dauer kein Problem.

Manchmal haben Eltern Entscheidungen für das Kind zu treffen, die später große Auswirkungen haben. Nicht immer liegt klar auf der Hand, was hier das Richtige ist. Bei dieser Signatur sollten jedenfalls Bewegung und Publikum im Spiel sein. Sie haben kein »Kind von Traurigkeit« in Ihr Leben gelassen, es liebt die Menschen und den Applaus. Auch Extremsportler können sich in dieser Signatur entwickeln. Meist ist das Bewegungsgeschick bewundernswert. Sicher haben auch Sie schon erlebt, wie sehr sich manche Kinder mit bestimmten Bewegungsabläufen plagen, beispielsweise beim Radfahrenlernen. Andere steigen auf, haben schon nach kurzer Zeit den Dreh heraus, und es ist ein Genuss, zuzuschauen, wie sie die Kurven nehmen. Ähnlich ist es auch mit dem Schwimmen. Unterstützen Sie bei Ihrem Kind alles, was mit Bewegung zu tun hat.

Manche Kinder bekommen leicht Fieber, das auch schnell wieder vergeht. Ihr Kind könnte dazugehören. Wenn es sich nicht gut fühlt, könnte leichtes Fieber im Spiel sein. Süd-Kinder entwickeln schnell Hitze, erholen sich aber auch schneller. Nord-Kinder (❻ und/oder ❶ im Geburtsdatum) bekommen seltener Fieber, dann aber muss gehandelt werden. Verzichten Sie bei Ihrem Süd-Kind nicht auf ärztliche Hilfe! Aber verfallen Sie auch nicht in Panik, wenn es erhöhte Temperatur hat. Fiebersenkend wirkt die Farbe Blau, Rot dagegen sollte kurzzeitig verbannt werden.

Wenn Sie ein Mädchen haben, meiden Sie zu viel Rot in der Kleidung. Der Süden vermittelt genug von dieser Farbe. Wenn sich die Zahlen in der Mitte konzentrieren und der Süden nur eine Zahl aufweist, dann müssen Sie Rot nicht so scheuen und können dagegen auf Gelb verzichten. Die Farbe Grün und viel Natur, das liebt Ihr Kind, und später braucht es viel »Auslauf«. Wenn Sie Ihr Baby ins Freie stellen (mit gut funktionierendem Mückenschutz), ziehen Sie ihm niemals etwas Gelbes an! Das lockt nicht nur Mücken und Käfer, sondern auch Wespen und Bienen. Achten Sie aus demselben Grund auch darauf, keinerlei süße Sachen, etwa Kuchen oder Getränke, in den Wagen oder Korb zu legen.

SÜDEN/MITTE *für Teenager*

Ob sich bei Ihrem Teenager sportliches Genie oder tänzerische Begabung oder ein anderes Spezialtalent entwickelt, hat sich wahrscheinlich schon deutlich gezeigt. Trotzdem: Jugendliche werden manchmal von unerklärlichen Launen befallen und wollen Dinge aufgeben, für die sie sichtlich geradezu erschaffen sind. Dagegen ist kein Kraut gewachsen, und meist helfen nur Verständnis und Geduld. Lässt man großzügig eine ausgedehnte Pause zu, besinnt sich der Jugendliche meist selbst. Oft genug vermisst er nämlich den gewohnten Applaus und das Rampenlicht beziehungsweise die Anerkennung von Trainer und Teamkollegen. Zwingen kann man weder Erwachsene noch Kinder, aber manche versuchen es und machen damit alle Beteiligten nur unglücklich. Man sollte den lebenslustigen Menschen dieser Signatur nicht in einen Unglücksraben verwandeln.

Die schulischen Leistungen sind bei dieser Signatur nicht immer die besten, aber das macht sie mit Charme und Bewegungstalent wett. Folgerichtig machen langes Sitzen und Pauken sie unruhig und nervös. Eine große Hilfe wäre es hier, den individuellen Biorhythmus auszurechnen und zu berücksichtigen. Der Jugendliche weiß dann immer schon im Voraus, wann Lernen Sinn macht und wann »nichts reingeht«. Unser Buch »Aus eigener Kraft« (siehe Seite 397) sagt Ihnen alles Notwendige dazu. Sie können dann den Biorhythmus von Hand ausrechnen, auch für die ganze Familie. Die Kenntnis dieses natürlichen Rhythmus von Körper und Geist hilft bei allen Vorhaben, bei denen man sich schwer tut.

In den Jugendjahren stellen sich die ersten Fragen: »Was soll ich einmal werden? Wie werde ich mein Berufsleben gestalten?« Angeborene Fähigkeiten zu nützen ist der Idealfall, aber diese wollen erst einmal entdeckt werden. Schnell muss alles gehen, wenn es ums Erwerben von Wissen geht. Langwierige Lernprozesse mag diese Signatur nicht so sehr, außer es geht ums Einstudieren von schwierigen Bewegungsabläufen. Ausdauer gehört zwar zu ihren angeborenen Eigenschaften, aber der Sinn hinter der Tätigkeit muss klar erkennbar sein, sonst fehlt die Bereitschaft, größere Aufgaben zu übernehmen.

Wenn ein Bewegungstalent in eine Akademikerfamilie hineingeboren wird, hat es der Jugendliche manchmal nicht leicht, seine Träume mutig ans Licht zu holen. Eine Sportskanone als Vater oder Mutter will vielleicht den Erfolg wiederholt sehen und entwickelt wenig Verständnis für eine ruhige Leseratte. Hier wird es besonders wichtig, auf den Jugendlichen einzugehen und zwischen Flausen im Kopf und Herzenswünschen unterscheiden zu helfen. Diese Signatur bringt interessante Chancen mit: Geduldig, naturverbunden, vernünftig, temperamentvoll, leidenschaftlich und begeisterungsfähig – diese Kombination lässt berufliche Träume wahr werden. Vom Architekten bis zum Geologen, vom Gärtner bis zum Politiker oder Sportlehrer, hier steht die Welt offen.

Die eine oder andere Gefahr steckt in dieser Signatur. Wenn zum Beispiel der Süden stärker betont ist (❼ und/oder ❷) als die Mitte, neigt der Jugendliche zu Überanstrengung oder Übertreibung. Körperliche Strapazen gehen auf Kosten anderer Tätigkeiten, und mündliche Übertreibungen haben vielleicht Enttäuschungen zur Folge – ob nun der Jugendliche selbst oder andere enttäuscht werden. Eine Welle des Erfolgs kann auch

manchmal Arroganz einladen. Überwiegen die Zahlen der Mitte (0 und/oder 5), kommen die Extreme in Schüben vor. Aus einem Stubenhocker kann sich plötzlich ein »Partyhopper« entwickeln oder umgekehrt.
Nach dem ersten Liebeskummer vergräbt man sich manchmal nur noch in den eigenen vier Wänden. Solche Gefühlsschwankungen gehören zu dieser Signatur wie zu keiner anderen. Der Grund dafür ist der starke Gegensatz zwischen den Himmelsrichtungen Süden und Mitte, was die Kontaktfreudigkeit betrifft. Eine starke Mitte bewirkt oft, dass man nicht die normale Anhänglichkeit zur Heimat entwickelt. Oft machen sich Eltern unnötig Gedanken und fragen sich, ob sie denn irgendetwas falsch gemacht haben. Nach genauerem Blick auf das individuelle Zahlenrad geht dann jedem ein Licht auf.
Machen Sie sich auf den Weg, den wahren Kern Ihres Teenagers zu erkennen, und üben Sie Verständnis und Geduld. »Es ist noch kein Meister vom Himmel gefallen« – das gilt auch für Ihr Kind. »Vom Himmel« ist es aber gesegnet mit vielen Talenten gekommen. Lassen Sie es deshalb viel ausprobieren und lernen Sie, seine extremen Schwankungen zu lieben. Seien Sie stolz auf seine charismatischen Fähigkeiten und unterstützen Sie die schöpferischen Talente. Fördern Sie es mit allem, was ihm auf dem Weg hilft, und achten Sie darauf, viel mit den Farben Weiß, Schwarz, Blau und Grün zu arbeiten.

SÜDEN/MITTE *für Erwachsene*

Ein fröhliches Temperament, verbunden mit dem Willen und der Fähigkeit zur Harmonie, das sind die Gottesgaben dieser Signatur. Im Alltag, besonders mittendrin im Erwachsenenleben, werden diese Gaben manchmal verschüttet und ignoriert. Allzu streng und fesselnd gestalten sich mithin die Umstände und Bedingungen des Berufslebens, und dann gesellt sich zu diesem Paket noch das Familienleben mit seinen Fallstricken hinzu. Hier gilt es niemals zu vergessen: Gute Anlagen lassen sich nicht ausradieren, sie können immer wieder zu neuem Leben erweckt werden, selbst wenn die Erinnerung an sie nur noch schwach glimmt.

Wer mit seiner beruflichen Situation unzufrieden ist, muss sie ändern, sonst wird er oder sie krank. Krank an Seele oder Leib oder beides. Wie Sie diese Änderung schaffen, hängt ab von Ihrer Vorstellungskraft, Ihren Absichten, Ihrer Fantasie und natürlich von Ihrer Bereitschaft, andere Wege zu gehen. Gleich abschminken können Sie sich den Versuch, mit den immer gleichen Methoden neue, »gesündere« Ergebnisse zu erzielen als bisher. Nur ein anderer Weg führt zu einem anderen Ziel. Sie könnten umschulen, Sie könnten die weniger wichtigen Dinge des Lebens gegen Kurse zur Fortbildung tauschen, Sie könnten umziehen und Ihre Chance auf eine bessere Stelle erhöhen. Wägen Sie ab, was Sie glücklich macht, und handeln Sie. Unzufriedenheit verwandelt Sie nicht in eine einsame Insel ohne Einfluss aufs Weltgeschehen, sondern in eine stetige Quelle negativer Energie für alles, was Sie berühren, für jeden, mit dem Sie in Kontakt treten. Damit ist jetzt Schluss!

In den meisten Fällen hat sich Ihre Signatur bereits ihr angestammtes »Nest« gebaut, wenn sie erwachsen ist. Das bedeutet nicht, dass nicht so manches geändert werden muss, wenn die Jahre fortschreiten. Leben ist Bewegung und nicht Stillstand, auch wenn man es sich bequem eingerichtet hat. Diese Einsicht ist sehr wichtig! Der an Sie gerichtete Satz »Du bist ja niemals zufrieden!« sollte in Ihren Ohren nicht in erster Linie wie ein Vorwurf klingen. Vielleicht bestätigt er auch nur Ihre stets gepflegte Bereitschaft, sich positiven neuen Wegen zuzuwenden und geistig und seelisch immer zum Wachstum bereit zu sein.

Ein hübsch angelegter Garten. Eine perfekt ausgestatte Wohnung. Ein neu renoviertes Haus. Das sind Lebensziele vieler Menschen. Dagegen ist gar nichts einzuwenden, aber was dann? Ja, was, wenn die Ziele erreicht sind? Das Leben verlangt nach Herausforderung. Natürlich bedeutet das für jeden Menschen etwas anderes, nicht jeder denkt gleich. Welche Ziele auch immer Sie ansteuern, Sie haben ein Recht darauf. Ein Recht darauf, sich

Affirmationen für die Signatur Nr. 12

Meine Ausstrahlung und mein Temperament bringen mich im Leben voran.

Ich folge meinen schöpferischen Gedanken und meiner Kraft.

Sowohl das Miteinander als auch das Alleinsein kann ich genießen.

Für Neuanfänge bin ich offen.

Notwendiger Kleinkram wird ab sofort gleich erledigt, das reinigt meine Seele.

Größere Aufgaben oder Aufträge kann ich auch mit der Hilfe und Unterstützung anderer umsetzen.

Wenn ich mir nicht so viel zutraue, trage ich mehr Weiß in der Kleidung.

Ich entwickle immer mehr Neugier und Entschlossenheit.

6 1
8 3
7 2
9 4
5 0

mit dem zufriedenzugeben, was Sie haben, und ebenso ein Recht darauf, immer wieder Neues zu beginnen. Dabei ist es besonders wichtig, »Neues« nicht mit »nie genug« zu verwechseln. Das eine ist naturgegebene Neugier, das andere ist naturferne Gier. Eine neue Herausforderung zu suchen geschieht im besten Falle nicht aus Unzufriedenheit. Wenn Partner, Eltern, Kinder das nicht verstehen, hat man es manchmal schwer, sein Glück zu finden. Dann kann es passieren, dass man aus allerbesten Gründen Enttäuschung um sich verbreiten muss, um den eigenen Weg gehen zu können. Es ist schwer auf den ersten Blick zu erkennen, aber genau das wäre zum Besten aller Beteiligten. Achten Sie noch einmal auf Ihre Zahlen und vor allem darauf, wie Sie verteilt sind. Mit der Zahl Null sind Sie für alles ausgestattet und gerüstet – siehe auch die Beschreibung der Mitte zu Beginn dieses Buches (Seite 34). Mit dem Schwerpunkt im Süden gehören Sie unter die Menschen, mit der Zahl 5 sollten Sie sich nicht wundern, wenn Fernweh und Heimatverbundenheit einander abwechseln. Wenn die Begeisterungsfähigkeit und das Temperament dieser Signatur keinen Ausdruck finden, kann es leicht zu gelangweilter Geistesabwesenheit oder zu Fanatismus kommen. Alles will gelernt sein, auch das Leben der eigenen Talente beziehungsweise deren erfolgreiche »Ausgrabung«. Wir sind immer nur so gut, wie wir wirklich sind, und nicht wie wir von außen gesehen werden. Applaus kann manchmal ein schlimmes Gift sein, und nichts ist für das Herz schwerer zu ertragen, als erfolgreich zu sein bei etwas, das man nicht liebt. Welche Herausforderung, wenn ein geborener Vollblut-Rockmusiker mit einer nur von einer Gitarre begleiteten, leisen Ballade zu Welterfolg kommt! Niemals darf man sich selbst belügen, weil das der erste Schritt zu einem Leben in Künstlichkeit ist.

Die Wirkung von Farben lässt sich besonders erfolgreich einsetzen, wenn bei einer Signatur »nur« zwei Himmelsrichtungen besetzt sind. So sollten Sie bei allen Besprechungen und Angelegenheiten mit materiellem und finanziellem Hintergrund möglichst die Farbe Weiß tragen. Das fördert den Mut und das Durchsetzungsvermögen. Geistige Arbeit, neue Ideen,

Inspiration zu jeglichem Tun – die Einladung dazu und Förderung gelingt am besten mit den Farben Schwarz und Blau. Sie werden besonnen, gewinnen Ausdauer, und der Blick nach innen gelingt leichter. Die Farbe Grün ist sehr neutral und strahlt Ruhe aus. Die Zahlen der Mitte vermitteln zwar Ruhe, aber in einer anderen Form – wie der Unterschied zwischen Ruhe zur Muße und Ruhe vor einer hitzigen Aktivität. Sammeln Sie einfach persönliche Erfahrung dazu, am besten im Umgang und Beobachten anderer Signaturen. Lesen Sie noch einmal Ihre persönlichen Himmelsrichtungen Süden und Mitte zu Beginn des Buches durch, damit Sie eine breite Palette von Ideen zu Ihren persönlichen Zahlen gewinnen. Freuen Sie sich an Ihren Fähigkeiten und nützen Sie die Chancen jeden Tag neu.

SÜDEN/MITTE *für Senioren*

Gemütlichen, gelassenen, Weisheit ausstrahlenden Menschen höheren Alters begegnet man nicht oft – der Großteil ist lustlos, ausgelaugt oder krank. Mit dieser Signatur ausgestattet könnten Sie zu den Ausnahmen gehören, die den Menschen in ihrer Umgebung den Tag erhellen. Wer sein Leben in die Hand nimmt und seinen Humor nicht verliert, hat schon gewonnen. Sie erkennen sich nicht wieder? Nichts spricht dagegen, das Ruder noch herumzureißen, zu jeder Stunde, an jedem Tag. »Wüsste ich, dass morgen die Welt untergeht, würde ich heute noch einen Baum pflanzen«. Sie gehören zu den Menschen, die die tiefe Wahrheit dieses Martin-Luther-Ausspruchs erfassen und leben können.

Mit dem Süden ausgestattet (❼ und/oder ❷) geht man auf das Leben und auf die Menschen zu. Furcht und Scheu sind normalerweise Fremdworte für diese Signatur, das macht ihre Träger so sympathisch. Sie warten nicht ängstlich in einer Ecke, bis man sie hervorholt, und lassen sich dann auch noch bitten, was ihr Gegenüber mürbe macht. Der lebenslustige Mensch des Südens und der Mitte ist auch im höheren Alter unternehmungsbereit und für neue »Schandtaten« zu haben.

In jüngster Zeit hat sich viel getan, was die echten Grundlagen einer gesunden Ernährung betrifft – Bio, aus regionaler Erzeugung, ohne tierisches Eiweiß und Ihrem Ernährungstyp entsprechend (siehe auch unser Buch »Alles erlaubt!«, Seite 397). Wir hoffen für Sie, dass Sie auf diesen Zug bereits aufgesprungen sind. Manche werden erst durch eine Krankheit wach, manche spüren schon vorher, dass Vorbeugen besser ist als Heilen. Die Kräfte der Mitte (0 und/oder 5) sorgen fast immer dafür, dass eine gesunde Lebensweise früh genug einsetzt. »Bio-Produkte sind mir zu teuer« – die Torheit solcher Sätze nicht zu erkennen, das lässt Ihre angeborene Klugheit nicht zu. Nur ein Blick in den Einkaufskorb geiziger Menschen genügt, und es könnte einem schlecht werden. Auf den ersten Blick alles billig – aber ein suchtverursachendes Fertigprodukt nach dem anderen, bei dem die arme Verdauung Schwerstarbeit zu leisten hat. Immer müde zu sein – das ist keine Alterserscheinung! Nein, es ist fast ausschließlich die Folge falscher Ernährung. Die Müdigkeit nach dem Essen ist ein allergisches Symptom, sie ist nichts »Natürliches«. Vorproduzierte Nahrungsmittel sind es, die uns alt machen, viel mehr als das körperliche Altwerden. Die Kombination Süden-Mitte ist eigentlich etwas Geniales. Der gesunde Menschenverstand (der ja tatsächlich existiert!) könnte von dieser Signatur erfunden worden sein. Es ist angenehm, mit diesen Menschen zu reden, mit ihnen zu arbeiten, zu genießen, zu träumen und zu tanzen. Sie sind fast nie langweilig und wissen immer etwas Interessantes, im Gedächtnis Bleibendes zu erzählen. Manchmal kommt es natürlich vor, dass sie ihr Leben nicht leben durften oder konnten. Dann sollten Süden-Mitte-Menschen lernen, aus ihrem Lebensabend noch etwas zu machen, das sie als sinnvoll empfinden und das sie zufrieden macht. Jeder unzufriedene Mensch wird zum lebendigen Beispiel für die negativen Seiten einer Signatur. Hier wären das die Rachsucht, die Arroganz, die Verschwendungssucht. Steuern Sie früh genug gegen und planen Sie ganz neu – von heute an!

Manche Menschen, die ihren Lebenspartner verloren haben, machen immer wieder den großen Fehler, sich ohne die »bessere Hälfte« nicht mehr vollwertig zu fühlen und mit dem Leben gleichsam aufzuhören. Sie existieren nur noch – und das selbst dann, wenn die vorherige Verbindung alles andere als wirklich glücklich war. Fast möchte man meinen, es »rentiert« sich für sie nicht mehr, wenn niemand mehr da ist zum Streiten, Kommandieren, Nörgeln. Dies ist ein verbreitetes Übel: Der Rest des Lebens geht fürs Jammern drauf. Machen Sie bitte niemals diesen Fehler! Man sollte eines Tages bei Ihrem eigenen Begräbnis den Verlust eines Freundes der Menschen betrauern, statt auf Ihrem Grab zu tanzen, oder? Wenn Ihre Ehe gut war, seien Sie dankbar und sorgen Sie für sich selbst genauso wie für Ihre Ehe. Wenn Ihnen das nicht gelang, dann danken Sie dafür, dass Sie alle Kräfte für einen Neuanfang in sich tragen! Kochen Sie nur noch, was Sie gern essen und gut vertragen, dann sieht die Welt wieder völlig neu aus! Die Kräfte der Mitte (0 und/oder 5) können für vorübergehende Selbstzweifel sorgen, was Zukunftspläne betrifft. Besonders dann, wenn sich die Umgebung aufgrund einer ungesunden Lebenseinstellung dazu eingeladen fühlt, Ihre Absichten zu kommentieren mit: »Ist der/die nicht schon zu alt dafür?« Das ist Unsinn! Für nichts auf der Welt ist man zu alt, nicht einmal für die Aufnahme eines Studiums der Kampfkünste. Aikido beispielsweise lässt sich in jedem Alter beginnen. Glauben Sie an Ihre Zukunft, an Ihr Glück, an Ihren Neuanfang. Gehen Sie mit gesunder Selbstliebe durch die Welt und genießen Sie jeden neuen Tag. Wer sagt, dass das Glück den Jungen gehört? Bei kleinem Mut, aber großer Sehnsucht tragen Sie so oft es geht weiße und schwarze oder blaue Kleidungsstücke kombiniert. Das hilft, Ihren Weg zu erkennen und zu gehen. Die notwendige Farbe Grün holen Sie sich mit Pflanzen ins Haus, sie sorgen für Gemütlichkeit und Ruhe. Wecken Sie Ihre ursprüngliche Lebensfreude und lassen Sie uns alle an ihr teilhaben!

Signatur Nr. 13

Westen/Mitte

Aus eigener Kraft und mit Geduld zum Erfolg – auch Grenzen ins Unbekannte können überschritten werden

DIE ZAHLEN: ❾ und/oder ❹, ⓪ und/oder ⑤
vorhandene Farben: Weiß und Gelb/fehlende Farben: Blau, Grün und Rot

+ positive Eigenschaften

- erfolgsorientiert
- kritikfähig
- scharfsinnig
- ehrgeizig
- kreativ
- tüchtig
- geduldig
- naturverbunden
- ausgeglichen
- schöpferisch
- opferbereit
- großzügig
- vernünftig
- hilfsbereit

WESTEN/MITTE *für Babys und Kleinkinder*

Babys mit dieser Signatur vermitteln den klaren Eindruck, dass sie mit einer festen Absicht in diese Welt gekommen sind. Nicht klar erkennbar zu Anfang, aber dass sie die Absicht haben, schnell selbstständig zu werden, lassen sie Eltern und Umwelt deutlich fühlen. Vorsichtig herumprobieren, ob etwas geht oder nicht, das ist nicht ihre Art. Einerseits ist das sehr angenehm im Umgang mit ihnen, weil man immer weiß, wie man mit ihnen dran ist, andererseits aber lassen sie selten Kompromisse zu, weil ihnen das jeweilige Ziel wirklich wichtig ist. Bei dieser Signatur und ihrer zukünftigen Entwicklung hängt viel davon ab, wie die Eltern von Anfang an damit umgingen, Wünsche zuzulassen oder zu unterbinden. Hier ist nicht das Durchsetzen im negativen Sinne gemeint, sondern die Frage, wie das Kind gelernt hat, seinen Weg zu gehen. Eltern, denen eine solche Denkweise fremd ist und deren Erziehung auch noch konservativ war, tun sich nicht gerade leicht. Ein Umdenken ist dann dringend erforderlich, weil man sonst den Zugang verliert. Fast immer gehen alle Türen zum Herzen der Menschen auf, wenn der Zugang neu gewonnen wird beziehungsweise man das Gegenüber versteht.

Im Kindergartenalter entfalten sich die Kinder erneut, machen einen Entwicklungsschub, und ein erster Alltagskampf mit den alten und neuen Freunden und Angehörigen ist angesagt. Die West-Mitte-Kinder haben da kein Problem. Mühelos erobern sie jene Spielecke, die ihnen am meisten liegt, und bringen klar zum Ausdruck, dass nicht jeder hier eingeladen ist. Interessant ist hier, dass sie diese Eroberung nicht nur fest entschlossen und freundlich bestimmt machen, sondern dass sie dafür meist von den Spielkameraden bewundert und respektiert werden. Nur unterdrückte Kinder lehnen sich dagegen auf, aber meist auch nur indirekt und durch Gejammer zu Hause bei den Eltern.

Viele Kinder lassen sich klaglos das anziehen, was die Eltern für sie aussuchen – nicht unbedingt die Kinder dieser Signatur. Auch in diesem

Bereich wissen die Kleinen meist genau, was sie wollen beziehungsweise was sie nicht wollen. Die Farben Weiß und Gelb lehnen sie meist ab, während ihnen die Farben Grün, Schwarz, Blau und Rot zusagen und auch gut tun. Diese Farben ergänzen ein unsichtbares Energiefeld, das für diese Signatur positiv wirkt. Auch bei der Wahl von Spielsachen sollten Sie auf diese Zusammenhänge achten.

Die durchsetzungsstarken, ehrgeizigen und scharfsinnigen Kinder dieser Signatur brauchen unbedingt klare Grenzen. Nicht Grenzen im herkömmlichen Sinne (das sind Schranken, Fesseln und Klötze am Bein), sondern positive, echte Grenzen. Wenn Eltern Nein sagen und kurze Zeit später aus Bequemlichkeit, Ungeduld oder Angst daraus ein Ja wird, dann hat man nicht das Recht, von solchen Kindern Respekt zu erwarten. Sie wissen ohnehin schon alles selbst und wenn sie etwas nicht wissen, müssen sie sich auf die Eltern verlassen können, auch wenn momentan noch Verständnis und tiefere Einsicht fehlen. Sie werden sonst unsicher, und das Vertrauen in die Erwachsenen schwindet.

Die manuelle Geschicklichkeit ist ebenfalls stark ausgeprägt und sollte gefördert werden. Wer ein Kindergeschenk sucht, fragt sich oft, ob es etwas zum Lesen, zum Beobachten oder lieber zum Basteln sein soll. Entscheiden Sie einfach für etwas Altersgerechtes, aber mit einem Geschenk, bei dem zusammen- und auseinandergebaut werden kann, liegen Sie nie daneben. Ein Kuscheltier, das im Regal verstaubt, ist hier nicht ideal, besonders wenn das Kind schon etwas größer ist.

Diesem Kind ist das Gefühl wichtig, dazuzugehören und trotzdem eigene Wege gehen zu dürfen. Das Gefühl, einen ganz bestimmten Weg wählen zu müssen, bekommt es schon relativ früh. Blockieren Sie es hier nicht, das ist seine Natur. Wenn der Eigensinn überhandnimmt, bremsen Sie liebevoll und mit Begründung. Dieses Kind kann Kritik ertragen, was man nicht von allen Menschen sagen kann. Auch gute Menschenkenntnis zeichnet diese Signatur aus, das Kind pflegt gern guten Umgang, gute Beziehungen. Ihr Kind ist vernünftig, fürsorglich, geduldig und gleichzeitig kreativ und hilfsbereit. Bei alldem ist es kein Spätzünder, alle diese Anlagen zeigen sich schon früh. Wenn es aus welchen Gründen auch immer in seiner Entfaltung ständig gebremst wird, kann es berechnend, zerstörerisch, egoistisch, verschwenderisch und sogar ständig geistesabwesend werden. Eine weise Lenkung ist deshalb erforderlich. Eine gute Hilfe wäre es jetzt, sich nochmals die Beschreibung der Himmelsrichtungen Westen und Mitte auf Seite 31 und 34 (oder auch im »Tiroler Zahlenrad«) durchzulesen. Sie erkennen dann zum Beispiel deutlicher, dass diese Signatur unterschiedliche Wege einschlagen kann, wenn beispielsweise der Schwerpunkt eher im Westen (❾ und/oder ❹) als in der Mitte liegt – und umgekehrt. Bleiben Sie am Ball, lassen Sie die Zügel nicht schleifen und üben Sie gleichzeitig Großzügigkeit. Dann helfen Sie mit, Ihr Kind auf einen selbstgewählten, guten Weg zu bringen.

WESTEN/MITTE *für Teenager*

Der Start ins Leben – jetzt geht's so richtig los! Ihr Teenager ist freiheitsliebend, kreativ, scharfsinnig und ehrgeizig. Denken Sie jetzt vielleicht schon »Das trifft überhaupt nicht auf mein Kind zu«? Schon möglich, aber das ist seine Natur. Irgendetwas ist dann anders gelaufen, wofür es viele mögliche äußere Umstände geben mag. Schauen Sie genau hin, denken Sie nach. Was ist geschehen, welche Einflüsse waren am Werk? Das Wichtigste aber ist dabei: Wie fühlt sich Ihr Kind? Hier ist vielleicht der richtige Ort, um daran zu erinnern: Eine Signatur, bei der sich mehrere Zahlen auf eine Himmelsrichtung konzentrieren (was bei nur zwei besetzten Himmelsrichtungen im Zahlenrad immer der Fall ist), lebt öfter Extreme aus als andere Signaturen. Das kann bei dieser Signatur bedeuten, dass viel Gewicht im Westen liegt (❾ und/oder ❹) und der Jugendliche unbewusst entgegensteuert. Mit anderen Worten: Er will von seinen Fähigkeiten erst einmal gar nichts wissen. Er ist »sich selbst zu viel«. Darüber können Sie jedoch lange Zeit hinwegsehen, denn diese Phase geht vorüber. Ebenso wenn die Mitte (0 und/oder 5) stark ausgeprägt ist: Es kann geschehen, dass die Talente der Mitte – Ausgeglichenheit, Schöpferkraft, Geduld – nicht nur nicht erkennbar sind, sondern sogar das Gegenteil empfunden wird. Auch bei den Angehörigen kommt das so an. Bewusst oder unbewusst steuert der Teenager den starken Energien seiner Signatur entgegen. Lassen Sie sich deshalb Zeit, die Situation zu erkennen, um dann eventuell dem Jugendlichen hilfreich zur Seite zu stehen.

Ihr Heranwachsender hat viele Talente mitgebracht, und Sie sollten sich nicht wundern, wenn die Berufswahl weit entfernt von der »Norm« ausfällt, besonders wenn es ein weibliches Wesen ist. Wünsche und Träume verlangen gelebt zu werden, um das persönliche Glück zu finden, auch wenn dessen Gesicht so ganz anders ist als die Vorstellungen der Eltern. Nicht gelebte Sehnsüchte führen oft zu Ängsten und Misserfolg beziehungsweise zum Aufkommen zerstörerischer Energien. Manche flüchten sich dann in Heuchelei, Bestechlichkeit, Egoismus und wirklichkeitsfremde Pläne. Diese Tendenzen gilt es zu erkennen, und dann sollte man den Teenager zurück auf seinen Weg begleiten.

Der hilfsbereite, geduldige Jugendliche dieser Signatur hat natürlich auch seine Launen, besonders in diesem Alter. Es ist aber, wie wir alle wissen, nur eine Frage der Zeit, bis sie vorüberziehen wie ein kurzes Tiefdruckgebiet. Ausnahme: die ständige Unterdrückung. Dann dauert diese Phase manchmal so lange, bis er oder sie auszieht. Normalerweise braucht man sich um diesen Teenie gar nicht so viel kümmern – außer zu lernen, ihn frühzeitig loszulassen. Besonders die Mädchen dieser Signatur werden erstaunlich früh selbstständig und wissen, was sie wollen. Eine Mutter, die sie ständig bevormundet oder ihnen zu wenig zutraut, hat von Anfang an schlechte Karten. Der Wunsch, eine eigenständige und selbstverantwortliche Person zu werden, ist sehr stark und sollte nicht gebremst werden. Später, nach etwa zehn bis zwanzig Jahren kommt vielleicht plötzlich der Wunsch auf, nur noch Mutter mit Leib und Seele zu sein. Wie auch immer: Wichtig ist nur, wann möchte sie was sein? Die Richtungen sind immer

sehr klar ausgedrückt, und wer sie blockiert, muss gute Nerven haben. Denn hier als Gewinner hervorzugehen ist fast ausgeschlossen.
Die West-Mitte-Menschen sind nicht nur vielseitig begabt, sondern finden sich sogar in Extremen wieder – vom Landwirt bis zum Anwalt ist alles möglich, ein wenig abhängig davon, welche Himmelsrichtung stärker ausgeprägt ist. Manchmal verwandeln sie sich in die häuslichsten Menschen, obwohl sie vorher alle erdenklichen Extreme ausgelebt, die höchsten Berge bestiegen haben. Oder sie fahren Rennen, obwohl sie als Mechaniker begonnen haben, beziehungsweise manchmal sogar umgekehrt. Für Überraschungen ist diese Signatur immer zu haben.
Wie bei allen Signaturen mit der Mitte im Zahlenrad sind Chancen vorhanden, eine Null im Zahlenschatz aufzuweisen. Vielleicht noch einmal hier der Hinweis darauf, dass man damit einen leichteren Zugang zu allen anderen Stationen im Zahlenrad erhalten hat. Man sollte sich dann nicht wundern, wenn Berufswünsche aufkommen, die weit entfernt von den bisherigen Vorstellungen liegen. Keine Angst: Ihr Kind wird auch diese Hürde schaffen. Mit der Null ausgestattet tanzt man mühelos auf allen Hochzeiten. Ab und zu kann es jedoch geschehen, dass man alles anfängt und wenig zu Ende führt. Wenn das allzu oft geschieht, sollte man ein wenig auf der Hut sein. Aus Schnuppertagen können Schnuppermonate werden, und irgendwann geht einfach zu viel Zeit verloren, der Anschluss wird verpasst. Das ist zwar in der heutigen Zeit mit zahllosen Nachholmöglichkeiten nicht mehr so gravierend, aber es muss ja nicht unbedingt sein, wenn man rechtzeitig das Ruder herumreißt.
Immer wieder wollen Kinder vor dem Studium ein Jahr Pause machen. Vielbegabten sollte man das eher erlauben, weil sie sich dann mit Muße orientieren können – natürlich immer in Abhängigkeit von Möglichkeiten und finanzieller Ausstattung. Andererseits: Wenig spricht dagegen, ein solches Wanderjahr durch eigene Arbeit zu finanzieren, vielleicht sogar unterwegs, wie es viele tun. Eigene Erfahrungen zu machen ist für diese Signatur besonders wichtig, damit sich echte Entscheidungskraft

entwickelt, denn ein Einreden oder Ausreden ist hier nicht angesagt. Das persönliche Gefühl und Talent muss gelebt werde, um auf Dauer glücklich zu sein – Änderungen vorbehalten!

WESTEN/MITTE *für Erwachsene*

Wenn Sie Glück hatten, dann üben Sie jetzt Ihren Traumberuf aus. Wenn nicht, sollte es Ihnen nicht schwerfallen, das zu ändern. Erfolg ist Ihnen wichtig, und dafür sollte sich niemand schämen müssen. Der finanzielle Erfolg kombiniert mit ausgeprägter Häuslichkeit macht es manchmal nicht leicht, die richtigen Entscheidungen zu treffen. Ein erfolgreicher Geschäftsmann kann nicht gleichzeitig auch immer für die Familie da sein. Es bedarf guter Organisation und ausgeklügelten Geschicks. Das unbedingte Vertrauen zum Partner macht sicher vieles leichter.
Aber auch die Einzelgänger und Einzelkämpfer haben eine Heimat in dieser Signatur. Auffällig ist, dass sich auch das Thema »Zurückziehen« immer wieder einmal in den Vordergrund schiebt und nach Auszeiten verlangt. Die jeweils angemessenen Zeitspannen sind ganz unterschiedlich: Während der eine täglich eine Rückzugspause braucht, genehmigt sich der andere keine Pausen und braucht dafür zusammenhängend einige Tage oder Wochen. Wieder andere vergessen den Wunsch, teilen nicht ein und müssen erst krank werden und so zur Pause gezwungen werden. Die »Arbeitstiere« dieser Signatur spüren manchmal die Grenzen nicht.
Werden Talente und Fähigkeiten gelebt, bleibt der Alltag lebenswert. Wenn nicht, schleichen sich schlechte Energien ein, und es wird mühsam. Besinnen Sie sich auf Ihre wahre Bestimmung. Es wäre schade, wenn aus einem erfolgsorientierten, tüchtigen, handwerklich begabten Menschen ein pedantischer, berechnender Egoist würde.
Rot, Blau, Schwarz und Grün – das sind die ausgleichenden Farben für diese Signatur. Sie haben vielleicht immer wieder einmal darunter zu leiden, übersehen oder übergangen zu werden? Die Farbe Rot könnte hier ein

Affirmationen für die Signatur Nr. 13

Wenn es ums Kleingedruckte geht, werde ich gebraucht.

Geduld und Scharfblick – diesen Talenten bleibe ich treu.

Für mich existiert kein Widerspruch zwischen der Liebe zur Natur und zu materiellen Dingen.

Meine Durchsetzungskraft verbinde ich mit Einfühlungsvermögen.

Meine genialen Ideen verwirkliche ich mit Hilfe von Partnern aus dem Norden des Zahlenrads, damit sie an die Öffentlichkeit kommen.

Neues und schöpferisches Denken verwirkliche ich mit Menschen des Zahlenrad-Ostens.

Von Tag zu Tag mehr lege ich meine Scheu vor der Außenwelt ab.

Ich akzeptiere, dass nicht alle Menschen die gleichen Talente und Bedürfnisse haben.

kleines Wunder bewirken. Dabei ist es gar nicht nötig, sie sichtbar zu tragen – ein kleines Stück roter Stoff zum Beispiel, in der Geldbörse versteckt, würde auch schon helfen. Erfinder sind genial – trotzdem geschieht es nicht selten, dass sichtbare Erfolge ausbleiben. Warum? Gründe gibt es insgesamt gesehen sicherlich viele, aber eines lässt sich sehr oft beobachten: Von der Idee bis zur Verwirklichung vergeht zu viel Zeit, und ein anderer ist schneller. Für Menschen mit dieser Signatur ist es besonders wichtig, den fehlenden Norden (❻ und/oder ❶) auszugleichen, entweder mithilfe von Partnern oder (mühsam) aus eigener Kraft. Das Stichwort heißt »Veröffentlichung«, wofür in der Regel der Norden bestens ausgestattet ist. Öffentlichkeit erschließt sich nicht von allein – alles im Leben will einen Rahmen bekommen, auch eine Erfindung (nicht umsonst gibt es Patentanwälte!). Um den fehlenden Norden auszugleichen, tragen Sie viel Schwarz und Blau. Wenn Sie die Genialität in sich tragen, aber den Kontakt zu Menschen eher meiden, dann tragen Sie Rot, auch als männliches Wesen. Sie wissen ja: Wer oft übersehen wird, braucht mehr Rot in seinem Leben.

Als Erwachsener lebt man oft eingebettet in einen Familienverband oder in eine enge Beziehung. Eine starke Persönlichkeit braucht jedoch viel Verständnis und gleichzeitig viel Freiraum, und beides lässt sich nicht immer leicht unter einen Hut bringen. Wenn Sie die Geburtszahlen Ihrer Familienmitglieder studieren, gewinnen Sie einen tiefen Einblick in die herrschenden Verhältnisse und ihre Ursache und Dynamik. Auch Veränderungen sind dann leichter umsetzbar. Auf Ihre persönlichen Eigenheiten Rücksicht zu nehmen und auf die Ihrer Lieben, das ist ein guter, machbarer Weg, um alles in die richtige Richtung zu lenken. Sturheit bringt dagegen niemals Fortschritt. Glücklicherweise ist Sturheit nicht von Anfang an eines Ihrer »naturgegebenen« Laster.

Die Tatsache, dass Computer und Internet fast jedem Menschen die Tür zur Welt öffnen, können Sie nützen. Immer wieder etwas Neues zu lernen, sich zu informieren, sich stets auf dem Laufenden zu halten, das erleichtert vieles. Neues zu lernen ist bei Ihren Begabungen nicht schwer, aber Neues zu lernen, was Sie nicht interessiert, dagegen sehr. Das ist etwas übertrieben ausgedrückt, aber Sie persönlich wissen genau, wovon wir reden. Sich klar auszudrücken, ein klares Ja und ein klares Nein zu äußern – das ist stets besser, als einen Berg vor sich her zu schieben, nur weil eine Absage oder eine Kränkung Ärger verursachen könnten. Ein wenig müssen Sie damit leben, dass nicht jeder Sie versteht. Trotzdem haben Sie das Recht, ja, in gewisser Weise die Pflicht, Ihr Leben so zu leben, dass Ihre Talente und Fähigkeiten nicht begraben werden. Üben Sie diese Pflicht aus, und die Welt gehört wieder Ihnen!

WESTEN/MITTE *für Senioren*

Im Laufe eines Lebens sollten sich die sanften und besinnlichen Seiten eines Menschen immer mehr entwickeln. Eine natürliche Entwicklung auf der Basis von Erfahrung, Verständnis, Einsicht, Weisheit. Das ist leichter gesagt als gelebt. Der tägliche Kampf um die Dinge des Alltags und die Selbsterhaltung sowie die Erhaltung der Familie hält viele Menschen bis ins hohe Alter gefangen. Wann beginnt man abzuschalten? Wann beginnt man, lockerzulassen? Erst wenn alle Kräfte verbraucht sind? Oder wenn man nicht mehr will? Oder wenn man es sich »leisten« kann? Mit diesen Fragen sind wir alle früher oder später konfrontiert, unabhängig von der Signatur. Bei der Signatur West-Mitte müssen diese Fragen jedoch gezielt und bewusst gestellt werden, weil so manche Talente mit dem Alter nicht verschwinden. Bremsen Sie sich deshalb in harmonischem Tempo ein und beginnen Sie, Ihre innere Ruhe zu finden. Erfolgreiche Menschen brauchen im Alter manchmal einen sanften Anstoß von außen, um sich nicht zu überarbeiten. Bei dieser Signatur sind oftmals die einflussreichen Freunde zu finden, die eher unter sich bleiben wollen.

Bei kaum einer Signatur ist es so wichtig wie bei dieser, darauf zu achten, welche Himmelsrichtung jeweils stärker besetzt ist. Der Westen bringt nicht nur andere Charakterzüge mit als die Mitte, sie können manchmal sogar das Gegenteil bedeuten. Das hat nichts mit Wertungen zu tun, sondern mit dem Verständnis für die Zusammenhänge. Warum schlagen manchmal zwei Herzen in einer Brust? Ein guter Landwirt hat sicher die Nase vorn, wenn er gleichzeitig ein guter Handwerker oder Mechaniker ist. Ein guter Anwalt profitiert, wenn er in seiner Freizeit nur ein wenig Grün um sich hat, um zu entspannen. Ist es da verwunderlich, wenn grübelnde Gedanken aufkommen und man sich manchmal fragt, ob man den richtigen Beruf gewählt hat? Nun, wer sehr gegensätzliche Talente mit in die Welt brachte, spürt diese Spannung eben manchmal. Nur Mut! Genießen Sie einfach im Alter Ihre »andere Seite« und leben Sie Ihre noch nicht genützten Talente voll aus. Hätten Sie diese andere Seite zum Beruf gemacht, dann würden Sie dieselben Gedanken heimsuchen und Sie zum Realisieren Ihrer anderen Talente auffordern.

Der Traum vom eigenen Fleckchen Grün sollte für Senioren der Signatur West-Mitte unbedingt erfüllt werden, denn es kann sein, dass sie den Osten in ihrem Zahlenrad unbewusst vermissen. Das kann auch eine grüne Ecke in der Wohnung oder ein prächtiges Blumenfenster sein. Viele entdecken jetzt ihre fürsorgliche Ader und holen nach, wozu im Berufsleben nie Zeit war. Andere wiederum entdecken den fehlenden Süden im Zahlenrad und holen den Schritt in die Öffentlichkeit nach. So war es vielleicht bisher nicht Ihre Art, nicht Ihr Bedürfnis, einen Preis oder eine Auszeichnung entgegenzunehmen. Das kann sich jetzt ändern. Wichtig ist, zu erkennen, dass Bedürfnisse nicht unterdrückt werden sollten – besonders nicht, wenn alle Beteiligten nur gewinnen können oder zumindest wenn kein Schaden entsteht. Hilfsorganisationen könnten ohne Menschen mit dieser Signatur nicht existieren!

Das Thema Ernährung darf auch hier nicht übergangen werden. Essen als Nebensache, nur um satt zu sein, das schadet nicht nur, der empfindliche Magen wird sich auch rächen. Probleme schlagen sich nicht ohne Grund auf den Magen – die falsche Ernährung tut es ohnehin. Wenn ältere alleinstehende Menschen sich selbst nichts mehr kochen, nach dem Motto »Für mich allein macht es mir keinen Spaß«, dann geht es schnell bergab. Essen hält Leib und Seele zusammen – richtig, die Frage ist jedoch, welches Essen. Viele Elemente der heute »normalen« Küche bringen Leib und Seele auseinander, so viel steht fest. Gesunde, biologische, regional geprägte Kost sollte ein Leben lang im Vordergrund stehen und im Alltag erst recht. Lassen Sie sich nicht von der Mega-Lüge abspeisen, dass Bio-Produkte zu teuer sind. Sie brauchen bei hochwertigen Lebensmitteln nur die Hälfte der Mengen und sind doppelt so schnell satt. Und Sie leben zufriedener und gesünder. Nicht Bio-Produkte kosten viel, sondern die zahlreichen Suchtstoffe in der Normalkost. Mit der Mitte im Zahlenrad ausgestattet, fällt es Ihnen jedoch nicht so schwer, auf eine gesunde Ernährung zu achten. Wenn Sie allerdings dieses feine Gespür nicht nützen, ist der gesundheitliche Schaden größer und wird leichter chronisch als bei anderen Menschen. Nur wenige Ärzte kennen sich mit gesunder Ernährung wirklich aus (sie werden darin nicht ausgebildet!), und wenn sie Ihnen etwas erzählen, dann plappern sie nur nach, was ihnen die Nahrungsmittelindustrie weisgemacht hat. Sie müssen sich deshalb selbst schlau machen. Überlegen Sie nur kurz, woran der Arzt verdient: Es ist die Krankheit und nicht die Gesundheit. Kosten und Zeitaufwand steigen, wenn Sie erst einmal krank sind. Wenn Sie sich jeden Tag etwas Gesundes kochen, brauchen Sie nur ein Drittel der Zeit und des Geldes, verglichen mit der ungesunden »schnellen« Kost. Manche Menschen bilden heute Kochgemeinschaften: Im Wechsel kocht jeder für jeden. Das macht nicht nur Spaß, sondern sie tauschen auch Erfahrungen aus, und wenn es einmal notwendig ist, kann jeder für jeden einspringen. Vielleicht schreiben Sie mal ein Kochbuch für solche unternehmungslustigen Menschen?

Signatur Nr. 14

Norden/Süden

Freude am Entdecken, Freude an der Weitergabe – das Abenteuer leben!

DIE ZAHLEN: ❻ und/oder ❶, ❼ und/oder ❷
vorhandene Farben: Blau und Rot/fehlende Farben: Weiß, Gelb und Grün

⊕ positive Eigenschaften

- aufnahmefähig
- tiefgründig
- charismatisch
- mutig
- leidenschaftlich
- Veränderung liebend
- neugierig
- visionär
- entschlossen
- wissensdurstig
- spirituell
- begeisterungsfähig
- unabhängig
- intuitiv begabt

NORDEN/SÜDEN *für Babys und Kleinkinder*

Die Kombination von großer Sensibilität und fröhlichem Temperament öffnet viele Türen und Herzen, auch fest verschlossene und eingerostete Tore. Ob es der Charme bewirkt oder die Leidenschaft, wer weiß? Ein solches Kind ist jedenfalls nicht zu übersehen, geschweige denn zu übergehen. Dass Kinder die Eltern erziehen und nicht umgekehrt – hier wird es praktiziert. Als Eltern eines solchen Kindes tun Sie gut daran, ein offenes Ohr zu haben. Schon als Kleinkinder sind sie kleine Lehrer ihrer Umwelt. Sanftmütig, entschlossen und aufnahmefähig saugen sie alle Eindrücke und Erfahrungen auf und geben sie an Alt und Jung weiter. Kennen Sie alte Filme von Aufführungen eines Kasperl- oder Marionettentheaters? Manchmal ist das Verhalten der kleinen Zuschauer viel interessanter als das Geschehen auf der Bühne! Die Kinder der Nord-Süd-Signatur können Sie tatsächlich gleich entdecken. Mit Begeisterung, Aufnahmebereitschaft und tiefgehender Leidenschaft sind sie dabei. Im Publikum wirken sie mitreißend und ansteckend. Ist das Stück aus, suchen sie gleich die neue Herausforderung. Für Eltern nicht immer eine leichte Aufgabe, die nötige Geistesnahrung zu liefern. Alles, was existiert, will erforscht und verstanden werden. Neue Ideen, Abenteuerlust, mutige Vorhaben – das ist genau das Richtige! In der Schule droht Langeweile, wenn der Lehrer nicht die nötige Ausstrahlung und das Geschick hat. Schon in sehr jungen Jahren verspüren sie das Bedürfnis, die Dinge »besser« zu machen. Was sie mitteilen wollen, wird »mit Händen und Füßen« begleitet und ist im Augenblick das Wichtigste auf der Welt. Ihr Verhalten wirkt trotzdem nicht aufdringlich, sondern interessant.

Die Geduld, sich einer Sache über lange Zeit zu widmen und sie auszutüfteln, die haben sie nicht gepachtet. Alles sollte möglichst gestern passiert sein, zumindest muss es schnell gehen – am liebsten so schnell wie sie denken! Spielsachen, die erst zusammengebaut werden müssen, vielleicht auch noch mit dem Bremsklotz Gebrauchsanweisung vor Augen, gehören

nicht zu ihren Favoriten (gelegentliche Ausnahmen sind akzeptabel). Manchmal haben sie auch Probleme zu verstehen, dass nicht alle Kinder ihrem Tempo folgen können. Beim Sport in Kindergarten oder Grundschule sind ja viele Gruppenspiele angesagt. Hier möchte die ehrgeizige Signatur gewinnen und hat kein Verständnis, wenn die eigene Mannschaft wegen eines einzelnen Kindes verliert. Ehrgeiz steht allerdings nicht an erster Stelle, schon gar nicht von der egoistischen Sorte. Dieses Kind ist einfach sehr willensstark und entschlossen. Als Eltern können Sie im Leben Ihres Kindes wunderbar mit Farben arbeiten und ausgleichen. Die Farbe Weiß beispielsweise fehlt hier, und es würde eine gute Energie bringen, die Babywäsche so viel wie möglich in Weiß zu halten. Ebenso ist die Farbe Gelb hier eine ideale Farbe, nur im Freien sollte sie nicht verwendet werden, weil sie Insekten anlockt. Die Farbe Grün bringt man ins Leben des Kindes am besten mit Pflanzen, Spielsachen und/oder Möbeln. Wenn das Baby vom Bettchen aus auf Grünes blickt, wird es ruhiger. Zu viel Rot würde die innere Unruhe verstärken. Das gilt besonders für Mädchen – im Fall, dass die Eltern immer noch die Unterscheidung »Rosa für Mädchen, Blau für Jungen« treffen. Es ist fast traurig, dass sich diese Unsitte so lange halten konnte: Blau beruhigt manche Jungs nämlich bis zur Trägheit und Lethargie, während Rot viele Mädchen reizbar und aggressiv macht. In öffentlichen und staatlichen Schulen ist große Bewegung in Richtung Vernunft kaum zu erwarten, aber zumindest Privatschulen und Kindergärten sollten stärker auf solche Kleinigkeiten von großer Tragweite achten. Manche Kinder beginnen schon zu weinen, weil sie bei der Verteilung der Garderoben einen blauen statt eines roten Hakens bekommen haben. Sie kennen jetzt den Grund: Intuitiv sehnt sich das Herz jedes Kindes nach der fehlenden, passenden Farbe. Bauklötze, Stühle, Kissen, ja sogar die Kindergartentasche sollten Sie nach der fehlenden Farbe aussuchen. Eine gute, fast unsichtbare Energie begleitet das Kind dann den ganzen Tag.
Kinder würden auch ganz unbewusst und intuitiv nach den richtigen Lebensmitteln greifen, wenn ihr Gespür nicht durch Zucker, Suchtstoffe

und Fertigprodukte irritiert würde. Geschmacksverstärker verderben die Essgewohnheiten und den Geschmackssinn und führen in einen Teufelskreis.

Mit viel Süden (❼ und/oder ❷) ausgestattet, bekommt ein Kind schneller Fieber, ohne sich jedoch gleich krank zu fühlen. In heißen Ländern wird es schneller unruhig. Eine gute Idee wäre es hier, das Kinderzimmer nicht im Süden oder Norden eines Hauses zu platzieren. Osten oder Westen wären dagegen ideal. Das Bettchen selbst sollte so stehen, dass die Füße nach Osten oder Süden weisen. In der umgekehrten Richtung schreit das Baby viel und wird unnötig nervös gemacht – das gilt für alle Babys! Diese Schlafrichtung wäre generell für alle Menschen die günstigste.

2011 ist das erste Jahr nach 1977, in dem wieder Kinder mit dieser Signatur zur Welt kommen. So lange haben wir auf diese fröhlichen und intelligenten Babys verzichten müssen! Es ist zwar nicht die einzige »seltene« Signatur, aber diese spezielle wird uns alle wachrütteln!

NORDEN/SÜDEN *für Teenager*

Das Bedrückendste am Teenagerdasein ist das Gefühl der Beengung in Bewegungsfreiheit und Ausdruck. Gebunden durch die Schule, beschränkte Finanzen – das kann einem Jugendlichen schon mal die Laune verderben und manchmal die Sicherung durchbrennen lassen. Alles geht zu langsam, und Sätze wie »Dafür hast du noch Zeit« helfen auch nicht gerade weiter. Hier wohnen obendrein zwei Seelen in einer Brust: Das unabhängige Temperament wechselt ab mit sanften, tiefgründigen Gefühlen, und das manchmal innerhalb weniger Stunden. Diese Achterbahn will bewältigt werden. Nur Mut! Letztlich weiß Ihr Jugendlicher genau, was er oder sie will. Der Norden sorgt für intuitive Begabung, Mut, Entschlossenheit und Willenskraft, der Süden für Unabhängigkeit, Temperament, Begeisterung und Leidenschaft. Eine wunderbare Kombination!

Die Möglichkeiten der Berufswahl sind so vielfältig, dass es fast schon wieder schwer wird. Lassen Sie ihm oder ihr viel Zeit zum Schnuppern und Austesten. Das Berufsleben ist lang und sollte neben Erfolg auch Freude bringen. Ihr Kind lernt leicht und gut und sollte das unbedingt nutzen. Alles Neue wird mühelos aufgenommen, langes Lernen oder gar Pauken ist ihm fast unbekannt. Mit dem Einfühlungsvermögen klappt es deshalb nicht immer: Manchmal wirkt dieses Tempo auf Langsamere egoistisch oder überheblich. Hier können Farben optimal ausgleichen.
Die Farbe Gelb erdet diese Signatur und holt sie aus manchen Tagträumen zurück. Immer wenn Geduld angesagt ist, wirkt Gelb am besten. Das kann zum Beispiel ein gelber Sessel sein, eine gelbe Decke, ein Bild mit vielen Sonnenblumen. Junge Mädchen lieben einen gelben Baldachin über ihrem Bett; ein richtiges Nest kann so entstehen. Ohne die Zahlen der Mitte (0 und/oder 5) fühlt man sich immer wieder einmal etwas verloren, und da kann ein solch geschützter Raum den passenden Ausgleich bringen.
Mit der grünen Farbe gewinnt man mehr Einfühlungsvermögen und kann andere Menschen besser verstehen. Mit der sozusagen angeborenen Ungeduld lässt sich dann leichter umgehen. Unternehmungen im Freien sind hier optimal. Der Frühling mit seinem besonderen und frischen Grün wird meist am sehnlichsten erwartet. Weiß ist unbedingt nötig, um geschäftliche beziehungsweise schulische Aufgaben zu erledigen. Bei Prüfungen zum Beispiel wirkt Weiß manchmal Wunder. Der Schüler kann sich auch einen kleinen weißen Gegenstand, einen Stein, ein Kettchen in die Tasche stecken, wenn er weiße Kleidung ungern trägt.
Steht die schlechte Laune im Vordergrund, wird der Teenager sprunghaft, schnell gelangweilt und tyrannisiert auch mal kleinere Geschwister. Diese Phase geht vorbei, und man sollte sie nie überbewerten. Viele Jugendliche überbrücken die Hürden der Teenagerzeit erfolgreich mit sportlichen Aktivitäten. Sportbegeisterung und -talent, ein bewundernswertes Bewegungstalent und schier endlose Energie sowie Zähigkeit und Willensstärke gehören zur Ausstattung dieser Signatur.

Ein Schwerpunkt beziehungsweise Übergewicht im Norden (❻ und/oder ❶) artet manchmal in Langeweile aus, weil alles Zuviel ins Gegenteil schlagen kann. Manche sind dann nachtragend oder bewegen sich fanatisch in wechselhafte Richtungen. Vielleicht gelingt es Ihnen, darauf einzuwirken, dass dann die Farben Schwarz oder Blau eher vermieden werden. Zum Ausgleich ein grünes, gelbes oder weißes Halstuch würde schon genügen, die Energie bessert sich sofort. Ihrer jugendlichen Tochter könnten Sie ein schönes weißes Kettchen kaufen, Ihrem Sohn einen weißen Schlüsselanhänger. Solche Kleinigkeiten sind wichtig!
Teenager dieser Signatur haben das große Glück, nicht nur gern unter Menschen zu gehen, sondern auch gern gesehen zu sein. Besonders auf Partys würde man ihr Fehlen bemerken. Sie bringen Schwung in die Bude und haben immer neue Ideen. Allzu strenge Eltern sind deshalb eine Last für sie und flößen unnötig ein schlechtes Gewissen ein. Loslassen ist zwar ein Thema für alle Eltern, aber bei dieser Signatur sollten sie es wirklich früh genug lernen. Wenn Sie das übersehen haben, ist es nicht zu spät, es lässt sich nachholen. Sprechen Sie einfach mit Ihrem inzwischen erwachsenen Kind. Vieles erfährt man im Leben leider nicht früh genug, und Kinder haben in der Regel große Freude an Ihrer späten Einsicht. So manches lässt sich dann bei den Enkelkindern besser machen. Eines ist gewiss: Ihr Jugendlicher wird nach dem Auszug eine zu große Leere hinterlassen, wenn Sie nicht umdenken und sich selbst früh genug abnabeln.

NORDEN/SÜDEN *für Erwachsene*

Grundsätzlich positiv eingestellte Menschen wie Sie müsste es mehr auf der Welt geben. Wer so ehrgeizig, zielstrebig, willensstark und sanftmütig zugleich ist, hat eigentlich schon gewonnen. Sie sind eine unabhängige und leidenschaftliche Natur. Ob Sie Lehrer oder Anwalt geworden sind, Richter oder Architekt, Maler oder Forscher – es war kein Zufall. Doch gerade wegen der Vielzahl Ihrer Begabungen haben Sie manchmal das unerklärliche Gefühl einer leichten Unzufriedenheit: »Habe ich den richtigen Beruf gewählt? Hätte ich vielleicht doch besser ...?« Solche Gedankenwege sind hier nur allzu verständlich. Wenn Sie jedoch von ihnen oftmals heimgesucht werden, würde es durchaus Sinn machen, eine Umschulung ins Auge zu fassen. Fürs tägliche Miteinander ist die Zufriedenheit mit dem Berufsleben eine Grundvoraussetzung. Der Arbeitstag ist lang, und der Feierabend sollte nicht nur der Erholung von Stress und Strapazen dienen – das wäre eine Überforderung von Partner und übriger Familie. Das Zusammenleben mit einem solchen Menschen macht auf Dauer keinen Spaß, weil keine Zeit für private Unternehmungen bleibt; alle Beteiligten werden ausgelaugt. Also rechtzeitig die Weichen stellen! Manchmal kommt es vor, dass man zwar seine wahre Berufung zum Beruf gemacht hat, aber in späteren Jahren das Bedürfnis entwickelt, die »Lücken« im Zahlenrad zu schließen. Hier würde das zum Beispiel bedeuten, dass man sich intensiver um die Finanzen kümmert (fehlender Westen) oder dass man den Urlaub mehr ins Grüne hinaus plant (Ausgleich des Ostens). Vielleicht entwickelt sich auch eine extreme Häuslichkeit, um die Mitte besser auszufüllen. Wichtig ist nur, dass sich der Mensch weiterentwickelt – nach welcher Methode, auf welchem Weg, in welchem Zeitraum, das ist individuell verschieden. Bei Frauen verläuft die Entwicklung selten im Gleichtakt mit den Männern, deshalb kommt es im Alltag oft zu Problemen. Nicht den Partner ändern, sondern ihn verstehen lernen – das ist hier das Geheimnis. Sich ändern, das versuchen wir wahrscheinlich alle einmal. Der eine kommt früher drauf, wie sinnlos das ist, der andere später. Wer es gar nicht begreifen will, hat einen harten Alltag vor sich. »Was man nicht hat, kann man nicht geben« – man kann zwar an sich arbeiten, aber ein Körnchen Wahrheit ist dran! Der Ausgleich der fehlenden Himmelsrichtungen kann man gleichsam wie eine Hausaufgabe fürs Leben sehen. Wer immer die Hausaufgaben erledigt, bleibt am Ball und versteht alle Zusammenhänge besser. Auch die Geschwindigkeit wächst, mit der jede »Arbeit«, jede Herausforderung bewältigt wird. Besonders mit Farben lässt sich im Alltag gut arbeiten.

Affirmationen für die Signatur Nr. 14

Zwei Extreme wohnen in meiner Seele – ich werde sie mit Liebe und zum Wohle aller entfalten.

Für vieles im Leben eigne ich mich als Zugpferd, lerne aber nach und nach, dass auch der »Kleinkram« Organisation braucht.

Mutig, begeisternd und spirituell erobere ich die Welt.

Wenn mich eine grundlose Unruhe erfasst, gehe ich bewusst in meine Mitte und lasse mir von den Farben Gelb und Grün helfen.

Damit meine Fähigkeiten für die Welt sichtbar werden, suche ich mir Partner mit Westen und Osten im Zahlenrad.

Ich übe mich in Geduld und höre gut zu, wenn Andersdenkende mir einen Rat geben.

Ich bin glücklich, so viel Willenskraft und Energie zu haben.

Das eigene Fahrzeug sollte zum Beispiel immer die Farbe haben, die im Zahlenrad vermisst wird. Wenn also in einer Familie das Weiß des Westens (❾ und/oder ❹) die häufigste fehlende Farbe ist, können alle von einer weißen Familienkutsche profitieren. Meist aber genügt es, eine Farbe zu wählen, die der Autobesitzer nicht in seiner Signatur aufweist. Wenn Sie das nächste Mal vor einem Obststand stehen und hilflos der angebotenen Vielfalt ausgesetzt sind, dann denken Sie darüber nach: Welche Farben fehlen bei Partner/Eltern/Kind, in der eigenen Signatur?

Johanna erzählt:

Ein Teenager weinte sich bei mir aus, weil er sein Zimmer nicht nach seinen Wünschen gestalten durfte. Der junge Mann wollte eine ganze Wand mit Zeitungsausschnitten bekleben, die Möbel aus hellem Holz wollte er dunkel streichen oder gleich neue kaufen. Selbst hatte er das Geld nicht dazu.
Der Vater wurde noch ärgerlicher, als ich mein Verständnis für diesen Wunsch äußerte. Anhand der Geburtsdaten erklärte ich ihm den Grund für seine Abneigung: Er hatte viele Zahlen im Norden (❻ und/oder ❶ mit Schwarz und Blau), und die Vorliebe des Sohnes für Schwarz musste ihm ein Dorn im Auge sein. Sein Sohn hatte keinen Norden und sehnte sich nach der Inspiration durch Schwarz und Blau.
Der Vater erlaubte danach die Umgestaltung des Zimmers und half sogar dabei. Das nenne ich Fortschritt! Wir betrachteten auch die Zahlen der kleinen Schwester, die keinen Süden besaß und sich deshalb durch »Lästigsein« bemerkbar machen musste. Auch dieser Zug verschwand, weil sich jetzt alle besser verstehen. Ihr Zimmer weist heute mehr Rottöne auf, der Wunsch nach Aufmerksamkeit zeigt sich inzwischen erfolgreich auf familienfreundlicheren Wegen.

NORDEN/SÜDEN *für Senioren*

Das Dasein nach den Jahren der Arbeit in etwas Befriedigendes und Schönes zu verwandeln, dürfte dieser Signatur nicht schwerfallen. Im Gegenteil: Jetzt ist die Zeit gekommen, wo sich erst der Raum öffnet, um ihre zahlreichen Talente zu entfalten. Die täglichen Verpflichtungen des Berufslebens lassen in der Regel wenig Spielraum für die innere Vielfalt eines Menschen, genießen Sie deshalb jetzt die Erweiterung des Spielfelds. Mit Leidenschaft gepflegte Hobbys wachsen jedoch nicht plötzlich aus dem Boden, nur weil ein bestimmtes Alter erreicht ist. Wenn Sie die Freude spüren, jetzt endlich mehr Zeit für sich zu haben, dann können Sie loslegen. Wenn aber früher auch nicht ansatzweise Zeit dafür war, müssen Sie sich manchmal völlig neu orientieren.

Musiker, Heiler, Landwirte – sie kennen oft gar kein »Rentnerdasein«, und das ist gut so, denn diese Berufe sind darauf angelegt, sich selbst und uns allen bis zum Schluss ihr Bestes zu geben und daran Freude zu haben. Zahlreiche Laufbahnen aber sind von heute auf morgen regelrecht beendet und lassen kaum Fortführung im privaten Alltag zu. Hier gilt es, früh genug zu handeln und sich auf die Leere, die sich manchmal einstellt, vorzubereiten.

Leider kommt es immer wieder vor, dass ältere Menschen dem Geschwätz mancher »Gesundheitsexperten« Glauben schenken und überzeugt sind, im Alter körperliche Schwächen als naturgegeben hinnehmen zu müssen. Ein Leben lang redet man sich dann ein, dass ab bestimmten Altersstufen vieles nicht mehr geht, bis hin zur Abnahme der sexuellen Kraft. Dabei gibt es im Wesentlichen nur ein einziges Naturgesetz, das hier wirkt: »Was ich nicht gebrauche, verkommt.« Persönliche Überzeugungen (verbunden mit Ernährung mit »Normalkost« und tierischem Eiweiß) sind es, die ein Nachlassen der Kräfte bewirken. Entscheidend ist ein Umdenken, für das Sie sich jeden Tag Zeit nehmen sollten. Am besten immer um die gleiche Uhrzeit und anfangs zwei Minuten.

Wenn es gut klappt, auf drei Minuten erhöhen, und immer mehr, bis Sie bei sieben Minuten angelangt sind. Das würde genügen, um einen neuen Menschen aus Ihnen zu machen. Setzen Sie sich das Fröhliche, Frische und Gesunde in den Kopf! Stellen Sie sich Ihren Körper ausschließlich als gesund und fit vor. Das hilft ausnahmslos immer, vorausgesetzt Sie tun es! Ganz wichtig: Verbannen Sie aus Ihrem Leben alle Menschen, die sich nur beklagen, über was auch immer – Krankheit, Politik, Autofahrer, die Jugend von heute, die komische Schwiegertochter, den unverschämten Nachbarn ... Solche Menschen glauben auch noch im hohen Alter, dass sich gefälligst der andere ändern soll, aber niemals sie selbst. Diese Menschen sind Gift für ihre Umwelt, und es ist kein Wunder, dass die Wartezimmer der Ärzte voll mit ihnen sind. Es ist ein Naturgesetz: Noch niemals hat sich ein Mensch gesund gejammert. Und das zweite Naturgesetz: Es wird auch in Zukunft nicht passieren. Machen Sie jeden Tag nur eine Minute lang die Mondgymnastik (siehe unser gleichnamiges Buch, Seite 397), dann sind Sie noch schneller am Ziel. Sie sind schon 90 Jahre alt? Fangen Sie an, Ihr Lebensgefühl wird sich grundlegend bessern.
Ein sicheres Gefühl für Richtig und Falsch, für Recht und Unrecht, das können Sie als echten Schatz bezeichnen. Manche Menschen haben dieses Gefühl verloren und sollten es unbedingt wiederfinden. Wenn Sie erst einmal erleben, wie gut es Ihnen geht, wenn das ewige Beklagen aufhört und wenn Sie dazu noch ein wenig Gymnastik machen, möchten Sie das neue Lebensgefühl nicht mehr missen.
Was Ihre Signatur betrifft, haben Sie die allerbesten Voraussetzungen für einen Wandel zum Besseren. Vielleicht finden Sie im Laufe der Zeit eine kleine Gruppe Gleichgesinnter und Sie gehen die »neue Welt« gemeinsam an. Während der Gymnastik genügen bequeme Kleidung in Ihrer Lieblingsfarbe und nette Menschen. Oder Sie machen die Übungen allein, aber auch dann in bequemer Kleidung. Weiß, Gelb oder Grün als Ausgleichsfarben sollten in Ihrer Übungskleidung überwiegen, während Schwarz, Blau und Rot eher nicht eingeladen sind.

Auch beim Kauf einer Gymnastik- oder Yogamatte ist die Farbe von Bedeutung. In Ihrem Fall wären Gelb oder Grün sinnvoll. Auf einer weißen Wolldecke lassen sich auch gute Erfahrungen machen. Spätestens nach drei Wochen sind Sie wahrscheinlich fitter als Ihre Kinder!

Johanna erzählt:

Als ich in jungen Jahren vom Land in die Stadt zog, glaubte ich, dass ich jetzt auf das Wissen meines Großvaters verzichten konnte und auch nicht mehr nach den Mondrhythmen leben müsse. Nach einigen Jahren merkte ich, dass etwas nicht stimmte, aber dazu hat man ja die Ärzte. Nach weiteren Jahren hatte ich die Nase voll und besann mich wieder auf die Natur. Mit bestem Erfolg. Entscheidend aber war ein bestimmter Gedanke: Alle Menschen um mich herum verbrachten ihre Tage mit Jammern – in meiner Kindheit auf dem Bauernhof war mir das absolut fremd. Wenn wir uns einmal beklagten, sagte meine Mutter sofort: »Hast Du Zeit zum Jammern, hast du auch Zeit zum Krankwerden. Wahrscheinlich fehlt es dir an Arbeit.« Als Kind ärgerte mich das immer sehr, aber später erkannte ich die Logik dahinter. Man soll sich mit den richtigen Gedanken beschäftigen. Das muss nicht immer irgendeine Arbeit sein. Wer Probleme sieht, findet Probleme, wer Lösungen sieht, findet Lösungen. Meine Großeltern haben bis ins hohe Alter gearbeitet und ohne Atemnot jeden Berg bestiegen. Ganz sicher war es die einfache Lebensweise, die richtige Einstellung, ein Ziel vor Augen und unsere Ernährung, bei der tierisches Eiweiß kaum eine Rolle spielte. Solche Beobachtungen und Einsichten machten es mir leicht, zu erkennen, wer Recht hat. Bis heute ist mir das eine der größten Hilfen im Alltag.

Signatur Nr. 15

Osten/Westen

Kreative Tüchtigkeit und einfühlende Harmonie – ein Erfolgsmodell in Aktion

DIE ZAHLEN: ❽ und/oder ❸, ❾ und/oder ❹
vorhandene Farben: Grün und Weiß/fehlende Farben: Blau, Gelb und Rot

+ positive Eigenschaften

- erfolgsorientiert
- kreativ
- tüchtig
- kritikfähig
- scharfsinnig
- ehrgeizig
- naturverbunden
- handwerklich begabt
- genügsam
- musikalisch
- geduldig
- tolerant
- großzügig
- hilfsbereit

OSTEN/WESTEN *für Babys und Kleinkinder*

Was den Zahlenschatz betrifft, den man ins Leben mitbringt, begegnen sich hier mit Osten und Westen zwei Welten. Es ist kein Wunder, wenn sich das Baby anfangs mit dem »Gepäck« selbst nicht so gut auskennt. Die Eltern werden dennoch schnell lernen, wo es langgeht. In erster Linie ist dieses Kind genügsam und unkompliziert. Wenn dennoch im Alltag die ganz normale Unruhe aufkommt, muss man einfach einiges durchprobieren, um das Gleichgewicht wiederherzustellen. In den meisten Fällen wirkt ganz einfach Ruhe. Das Gefühlsleben des Kindes ist von vornherein stark ausgeprägt, und es bekommt viel mit von dem, was in der Nähe und Ferne in der Luft liegt. Mit »Ruhe« als Rezept ist deshalb hier die innere Ruhe gemeint und nicht die Abwesenheit von äußerem Lärm. Der Westen entwickelt sich erst in späteren Jahren, und so können Sie voll auf das Baby eingehen mit all der Zärtlichkeit, die Sie schenken wollen.
Zu Beginn muss jede Mutter und jeder Vater das eigene Kind erst einmal kennenlernen. Das dauert manchmal seine Zeit, manchmal geht es ziemlich schnell. Die Länge dieser Phase ist auch abhängig davon, ob man selbst ähnliche Zahlen mitbringt oder ob alles neu gelernt werden muss. Wenn beispielsweise eine Mutter keinen Osten (8 und/oder 3) hat, das Baby aber schon, oder gar einen Schwerpunkt im Osten, dann tickt man einfach unterschiedlich. Bei dieser Signatur kommt unter Umständen sogar ein starker Osten in Betracht mit über zehn Einheiten. Vor einem solchen Kind kann man nichts verstecken, besonders nicht die eigenen Gedanken und Gefühle. Mütter ohne Osten wiegen sich oft in der Überzeugung: »Mein Kind ist ja noch so klein, es versteht ja so viel noch nicht.« Richtig – es versteht vielleicht nichts, aber es kann fühlen! So kommt es vor, dass Kleinkinder nervös und unruhig reagieren, sich aber natürlich nicht klar ausdrücken können. Junge Eltern sind dann nicht selten überfordert mit der »Übersetzungsarbeit«. Stellen Sie sich einfach einmal vor, Sie brächten einen neuen Freund ins Haus, dessen inneren Kern Ihr Baby längst

erkennt, während Sie sich noch von Äußerlichkeiten blenden lassen. Je mehr Sie sich bemühen, Ihr Kind zu beruhigen, desto nervöser wird es. Es fühlt sich gezwungen, Verständnis für Ihr Verhalten zu entwickeln, was ihm aber letztlich unmöglich ist. Deshalb nochmals der Tipp: Verschiedenes ausprobieren, aber nicht nervös werden, wenn manchmal nichts zu helfen scheint. Ihr Kind lernt mit der Zeit, dass die Welt nicht untergeht, wenn seine Gefühle nicht immer verstanden werden. Das ist ein sehr wichtiger Lernprozess (nicht nur für diese Signatur!), und erst diese Erfahrung beruhigt Ihr Kind wirklich.

Im Kindergartenalter gesellt sich allmählich der Westen dazu und entwickelt sich relativ schnell. Ihr Kind lernt, dessen »Waffen« einzusetzen, und ist anderen Kindern voraus. Manchmal verstehen das die anderen Eltern nicht, und ein Konkurrenzdenken setzt ein. Das ist zwar ein ganz normaler Entwicklungsschub, er wird aber von Ihrem Kind so mühelos absolviert, dass es gar nicht auf die Idee kommt, einen solchen »Kampf« nicht zu gewinnen. Kinder mit viel ❾ und ❹ im Geburtsdatum setzen sich fast immer durch, besonders wenn mehr als ein ❾er vorhanden ist. Diese Kinder denken sich nichts Besonderes, wenn sie immer ihre Meinung vertreten und durchsetzen; andere Kinder können jedoch darunter leiden, dass sie nie Oberwasser bekommen. Diese Umstände gehören jedoch nun einmal zu dieser Signatur.

Wenn der Osten hier den Schwerpunkt bildet, hat das Kind so viele Gefühle, dass es manchmal einfach abschaltet. Es kann auch vorkommen, dass dieses einfühlsame Kind richtig aggressiv wird, wenn es auf »friedlichem Weg« kein Gehör findet. Die Eltern verstehen dann die Welt nicht mehr, und spätestens jetzt fällt der Satz: »Das muss es aus dem Kindergarten haben.« Das ist sicher nicht immer falsch – »brave« Kinder werden von der Umwelt oft gezwungen, laut zu werden, bis man auch die Zwischentöne hört. Wenn ein Kind schon früh genau weiß, was es will, dann wird es für die Eltern umso schwieriger, wenn sie aus einem ganz anderen Holz geschnitzt sind. Akzeptieren Sie diese Dinge und genießen Sie sie.

Auch bei Geburtstagspartys können Sie mit diesem Kind eine Überraschung erleben. Während andere Kinder schon wochenlang ihrer großen Party entgegenfiebern, genügt Ihrem Kind ein Geschenk zum Zusammenbauen, und wahrscheinlich weiß es erst kurz vor der Party, wen es einladen soll, weil ihm ein einziger guter Freund schon genügen würde. Die Kinder dieser Signatur sind mit ihren Freunden sehr wählerisch, während andere Kinder glücklich sind, wenn die Bude voll ist.
Wenn Ihr Kind unruhig ist, braucht es eines ganz sicher: die Farbe Gelb. Machen Sie Ihrem Kind so oft es geht ein gelbes »Nest« – mit vielen Kissen, Decken, Höhlen. Die größte Freude machen Sie diesem Kind mit einem großen leeren Karton, ausgestattet mit gelben Decken und Kissen. Wenn dann noch die beste Freundin oder der beste Freund mit darin Platz haben, dann ist für viele Stunden die Welt in bester Ordnung.

OSTEN/WESTEN *für Teenager*

Inzwischen haben sich Westen und Osten entwickelt, und je nach Ausprägung der beiden Pole strebt der Teenager seinen Zielen entgegen. Die Selbstständigkeit dieser Jugendlichen ist beneidenswert. Manche Eltern finden das aber eher weniger erstrebenswert und bevorzugen es, ihre Kinder so lange wie möglich unter Kontrolle zu halten. Wenn der »Bemutterungsinstinkt« allzu stark ausgeprägt ist, gibt es Sand im Getriebe. Es ist immer das Gleiche: Wo Verständnis ist, da sind auch Lösungen, wo kein Verständnis vorhanden ist, da gibt es Ärger. Bei dieser Signatur sind viele Talente vorhanden, aber wenn etwas abgelehnt wird, beißt man sich als »wohlmeinender Erwachsener« die Zähne aus. Am besten locker lassen und die vorhandenen Interessen fördern.
Eltern eines Ost-West-Teenagers mit viel Norden (❻ und/oder ❶) oder Süden (❼ und/oder ❷) im Geburtsdatum könnten manchmal verzweifeln angesichts der unterschiedlichen Weltsichten, die hier zusammenkommen. Vergessen Sie einfach niemals, dass Ihr Kind auf den Weg ins Leben ge-

bracht wird und nicht Sie selbst! Lesen Sie noch einmal die Eigenschaften von Osten und Westen vorn im Buch (Seite 23 und 29), dann wächst Ihr Verständnis. Dass die Pubertät mit viel Auflehnung und Trotz verbunden sein kann, ist nichts Neues. Wenn Sie allerdings allzu viel Unverständnis demonstrieren, dann bleiben sie viel länger in der Widerstandszone. Geben Sie Ihrem Teenager das Gefühl, dass er mit Ihrer Einsicht rechnen kann, und die anstrengende Phase geht schneller vorbei. Ihr Kind will ja auch selbst manchmal aus der eigenen Haut raus. Mit Unzufriedenheit wird man nicht gerade leichter fertig, wenn die Eltern sie auch noch bestätigen.

Farben können auch hier ausgleichend und harmonisierend wirken, zum Beispiel Schwarz, Blau, Gelb und Rot. Weiß und Grün sollten dagegen nur sparsam zum Zug kommen. Weiß fördert normalerweise die Kreativität, würde aber hier das Gegenteil auslösen und manchmal zu innerer Leere führen (der »starre Blick auf die weiße Wand«). Auch Grün wird im Fall dieser Signatur nicht als angenehm beruhigend empfunden, sondern eher als Blockade. Solche Kleinigkeiten haben im Alltag eine große Wirkung, deshalb beim nächsten Kleidungskauf bitte darauf achten. Rot in allen Schattierungen hilft dem Jugendlichen wieder auf die Beine, auch Schwarz ist sehr beliebt und kann ihm gut helfen. Fast alle jungen Menschen tragen gern Schwarz, manchmal jahrelang; im Falle dieser Signatur ist dagegen nichts einzuwenden.

Bei einem Schwerpunkt im Osten kann die naturverbundene, geduldige Art dieser Signatur ins direkte Gegenteil umschlagen, und man könnte zu manchen Zeiten auf die Idee kommen, dass die Sensibilität des Ostens komplett fehlt. Das Gleiche gilt für ein Übergewicht im Westen: Das handwerkliche Geschick ist dann manchmal wie vergraben, und auch der normalerweise vorhandene Geschäftssinn, der Scharfsinn und die Kreativität sind dann wie vom Erdboden verschluckt. All dieses Gute gilt es liebevoll auszugraben, damit der Jugendliche endlich mit seinen wahren Talenten arbeiten kann.

Johanna erzählt:

Nach einem Radiointerview bat mich die Mutter dreier Söhne um ein Gespräch. Sie berichtete, dass der jüngste Sohn als Einziger im elterlichen Betrieb, einer Sägerei, mithelfe. Wir betrachteten uns die Zahlen der Familie und stellten schnell fest, dass der Jüngste als Einziger die passenden Zahlen für die Betriebsführung hatte. Der Vater hatte den Betrieb von seinem Vater übernommen und war nie glücklich damit geworden – er hätte das Zeug zum Musiker gehabt! Sein ältester Sohn hatte alle Talente für den Journalismus und war zum Glück auf dem besten Weg dorthin. Der mittlere Sohn war sich noch nicht sicher, war aber jedenfalls für einen Betrieb zu wenig geschäftstüchtig und bewegte sich in Richtung Kunst. Alles wäre in dieser Familie in Ordnung gewesen, wenn nicht der Brauch geherrscht hätte, dass immer der Älteste den Betrieb zu übernehmen hat. Ich schlug vor, alle an einen Tisch zu holen und ganz nüchtern die Fakten auf den Tisch zu legen. Die Frau meinte, dass ihr Mann da niemals mitmachen würde, und über »solche Sachen« wie das Zahlenrad lache er nur. Aber nach dem Gespräch war der Vater wie vom Donner gerührt. Anfangs war er überzeugt, ich habe ihn ausspioniert, denn so viel könne man nicht über eine unbekannte Person wissen. Wir machten noch einige Beispiele mit Personen aus seinem Umfeld. Mit Tränen in den Augen sagte er: »Da verstehe ich jetzt, warum ich zu meinem Vater keinen Zugang bekommen habe.« Er brach mit der Tradition und entschied sich für den Jüngsten als Nachfolger, und er ließ mit Liebe seine beiden anderen Söhne ihre Wege gehen. Inzwischen spielt der Vater wieder in einem Trio auf Hochzeiten auf, und die Mutter hat keine Schilddrüsenprobleme mehr.

Nicht immer geht alles so glücklich aus, und manchmal fließen Tränen vergeblich. Das Schicksal meint es oft gut mit uns, wir sind jedoch blind dafür. Sie können aber die Augen aufmachen und Nachsicht mit Ihren Teenagern üben – im Interesse aller Menschen in Ihrer Umgebung.

OSTEN/WESTEN *für Erwachsene*

Man kann Ihnen nur wünschen, dass Sie Ihre Begabungen zum Beruf gemacht haben, sonst würden hier »Perlen vor die Säue« geworfen. Das Schöne an dieser Signatur ist, dass sich sehr unterschiedliche Talente in einer Person vereinigen. Wenn Sie im Laufe Ihres Lebens einen völlig anderen Weg einschlagen wollen, eventuell mithilfe einer Umschulung, dann gäbe es dabei keine Probleme – mit Ausnahme Ihres »Talents«, manchmal zu zögerlich an neue Vorhaben heranzugehen. Sie sind ein sehr begabter Mensch mit viel Einfühlungsvermögen und sind es gewohnt, die Dinge gut zu machen und zu einem guten Ende zu bringen. Das schraubt natürlich auch Ihre Ansprüche in die Höhe. Der Weg, den alle gehen, ist selten Ihr Weg. Die Fähigkeiten, die für die Häuslichkeit nötig sind, sind Ihnen ebenso vertraut wie die harte Geschäftswelt. All das unter einen Hut zu bringen muss Ihnen erst mal jemand nachmachen! Allerdings treten Sie sich selbst manchmal auf die Füße mit dem Gedanken: »Es ist zwar eine gute Sache, aber was werden da die Leute sagen?« Das Schielen nach dem Applaus der Umwelt haben Sie nicht nötig. Allerdings unterliegen Sie manchmal der Gefahr zu glauben, dass alle Menschen so denken und fühlen wie Sie. Das lässt so manche Freundschaft auf der Strecke bleiben, weil Sie bisweilen zu fern oder zu hart erscheinen. Es stimmt, man braucht nicht viele Freunde, sondern gute Freunde. Nicht jeder denkt jedoch wie Sie! Was steht im Vordergrund: Privatleben oder Geschäftsleben? Das ist oft eine entscheidende Frage, die über Wohl und Wehe vieler Familien mitbestimmt. Bei kaum einer Signatur scheiden sich die Geister so sehr wie bei der Ost-West-Signatur.

Extreme entwickeln und zeigen sich hier, ebenso kann eine überdurchschnittliche Harmonie zwischen den beiden Welten herrschen. Auffällig ist hier, dass Frauen diesen Spagat öfter schaffen als die Männer, die sich eher auf einer der beiden Seiten einpendeln. In dieser Signatur findet sich aber auch der romantische Liebhaber, der zwei Stunden später am Konferenz-

Affirmationen für die Signatur Nr. 15

Zwei Seelen wohnen bei mir in einer Brust – ich werde beiden mit Liebe und zum Wohle aller Raum geben.

Meine intensive Teilnahme an der Geschäftswelt gleiche ich mit (eigener) Musik aus.

Ich erlaube der Natur, mich ins Gleichgewicht zu bringen.

Handwerkliches Geschick gehört zu meinem Alltag.

Manchmal muss ich meine Mitte neu finden, und dazu nehme ich mir genug Zeit.

Zu meinen musikalischen Fähigkeiten geselle ich ab jetzt den Tanz.

Ab sofort gehe ich freudig auf die Menschen zu.

Mit zunehmendem Alter spüre ich immer mehr Willenskraft und Mut.

Um mich glücklich zu fühlen, akzeptiere ich großzügig Andersdenkende.

tisch knallharte Geschäfte verhandelt. Oder die Mutter, die sich für eine Dreifachbelastung durch Ehe, Kinder und Beruf entscheidet.

In dieser Signatur die Mitte zu finden und lebendig zu halten ist eine besondere Aufgabe. Um die innere Ruhe einzuladen und zur echten Fähigkeit reifen zu lassen, brauchen Sie die Farbe Gelb im Leben. Alles, was den Menschen erdet und mit der Natur verbindet, sollte genützt werden. Rot ist ebenfalls eine wichtige Farbe in dieser Signatur. Es kann nämlich geschehen, dass trotz aller Leistung, allen Fleißes das Gefühl aufkommt, niemand würdige die Arbeit und den Einsatz. Höchste Zeit dann, viel Rot zu tragen! Als Farbe des fehlenden Südens kann sie gute Dienste leisten. Rot bringt Licht in Ihr Leben, und Sie werden nicht mehr so leicht von den Mitmenschen übersehen. Tragen Sie beim nächsten Meeting oder Familientreffen viel Rot, und Ihr Auftritt ändert sich automatisch. Eine Kombination von Rot und Schwarz wäre hier ideal, um den fehlenden Norden und Süden ins Spiel zu bringen. Vermeiden Sie zu viel Weiß und Grün, das macht Sie in gewisser Weise unsichtbar. Besonders in der Wohnung kann man viel mit Farben erreichen. Rote Rosen oder gelbe Lilien heben Ihre Stimmung. Auch dunkle Möbel (schwarz und blau) haben einen Reiz für Sie, als Ausdruck der Farben des fehlenden Nordens (❻ und/oder ❶). Natürlich kommt es bei der Wohnungsgestaltung auch auf Geschmack und Zahlen Ihres Partners an. Alle Beteiligten sollten sich wohl fühlen! Es ist immer wieder interessant und unterhaltsam zu beobachten, warum jemand genau diesen und keinen anderen Geschmack hat. Wer die Mitte im Zahlenrad nicht besetzt hält und in eine hell eingerichtete Wohnung nach Hause kommt, fühlt sich wirklich daheim. Es wäre schade, solche farblichen Streicheleinheiten nicht zu nutzen.

Sport und Bewegung sollten bei dieser Signatur nicht zu kurz kommen. Nicht nur wegen des Talents, sondern weil man auf den Wellen des natürlichen Ehrgeizes reiten kann. So mancher Weltrekord liegt in der Luft – natürlich auch in Abhängigkeit von Tagesverfassung und Biorhythmus.

Johanna erzählt:

Als Jugendliche machte es mir immer großen Spaß, im Vorhinein auszurechnen, wer Olympiasieger oder Weltmeister wird. Manchmal mache ich das heute noch, weil es recht genau vorhersehbar ist. Einzig notwendige Information ist das genaue Geburtsdatum. Bei solchen Wetten im Freundeskreis habe ich mir so manche Eistüte und Kinokarte abgeholt. Heute frage ich mich schon manchmal, warum dieses wertvolle Wissen nicht stärker genutzt wird, beispielsweise bei der Berufswahl, im Arbeitsamt, bei Umschulungen, in Personalabteilungen. Manchmal sitzen Personalchefs im Sessel, die eigentlich auf den Jahrmarkt gehören, so wenig Menschenkenntnis ist vorhanden! So manche LehrerInnen wären besser als Einsiedler aufgehoben. Wenn man genau hinschaut, werden gute Gründe sichtbar, warum in der Schule so viel geschlafen wird.

Wer mit dieser Signatur ausgerüstet seine Talente nur annähernd ausnützt, dem lässt diese Signatur nicht im Stich. Ob als Ärztin, Diplomat, Sängerin, Heiler, Kindergärtner, Technikerin, Handwerker, Pilotin, Erfinder, nichts ist zu schwer oder zu hoch. Nur wenn es um einen Neuanfang geht, dann ist manchmal ein kleiner Anstoß von außen nötig. Die Farben Schwarz und Blau in der Kleidung können ihn begünstigen!

OSTEN/WESTEN *für Senioren*

Wenn Sie mit etwas Wehmut auf Ihr persönliches Berufsleben zurückblicken und feststellen, dass es nicht so Ihren Vorstellungen entsprach – dann machen Sie doch aus Ihren Fähigkeiten ein einträgliches und entspannendes Hobby! Für die Geschäftswelt ist es ohnehin nicht einfach, auf Sie zu verzichten. Ernähren Sie sich gut und machen Sie regelmäßig einige Minuten Gymnastik (am besten Mondgymnastik zum richtigen Zeitpunkt, siehe Buchtipp Seite 397!), dann haben Sie noch eine lange, schöne Zeit vor sich. Wer sich dagegen jetzt aus dem Getriebe zurückziehen will, der sollte das auch tun. Das Bedürfnis ist in Ihnen angelegt, und Sie haben es sich auch verdient. Aber da ist ja noch die andere Seite, die sich immer wieder einmal meldet – die Seite mit den erfolgsorientierten Talenten, die in jede Geschäftswelt passen. Vielleicht gehen Sie einfach abwechselnd eine Woche lang in Ihre Kanzlei, Praxis, Werkstatt, Firma, Büro und dann eine Woche zum Fischen?
Eine der beliebtesten Beschäftigungen im vorgerückten Alter ist der eigene Garten. Vor Zeiten war es einige Jahrzehnte lang modern, alle Nutzpflanzen wie die Soldaten aufzureihen. Unkräuter hatten dann natürlich leichtes Spiel und wurden bitter bekämpft, teilweise mit den brutalsten Methoden und Pestiziden. Natürlich hat man sich damit selbst vergiftet. Diese Zeit ist noch nicht ganz vorbei, und mancher Nachbar wirft einen verwunderten Blick über den Zaun, wenn dort nicht alles »sauber aufgestellt« ist. Viele Menschen haben glücklicherweise inzwischen umgedacht. Wenn Sie nach den Mondrhythmen arbeiten, haben Sie nicht nur großen Erfolg im Garten, sondern auch fast keine Arbeit mehr.
Manchmal besinnen sich ältere Menschen aufs Samenzüchten oder bauen Jungpflänzchen an. Diese Arbeit lässt sich ideal im Stehen auf Tischen verrichten. Ein faszinierendes Hobby, das der Menschheit viel Gutes tut, besonders wenn man ältere, gesunde und nahrhafte Sorten heranwachsen lässt und sie der dankbaren Familie, Freunden und Nachbarn weitergibt.

Der fehlende Süden mit seinem Temperament will manchmal nachgeholt werden. Da trifft es sich gut, dass ältere Menschen viel Erfahrung haben und nicht mehr so schüchtern sind. So manches Paar geht jetzt in einen Tanzkurs, Reisen in den hohen Norden oder tiefen Süden werden plötzlich entdeckt und mit Freuden genossen. Es gibt so vieles, was es nachzuholen gilt! Andere sehen ihr Glück eher in einem Zuhause, das sie jetzt endlich genießen können, weil sie schon ihr ganzes Leben auf Achse waren. Achten Sie für diesen Fall darauf, dass Ihr Heim schön hell eingerichtet ist, eventuell mit einer dunkleren Ecke zum Zurückziehen. Die Mitte, der Süden und der Norden sollen aufgeholt werden.

Es ist immer sinnvoll, eine stark vertretene Himmelsrichtung mit der gegenüberliegenden Farbe auszugleichen. Hier aber ist diese Farbe schon vorhanden. Deshalb sollte man nur die eher schwächere Farbe verwenden, also zum Beispiel Weiß, wenn der Osten stärker besetzt ist. Um sich rundum wohl zu fühlen, kann man alle fehlenden Farben (Rot, Gelb, Blau und Schwarz) bei sich tragen, etwa in Form von Tüchern oder Steinen. Tierliebhaber sind oft gezwungen, während der Berufszeit auf Haustiere zu verzichten. Es ist immer wieder schön zu beobachten, wie ältere Menschen durch ein eigenes Haustier aufblühen. Eine Katze zum Beispiel ist nicht nur vergleichsweise pflegeleicht, sie kümmert sich auch noch um Körperstellen, die belastet oder krank sind: Sie legt sich gern genau dorthin, wo Schmerzen oder Entzündungen vorhanden sind. Man kann fast zuschauen, wie es dem Menschen besser geht. Katzen sind fähig, negative Strahlungen aufzunehmen und so die Belastung des Menschen zu verringern! Hunde machen viel mehr Arbeit, sie haben aber den Vorteil, dass sich Herrchen oder Frauchen bewegen müssen und dadurch fitter bleiben. Denn der Hund muss regelmäßig raus, bei Wind und Wetter. Einen schönen und unterhaltsamen Anblick bieten Zierfische im Aquarium. Mit etwas Grundinformation lässt sich ein völlig neues Hobby starten.

Werden Sie aktiv – alles ist besser als in den Fernseher zu schauen. Diese Unbeweglichkeit und Starre würde Sie wirklich alt machen.

Signatur Nr. 16

Norden/Osten/Süden

Entschlossenheit, Temperament, Mitgefühl – ein erfolgreicher Dreiklang

DIE ZAHLEN: 6 und/oder 1, 8 und/oder 3, 7 und/oder 2
vorhandene Farben: Blau, Grün und Rot/fehlende Farben: Weiß und Gelb

+ positive Eigenschaften

- willensstark
- aufnahmefähig
- tiefgründig
- visionär
- wissensdurstig
- musikalisch
- unabhängig
- charismatisch
- leidenschaftlich
- neugierig
- mitfühlend
- geduldig
- kreativ
- selbstlos
- mutig

NORDEN/OSTEN/SÜDEN *für Babys und Kleinkinder*

Manche Mütter sind so verliebt in den Anblick von Babys, dass sie sich gleich wieder eines wünschen. Bei einem Baby mit dieser Signatur ist das umso weniger verwunderlich: Das freundliche, unkomplizierte Wesen steckt die ganze Umgebung mit seiner angeborenen Freude an. Der Spaß, diesem Kind etwas zu zeigen, ist fast ohne Ende. Es hat eine schnelle Auffassungsgabe und ist sehr klug. Angeborene Neugier, kombiniert mit sensiblem, tiefgründigem Wissensdurst, lassen es meist die Nase vorn haben. Die Eltern lassen sich gern von diesem Charakter verwöhnen und glauben dann, alle Babys seien so fix und umgänglich. Diese Vorstellung ist es, unter der anders geartete Geschwisterchen manchmal zu leiden haben. Sie können da einfach nicht mithalten. Ab und zu entwickeln Eltern dann auch einen solchen Stolz auf ihr Kind, dass es Schwierigkeiten mit anderen Eltern geben kann. Denen geht es irgendwann auf die Nerven, immer wieder das »Superbaby« präsentiert zu bekommen.

Wenn das Baby schon etwas älter ist und sich allein beschäftigen kann, tun Sie gut daran, es auch zu fördern. Es braucht unbedingt Zeiten der Ruhe. Also bitte nicht ständig ins Bettchen oder in den Kinderwagen hineinplappern oder es immer wieder herausnehmen, auch wenn es noch so süß und unwiderstehlich ist. Ihr Baby ist gewiss kontaktfreudig, aber alles zu seiner Zeit. In den Ruhephasen sollte es viel mit den Farben Weiß und Gelb umgeben sein. Das entspannt das temperamentvolle Kind, und es kann Gelerntes besser aufnehmen und behalten. Mit Weiß sollte bei diesem Kind allgemein nicht gespart werden.

Im Kindergarten wird es aufblühen, aber nicht ohne Startschwierigkeiten. Besonders der Kontakt zu West-Kindern (mit ❾ und/oder ❹ im Geburtsdatum) will gelernt werden. Wahrscheinlich muss Ihr Kind nun auch die ersten großen Enttäuschungen verdauen. Es ist nämlich mutig, begeisterungsfähig und geduldig; von heuchlerischen, egoistischen Neigungen ist es weit entfernt und muss deshalb den Umgang damit erst lernen.

Es ist ja leider harte Wirklichkeit, dass es in Kindergärten manchmal grausam zugehen kann. Damit ist nicht gemeint, dass West-Kinder von Haus aus egoistisch sind. Sie setzen nur gern die Waffe der Heuchelei ein, wenn sie es mit Kindern zu tun haben, die ihnen überlegen sein könnten. Mit seiner angeborenen Intelligenz aber wird Ihr Kind auch diese Hürden schaffen. Es schadet nicht, es ein wenig aufzuklären, dass nicht alle Kinder gleich ticken (was natürlich in einer großen Familie schon geschehen sein dürfte!). Übertreiben Sie aber nicht, damit Ihr Kind die Vielfalt und Unterschiede auch selbst erfährt. Schließlich hat man ja später im Leben auch nicht immer die Mama dabei. Letztlich sind Kinder in der Regel ohnehin viel weniger empfindlich und nachtragend als Erwachsene.
Oft zeigen sich bei diesen Kindern schon sehr früh musikalische Fähigkeiten. Manche haben ein großartiges Taktgefühl, andere eine sehr schöne Stimme. Einige Kinder beginnen schon früh mehrere Instrumente zu spielen, andere können schon Noten lesen, noch bevor sie zur Schule kommen. Bei Kindern dieser Signatur braucht Sie gar nichts zu wundern. Ab und zu kann es vorkommen, dass die Vielfalt der Talente Ihr Kind unruhig macht und es für einige Zeit gar nichts mehr anfangen möchte. Dann braucht es Geduld und eine Pause – und auch Sie! Eine neue Orientierung, die gezielt gewonnen wird, ist notwendig. Manchmal sieht man eben vor lauter Bäumen den Wald nicht mehr.
Im Alter von drei bis fünf Jahren tauchen immer wieder Phasen besonderer Anhänglichkeit auf. Helfen Sie Ihrem Kind dann, mit vielen gelben und weißen Decken und Kissen ein Lager, Zelt oder Nest zu bauen. Diese Zeit des Rückzugs ist notwendig, um dann wieder mutig und furchtlos den nächsten Zielen entgegenzusteuern. Sagen Sie niemals: »Du bist doch schon so ein großer Junge/ein großes Mädchen, das hast du doch früher schon allein gemacht ...« Ihr Kind reagiert unsicher bis verstört, wenn es immer wieder alles können muss, nur weil Sie es inzwischen so gewohnt sind. Geborgenheit und Freiheit, beides braucht Ihr Kind in besonderem Maß. Lob und Anerkennung müssen aber immer echt und angemessen

sein, Heuchelei und Übertreibung liebt es gar nicht. Ihr fröhlicher und begeisterungsfähiger Nachwuchs sollte nicht in einen Dauerstress der Erwartungen hineinwachsen, nur weil es von Natur aus so begabt ist.

NORDEN/OSTEN/SÜDEN *für Teenager*

Jetzt ist es so weit: Ihr Teenie drängt in die Welt hinaus! Ja, und die Welt wartet schon auf ihn. Das Durcheinander und die »Rebellion« der Pubertät ist keineswegs Ausdruck eines Naturgesetzes, ebenso wenig Launenhaftigkeit und Desinteresse. Die meisten Teenager zeigen sich so, weil einfach zu viel von ihnen verlangt wird – oder weil sie instinktiv fühlen: »Wenn ich den Erwachsenen gehorche, werde ich so wie sie.« Ja, und wer will das schon! Erich Kästner sagte: »Dass wir wieder ‚werden wie die Kinder' ist eine fast unerfüllbare Forderung. Aber wir können versuchen, zu verhindern, dass die Kinder so werden wie wir.«
Die Achterbahn der Pubertät ist oft auch einer chronischen Müdigkeit zuzuschreiben, verursacht natürlich oft durch falsche und einseitige Ernährung. Aber leider ist das kaum die Altersstufe, bei der Sie mit »gesundem Essen« punkten können. Richtig ausschlafen ist auch selten angesagt, entweder weil die Schule »lockt« oder weil man ja etwas versäumen könnte! Diese Signatur ist so voll von Fähigkeiten und Talent und hat so wenig Zeit dafür! Vielleicht muss der Kalender einfach abgespeckt werden, um gezielt bestimmte Vorhaben zu fördern. Unter allen Umständen ist auch Freizeit ganz für sich allein notwendig. Seine musikalischen Fähigkeiten haben den Teenager vielleicht schon in eine Band eingebunden oder in ein Schülerorchester. Das Bewegungstalent kommt hinzu, und so kann es durchaus geschehen, dass an Wochenenden die sportlichen Leistungen eingefordert werden. So oder so, eine anstrengende Zeit, diese Teenagerzeit für die Signatur Nr. 16. Sie fällt umso leichter, je mehr der Jugendliche seine Träume verwirklichen kann. Das gilt natürlich für jeden von uns. Sie wissen ja: Stress bedeutet »Nein denken und das Gegenteil tun«!

In einer Zeit, in der Orientierung, Weiterbildung, Erfahrungen und Erwartungen allesamt gleichzeitig auf den Menschen einströmen, kommt man schnell hin und wieder ins Trudeln. Hier gäbe es eine bewährte, unfehlbare Medizin: Tanzen! Das wäre nicht nur gute Therapie, sondern sogar wie geschaffen für diese Signatur. »Abtanzen« – der Begriff aus der Jugendkultur hat sich nicht ohne Grund gebildet. Danach ist man völlig geschafft und gleichzeitig glücklich, nichts anderes könnte besser helfen (gilt auch für uns Erwachsene!). Das Problem, dass man nicht immer kann, wie man möchte, hat schließlich jeder einmal. Jede Form von Tanz, Musik, Theater, Schauspiel oder andere Formen von Öffentlichkeit kommen den Jugendlichen dieser Signatur entgegen und gelegen. Sie drängen mehr nach außen als manch anderer. Vielleicht liegt hier auch das Geheimnis verborgen, warum sie im Sport so gut sind: Sie brauchen Zuschauer – und die Zuschauer brauchen sie. Eine Party mit dieser Signatur, Sportveranstaltungen, Festivitäten aller Art – mit ihnen wird alles lustiger, fröhlicher, spannender. Leben kommt in die Bude. Als Eltern kann es natürlich manchmal zu viel werden, mit einem solch unternehmungslustigen Teenager gesegnet zu sein, denn auch seine Freunde lassen sich lieber bei ihm zu Hause nieder als im eigenen Heim. Der Versuch jedoch, dieses Feuer zu unterdrücken oder zu löschen, ist mit einem hohen Preis für die Eltern und für den Jugendlichen verbunden, und er »hängt nur noch rum ohne Ende«. Besser die große Chance als Eltern nützen und selbst wieder den eigenen jugendlichen Elan wecken. Die beruflichen Aussichten dieser Signatur sind grandios, und man sollte dabei besonders die Jahreszahl am Ende des Geburtsdatums ins Auge fassen. Denn die Qual der Wahl wird hier zu spüren sein. Die Jahreszahl hat den stärksten Einfluss auf uns und gibt eine Art »Lebensthema« vor. Dieser Tipp ist sinnvoll für eine Wegfindung, wenn sich zu viele Talente auf einmal den Weg bahnen wollen.

Sollten Sie nun das Gefühl haben, dass das Gesagte nicht oder in vielen Aspekten nicht auf Ihren Teenager zutrifft, dann überlegen Sie in Ruhe,

wo er seine Fähigkeiten entlang des bereits gegangenen Weges vergraben haben könnte. Helfen Sie ihm, seine wahren Talente hervorzuholen!
Manchmal geschieht es, dass wir unsere Kinder ganz automatisch mit Vorgaben und Erwartungen beglücken, die eigentlich unseren eigenen Wünschen und Träumen entspringen, und der Jugendliche bleibt resigniert auf der Strecke. Das geschieht besonders leicht, wenn Eltern das große Potenzial spüren, das im eigenen Kind steckt. »Gut gemeint« ist leider oftmals nicht gut genug für unseren Nachwuchs. Sie haben es immer in der Hand, hier einen neuen, fruchtbaren Weg zu gehen.
Der fehlende Westen (❾ und/oder ❹) kann sich hier zum Dorn im Auge entwickeln, weil finanzielle Interessen einfach nicht so stark im Vordergrund stehen – zugunsten einer Großzügigkeit, die von maßvoll und altruistisch bis selbstzerstörerisch reicht. Manchmal denkt der Jugendliche kaum mit, was die Dinge des Lebens kosten. In späteren Jahren geht ihm dann manchmal das Geld aus, und ihm fehlt das Gefühl für die Ursache der Ebbe im Geldbeutel. Die Finanzen in den Griff zu bekommen gehört zu den großen Herausforderungen dieser Signatur. Mit viel Weiß in der Kleidung lässt sich der fehlende Westen (❾ und/oder ❹) gut ausgleichen. Manche dieser Jugendlichen streben später sogar einen Beruf in Richtung Zählen und Messen an, weil sie instinktiv diese Lücke ausgleichen und dann »alles« können wollen.

NORDEN/OSTEN/SÜDEN *für Erwachsene*

Manchmal ist es gar nicht so einfach, einen Beruf auszuüben, wenn man gleichzeitig das Gefühl hat, dass es noch viele andere Berufe gibt, die man erfolgreich ausfüllen könnte. So ist das einfach, wenn man viele Talente besitzt. Ein Trost ist vielleicht, dass Sie mit dieser Signatur keine Probleme mit einer Umschulung hätten und dass Sie nicht zu den Mutlosen im Land gehören. Vielleicht sind Sie mit der finanziellen Seite nicht so glücklich, denn Geduld wird leider nur allzu oft als Einladung zur Ausbeutung

verstanden. Manche haben das Glück, einen Partner zur Seite zu haben, der diese Seite abdeckt und somit ermöglicht, die kreative Seite auszuleben. Nicht jeder muss alles können – wichtig ist nur, dass die fehlenden Talente und Himmelsrichtungen (hier das geschäftliche Denken) nicht zum Nachteil gereichen. Das Kleingedruckte zu erfassen und zu berücksichtigen ist nicht jedermanns Sache. Die fleißigsten Menschen nehmen sich oft zu wenig Zeit für das Abfassen von Verträgen und vertrauen lieber dem Handschlag. Haben Sie ein Auge auf diese Neigung, und die Sache läuft rund. Wenn Sie Probleme haben, sich durchzusetzen, tragen Sie nächstes Mal viel Weiß in der Kleidung. Meist ist es bei Ihrer Signatur hilfreich, einen guten Freund oder Berater um sich zu haben, der den Westen im Geburtsdatum besitzt (❾ und/oder ❹). Gerade kreative, künstlerische und naturverbundene Menschen wollen und sollen sich nicht mit »Finanzkram« aufhalten müssen. Einteilen will aber gelernt sein, wobei die fehlende Mitte (⓪ und/oder ❺) vielleicht gar nicht als Lücke empfunden wird, weil der Osten viel ausgleicht.
Bei dieser Signatur wäre es besonders traurig, wenn man sich mit einer Situation abfindet, obwohl man nicht glücklich ist. Das ist bei allen Menschen zum Weinen, aber hier sind so unendlich viele Möglichkeiten versteckt, dass Resignation schon an Sünde grenzt. Beginnen Sie unter allen Umständen etwas Neues, wenn Sie glauben, das Leben gehe an Ihnen vorbei. Ob Sie als Kindergärtnerin, Sänger, Arzt, Diplomat oder Tierpfleger arbeiten, spielt keine Rolle. Es muss Sie glücklich und zufrieden machen. Besser viel Arbeit und glücklich als womöglich eine ruhige Kugel schieben und unglücklich sein. Es gibt genügend Menschen, denen Geld das Wichtigste ist – Sie gehören nicht dazu. Was aber, wenn Ihr Partner das Materielle zum Wichtigsten erhoben hat? Gleicht er dann gutwillig Ihre Lücke aus oder erwartet er von Ihnen, dass Sie wider Ihre Natur leben? Hier ist nämlich eine Ursache von Unglück verborgen. Wenn in einer Partnerschaft der eine für die Finanzen zuständig ist und der andere für die Häuslichkeit und alle damit glücklich sind, ist das wunderbar!

Affirmationen für die Signatur Nr. 16

Ich bin willensstark, mutig und liebe meine fröhliche Natur.

Meine vielseitigen Talente muss ich nicht immer gleichzeitig ausleben.

Musik und Tanz heilen meine Seele.

Neuanfänge liebe ich ebenso wie Altes zum guten Ende zu bringen.

Sich ums Geschäftliche zu kümmern gehört zu den Notwendigkeiten des Lebens – ich bleibe ab jetzt am Ball.

Spüre ich meine Mitte nicht, finde ich sie in der Natur.

Erledige ich meine Aufgaben im Sitzen, tue ich das im Westen des Raumes oder der Wohnung.

Meine Unabhängigkeit genieße ich voll und habe dennoch Verständnis für weniger mutige Menschen.

Weiß und Gelb vervollständigen mich und heilen meine Seele.

Was aber, wenn keiner von beiden ein Händchen fürs Geld hat? Machen Sie sich bewusst, dass Ihre Talente vielfältigster Art sind, aber dass Sie nicht gerade als Finanzminister vom Himmel gefallen sind. Lernen Sie diese Lücke bewusst zu schließen oder vertrauen Sie auf einen Helfer mit Westen (❾ und/oder ❹) im Geburtsdatum. Vorsicht jedoch: Nicht blind vertrauen, sonst bleibt Ihnen die Arbeit und dem anderen das Geld. Sichern Sie sich weise ab und gehen Sie Ihren eigentlichen Talenten nach. Das Leben ist zu kostbar, um auch nur einen Tag zu verschwenden.
Manchmal ist es notwendig, in eine neue Umgebung, in ein anderes Land zu gehen, weil man in der Heimat nicht verstanden wird. Umgebungen prägen Menschen, und Menschen prägen die Umgebung. Auf feuchtem oder trockenem Boden wachsen völlig verschiedene Pflanzen. Der eine liebt Kakteen, der andere Tropenpflanzen, und beide haben ein Recht auf diese Vorlieben. Stoßen Sie mit Ihren Fähigkeiten auf Unverständnis (was einem unfruchtbaren Boden gleichkommt), wird es Zeit, sich umzusehen. Verlangen Sie nichts von Ihren Partnern, sie können nur geben, was sie haben. Sie dagegen können zu jeder Zeit Ihr Glück neu finden, indem Sie Ihren Wünschen Raum geben und bereit sind, dafür die Verantwortung zu übernehmen. Vielleicht Sind Sie bisher einfach in Gewohnheiten hängen geblieben? Mit Liebe ist alles machbar, auch ein Neuanfang.

NORDEN/OSTEN/SÜDEN *für Senioren*

Selten sind Menschen im Pensionsalter noch so sehr beschäftigt wie die Träger dieser Signatur. Kein Wunder! Begabungen verlieren sich nicht im Nebel, nur weil die Verpflichtung zur Arbeit endet. Hoffentlich haben Sie sich einigermaßen gesund ernährt, denn dann haben Sie noch viele schöne Jahre vor sich. Wenn nicht, fangen Sie gleich heute damit an: biologisch, regional, wenig bis kein tierisches Eiweiß, wenig Zucker und Ihrem Ernährungstyp gemäß (siehe Buchtipp Seite 397) – und spätestens in einem Monat können Sie das Leben ganz anders genießen!

Wir bekommen viele Briefe von älteren LeserInnen, die sich bedanken, endlich ihren Weg gefunden zu haben und wieder fit zu sein. Starten Sie neu durch, nachdem Sie Ihre Gesundheit in den Griff bekommen haben. Ihre Kreativität und Geduld, Ihr Temperament und Ihre Musikalität sollten uns noch lange erfreuen. Von Natur aus sind Sie ein freundlicher Mensch, der überall gern gesehen ist. Meist sind in dieser Signatur auch die guten Tänzer bis ins hohe Alter zu finden. Der Erfindungsreichtum ist enorm, wenn es um eine fröhliche Runde geht. Kein Weg zu weit, keine Nacht zu lang, für keine Gefühle zu alt. Besonders der Partner prägt den Alltag, und deshalb ist es wichtig, auch ihn gut zu kennen. Das Tiroler Zahlenrad kann weiterhelfen, wenn sich das Echte, der eigentliche Kern eines Menschen unter der Schicht alter Gewohnheiten versteckt hält. Dieses Versteckspiel kann so sehr belasten, dass man es kaum aushält – auch weil man die Ursache der Belastung oft nicht erkennt. Wenn Sie die Zahlen des Partners betrachten und verstehen, lässt sich dauerhaft etwas zum Guten ändern.

Johanna erzählt:

Ein alter Herr wandte sich nach einem Vortrag verzweifelt an mich. Ein ganzes Leben lang hatten er und seine Frau für einen gemeinsamen Lebensabend gespart, und nun sei sie plötzlich verstorben. Er wollte immer einmal eine Reise nach Norwegen machen, zum Fischen und um die Natur zu genießen, aber seine Frau hatte es immer nach Süden in die Wärme gezogen. Sie hatten sich gefunden, weil sie intuitiv spürten, dass sie sich ergänzten. Den Tod seiner Frau konnte er nicht ändern, aber er konnte sich gestatten, die eigene Natur anzuerkennen. Als nach drei Monaten eine Karte aus Norwegen eintraf, war ich sehr gerührt. Die Enkelkinder sind stolz auf ihren vitalen Großvater und freuen sich, dass er nicht mehr so traurig ist.

Signatur Nr. 17

Osten/Süden/Westen

Die Freude am Lebendigwerden von Träumen – im guten Gleichgewicht von Gefühl und Verstand

DIE ZAHLEN: ❽ und/oder ❸, ❼ und/oder ❷, ❾ und/oder ❹
vorhandene Farben: Grün, Rot und Weiß/fehlende Farben: Blau und Gelb

+ positive Eigenschaften

- musikalisch
- mitfühlend
- unabhängig
- charismatisch
- leidenschaftlich
- neugierig
- geduldig
- kreativ
- selbstlos
- handwerklich begabt
- erfolgsorientiert
- scharfsinnig
- durchsetzungsstark
- ehrgeizig
- kritikfähig

OSTEN/SÜDEN/WESTEN *für Babys und Kleinkinder*

Das Baby mit dieser Signatur kommt grundsätzlich genügsam zur Welt, aber gleichzeitig energisch und kreativ. Schon in den ersten Monaten wird sich abzeichnen, dass dieses Kind etwas Besonders ist. Wie fast alle Babys braucht es viel Schlaf und Ruhe, will aber die Wachphasen richtig gut nützen. Es steckt voller Ideen, die es verwirklichen will – schon lange, bevor es dazu fähig ist. So lässt sich öfter beobachten, dass es richtig zornig oder zumindest frustriert werden kann, wenn ihm ein völlig normaler und altersentsprechender Fehlschlag unterläuft. Seine angeborene Geduld aber lässt es schnell aufbrechen zu neuen Großtaten. Bei diesem Baby wäre es sehr sinnvoll, es »arbeiten« zu lassen und nicht immer sofort einzugreifen, nur weil es etwas noch nicht kann. »Selber!« – diesen Ausruf kennen wohl alle Eltern. Üben Sie viel Geduld, denn dieses Kind will wirklich so viel wie möglich und immer mehr »selber« machen, was auch immer es sein mag.

Viele Kinder stellen pausenlos Fragen, manchmal bis den Eltern der letzte Nerv geraubt ist. Anfangs ist man ja noch stolz, weil man glaubt, dass das Kind auf dem Weg zur Intelligenzbestie ist. Später geht einem die ewige Fragerei auf die Nerven, weil sich meist nur die Gewohnheit einnistet, Aufmerksamkeit zu erhaschen. Mit dieser Signatur ist Ihr Kind aber nicht von Haus aus von dieser Neigung befallen. Es denkt oft lieber selbst nach und will die Antwort aus eigener Kraft entdecken. Auf diesem Weg angeeignet, sind Wissen und Erfahrung natürlich viel intensiver und dauerhafter. Lernen durch Erfahrung – das sitzt! Wenn Ihr Kind dann allerdings doch Fragen stellt, will es meist auch eine klare Antwort. Es wäre hier falsch, sich nicht um Aufklärung zu bemühen.

Im Großen und Ganzen also haben wir es mit einem angenehmen Kind zu tun, ausgestattet mit vielen Talenten, die sich schon früh in die Selbstständigkeit entwickeln wollen. Manche Eltern verführt das dazu, diese Kinder auch dann »in Ruhe zu lassen«, wenn sie in einer Phase sind, in der sie viel Liebe Zärtlichkeit und Mitgefühl brauchen. Ihr Gefühl und Ihre Intuition werden Ihnen den Weg weisen. In seinen Wegen stark einschränken sollte man dieses Kind nicht. Viele besondere Eigenschaften bringt es von Geburt an mit: Es ist tolerant, genügsam, scharfsinnig, ehrgeizig, musikalisch, kreativ, charismatisch. Nicht immer kann ein kleines Kind so viele Kräfte unter einen Hut bringen. Bei anhaltender Unruhe können Sie es fast immer mit der Farbe Gelb beruhigen. Besorgen Sie gelbe Bettwäsche, Vorhänge, Bilder oder einen Blickfang.

Wenn das Kind in den Kindergarten kommt, will es meistens möglichst alles gleich wissen. Von Haus aus ist es nicht unbedingt sehr lesefreudig, weil es das Gefühl hat, damit zu viel Zeit zu verlieren, statt »echte« Erfahrungen zu sammeln. Auch bei der Einschulung kann es geschehen, dass es alles versteht, alles mitbekommt, aber natürlich kein Verständnis dafür hat, auch noch Hausaufgaben machen zu müssen. Das lange Sitzen und dann auch noch Dinge tun, die es ohnehin schon beherrscht: welche Zeitverschwendung! Mit diesem Gefühl hat es ja nicht ganz unrecht.

Bei dieser Signatur ist es im Vergleich etwas wichtiger, welche Himmelsrichtung den Schwerpunkt aufweist. Ist der Westen (❾ und/oder ❹) stärker besetzt, stehen handwerkliches Geschick und später auch der Geschäftssinn im Vordergrund. Liegt der Schwerpunkt dagegen im Osten (❽ und/oder ❸), steht die Gefühlswelt manchmal Kopf. Der Süden wirkt ebenfalls intensiver, wenn dort zwei oder mehr Zahlen zu finden sind (❼ und/oder ❷). Dann kann das Temperament schon einmal durchgehen.

Die Jahreszahl am Schluss des Geburtsdatums wirkt am stärksten und überwiegt manchmal alle anderen Talente und Fähigkeiten. Ein Baby ist viele Jahre lang darauf angewiesen, dass es verstanden wird. Es hilft den Eltern sehr, wenn sie die Zusammenhänge früh erkennen. Die fehlende Mitte beunruhigt das Kind immer wieder einmal, und es braucht dann mehr Geborgenheitsgefühl. Bei einem ansonsten so überaus selbstständigen Kind ist das nicht immer einfach zu erkennen. Es wird dann traurig, aggressiv oder wirkt gleichgültig.

Oft wissen Eltern in einem solchen Fall nicht, was tun, denn es hat auch den Anschein, als ob ihr Kind in dieser Phase keine offen gezeigte Zuneigung wünscht. Bleiben Sie dann cool und zeigen Sie ganz direkt und menschlich Verständnis. Eine Übermutter, die ihrem Kind alle Wünsche von den Augen abliest, ist hier fehl am Platz. Probieren Sie beim nächsten Kindergeburtstag etwas ganz Einfaches aus: Kaufen Sie einen großen, gelben, mit Gas gefüllten Ballon. Ohne viele Worte werden Sie große Augen erleben. Das Richtige zu tun, ohne viel Theater, das ist es, was Ihr Kind liebt. Aufsehen will es nämlich selbst erregen. Das ist seine Natur, und man sollte es darin nicht bremsen. Gesunde Grenzen sind wie üblich wichtig, manchmal lebensnotwendig für das Glück der ganzen Familie. Freuen Sie sich über den großen Freundeskreis Ihres Kindes und feiern Sie ab und zu auch mal einen Nichtgeburtstag. In bunter und fröhlicher Gesellschaft – ohne Bevormundung – blüht Ihr Kind auf.

OSTEN/SÜDEN/WESTEN *für Teenager*

Wenn sich ein unternehmungslustiger Teenager in den Kopf gesetzt hat, Schauspieler zu werden, dann sind meist die sprichwörtlichen Flausen im Kopf am Werk. Nicht so bei einem Jugendlichen mit der Signatur Nr. 17! Zumindest bringt er alle Voraussetzungen mit für die Leinwand oder die »Bretter, die die Welt bedeuten«. Natürlich ist dennoch eine stabile, breit gestreute Ausbildung notwendig.

Die Talente Ihres Kindes sind breit gefächert, und wer weiß, was er oder sie später noch alles ausprobieren möchte. Vom Sänger bis zum Diplomaten – eine bunte Palette von Talenten findet sich im Reisegepäck. Wahrscheinlich wird dieser Jugendliche seine Teenagerjahre möglichst schnell hinter sich bringen wollen, um endlich »richtig leben« zu können. Obwohl grundsätzlich die Geduld nicht fehlt, so doch manchmal das Verständnis für Dinge, die ihn ganz und gar nicht interessieren. Ihr Teenager kann alles, aber was nicht »seins« ist, da beißen Sie sich mitunter die

Zähne aus. So viele Talente zum Vorschein zu bringen und zu meistern, das ist nicht immer einfach.
Manche Jugendliche wollen heute dies, morgen das und vermitteln so in den Augen gesetzterer Mitmenschen den Eindruck von Oberflächlichkeit. Ihr Schützling muss jedoch manchmal tatsächlich lange herumexperimentieren, bis er seinen Weg gefunden hat. Sie brauchen dann viel Takt und Gespür, um die Gratwanderung zwischen Zulassen und Eingreifen erfolgreich zu bestehen. Gegenüber vielen anderen Jugendlichen hat Ihr Kind jedoch später einen großen Vorteil, denn nach einer längeren Experimentierphase kann es mit großer Sicherheit sagen, was ihm gut tut und was nicht. Die Treffsicherheit nach einer »Schnupperwoche« ist enorm und sein Gespür für das Richtige untrüglich. Die lange Leine für den Teenager ist hier das Geheimnis; klare Grenzen in wichtigen Dingen sind jedoch ebenso wichtig. Die Lebenslust kann durchaus mit ihm durchgehen, und das würde unter Umständen wichtige Türen versiegeln.
Wenn Ihr Jugendlicher einen »überfüllten« Osten (❽ und/oder ❸) trägt, schwenkt sein übergroßes Einfühlungsvermögen in der Pubertät nicht selten ins andere Extrem. Das sonst so verständnisvolle Kind kann dann richtig sauer und zornig werden. Besonders wenn es einmal zu oft die Erfahrung gemacht hat, dass sein Nein überhört wird. Um sich bemerkbar zu machen und durchzusetzen, greift es dann zu einer Lautstärke, die man von ihm gar nicht kennt. Manche dagegen wählen das andere Extrem, werden ganz still und ziehen sich für längere Perioden zurück, weil sie ja ohnehin kein Gehör finden. Für kurze Zeit sind solche »stillen« Phasen in Ordnung. Dauert der Rückzug aber länger, ist besseres Zuhören seitens der Eltern nötig, und zwar sollten sie nicht dem zuhören, was das Kind sagt, sondern was es meint! Überwiegt der Süden (❼ und/oder ❷), dann ist Ausgehen angesagt! Keine Party wird ausgelassen, und der Teenager fühlt genau, dass er oft das Herz des Geschehens bildet. Ein Schwerpunkt im Westen (❾ und/oder ❹) kann dazu führen, dass sich

der Teenager mit Ost-Süd-West-Signatur schon mit 14 Jahren darüber ärgert, den Führerschein erst mit 17 machen zu dürfen. Und darüber, dass man erst mit 18 eine eigene Firma gründen darf!

Die fehlenden Himmelsrichtungen Norden und Mitte bremsen hier das Leben manchmal ein. Der Norden steht für Öffentlichkeit, Weitergabe, Dazulernen und für schnelle Auffassungsgabe. Wie gesagt, was Ihr Kind interessant findet, lernt es wie der Blitz, was nicht, dafür muss manchmal ein kräftiger Anstoß von außen kommen. Mit der Farbe Schwarz können Sie den fehlenden Norden gut unterstützen. Wenn das ohnehin seine Lieblingsfarbe ist, also bitte nicht bremsen oder gar tadeln. Die fehlende Mitte wird hier wahrscheinlich mit den Kräften des Ostens ausgeglichen, denn Mitte und Osten haben im Zahlenrad recht ähnliche Energien. Trotzdem kann die Anwendung der Farbe Gelb in verschiedenen Variationen sehr dienlich sein, um Ruhe und Selbstvertrauen zu fördern.

Sparsam, geschäftstüchtig, erfolgsorientiert, kritikfähig, naturverbunden und musikalisch – das sind nur einige der Vorzüge Ihres Kindes. Wenn es ein Mädchen ist, sollten Sie nicht überrascht sein, wenn es sich auffällig schnell auf den Weg ins Erwachsenenleben machen möchte. Auch die Jungen kommen bei dieser Signatur schnell nach. Die tänzerischen Fähigkeiten sind meist beneidenswert. So viel Lebenslust mag schüchterne Naturen unter den Eltern dazu verleiten, bremsend einzuwirken, das sollte aber nicht zum Dauerzustand werden! Die Begabungen Ihres Kindes könnten sonst verschüttet werden. Manchmal sind Eltern zu streng, und nicht selten dann, wenn sie selbst als Teenager über die Stränge schlugen. Wer selbst auf allen Hochzeiten tanzte, sollte die eigenen Kinder nicht zu streng halten, denn sonst brechen sie aus. Erfreuen Sie sich also an Ihrem begabten Kind und bremsen Sie nur, wenn es unbedingt sein muss.

OSTEN/SÜDEN/WESTEN *für Erwachsene*

Manche Menschen verwandeln alles in Gold, was sie anfassen. Mit etwas Geschick gehören auch Sie dazu. Zu wissen, wann Schluss ist und wo man gebraucht wird, bringt viel Vorsprung: Während andere beschäftigt sind, Fehler auszubügeln, arbeiten Sie schon an der nächsten Aufgabe.
Das schenkt nicht nur viel Zeit für das Wichtige im Leben, auch die notwendige Freizeit und der Ausgleich bleiben nicht auf der Strecke. Stress ohne Ende macht nicht nur krank, er mindert auch die Lebensqualität.
Ja, und manche rennen ein Leben lang dem Geld hinterher und haben dann weder Zeit noch Muße, die »Energieform Geld« in Lebensglück zu verwandeln. Deshalb ist der Umgang mit Menschen wie Ihnen so angenehm, denn Sie wissen schon früh, was Sie wollen, ohne Zeitverschwendung. Wenn Sie aus welchen Gründen auch immer »Ihren« Weg nicht gefunden haben, satteln Sie bitte schnell um. Finden Sie ein ruhiges Plätzchen, durchdenken Sie alle Möglichkeiten – und dann handeln Sie! Bei einer Talentvielfalt wie der Ihren ist sicher etwas dabei, was realistisch und machbar ist. Es wäre äußerst schade, wenn Sie nicht wirklich leben, sondern nur ein »Dasein fristen«.
Ihr gutmütiges Wesen hat sicherlich nicht immer nur Vorteile, weil so manche Pläne von außen durchkreuzt werden. Wenn Ihnen etwas wirklich wichtig ist, sollten Sie beizeiten Nein sagen lernen. Wenn Ihr Westen stärker besetzt ist und sich im Osten nur eine einzige Zahl findet, haben Sie dieses Problem schon bald im Griff (oder Sie haben es nie gehabt).
Um glücklich zu sein, müssen Sie Ihre Träume verwirklichen. Es ist leicht möglich, dass Sie Ihrer Zeit in manchen Dingen voraus waren oder dass Ihre speziellen Wünsche im Alltag keinen Platz haben. Das sollte aber kein Grund sein, Ihre Sehnsüchte zu vergessen. Notfalls graben Sie sie einfach wieder aus.
Musikalische Menschen haben meist auch heilende Fähigkeiten. Und dass auch die Musik selbst heilend wirken kann, ist nichts Neues. Manch-

Affirmationen für die Signatur Nr. 17

Mit Leidenschaft und scharfem Verstand meistere ich mein Leben.

Meine unabhängige, charismatische Natur macht es mir leicht, mit Menschen zu arbeiten.

Ich bin nicht nur handwerklich begabt, sondern auch kritikfähig, das erleichtert den Arbeitsalltag.

Kreativität kommt mir bei der Musik entgegen und umgekehrt.

Um meinen Fähigkeiten mehr Ausdruck zu verleihen, arbeite ich mit Menschen des Nordens im Zahlenrad zusammen oder trage mehr Schwarz oder Blau in der Kleidung.

Ich werde öfter etwas Neues wagen, unabhängig von meinem Alter.

Echte Zufriedenheit kommt von innen, daran arbeite ich – unterstützt von der Farbe Gelb.

mal kommt es vor, dass eine neue Beziehung Begabungen ans Licht bringt, aber manchmal machen Beziehungen auch blind für die eigenen Talente. Der Alltag heute ist so schnelllebig, dass wir uns oft kaum Zeit lassen, um die Bedürfnisse der Seele zu erkennen und zu erfüllen. Krankheit beziehungsweise als Vorstufe davon chronische Unzufriedenheit sind weit verbreitete Folgen solcher Versäumnisse.

Mit Temperament, charismatischer Ausstrahlung und Bewegungstalent gehören Sie auf jeden Fall hinaus unter die Menschen. Ein einengender, langweiliger Beruf wäre überhaupt nicht Ihr Fall. Vielfach herrscht das Dogma, man müsse ab einem bestimmten Alter »seriös« und ruhig werden, sonst wirke es peinlich. Zugegeben, alles im Leben hat seine Zeit, aber Sie sollten sich deshalb nicht verstecken. Wenn andere mit dem Leben abschließen, weil sie geheiratet haben, umgeben sind von Kind, Haus und Hund, dann ist das deren Sache. Sie dagegen fangen dann erst an! Das ist Ihre Natur. Sie verstehen es, zu leben, zu lieben, zu genießen, und Sie wissen, wann ein Kapitel zu Ende ist, nämlich dann, wenn ein neues beginnt! Neue Ziele, neue Abenteuer, neue Herausforderungen mit wenig Zeitverschwendung – das soll Ihnen erst einmal jemand nachmachen.

Ein kleiner Wermutstropfen an dieser Stelle: Bei all Ihren Talenten kann es vorkommen, dass andere Menschen diesen Schatz gar nicht so richtig wahrnehmen. Hier zeigt sich Ihr fehlender Norden (❻ und/oder ❶). Der Norden ist gleichsam zuständig für Öffentlichkeit und Verbreitung. Suchen Sie sich einen Berater, eine Partnerin, einen Sekretär oder eine Kollegin, der oder die für Sie diesen Part übernimmt. Angenommen, Sie eignen sich für eine berufliche Herausforderung, die Sie gern annehmen möchten, haben aber kein Gespür dafür, wie Sie es angehen sollen? Die fehlende Mitte (⓪ und/oder ❺) löst manchmal unbegründete Selbstzweifel verschiedenster Art aus. »Die haben sicherlich nicht gerade auf mich gewartet!« oder: »Was denken die sich wohl, wenn ich da so einfach antanze?« Ein einfaches Gegenmittel für solch selbstzerstörerisches Geschwätz im

Kopf: Ziehen Sie sich schwarz oder dunkelblau an und starten Sie los! Sie werden sehen, man hat tatsächlich auf Sie gewartet!
Früher hat man etwa vom 14. bis zum 20. Lebensjahr eine Lehre und Ausbildung absolviert und sich für den Rest des Lebens mit der einmal getroffenen Entscheidung abgefunden. Heute kommt man mit nur einem Beruf meist gar nicht über die Runden. Alles entwickelt sich so schnell, dass pausenlos umgelernt, umgeschult, umgedacht werden muss.
Nützen Sie doch den Fortschritt und ergreifen Sie Ihren Lieblingsberuf, gleichgültig, ob Sie mit 50 noch eine Band gründen, zur Schauspielschule gehen oder Ihren Arzttitel nachholen! Naturverbundene Menschen wie Sie müssen auf Ihre Kosten kommen und dürfen nicht den ganzen Tag lang »eingesperrt« arbeiten.

OSTEN/SÜDEN/WESTEN *für Senioren*

Eingetaucht in die Weisheit eines langen Lebens und bei bester Gesundheit – so wünschen wir uns alle unseren Lebensabend. Da sind Sie schon nahe dran, einfach weil diese Signatur alle Talente dafür mitbringt. Wenn Sie das an sich selbst nicht erkennen können, dann machen Sie sich sofort auf den Weg! Es ist nicht das Problem, dass im Leben einiges schiefgeht: Im Umgang mit den Hindernissen verbirgt sich entweder die gute Lösung oder das Dauerproblem. Ihr jugendlicher Charme erleichtert Ihnen den Marsch durch die Alltagshindernisse.
Eine wichtige Voraussetzung ist hier die körperliche Beweglichkeit: Besonders im vorgerückten Alter lässt man sich gern einreden, dass es ganz »normal« sei, im Laufe der Zeit unbeweglicher zu werden. Stimmt zwar, aber daran ist nicht das Alter schuld, sondern ein Naturgesetz: »Was sich nicht bewegt, rostet ein.« Wenig hilfreich sind dann auch die Sprüche der Ärzteschaft, die uns »Abnützungserscheinungen« einreden will. Schon dieser Begriff macht unbeweglich, denn wer will schon noch mehr Abnützung riskieren!? Diesen Unsinn zu verbreiten ist im Grunde eine bodenlose

Frechheit, denn das genaue Gegenteil ist der Fall! Der hohe Konsum von tierischem Eiweiß (Milch, Joghurt, Käse, Fleisch, Fisch und Co.) sorgt für kristalline Ablagerungen in Knochen, Gelenken und Geweben, für Sand im Getriebe: Durch die Ablagerungen entzünden sich die Gelenke bei der Reibung aneinander und schmerzen. Mit einer Ernährung ohne tierisches Eiweiß wären Sie nach kurzer Zeit schmerzfrei und fit wie ein Turnschuh, wenn Sie gleichzeitig ein wenig Gymnastik betrieben.

Wir haben das schon viele Male bei unseren Mondwochen erlebt, und manche Teilnehmer haben nach 30 Jahren erstmals wieder einen Berg bestiegen, und das ohne Atemnot und Schmerzen. Streichen Sie also sofort das Wort »Abnützungserscheinungen« aus Ihrem Gedächtnis. Leben Sie ab sofort Ihre Talente und unterstützen Sie Ihre wachsende Beweglichkeit mit Mondgymnastik zum richtigen Zeitpunkt (siehe Buchtipp Seite 397). Eine einzige Minute täglich wäre schon der Schlüssel zum Fortschritt, dann können Sie sich langsam steigern. Frauen leiden oft an Osteoporose und werden dann mit dem guten Ratschlag, mehr Milch zu trinken, betrogen. Milch stärkt die Knochen nicht, sondern zehrt sie aus. Leider ist aber für Werbung erheblich mehr Geld zur Verfügung als für jene Wissenschaftler, die diese Zusammenhänge längst erkannt haben.

TanzlehrerInnen müssen nicht aufhören zu unterrichten, wenn sie älter werden, dafür gibt es viele gute Beispiele. Aber sie müssten aufhören, wenn die Beweglichkeit nachließe. Sogar junge Menschen sind heute von der angegessenen und angesessenen Epidemie der Unbeweglichkeit befallen. Das ist alles längst bekannt, aber einfach noch zu wenig an die Öffentlichkeit gekommen beziehungsweise ins Bewusstsein der Menschen gedrungen. Wenn Sie sich jedoch aufgemacht haben, Ihre frühere Beweglichkeit wiederzuerlangen, können Sie auch Ihre natürliche Begabung für Tanz und Musik voll ausleben.

Da die fehlende Mitte (⓿ und/oder ❺) vom Osten ausgeglichen wird, haben Sie sie wahrscheinlich nie so stark vermisst wie den fehlenden Norden (❻ und/oder ❶). Vielleicht lieben Sie die Farben Schwarz und Blau, dann macht sich die Lücke im Norden nicht so sehr bemerkbar. Durch Farben lässt sich ohnehin vieles ausgleichen: Eine dunkel gestrichene Wand in der Wohnung, eine dunkle Couch oder einfach nur viele Bilder an der Wand, hinter der ihr Weiß verschwindet, all das würde helfen, den Norden herbeizurufen und auszugleichen. In der Wohnung muss nicht jede Ecke hell strahlen.

Als NaturliebhaberIn schätzen Sie vielleicht viele Blumenstöcke und Pflanzen im Haus, so dass zum Beispiel ein Fenster ganz verdeckt ist? Manchmal kommen dann die Kinder zu Besuch und wollen alles entfernen, um mehr Licht zu haben. Nein! Kämpfen Sie für diesen Dschungel, denn es ist Ihre Seele, die sich daran erfreut. Seine Mitmenschen zu verstehen ist eine lebenslange Herausforderung, aber sich selbst zu verstehen, diese Kunst sollte ebenfalls nicht zu kurz kommen. Lesen Sie eventuell noch einmal die Beschreibungen zu den einzelnen Himmelsrichtungen Ihrer Signatur im ersten Kapitel durch (ab Seite 20), um die vielen Möglichkeiten im größeren Zusammenhang zu beleuchten.

Was auch immer Sie im Berufsleben getan haben, jetzt ist Ihr Seelenwohl an der Reihe. Da melden sich vielleicht Wünsche, auf die Sie bisher völlig verzichten mussten. Um das Rentnerdasein schön und angenehm zu gestalten, ist zwar nicht viel nötig, aber das Richtige muss es sein. Ihre lebenslustige Natur sollte gelebt, notfalls wiederbelebt werden und Freiraum bekommen. Sie sind ehrgeizig, kreativ, neugierig und geduldig. Arbeiten Sie an Ihrer Beweglichkeit und starten Sie neu durch.

Sicherlich gibt es in Ihrem Freundeskreis ebenso einige versteckte Talente. Helfen Sie mit, sie zu entdecken und zu entfalten, denn manchmal macht es mehr Freude, sich zu einer kleinen Gruppe abenteuerlustiger Gleichgesinnter zusammenzutun.

Signatur Nr. 18

Norden/Süden/Westen

Mit Ausdauer und Klugheit zum zählbaren Erfolg – und darüber hinaus!

DIE ZAHLEN: ❻ und/oder ❶, ❼ und/oder ❷, ❾ und/oder ❹
vorhandene Farben: Blau, Rot und Weiß/fehlende Farben: Grün und Gelb

⊕ positive Eigenschaften

- handwerklich begabt
- kreativ
- erfolgsorientiert
- scharfsinnig
- unabhängig
- charismatisch
- leidenschaftlich
- neugierig
- ehrgeizig
- durchsetzungsstark
- aufnahmefähig
- tiefgründig
- visionär
- wissensdurstig
- spirituell

NORDEN/SÜDEN/WESTEN *für Babys und Kleinkinder*

Ein lebhaftes Baby kann viel Freude ins Haus bringen (wenn nicht gerade tiefe Nacht herrscht ...). Die Babys dieser Signatur sind nicht nur höchst lebendig, sondern verstehen es auch schon früh, eine interessante Umgebung zu genießen. Sie sind wissensdurstig und lernfähig, kreativ und aufnahmebereit. Ein Tag mit einem Kind dieser Signatur kann für junge Mütter und Väter schon mal zu lang werden, denn es beklagt sich nur selten über zu wenig Schlaf. Seine Ausdauer scheint manchmal grenzenlos. Immer wieder entdeckt es Neues und will überall dabei sein. Das ewige Herumschleppen von Kleinkindern ist meist ungünstig für die körperliche Entwicklung, aber dieses Baby hält viel aus. Zum einen sind sie die idealen »Erstgeborenen«, denn die Eltern haben sich oft noch nicht an die Einschränkung ihrer Bewegungsfreiheit gewöhnt und können ihr Kind überallhin mitnehmen. Andererseits aber brauchen die Eltern irgendwann doch ihren Schlaf, während das Baby immer noch auf Unterhaltung und Ablenkung wartet. Erfahrene Eltern sind da wieder im Vorteil: Sie lassen sich nicht mehr so leicht ein schlechtes Gewissen machen und drehen einfach das Licht aus. Meist ist das Baby dann auch zufrieden und holt sich den Schlaf, von allein kommt es eben nicht immer sofort auf die Idee, das Land der Träume anzustreben. Dieser Aspekt von Selbstständigkeit lässt leider manchmal lange auf sich warten, und nicht selten schlafen die Babys dieser Signatur am längsten nicht durch. Keine Angst, Sie werden sicher im Laufe der Zeit die passenden »Tricks« entdecken. Konsequent sein hilft fast immer, auch wenn das Baby anfänglich nörgelt. Wenn es versorgt ist und genügend Zeit zum Aufstoßen war, lassen Sie es unbesorgt im Bettchen ein wenig klagen. Ihr Kind hat Energie zum Verschenken und glaubt, es könne ja noch schnell dieses oder jenes erleben. Nach einiger Zeit des konsequenten Rituals merkt es dann, dass es auch Ruhe braucht. Ein solcher Lernprozess braucht ein wenig Geduld auf beiden Seiten. Eine ideale Hilfe ist es hier auch, wenn Eltern nicht beim ersten Muckser nach dem

Schlaf gleich zum Bettchen rennen. Das Baby würde schneller lernen, dass es sich auch selbst unterhalten kann und nicht immer andere dafür einspannen muss. Kein Kind wacht auf und ist am Verhungern, keine nasse Windel zwickt sofort unerträglich. Lassen Sie Ihrem Kind mehr Zeit beim Wachwerden, und Sie haben weniger Stress.
Junge, unerfahrene Mütter fühlen sich oft gezwungen, bei jedem Pieps zu springen, ja, manche wollen das sogar selbst, weil sie es kaum erwarten können, bis das süße Baby wach wird. Das ist vorprogrammierter Stress für Mutter und Kind, denn es kommt die Zeit der Übermüdung. Dann ist es dem Baby gleichgültig, ob Sie sich nicht mehr auf den Beinen halten können; es will das gewohnte Quantum Aufmerksamkeit, und zwar sofort!
Wieder andere Mütter glauben, ihr Kind müsse alle vier Stunden gefüttert werden, und wecken es sogar, wenn es wider Erwarten länger schläft. Hier sollte man berücksichtigen, dass nur Omega-Babys oft gestillt und gefüttert werden müssen. Ein Alpha-Baby hat von Natur aus viel längere Pausen, trinkt aber dafür mehr während einer Mahlzeit (siehe Buchtipp Seite 397). Wer diese Unterschiede nicht beachtet, muss sich mit viel Baby-Bauchweh herumschlagen. Auch später nach dem Abstillen sollten Sie auf den Ernährungstyp achten, denn sonst treffen nicht selten die ersten Allergien ein.
Die Welt der Gefühle hat dieses Kind auf andere Weise im Griff als die meisten Signaturen. Nicht besser oder intensiver, einfach anders. Es versteht schon sehr früh, seine Absichten unmissverständlich auszudrücken. Ausdauer, Willensstärke und Durchsetzungskraft sorgen dafür, dass es nicht zu kurz kommt. Früh genug gesunde Grenzen zu setzen ist hier eines der Geheimnisse für ein gutes Miteinander in der Familie. Es wäre schade, wenn eines Tages harte Worte fallen müssen, weil man »den Zug verpasst« hat. Liebe ist in allen Dingen das Wichtigste, aber Liebe bedeutet auch, zum richtigen Zeitpunkt ein echtes Nein zu sagen (kein »Nein, aber ...«). Wenn das Kind erst einmal gemerkt hat, dass ein Nein kein Weltuntergang ist, dann wird es stabiler und selbstsicherer.

Die Alternative ist, dass es sich mit zu viel Ängsten herumschlagen müsste und irgendwann unter Panikattacken zu leiden hat, nur weil es Wünsche nicht erfüllt bekommt. Das würde alle Beteiligten hilflos machen. Zumutbare, liebevolle Rituale sind eine große Hilfe für lebhafte Babys, und eines ist sicher: Dieses Baby liebt Geborgenheit wie ein Fisch das Wasser – und frisches, grünes Gemüse, allein schon wegen der Farbe!

NORDEN/SÜDEN/WESTEN *für Teenager*

Bei so vielen Talenten den richtigen Weg zu finden ist nicht einfach, aber seien Sie froh, dass Ihr Teenager eine solch große Auswahl vorfindet. Er wird einige Zeit lang hin und her wandern, und Schnupperwochen braucht er vielleicht mehr als andere. Betrachten Sie einmal seine Zahlen, um zu erkennen, ob es einen Schwerpunkt gibt. Das sind immer die Jahreszahl am Schluss des Geburtsdatums und alle Himmelsrichtungen, die zwei oder mehr Zahlen aufweisen. Wenn diese Signatur zum Beispiel zwei Zahlen im Süden besitzt, wird der Teenager sicher besser dran sein, wenn er nicht irgendwo in eine Arbeit eingezwängt wird. Tag für Tag in einem anonymen Büro zu schuften würde ihn auf Dauer umbringen. Er muss unter die Menschen! Wenn sich dagegen im Westen zwei Zahlen tummeln (❾ und/oder ❹), dann ist eine Arbeit nötig aus den Bereichen Finanzwesen oder Handwerk. Wenn sich der Norden mit seinen Zahlen ❻ und/oder ❶ durchsetzt, ist auch Öffentlichkeit nötig, aber stärker in Richtung Journalismus, Medienarbeit, Vermarktung. Sind die Zahlen im Zahlenrad annähernd gleich verteilt und wünscht sich der Jugendliche Orientierungshilfe, dann sollte die Richtung, die in der Jahreszahl steckt, zum Zuge kommen. Betrachten Sie dazu in Ruhe die Erklärung zu den Himmelsrichtungen ab Seite 22. Zwischendurch kommt es vor, dass man genau das lernen möchte, was im Zahlenrad unbesetzt ist, also hier die Mitte und der Osten. Diese Lücke kann durch Lernen geschlossen werden, und der Mensch fühlt sich vollständig und glücklich.

Man muss bei dem schließlich gewählten Beruf nicht lebenslang bleiben, aber er vermittelt Sicherheit fürs Leben. Viele Einzelkämpfer wählen diesen Weg und sind so von allen Seiten geschützt.
Die Mitte und den Osten mit Leben zu erfüllen wäre bei dieser Signatur eine gute Idee. Ihr Jugendlicher hat überdurchschnittlich viele Begabungen und macht deshalb bei empfindlichen Menschen manchmal einen etwas überheblichen Eindruck. Er fühlt das intuitiv, denn in Wirklichkeit ist er ja nicht arrogant, sondern meist nur besser als die anderen. Mit den Farben Grün und Gelb lässt sich hier ausgleichen – kleine Arbeiten im Grünen, viele Grünpflanzen im Zimmer, statt einer weißen eine gelbe Wand im Zimmer, gelbe Bettwäsche, Handtücher und so weiter. Die Farben helfen, sich besser an andere Menschen und deren Gefühlswelt anzupassen, ohne sich gleichzeitig anzubiedern, und geben das Selbstvertrauen, den eigenen Weg durchzuhalten.

Johanna erzählt:

Eine Dame aus meinem Bekanntenkreis hat viel Süden im Zahlenrad und keine Zahlen im Westen. Ihr Sohn dagegen führt viel Westen spazieren, aber keinen Süden. Als der Junge in die Pubertät kam, schrieb sie uns verzweifelt. Damals war das erste Buch zum Zahlenrad noch nicht erschienen, aber wir gaben ihr das Manuskript zu lesen. Sie weinte vor Erleichterung, denn sie hatte ihren Sohn schon im Erziehungsheim gesehen. Als Alleinerziehende hatte sie besonders viel Druck gespürt. Der Junge durchschaute die Problematik sogar schneller und meinte: »Na ja, jetzt weiß ich, dass Mama einfach nicht verstehen kann, was ich wirklich will, und sie muss es ja auch nicht. Hauptsache, ich kann jetzt mein Ding machen und werde nicht mehr wie ein kleines Kind behandelt.« Der Sohn ist einer der besten Mechaniker geworden, sehr gefragt und glücklich dabei. Die Mutter ist es auch und sie weiß jetzt, dass ihr Sohn nicht studieren muss, nur weil sie selbst dazu keine Gelegenheit hatte.

Begriffe wie Erfolg und Sicherheit, Ansehen und Pläne kann man sehr unterschiedlich deuten. Handwerkliche Talente und berufliche Sehnsüchte sollte man respektieren, und Studenten, die letztlich nicht wissen, was sie wollen, gibt es wie Sand am Meer. Die Zeiten, die Eltern in gutem Licht erscheinen lassen, nur weil das Kind studiert, sind ohnehin vorbei. Heute ist wieder echte Leistung gefragt – unabhängig auf welchem Gebiet und mit welcher Vorbereitung. Ihr Kind ist dafür bestens ausgerüstet!

NORDEN/SÜDEN/WESTEN *für Erwachsene*

Ihr großes Spektrum von Begabungen macht Sie fast überall einsetzbar; es ist deshalb gar nicht so wichtig, was Sie beruflich gelernt haben. Wahrscheinlich haben Sie mehrere Richtungen durchlaufen. Auffassungsgabe, Entschlossenheit, Mut, Temperament und Geschäftstüchtigkeit lassen so manche in Ihrer Umgebung vor Neid erblassen. Trotzdem, es geht auch darum, den eigenen Weg zu finden. Es macht die Sache nicht einfacher, wenn sich viele Möglichkeiten gleich gut und passend anfühlen. Beobachten Sie sich genau und entdecken Sie, was Sie glücklich und zufrieden macht. Das Berufsleben ist lang und sollte ein gutes Gefühl vermitteln. Diese Signatur fällt grundsätzlich auf die Füße, und Hindernisse sind kein Problem, sondern vielmehr Ansporn, es dieses Mal noch besser zu machen. Geldprobleme kommen selten vor, und wenn, dann nur vorübergehend. Neue Ideen bringen immer wieder alles ins Lot. Manuelles Geschick wie auch finanzielle und geschäftliche Fähigkeiten sind stark ausgeprägt, notwendige Neuanfänge stellen kaum ein Hindernis dar. Bei all diesen weltzugewandten Fähigkeiten kommt manchmal das Gefühlsleben etwas zu kurz. Sie könnten es ruhig etwas besser pflegen, denn Gefühle sind ja nicht gleich geschäftsschädigend! Manchmal verkommt das Privatleben zur lästigen Pflichtübung oder wird als selbstverständliches Beiwerk hingenommen. Oft reicht bei sehr fleißigen Menschen die Energie nicht mehr dafür, wenn ein Zehn-Stunden-Tag zu Ende geht.

Hier kommt es sehr auf die unmittelbare Umgebung und die Partner an, wie man das erlebt und duldet. Wenn der Partner froh über Ihr Durchhaltevermögen und die Freiheit von finanziellen Sorgen ist, dann ist alles gut. Wenn aber der Partner kein Verständnis dafür hat, dass Sie so sehr in Ihrer Arbeit aufgehen, drohen Schwierigkeiten. Besonders natürlich dann, wenn das Geld eigentlich auch ohne diesen großen Einsatz vorhanden wäre. Auch Kinder beanspruchen Zeit, und wenn Sie sich erst im Alter der Familie zuwenden, ist das nicht genug beziehungsweise manchmal zu spät. Auch wenn keine Kinder da sind, will eine Partnerschaft gepflegt werden, und leider wird ihre Bedeutung oft unterschätzt. Der Ehrgeiz dieser Signatur ist bewundernswert, sollte aber nicht auf Kosten eines guten Miteinanders im Privatleben gehen. Das Gleichgewicht zu halten ist nicht einfach.
Ein tüchtiger Geschäftsmann mit Erfolg, eine tüchtige Frau mit Ideen, Geschäftssinn und Aufnahmefähigkeit, sie haben einfach nicht so viel Zeit fürs Private. Aber Zeit ist glücklicherweise relativ, nicht allein die Dauer zählt, sondern die Qualität, sonst gäbe es nur dann glückliche Kinder auf der Welt, wenn ein Elternteil immer zu Hause bleibt. Als Eltern und Partner sollten Sie immer auf die Qualität der Zeit achten.
Ob ein Erwachsenenleben glücklich verläuft oder nicht, ist von einer Vielzahl von Umständen und Einflüssen abhängig. Nicht alles lässt sich aus eigener Kraft lenken und entscheiden. Wenn Sie allerdings den falschen Beruf ausüben, wirkt sich das sehr negativ aus. Mit Ihren Fähigkeiten sollten Sie schnell umschulen. Oder vielleicht ist es ja der richtige Beruf, aber die Kollegen machen Ihnen das Leben schwer? Das Berufsleben ist leider kein geschützter Raum, es ist nicht frei von Neid und Kampf. Manchmal läuft das gesamte System wider Ihre Natur, beispielsweise in Schulen. Was nützt es, ein guter Lehrer zu sein, wenn einem in der Schule »von oben« (oder von der Seite) nur Hindernisse in den Weg geworfen werden? Da hilft nur, sich anderswo umzusehen. Spielen Sie mit dem Gedanken, sich selbstständig zu machen, in Ihrem Umfeld aber gibt es zu viele abgestürzte Existenzen, die den positiven Gedanken sofort wieder

Affirmationen für die Signatur Nr. 18

Mit meinen Fähigkeiten bin ich den Menschen eine echte Hilfe.

Wenn ich meine Gefühle mehr nach außen trage, werde ich nicht mehr unterschätzt.

Wo erfolgreich gehandelt wird, bin ich dabei.

Mein direkter Zugang zum Wesentlichen im Leben wird manchmal nicht verstanden, das kann ich immer mehr akzeptieren.

Immer mehr nehme ich Rücksicht darauf, dass viele Menschen sehr sensibel sind.

Gutes Benehmen ist schön und wesentlich, übertriebene Gefühlsausbrüche weniger.

In der Natur finde ich echte Erholung und Entspannung.

Es gelingt mir immer besser, meine Gefühle zum Ausdruck zu bringen.

begraben helfen? Mit dieser Signatur haben Sie dennoch die besten Voraussetzungen für einen solch mutigen Schritt! Besteht schon eine kleine Familie, muss er aber genau besprochen werden. Mit einer längeren finanziellen Durststrecke ist zu rechnen, denn es ist naiv zu glauben, dass es vom ersten Tag an bergauf geht. Andererseits, wer hier pessimistisch denkt, hat nicht Ihre Zahlen; meist fehlen Westen und Norden. Jeder kann alles lernen, angeborene Talente jedoch können optimal eingesetzt werden. Wenn Sie neue MitarbeiterInnen einstellen wollen, dann achten Sie auf die Signaturen, die Sie im Betrieb brauchen. Wer viel mit Menschen zu tun bekommt, profitiert von Osten, Mitte oder Süden. Wenn es um rein geschäftliche Angelegenheiten geht, sollte der Westen nicht fehlen. Der Norden steht für mutige Öffentlichkeitsarbeit und Werbung. So lässt sich ein tolles Team bauen – mit Ihnen als Zugpferd!

NORDEN/SÜDEN/WESTEN *für Senioren*

Im Vergleich zu vielen Menschen hatten und haben Sie sicher ein reiches Leben in mehrfacher Hinsicht. Sie müssten schon viel Pech gehabt haben, wenn es Ihnen nicht gelungen wäre, sich auch aus Wellentälern des Lebens immer wieder aufzurappeln. Ihre angeborenen Fähigkeiten haben Ihnen immer wieder die Lösung vor Augen geholt. Höchstens mit der Gesundheit haben Sie vielleicht Probleme, weil Sie die Folgen von unregelmäßigem und allzu reichhaltigem Essen ausbaden müssen – manchmal der Preis allzu vieler Geschäftsessen, die auch noch oft am späten Abend stattfinden. Mit ein wenig Information und Disziplin lässt sich das aber leicht wieder in den Griff bekommen. Sie brauchen nicht zu hungern, sondern nur umzudenken! Vielleicht kann Ihnen dabei unser Buch »Alles erlaubt!« helfen (siehe Buchtipp Seite 397).

Wenn tüchtige Menschen in Rente gehen, wartet manchmal ein schwarzes Loch auf sie – es fehlen Antrieb und Ansporn. Man muss sich daran gewöhnen, nicht unentbehrlich zu sein. Hier gilt es, weise vorzusorgen.

Manche Menschen nehmen sich so viel vor für die Zeit »nach der Arbeit«, dass sie sich hoffnungslos verzetteln. Bei Ihnen besteht diese Gefahr weniger, denn Sie sind es gewohnt, weise zu planen und Plänen zu folgen. Es wird Ihnen auch nicht schwerfallen, das richtige Hobby zu finden. Ausschlaggebend für die Gestaltung des Lebensabends ist natürlich auch, ob man allein wohnt, in einem Seniorenheim oder integriert in eine Großfamilie. Manche sehnen sich nur noch nach Ruhe, während andere froh sind, gebraucht zu werden. Gehen Sie Ihren Wünschen nach und bedenken Sie: Nicht immer ist es die eigene Familie, die Sie braucht.

Johanna erzählt:

Ein Mann mittleren Alters bat mich um Hilfe, weil er als Holzhandwerker alle Mondregeln zum »richtigen Zeitpunkt« von Renovierungsarbeiten von mir erfahren wollte. Der Briefwechsel riss nicht ab, denn unser Leser hatte inzwischen das Tiroler Zahlenrad durchgeblättert. Er war sehr erstaunt, alle Schilderungen der Signaturen in seiner Familie bestätigt zu finden. Davon inspiriert bemühte er sich um Kontakt zu seinem leiblichen Vater, der die Familie verlassen hatte, als unser Leser noch klein war. Wir hielten uns gerade in seiner Nähe zu einem Vortrag auf, und er bat uns, ihn zum ersten Gespräch mit dem Vater zu begleiten. Es verlief sehr gut, und schon nach kurzer Zeit stellte sich heraus, dass die Signaturen der Eltern eine Ehe fast unmöglich gemacht hatten: Der Vater war ein Genie mit vier Zahlen im Norden. Niemand verstand ihn, schon gar nicht die Mutter, eine liebevolle, aber eher ängstliche und konservative Frau. Der Vater verwirklichte sich als Künstler im Holzhandwerk. Der Sohn hatte davon keine Ahnung gehabt, aber durch das Tiroler Zahlenrad haben die beiden wieder zueinander gefunden und können sich sogar gegenseitig wunderbar ergänzen.

Signatur Nr. 19

Norden/Osten/Westen

*Geschick in allen Dingen, Beharrlichkeit und Gefühl –
die Mischung für einen guten Weg*

DIE ZAHLEN: ❻ und/oder ❶, ❽ und/oder ❸, ❾ und/oder ❹
vorhandene Farben: Blau, Grün und Weiß/fehlende Farben: Rot und Gelb

+ positive Eigenschaften

- handwerklich begabt
- kreativ
- erfolgsorientiert
- scharfsinnig
- ehrgeizig
- musikalisch
- mitfühlend
- geduldig
- kreativ
- selbstlos
- aufnahmefähig
- tiefgründig
- visionär
- wissensdurstig
- mutig

NORDEN/OSTEN/WESTEN *für Babys und Kleinkinder*

Eltern sind natürlich stolz, wenn ihr Baby die ersten gezielten Handbewegungen macht, und auch erleichtert, dass alles in Ordnung ist. Auf kaum mehr achten Eltern als darauf, was alles beim Baby »zum ersten Mal« geschieht. Mit dieser Signatur ausgestattete Babys lassen die Eltern voll auf ihre Kosten kommen. Kaum ein Baby stellt sich bei mechanischen Abläufen so geschickt an. Schon die Kombination Osten-Westen im Zahlenrad würde als Mitgift genügen, aber der Norden sorgt zusätzlich für große Aufnahmefähigkeit. Was das Kind sieht, hört und riecht, was es erfahren hat, alles wird gespeichert und nachgeahmt, soweit es mit den Händchen machbar ist. Man tut deshalb diesem Kind einen großen Gefallen, wenn man den Strom der möglichen Beobachtungsobjekte nicht versiegen lässt. Es ist intuitiv begabt, geduldig, kreativ und mutig. Besonders der Mut zeigt sich spätestens im Kindergarten.

Während sich viele Kinder über Geschwisterchen freuen, kann dieses Kind auch problemlos als Einzelkind leben und kostet die ungeteilte Aufmerksamkeit aus. Der Aufenthalt im Mittelpunkt des Interesses ist ihm sehr wichtig – entsprechend hat es die Angst, zu kurz zu kommen, schon in diese Welt mitgebracht. Später bessert sich diese manchmal bremsende Neigung, und es kann Situationen besser einschätzen. Dieses belastende Gefühl können Sie als Elternteil mit der Farbe Rot gut ausgleichen. Geschenke beispielsweise könnten in rotes Papier verpackt sein, oder das Geschenk selbst hat rote Farbanteile. Auf solche Kleinigkeiten reagiert ein Kind sehr stark. Das hat jeder schon erlebt: Ein Kind bekommt ein wertvolles Geschenk und widmet einem farbigen Etikett mehr Aufmerksamkeit als dem Geschenk selbst.

Babys ohne Mitte und Süden haben öfter Verdauungsprobleme, vor allem Blähungen. Schon früh sollte man daher bei der Ernährung auf den jeweiligen Ernährungstyp achten. Handelt es sich um ein Alpha- oder Omega-Kind? (Siehe Buchtipp Seite 397 und unsere Website, Seite 396).

Sie könnten sich viele schlaflose Nächte sparen, wenn Sie dies berücksichtigen würden. Manche Eltern neigen dazu, die letzte Mahlzeit am Abend »reichhaltig« zu gestalten, um das Durchschlafen herbeizuzwingen. Das ist eine Programmierung zu Übergewicht, Suchtverhalten und gesundheitlichen Problemen, auch wegen der starken Belastung der Leber (diese regeneriert sich nur nachts). Besser ist es, dem Kind nicht viel, sondern das Richtige zu geben. Durchschlafen ist Folge der richtigen Ernährung! Von Natur aus schläft ein Alpha-Kind leichter durch als ein Omega-Kind: Dieses braucht einfach öfter eine kleine Portion zu essen. Auch für stillende Mütter ist es wichtig, den Ernährungstyp des Babys zu kennen, denn unter Umständen ist es notwendig, die eigene Ernährung für einige Zeit umzustellen. Nach dem Abstillen sollte die Mutter wieder auf den eigenen Typ umstellen, sonst wird sie wahrscheinlich zunehmen.
Im Kindergartenalter blüht ein Kind mit dieser Signatur zwar grundsätzlich auf, es hat aber manchmal Startschwierigkeiten. Besonders zu Beginn einer neuen Phase im Leben holen Kinder alle ihre Begabungen hervor und prüfen kritisch im Alltag, wie weit sie damit kommen. Ein schüchternes Kind bleibt erst einmal am Rockzipfel hängen, während der Temperamentsbolzen gleich am ersten Tag eine Spielecke für sich erobert. Ein kreatives Kind gewinnt erst einmal die Übersicht, was es denn alles zu entdecken gibt. Die Kleinen beobachten sich untereinander sehr genau, und so manches Kind entschließt sich, lieber zu Hause zu bleiben. Plötzlich ist es aus seiner Welt gerissen und soll sich neu orientieren, alles wieder neu aufbauen. Die kleine Welt gerät durcheinander, die Rangordnung ist zusammengebrochen. Besonders in ländlichen Gebieten, wo es vor dem Kindergarten keine vielfältigen Kontaktmöglichkeiten gab, tun sich Kinder manchmal schwer. Die Konfrontation so vieler unterschiedlicher Charaktere muss erst einmal verdaut werden. Ihr Kind hat viele unterschiedliche Begabungen auf Lager und deshalb viel zu tun. Jetzt kommt vor allem der angeborene Mut zum Tragen, aber auch das kann ein wenig dauern. Haben Sie Geduld und nehmen Sie sich vor allem Zeit für die Probleme

des Kindes, damit sie später ausgeräumt sind, wenn sie mehr Gewicht bekämen. Fast könnte man das als das Geheimnis des Umgangs mit dieser Signatur bezeichnen: früh genug auf das Kind eingehen und dennoch mit klaren Grenzen. Nicht alle Kinder vertragen gleich viel Spielraum, manche betteln regelrecht um klare Linien.

Die fehlende Mitte muss oft ausgeglichen werden, am besten durch die Farbe Gelb. Große Räume ohne Rückzugsmöglichkeit jagen dem Kind manchmal Angst ein. Bei großen Veranstaltungen oder in Kaufhäusern, wo es verloren gehen könnte, ziehen Sie ihm viel Gelb an. Meist hilft das, und das Kind kommt sich nicht so verloren vor. Im Kinderzimmer sparen Sie mit Blau, Weiß und Grün und lassen Gelb und Rot zu. Wo ein Kind die wenigsten oder gar keine Zahlen im Zahlenrad aufweist, sollte die entsprechende Farbe im Alltag großzügig eingesetzt werden.

NORDEN/OSTEN/WESTEN *für Teenager*

Jetzt ist die Zeit gekommen, wo es so richtig losgeht mit den eigenen Wünschen, Ängsten, Befürchtungen, Erwartungen, Leistungen – das ganze Paket! Zum einen entwickelt sich der Teenager mit Tempo zum Erwachsenen, andererseits hängt er in den Seilen, weil er ja so gut wie nichts darf, außer »Bravsein« und Lernen – zumindest aus seiner Sicht, und diese trübe Perspektive bildet er sich ja nicht unbedingt ein. Vernünftig soll er werden, einsichtig sein, nachgiebig, fleißig – und fast alles, was wirklich Spaß macht, ist verboten. Was für ein Leben! Nicht selten sind genau das die Zustände, um die alle Gedanken eines Teenagers kreisen. Nicht ganz zu Unrecht: Wenn Eltern nicht all diese Leistungen auf einmal fordern würden, hätten Teenager auch mehr Geduld mit uns. Wir verlangen in diesem Alter auch wirklich manchmal zu viel. Der Jugendliche kann so innerlich nie zur Ruhe kommen. Bei dieser Signatur ist es besonders wichtig, dass Eltern rechtzeitig Rücksicht auf das Naturgesetz nehmen, dass jede neue Entwicklung nur Schritt für Schritt möglich ist.

Auch Gefühle brauchen Zeit, bis sie richtig zugeordnet werden können. Lehrern und anderen Bezugspersonen und deren Willkür sind Teenager ohnehin manchmal hilflos ausgeliefert. Da wäre eine kleine Oase der Ruhe irgendwo zu Hause ein Ding der Notwendigkeit.

Jeder Jugendliche will irgendwann seine eigenen vier Wände gestalten. Teddybären, Puppen, Autos und Bücher werden aussortiert, und nur noch die Lieblingsdinge dürfen bleiben. Auch neue Wandfarben, Regale, ein Fernseher und dergleichen sind angesagt. Hier liegt für Eltern eine große Chance verborgen: Lassen Sie, wenn irgend möglich, Ihrem Kind freie Hand! Vielleicht nicht gänzlich bei elektronischem Hightech, der allzu stark ablenken würden, aber selbst das würde vorübergehen. Eltern haben allzu oft ein Problem damit, wenn Kinder bei Einrichtung, Vorhängen, Kleidung einen völlig anderen Geschmack haben. Das ist schade, weil sich das Kind nicht wirklich orientieren kann und langsam störrisch wird.

»Entfalten« – dieses Wort sollte man sich auch bildlich vorstellen. Im Klartext: Wenn sich Eltern für ihr Kind schämen, weil es beispielsweise »komische Klamotten« trägt oder seine Meinung öffentlich äußert, ist das eine Beleidigung für das Kind und gleichzeitig ein Zeichen für eine gewisse Feigheit der Eltern. Nichts jedenfalls, womit Eltern den echten Respekt der Kinder ernten könnten. Alles sollte mit Maß und Ziel geschehen, aber übertriebene Einschränkungen zeugen nicht von Achtung für das Kind und sein eigenständiges Wesen. Ein Teenager muss auch dann respektiert werden, wenn er eine andere Meinung vertritt. Was natürlich nicht heißt, dass man jeden Unsinn über sich ergehen lassen muss. Aber eine Unterdrückung, nur weil man angeblich noch nicht alt genug ist, rächt sich immer. Je intelligenter ein Kind ist, desto mehr will es ausprobieren, experimentieren und erfahren. Warten Sie also nicht, bis es in Resignation versinkt, weil es Ihre persönlichen Ängste ausbaden muss.

Die beruflichen Möglichkeiten dieser »Dach«-Signatur wandern in viele Richtungen, so dass es hier schon fast problematisch ist, Hinweise zu geben oder gar Empfehlungen auszusprechen. Eine Sache allerdings lässt sich hier oft beobachten: Die Geduld im Umgang mit Tieren und mit allen Dingen der Natur ist hier ausgeprägter als im Umgang mit Menschen, zumindest mit vertrauten Menschen. Es ist ja nichts Neues, dass sich besonders Jugendliche oft zu Hause ganz anders verhalten als auswärts. Bei dieser Signatur kann es hier durchaus zu Extremverhalten kommen. Ein trotziger, uneinsichtiger Teenager kann womöglich in der Schule sehr beliebt sein – und niemand ahnt dort, dass er oder sie zu Hause Schwierigkeiten hat. Hier kommt wieder zum Ausdruck, dass der Jugendliche sehr wohl weiß, was zu welchem Zeitpunkt angebracht ist. Er lotet Grenzen aus und sammelt Erfahrungen. Umgekehrt kann das auch geschehen: Die Eltern glauben, einen Engel erzogen zu haben, und verstehen die Welt nicht mehr, wenn der böse Brief aus der Schule kommt. In beiden Fällen geht sicher eine Form der Unterdrückung voraus. Für junge Menschen ist es selten ein Kinderspiel, zu unterscheiden, wann man berechtigte Erwartungen erfüllt oder enttäuscht und wann Unterdrückung vorliegt. Letztlich bekommt man dann ein Resultat, das sich keiner wünschte. Wenn dann Lehrer und/oder Eltern überreagieren, sind die Jugendlichen verunsichert und zornig. Abstand ist hier manchmal das Zaubermittel. In der Pubertät müssen die vielen positiven Eigenschaften dieser Signatur manchmal regelrecht ausgegraben werden, weil sie im Eifer des Gefechts untergehen. Einfach die »Eingriffe« auf das Mindestmaß beschränken und die guten Seiten positiv fördern, dann tauchen diese wieder auf.

Wenn Mitte und Süden fehlen, gibt es öfter Probleme mit dem Verdauungssystem, auch noch im Teenager-Alter. Unregelmäßiges Essen trägt nicht zur Besserung bei, ganz zu schweigen von Fertigprodukten, die kein Leben mehr enthalten. Leider betrachten Jugendliche jeden Tipp in dieser Richtung als »Predigt«. Am besten unermüdlich auf die Zusammenhänge hinweisen zwischen Konsum und Magendruck, Müdigkeit und Lustlosigkeit. Bei Geburtstagen und Partys lassen Sie Ihren Teenager ruhig mal über die Stränge schlagen – die körperlichen und seelischen Auswirkungen ein paar Stunden später sagen mehr als tausend gute Ratschläge.

Die eigene Wahrnehmung sagt die Wahrheit, Selbstverantwortung und Selbstliebe werden dann die richtigen Entscheidungen treffen. Wichtig ist auch, die Jugendlichen deutlich spüren zu lassen, dass man selbst nicht bereit ist, unter den Folgen falscher Ernährung zu leiden. Machen Sie als Erwachsener den ersten Schritt zum wohlwollenden und weisen Nachgeben, und Sie werden sehen, dass alle nur gewinnen können.

NORDEN/OSTEN/WESTEN *für Erwachsene*

Die einzelnen Vorzüge einer Signatur prägen meist in hohem Maße Leben und Alltag. Die Zufriedenheit mit der eigenen Situation hängt sehr davon ab, ob man diese Talente auch tatsächlich nutzt oder ob man auch als Erwachsener noch das Gefühl hat, von anderen gebremst, eingeschränkt, bevormundet zu werden. Die Gefahr ist groß, im letzteren Fall andere für die eigene Unzufriedenheit verantwortlich zu machen. Bei dieser Signatur ist diese Gefahr zwar nicht größer als im Durchschnitt, sie wird nur durch die fehlende Mitte als größer empfunden. Wenn Sie sich jetzt angesprochen fühlen, müssen Sie etwas ändern. Lernen Sie, (endlich) Ihren eigenen Weg zu gehen, auch wenn man Ihnen droht, dadurch verärgert oder gar verletzt zu sein. Sie können es niemals allen Menschen recht machen. Das ist zwar hart, aber manchmal ist das der einzige Weg. Im Leben kommt es nicht darauf an, wie viel Sie leisten, sondern mit welcher inneren Energie und mit welchem langfristigen Ergebnis. »Der Prophet im eigenen Land« wird oft nicht verstanden und braucht dann ein anderes Umfeld, das auf Energie und Liebe aufbaut. Dass eine Arbeit nicht immer Freude macht und dass es Reibungen in der Familie gibt, hat damit nichts zu tun. Im Gegenteil: Aus Liebe zum Gegenüber wird ausdiskutiert und zur Auflösung gebracht, was nicht in Ordnung ist. Probleme nicht anzusprechen hat nicht das Geringste mit Liebe zu tun. Diese Entwicklungsschritte sind notwendig, damit man eine gute Beziehung leben oder eine Arbeit zu einem guten Ende bringen kann.

Affirmationen für die Signatur Nr. 19

Einfühlsamkeit und handwerkliches Geschick sind mir treue Wegbegleiter.

Auf meinen tiefgründigen und kreativen Verstand bin ich stolz.

Meine intuitive Wahrnehmung und meine Entschlossenheit setze ich im Alltag klug ein.

Neues kann im Leben nicht oft genug gewagt werden.

Auf meine innere Mitte achte ich von Tag zu Tag mehr.

Ich gehe ab jetzt mehr auf die Menschen zu.

Meditation, Yoga und harmonische Bewegung stärken mich.

Mit dem guten Draht zur Musik stärke ich meine Mitte.

Neue Ideen gebe ich an Menschen mit Süden im Zahlenrad weiter, damit sie Verbreitung finden.

Mit der Farbe Gelb lässt sich im Alltag viel ausgleichen. Gelb beruhigt, erdet und vermittelt ein sicheres Gefühl. Alle Meditationen sollen auf gelb-braunen Teppichen oder Decken stattfinden, wenn im Zahlenrad die Mitte (⓪ und/oder ⑤) fehlt. In freier Natur bräuchte man dafür keine Unterlagen, außer die Bodenverhältnisse machen es nötig. An fließenden Gewässern zu meditieren ist für viele Menschen die beste Idee. Zu Beginn sollten Sie sich so setzen, dass das Wasser von Ihnen wegfließt. Nach einiger Zeit der loslassenden, reinigenden Gedanken drehen Sie sich dann in die andere Richtung. Dann wird neue Energie aufgenommen, neue Gedanken und Ideen, neue Erkenntnisse, ein Neuanfang!
An stillen Gewässern halten es viele Menschen nicht aus und werden manchmal sogar extrem unruhig. Das ist vergleichbar mit einer Unterrichtsstunde: Manche LehrerInnen vermitteln den Stoff lebendig und begeistern die Kinder. Andere Lehrer vermitteln ruhig und sachlich und kommen so auch ans Ziel, aber einige Schüler langweilen sich dabei zu Tode und verlieren die Konzentration. Die Natur bietet eben allen etwas, und unsere Aufgabe ist es, das individuell Angemessene und Gesunde zu finden.
Nach außen wirkt diese Signatur eher kühl und fällt nicht gleich auf, allerdings auch nicht negativ. Wir alle haben unsere »Schattenseiten« und bemühen uns, sie in Richtung Licht streben zu lassen. Bei dieser Signatur verläuft selbst diese Entwicklung leise, und grandiose Leistungen entstehen eher im stillen Kämmerlein. Ab und zu hat dieser Mensch zu leiden, denn nicht selten leistet er die Arbeit, und andere strahlen damit in den Augen des Publikums.
Mit dieser Signatur ausgestattet, vollbringt man Leistungen mit leichter Hand, für die andere jahrelang hart arbeiten müssen. Das ist auch der Grund, warum diese Menschen ihre Erfolge nicht an die große Glocke hängen möchten. Andere Menschen jedoch bemächtigen sich dafür manchmal umso lieber der Vorleistung. Völlig zu Recht geht Ihnen das manchmal zu weit, und die Umgebung wundert sich dann über Ihren Ausbruch, denn Lautstärke ist man von Ihnen nicht gewohnt.

Eine Besonderheit findet sich noch bei den Menschen mit dieser Signatur: Man kann sich fast immer auf sie verlassen. Sie folgen Prinzipien, die auch in Krisensituationen nicht über Bord gehen. Wenn man allerdings diese Eigenschaft ausnützt, kommt es nicht selten zu einem endgültigen Bruch. Ausbeutung ist bei dieser Signatur nicht nur traurig, sie hinterlässt auch tiefe seelische Wunden. Ein sehr wichtiger Lernprozess wäre hier, früh genug die Bremse zu ziehen und die Konsequenzen zu tragen. Besonders tragisch sind Familienkonflikte, die nicht zu Ende ausgefochten werden. Falsche Rücksichtnahme verzögert jeden Fortschritt, und das macht niemanden glücklich.

Johanna erzählt:

Ein junger, aber schon erfolgreicher Arzt bat mich öfter um die Angabe günstiger Operationstermine zur Nachbehandlung schwerer Unfälle. Er berichtete mir auch immer wieder von den Erfolgen. Eines Tages erzählte er mir, dass niemals jemand in seiner Familie Arzt gewesen sei und er mit großen Widerständen zu kämpfen gehabt habe. Lange Studienzeit, lange Zeit kein Geld und so weiter. Er hatte aber immer Freude am Lernen gehabt und am Durchschauen von Zusammenhängen. Schließlich hatte er keine andere Chance gesehen, als in eine andere Stadt zu ziehen und seinen Weg allein zu verwirklichen. Wie er es heute sieht, haben ihn seine Zahlen im Norden, Osten und Westen geradezu in diesen Beruf gedrängt. Seiner Mutter dagegen fehlte der Norden und Westen, und sie konnte sich deshalb nicht vorstellen, dass ihr Sohn eine solch lange Studienzeit würde durchhalten können. Er schenkte ihr dann das »Tiroler Zahlenrad«, und beide sind heute glücklich, dass er es aller Widerstände zum Trotz geschafft hat. Hier zeigt sich deutlich, wie wichtig es ist, seinen eigenen Weg zu gehen.

NORDEN/OSTEN/WESTEN *für Senioren*

Das eine oder andere Mal im Leben wird ein Ortswechsel notwendig oder zumindest sinnvoll. Wenn Sie diese Wahl vor sich haben, nützen Sie die Chance, in den Süden zu ziehen. Das muss nicht gleich Italien, Mallorca oder Südamerika sein. Das kann der Süden einer Gemeinde, einer Stadt sein – oder sogar nur die Südseite eines Hauses. Auch eine Position in der Mitte wäre eine gute Idee. Viele Menschen fühlen sich nur in Städten wohl, andere würden um nicht viel Geld in die Stadt ziehen. Sie dagegen könnten es ohne Probleme dort aushalten. Die Mitte und der Süden, das sind Ihre Wohlfühlplätze, im großen wie im kleinen Maßstab. Inmitten einer Landschaft, im Wald, überall, wo Mitte ist – oder eben südlich.

Auch Ihr Körper macht sich am ehesten mit einem Durcheinander in der Mitte bemerkbar. Wo andere Menschen Kopfschmerzen bekommen, klagen Sie über Magenschmerzen oder Unterleibsprobleme. Auch die Beine und Füße können Problemzonen werden. Machen Sie vorbeugend täglich ein wenig Gymnastik, damit die Beine gut durchblutet sind.

In einer Partnerschaft ist das gegenseitige Verständnis ausschlaggebend dafür, ob stabile Harmonie oder ständige Reibung herrscht. Wenn das Rentenalter naht oder schon erreicht ist, wird man täglich damit konfrontiert. Wer früher in die Arbeit flüchtete, muss sich jetzt stellen. Nützen Sie diese Zeit und betrachten Sie gemeinsam Ihre Signaturen im Geburtsdatum. Spätestens dann verstehen Sie besser, warum Ihr Gegenüber so ist, wie er ist. Gehen Sie Kompromisse ein und beginnen Sie gemeinsam neu. Ihr Partner kann vielleicht nicht so viel wie Sie, denn nicht jeder ist mit so zahlreichen Talenten bedacht. Denken Sie einfach daran, dass es schlicht eine Ungerechtigkeit bedeutet, vom anderen so viel zu erwarten.

Wenn der Süden fehlt, wirkt sich das nicht selten so aus, dass man lieber zu Hause bleibt und seine Ruhe haben will. Das gilt auch, wenn die Mitte fehlt. Jede Form von Zwang und Überzeugungsarbeit ist hier überflüssig und fruchtlos.

Andererseits lässt sich den Energieströmen auch entgegenwirken. So sollten im Alltag Rot und Gelb zum Zug kommen. Gerade Männer tragen oft ihr Leben lang kein Rot in der Kleidung. Probieren Sie es unbedingt aus. Einem reiferen Mann würde ein gelbes Jackett gut stehen. Wagen Sie es einfach! Hans-Dietrich Genscher hat übrigens ebenfalls keine Mitte im Zahlenrad – seine gelbe Weste ist sein Markenzeichen geworden.
Lassen Sie sich jetzt nichts mehr vorschreiben, was wider Ihre Natur ist. Das Leben hat noch so viel zu bieten! Unterstützen Sie sich selbst, wo nur möglich, und bringen Sie Farbe in Ihr Leben.

Johanna erzählt:

Eine Witwe besuchte seit über 10 Jahren ein wöchentliches Kaffeekränzchen. Sie erzählte mir nach einem Vortrag, dass sie jetzt endlich verstehe, warum sie immer übersehen wurde, obwohl sie die Termine gewissenhaft einhielt und immer bei den Vorbereitungen half: Nach der Trauerphase hatte sie so viele schwarze Kleider, dass sie fast nichts anderes mehr trug. Noch in der gleichen Woche besorgte sie sich helle und vor allem rote Kleidungsstücke. Anfangs fühlte sie sich darin etwas ungemütlich. Nach einiger Zeit aber konnte sie eine Besserung feststellen. Es ging ihr ja grundsätzlich nicht schlecht, es fehlte nur ein positives Lebensgefühl. Ohne viel an ihrem Lebensstil zu ändern, nahm sie auch noch in kurzer Zeit zehn Kilo ab, weil sie erfahren hatte, dass sie ein Alpha-Typ ist. Als ich nach zwei Monaten von diesen Entwicklungen erfuhr, freute ich mich sehr, denn ich hatte ihr zwar all diese Dinge empfohlen, aber ihre Skepsis am Anfang war sehr groß. Das ist typisch für diese Signatur: Man nimmt wichtige Veränderungen ohne großes Tamtam in die Hand. Inzwischen lebt die Dame sogar mit einem sehr lieben Partner in »wilder Ehe«!

Signatur Nr. 20

Norden/Osten/Mitte

Überzeugend und charismatisch – ins Rampenlicht, mit sensibler Einfühlung und der Kraft aus der Mitte

DIE ZAHLEN: ❻ und/oder ❶, ❽ und/oder ❸, ⓿ und/oder ❺

vorhandene Farben: Blau, Grün und Gelb/fehlende Farben: Rot und Weiß

+ positive Eigenschaften

· aufnahmefähig	· kreativ	· großzügig
· tiefgründig	· selbstlos	· mutig
· musikalisch	· visionär	· naturverbunden
· mitfühlend	· wissensdurstig	· ausgeglichen
· geduldig	· schöpferisch	· hilfsbereit

NORDEN/OSTEN/MITTE *für Babys und Kleinkinder*

Mitte und Osten – eine ruhige und friedliche Energie bringt dieses Baby mit, aufgemuntert und aufgerührt durch die Kräfte des Nordens. Es sind durchaus zwei Welten, in denen sich dieses Kind zurechtfinden muss.
Für seine Entwicklung wären deshalb geduldige Eltern am besten geeignet. Auch dieses Kind weiß relativ früh, was es will, und es ist überrascht, wenn das nicht verstanden wird. In Zusammenhängen denken, das kann es ebenfalls schon sehr früh. Diese Selbstständigkeit wird von den Eltern manchmal zu früh als selbstverständlich akzeptiert, und das führt zu einer Überforderung. Das ist besonders dann der Fall, wenn es als Erstgeborenes kleine Geschwister bekommt. Es spielt dann gern die »Mama«, ist aber für eine größere Verantwortung noch viel zu jung. Das berühmte Kinderwort »selber!« taucht hier ebenfalls auf. Während Kinder mit Westen alles »selber« machen wollen, wollen das die Kinder des Nordens auch, aber auf eine andere Art. Die West-Kinder »machen« manchmal ohne Rücksicht aufs Ergebnis, ohne Rücksicht auf andere Menschen. Das klingt jetzt ein wenig zu hart, aber keine Sorge: Die Kinder selbst sehen das untereinander nicht so eng. Die Nord-Kinder sind ebenfalls Macher, aber sie wägen viel mehr ab und hören dann nicht eher auf, bis die Sache zu Ende gebracht ist.
Wenn bei einem Baby der Osten überwiegt, bringt es viel Sensibilität mit. Die stärkere Mitte wird im Babyalter fast nicht wahrgenommen, es ist ja ohnehin in der Familie geborgen. Und der starke Norden wirkt sich ebenfalls erst später aus, wenn es sprechen und argumentieren kann. Die Himmelsrichtungen Norden, Osten und Mitte entwickeln sich in Phasen und Sprüngen. Bei kaum einer Signatur lässt sich das Kind so viel Zeit, die Stationen auch wirklich intensiv zu spüren. Für Eltern ist diese Neigung nicht selten eine Herausforderung, denn eben noch haben sie sich auf ein Sensibelchen eingestellt, schon marschiert das Baby wieder Richtung Norden und zur nächsten selbstständigen Entwicklungsphase.

Alle Babys sind einige Zeit lang »hellsichtig« und nehmen Dinge wahr, die den Erwachsenen meist schon verschlossen sind. Bei einem starken Norden verlängert sich diese Phase. Da kann es geschehen, dass sehr nüchterne und weltliche Eltern für diese Fähigkeit kein Verständnis haben und glauben, dass ihr Kind »lügt«, wenn es besondere Dinge berichtet, die es mit seinem inneren Auge gesehen hat. Lügen allerdings liegt dieser Signatur sehr fern, und kleine Kinder fühlen sich dann ungerecht behandelt, verschließen sich und werden traurig. Sie spüren einen Vertrauensentzug, der sehr weh tut. Oft sieht man Kinder mit traurigen Augen, die nicht verstehen können, warum niemand ihre Wahrnehmung teilt.
Der fehlende Süden hat eine seltsame Wirkung: Er macht Kinder manchmal »unsichtbar«. Sie werden regelrecht nicht wahrgenommen. Immer wieder einmal gehen Kinder am Spielplatz oder beim Einkaufen vorübergehend verloren. Fragt man nach, ob jemand das Kind gesehen hat, schüttelt jedermann den Kopf. Überhaupt lieben sie es, sich in eine andere Welt zu versetzen, in der die Zeit nicht existiert. Sie können fasziniert stehen bleiben und in aller Ruhe lange Zeit einer Ameise zuschauen – auch wenn die Eltern danebenstehen und sie rufen. Hinterher sind sie überzeugt, dass nur eine Minute vergangen ist. Auffällige Kleidung, besonders mit viel Rot, kann Ihnen helfen, Ihr Kind mitten in der großen grünen Wiese oder im Gewirr des Kaufhauses zu entdecken.
Den fehlenden Westen müssen Sie im Babyalter noch nicht ausgleichen, aber weiße Bettwäsche und viel weiße Babykleidung werden Ihrem Kind sicher gut tun. Später im Kindergartenalter kann Weiß sogar zur Notwendigkeit werden. Das Kind mit dieser Signatur ist lernwillig, ehrgeizig und willensstark, und bei allen neuen Errungenschaften und Lernschritten verstärkt das Weiß die Sicherheit. Damit die Gutmütigkeit dieser Signatur nicht ausgenützt wird, können ebenfalls Weiß und Rot eingesetzt werden.
Für tiefgründige, verträumte Kinder kann der Kindergarten zu Beginn eine harte Zeit werden. Später blüht es auf, weil es dort so viel zu lernen und zu entdecken gibt.

Johanna erzählt:

In meiner Kindheit durften wir einmal im Jahr mit unserem Großvater auf einen Markt gehen. Er kaufte uns dort immer türkischen Honig. Leider mochte ich diese Süßigkeit überhaupt nicht, und immer war ich zu schüchtern, es ihm zu sagen – das einzige Gesprächsthema, das ich niemals mit ihm ausdiskutiert habe. Einmal blieb ich einfach zwei Stände vorher stehen und wollte so der Situation entkommen. Ich sah noch, wie mein Großvater mich suchte, und dann war es auf einmal schon dunkel geworden. Meine Panik war grenzenlos, noch dazu, weil ich selbst schuld war. Eine fremde Stadt, fremde Menschen, niemand hat mich verstanden, ich wusste nicht einmal, wie mein Großvater hieß! Er war einfach mein Großvater, und dass er nicht immer bei mir sein könnte, war unvorstellbar. Wie er mich dann doch noch gefunden hat, weiß ich nicht mehr, aber das Ereignis blieb mir immer in Erinnerung. Meine Mutter hat mich dann nur noch mit einer roten Mütze mitgehen lassen. Einmal bekam ich sogar einen roten fliegenden Gasluftballon, damit er mich auch aus der Entfernung finden konnte. Mein Gefühl war grandios, ich fühlte mich stolz und sicher, fast als ob ich selbst fliegen konnte. Ein verträumtes Kind in Rot zu kleiden empfiehlt sich immer.

NORDEN/OSTEN/MITTE *für Teenager*

In der Jugendzeit kommen alle speziellen Talente dieser Signatur so richtig zum Tragen. Äußerlich wirkt sich das nicht bei allen gleich aus: Manche wollen alles auf einmal und können es gar nicht erwarten, erwachsen zu werden. Andere entdecken eine völlig neue Richtung, und wieder andere sehen »vor lauter Bäumen den Wald nicht mehr«. Von Eltern wird in dieser Zeit viel Feingefühl verlangt.
Über viele Generationen hindurch wurden in der Erziehung alle nur denkbaren Wege beschritten und ausprobiert, alles Mögliche und alles Unmögliche. Bis vor etwa 60 Jahren waren Strenge, Disziplin und Gehor-

sam sehr wichtig, eine eigenständige Kindheit gab es kaum. Dass ein solches System so gut wie nichts nützt, dafür genügt ein Blick in die Geschichte: Sie wurde fast ausschließlich von »alten Kindern« gestaltet, die nie wirklich erwachsen geworden sind und keine echte Selbstverantwortung kennen. Wie auch immer: Jeder muss für sich selbst entscheiden, welchen Weg er gehen, welchen er verlassen möchte. Eins aber ist immer richtig gewesen und wird immer richtig sein: Zuhören, Verständnis üben und die persönlichen Talente mit Liebe fördern. Welche Fähigkeiten oder Wünsche auch immer Ihr Kind hat, sie sollten ernst genommen werden. Auch dann, wenn eine Arztfamilie einen Teenager hat, der einen Bio-Bauernhof betreiben möchte.

Teenager mit dieser Signatur sind für so manche Überraschung gut. Diese entschlossene Natur will sich unter keinen Umständen ständig bremsen lassen. Ihr Jugendlicher ist wissensdurstig und kreativ, spirituell begabt und musikalisch, hat heilende Fähigkeiten und ist hilfsbereit und naturverbunden. Diese Fähigkeiten wollen »sortiert« sein, und es ist kein Wunder, wenn er ganz besondere Ziele anstrebt. Bei der Berufswahl kann es geschehen, dass die große Vielfalt der Chancen verunsichert. Hier macht sich der fehlende Süden bemerkbar, und er braucht Unterstützung. Ungerechtigkeit kann diese Signatur nur schwer ertragen, und sie kämpft auch dann noch, wenn andere längst resigniert haben. Viele Freunde verlassen sich auf diesen Teenager, und manchmal überfordert ihn das. Zum Schluss, nach getaner Arbeit steht er nicht selten allein da, weil er zwar viel geleistet hat, aber die anderen das kaum würdigen. Das kränkt ihn und erinnert ihn an die erste Zeit im Kindergarten, als er es zum ersten Mal erleben musste. Hier geht es allerdings um einen Lernprozess, den der Jugendliche selbst in den Griff bekommen muss. Ein klares Nein zu sagen ist nicht seine Stärke. Er käme sich unhöflich und taktlos vor und überarbeitet sich stattdessen lieber, seelisch wie körperlich. Mit der Lebenserfahrung kommt aber auch die Weisheit, und als Eltern kann man helfen, indem man ihm vermittelt, dass ein Nein in Ordnung ist.

Unter dieser Signatur findet man die besten Ärzte – Menschen, die den Menschen helfen wollen und nicht um des hohen Verdienstes willen studieren. Der fehlende Westen hat diese Wirkung, nämlich dass fast nichts im Leben um des materiellen Vorteils willen getan wird. Das innere Gefühl muss stimmen, Geldsorgen sind ihnen fremd, ob sie angebracht wären oder nicht! Meistens jedoch haben sie genug zum Leben und zur Zufriedenheit. Beim Tiroler Zahlenrad ist es sinnvoll, die fehlenden Himmelsrichtungen der Reihe nach im Uhrzeigersinn zu ergänzen. Bei dieser Signatur zum Beispiel sollte als Erstes der Süden unterstützt werden, dann der Westen. Mit anderen Worten: Dieses Kind braucht die Farbe Rot und viele Menschen mit Süden (❼ und/oder ❷) um sich. Als Teenager sollte dann auch der Westen zum Zug kommen. Ein guter Freund, ein Freund der Familie, ein Lehrer oder eine andere wichtige Person sollte den Westen im Geburtsdatum (❾ und/oder ❹) besitzen. Das vermittelt eine gute Energie. Später als Erwachsener können Kollegen oder Partner unterstützend und ausgleichend wirken. Ihr Teenager hat sicher Pläne, zu deren Start und Verwirklichung er einen Erwachsenen brauchen kann. Ausgetretene Pfade interessieren ihn eher weniger, weil er von Natur aus furchtlos und entschlossen ist.

Unbedingt unterstützen sollte man musikalische Talente. Auch im Erwachsenenleben trägt Musik zur Entspannung bei, und mit Musizieren verfügt man über eine der besten Methoden, für seelisches Gleichgewicht zu sorgen. Das gute Gehör und das Taktgefühl lassen auch Instrumente empfehlen, die schwerer zu beherrschen sind. Viele Kinder sind froh, ein Instrument zu spielen, aber diese Signatur könnte auch mehrere schaffen. Niemals jedoch sollte man hier mit Zwang arbeiten, auch nicht subtil! Während einer »Durststrecke« im Üben und Lernen können Sie ruhig lockerlassen, denn der angeborene Ehrgeiz holt das später spielend wieder auf. Jugendliche müssen sich mit einer solchen Vielzahl von Dingen gleichzeitig herumschlagen, da ist es nur recht und billig, Prioritäten zu setzen. Musik rückt immer wieder von selbst in den Vordergrund, Pausen sind da weniger gravierend, als Eltern oft meinen. Es gibt sie natürlich, die katastrophalen Pausen, die fünf Jahre Unterricht zunichte machen. Nicht aber bei dieser Signatur! Bleiben Sie als Eltern cool und üben Sie Großzügigkeit. Ihr Teenager ist im Herzen ein vernünftiger, zuverlässiger Mensch und liebt es, Eigenverantwortung zu tragen. Räumen Sie ihm den lebensnotwendigen Spielraum ein.

NORDEN/OSTEN/MITTE *für Erwachsene*

»Ein Erwachsener weiß, was er tut und was zu tun ist« – für die meisten Menschen ist das wünschenswert und ein edles Ziel. Bei dieser Signatur wird ein solcher Grundsatz eher gelangweilt aufgenommen. Es gibt nämlich immer etwas Neues zu tun, etwas Neues zu planen. Es muss nicht das Allerneueste sein, das wäre schon wieder Nachahmung, und dazu hat diese Signatur keinen »Draht«. Menschen mit dieser Signatur haben selten lebenslang nur einen Beruf. Ja, vielleicht als erlernten Beruf, aber ausgeübt wird so manches im Leben. Zudem ist bei dieser Signatur die Chance gegeben, dass man in der Mitte eine Null findet. Eine Null erweckt alle Himmelsrichtungen zum Leben, und deshalb kann sich dieser Mensch in fast alles hineindenken: ein Mann/eine Frau »für alle Fälle«! Das ist auch der Grund, warum Allerweltsberufe hier seltener in Frage kommen – das wäre bedauerlich bei der Vielzahl von Begabungen.
Der fehlende Süden macht manchmal Probleme. Das (meist unbegründete) Gefühl, man sei immer noch nicht gut genug, kann sich von Zeit zu Zeit breit machen und den Alltag etwas beeinträchtigen. Mit der Farbe Rot lässt sich dieser Neigung erfolgreich entgegenwirken.
Im Alltag, privat wie beruflich sollte mit dieser Farbe nicht gespart werden. Rot bringt Energie und vertreibt die oft eingebildete Unsicherheit. Auch bei Kälte wirkt Rot. Chronisch kalte Füße und Beine können bei dieser Signatur durchaus vorkommen. Jeder Mensch hat andere »Schwachstellen«, und hier sind es die Beine und die Unterleibsregion, manchmal auch Leber

Affirmationen für die Signatur Nr. 20

Entschlossen und sanftmütig gehe ich meinen Weg.

Ich liebe kreatives Handeln und bin zu Kompromissen bereit.

Spirituelle Interessen verhelfen mir zu einem klaren Blick.

Meiner Großzügigkeit darf ich ruhig auch Grenzen setzen.

Gute Musik bringt mein Seelenleben ins Gleichgewicht.

Ich entwickle immer mehr Geduld mit Menschen, die etwas langsamer sind.

Um geschäftliche Dinge kümmere ich mich ab jetzt mehr, damit der Überblick nicht verloren geht.

Den Süden hole ich mit der Farbe Rot in den Alltag.

Ich gehe aufgeschlossen und ohne Angst auf die Menschen zu, nach dem Motto: »Tue recht und scheue niemand!«

Bei wichtigen Gesprächen bevorzuge ich die Farbe Weiß.

und Galle. Entgiftung ist deshalb ein Thema. Nützen Sie den abnehmenden Mond, denn in dieser Phase funktioniert jede Entschlackungskur viel besser als bei zunehmendem Mond.

Die Farbe Weiß unterstützt den fehlenden Westen und kann optimal in der Geschäftswelt zum Einsatz kommen – etwa bei harten geschäftlichen Gesprächen, bei Vertragsverhandlungen, Kundengesprächen, im Gespräch mit Klienten und Patienten. Die Farbe hilft am Ball zu bleiben, und man wird besser gehört und verstanden. Weiß fördert auch die Ausdauer. Im Arbeitsraum dieser Signatur sollte deshalb viel Weiß und auch ein wenig Rot vorherrschen.

Bei dieser Signatur besteht die Neigung, auch mit sich selbst zu streng zu sein, und das wirkt sich im alltäglichen Umgang belastend aus. Ein Lebensthema ist hier, lockerzulassen und von sich und anderen keine unerreichbare Perfektion zu erwarten. Meditationen können zwar vieles verbessern, aber genau diese Ruhe muss man sich ja erst einmal gönnen. Fast nie ist es ein Zeitproblem, sondern eine innere Unruhe vertreibt die Muße, und ein Teufelskreis entsteht. So sieht also Ihre Herausforderung aus: einfach öfter vollständig aussteigen und meditieren!

Wie gesagt, mit den Zahlen dieser Signatur fällt es leichter, immer wieder neu anzufangen. Gerade jetzt sollten Sie sich unbedingt eine Auszeit des Rückzugs und der Meditation nehmen. Neue Ziele gewinnen dadurch Umriss und Klarheit. Dieses Innehalten kann am Wasser geschehen, in Wäldern, auf weiten Wiesen oder auch mitten in der Stadt, wo sich viel tut, so dass Sie als Einzelner nicht auffallen. Probieren Sie solche Dinge ruhig aus! Tragen Sie so viel wie möglich von Ihrer Kleidung oberhalb der Gürtellinie in Weiß.

Nicht vergessen: Zuerst die alten Gedanken loslassen, zuschauen, wie sie sich verflüchtigen, und dann die neuen Gedanken fassen. So lange, bis sich alles realistisch vor Ihrem inneren Auge abzeichnet. Geben Sie sich nicht zufrieden, bis Sie das geschafft haben.

Bei einem Schwerpunkt im Norden brauchen Sie anspruchsvolle Ziele, die Sie wirklich herausfordern. Bei einem Übergewicht im Osten achten Sie darauf, dass man Ihre Gutmütigkeit nicht ausnützt und Sie dadurch in Verbitterung abrutschen. Sollte dagegen die Mitte überwiegen, müssen Sie mit Extremen rechnen, was Ihren Wohnsitz betrifft. Das kann Richtung Elternhaus gehen, aus dem Sie am liebsten gar nicht ausziehen würden, oder in Richtung eines fast unstillbaren Fernwehs. Manche Menschen mit dieser Signatur kennen beides. Zum Beispiel so: Als junger Mensch waren Sie schon relativ früh viel auf Achse und genossen diese Freiheit extrem. Später überwog die Häuslichkeit, mit großem Familiensinn und allem, was dazugehört, und noch später meldete sich wieder der Drang zu reisen, umzuziehen, eben etwas Neues anzupacken. Viele Menschen begegnen diesem Auf und Ab verständnislos und beruhigen sich mit dem Etikett »Midlife-Crisis«, das sie Ihnen dann anhängen. Das stimmt aber so nicht, es war einfach nur wieder an der Zeit, aus der starken Mitte herauszukommen. Wichtig ist nur, mit den weitschweifenden Ideen niemanden vor den Kopf zu stoßen und nicht einfach nur aus einer Laune heraus zu handeln.

Zahllose Männer und Frauen, die selbst Kinder haben, verbringen täglich mehr Zeit mit den Eltern als mit der eigenen Familie, gerade in Großfamilien ergibt sich dies von selbst. Aber wenn der Feierabendbesuch zur Routine wird, obwohl die Kinder mehr von Ihrer Zeit und Energie bräuchten, läuft etwas schief. Hier zeigt sich, dass eine starke Mitte manchmal ein vollständiges Abnabeln verhinderte. Das ist für die übrigen Familienmitglieder sehr belastend. Zeigt sich hier Großfamiliensinn oder Lebensangst?

Diese Signatur ist mit allem ausgestattet, was nötig ist, um ein freies und glückliches Leben zu führen. Also worauf warten Sie?

NORDEN/OSTEN/MITTE *für Senioren*

Kennen auch Sie jene Menschen, die ständig davon reden, dass sie jetzt schon alt sind, für manche Dinge sogar zu alt? Wohl kaum jemandem geht dieses Gejammer so sehr auf die Nerven wie der Signatur Nr. 20. Mit dieser Signatur bedacht kamen Sie nämlich zur Welt mit allen Talenten, auf die das Alter keinen Einfluss haben muss. Deshalb erntet man bei Ihnen mit dieser pessimistischen Einstellung kaum Verständnis, da sich Ihnen das Gefühl aufdrängt, dass hier wertvolle Begabungen einfach verschwendet werden. Unser Rat: Bleiben Sie dabei, Ihr Eigenes richtig zu machen, und üben Sie Nachsicht. Wenn solcher Pessimismus Sie allerdings bremst, sollten Sie Abstand nehmen. Die Zeit jedes Menschen ist zu kostbar, um sich mit Nörglern abzugeben. Besonders auch in späteren Jahren sollte ein guter Umgang gepflegt werden.

Frauen mit diesen Zahlen sind oft hin und her gerissen zwischen ausgeprägtem Familiensinn und Freiheitsdrang. Am besten genießen Sie einfach beides, verbinden die Welten und teilen die Zeit weise ein. Was spricht dagegen, wenn Oma mit den Enkelkindern mal allein in Urlaub fährt oder nach einer längeren Reise für einige Zeit den Haushalt mit den Enkelkindern schmeißt?

Männer leben Gott sei Dank heute auch intensiver mit den Kindern und häufen nicht mehr alles auf den Rücken der Frauen. Das macht sie nicht nur liebenswerter, sie gewinnen so auch mehr Verständnis und Einsicht. Wenn man stolz darauf sein muss, sich zu Hause eine Sklavin zu halten, dann sollte man einen kühlen Blick auf die eigene Lebenseinstellung werfen und sich fragen, wer hier eigentlich der Abhängige ist. Diese Zeiten sind gottlob weitestgehend vorbei, und Männer sind viel liebenswerter und »handlicher« geworden. Das bekommen auch die Enkelkinder positiv zu spüren. Alte Denk- und Verhaltensschablonen sollte man nicht aus Gewohnheit lebendig halten, wenn schon längst klar erkennbar ist, dass sie zu nichts mehr taugen.

Kürzlich sahen wir einen wunderbaren Film mit Robert de Niro, der dieses Thema klar zur Sprache bringt (»Everybody's fine«). Der Ehemann im Film war ein Leben lang von seiner Frau »geschont« und dadurch seiner Kinder beraubt worden. Als er diese Situation erkannte und seine Kinder nach dem Tod der Frau tausend Entschuldigungen vorbrachten, um ihn an Weihnachten nicht besuchen zu müssen, änderte er sich von Grund auf. Dafür ist es nie zu spät! Mit der früher üblichen Rollenverteilung war den Vätern der echte Zugang zu ihren Kindern oft versperrt. Mit dieser Signatur haben Sie das Zerrbild wohl schon immer gespürt.
Im Alter lassen sich fehlende Himmelsrichtungen im Zahlenrad viel leichter ausgleichen, weil viele Pflichten wegfallen und Zeitmangel keine Entschuldigung mehr ist. Vielleicht wollen Sie sich neu einrichten und endlich die weiße Couch kaufen, auf die Sie wegen der hohen Empfindlichkeit verzichten mussten. Manchmal verzichtet man ja auch dem Partner zuliebe auf Dinge, die einem wirklich gut tun würden. Das sind jedoch wichtige Kleinigkeiten, die irgendwann berücksichtigt werden sollten. Man kann sich ja auch in einer Wohnung seine Ecke einrichten, die niemandem sonst gefallen muss. Gerade die Farbe Rot ist nicht jedermanns Sache, aber wer sie braucht, sollte die Möglichkeit dazu haben, sie einzubauen. Mit Farben lässt sich auch ohne Probleme eher unauffällig oder im Verborgenen arbeiten. Was spricht gegen rote Socken, rote Handtücher, rote Servietten? Solche Kleinigkeiten bringen oft schon die nötige Heiterkeit in den Tag. Wünschen Sie sich beim nächsten Geburtstag, an Vatertag, Muttertag, Weihnachten etwas, das Sie von Herzen erfreut, und Sie werden sehen, alle freuen sich mit Ihnen. Rücksichtnahme ist eine wunderbare Eigenschaft, nur manchmal am falschen Platz eingesetzt.
Mit Ihrer Signatur sollten Sie in der Ernährung so oft wie möglich zu Bio-Produkten greifen. Mit Bio werden Sie schneller satt, und Sie brauchen nur die Hälfte der üblichen Mengen. Vielleicht haben Sie dann auch Lust auf ein wenig Mondgymnastik, und schon fühlen Sie sich 20 Jahre jünger. Drei Minuten am Tag machen aus Ihnen einen neuen Menschen.

Signatur Nr. 21

Osten/Süden/Mitte

Mit Temperament und Redegewandtheit
im geduldigen Einsatz für die gute Sache

DIE ZAHLEN: 8 und/oder 3, 7 und/oder 2, 0 und/oder 5
vorhandene Farben: Grün, Rot und Gelb/fehlende Farben: Blau und Weiß

+ positive Eigenschaften

- unabhängig
- charismatisch
- leidenschaftlich
- neugierig
- kreativ
- musikalisch
- mitfühlend
- geduldig
- selbstlos
- schöpferisch
- großzügig
- naturverbunden
- ausgeglichen
- hilfsbereit
- genügsam

OSTEN/SÜDEN/MITTE *für Babys und Kleinkinder*

Temperamentvoll und ruhig – das ist nur auf den ersten Blick ein Widerspruch. Damit muss dieses Baby allerdings klarkommen, und natürlich auch die Eltern. Meist teilt sich das Kind die Zeit gut ein und verhält sich mal so, mal so. Eine gewisse Regelmäßigkeit wird aber schon bald erkennbar. Bestimmte Dinge lehnt es hartnäckig ab, andere strebt es bedingungslos an. Wenn die Signatur viel Süden (❼ und/oder ❷) aufweist, wird das Baby anfangs meist unruhig sein, vielleicht sogar oft fiebrig.

Johanna erzählt:

Als ich klein war, regte meine Mutter sich einmal darüber auf, dass man einen Faschingsball im Ort verschoben hatte. Sie erklärte, dass sie nicht mitgehen würde, weil man »an einem solchen Datum« die Kinder nicht allein zu Hause lasse. Sie sagte, wenn ein Datum »so viel Süden« hat, muss bei Kindern mit Fieber schnell gehandelt werden. An Kindern erkennt man die feinen Veränderungen der jeweiligen Tagesenergie besonders gut. Auch Tiere ändern ihr Verhalten, wenn verschiedene Energien zusammentreffen, und es ist nicht schwer, daran das Wetter vorherzusagen. Wir leben momentan in New York und wenn es schneit und die Straßen nicht rechtzeitig geräumt sind, haben die Kinder immer »Snow Day« und müssen nicht zur Schule. Dieses Mal konnte man nicht nur am Verhalten der Vögel am Futterhäuschen ablesen, dass der Schnee kommen würde, sondern auch die Waschbären kamen jeden Tag zur Terrasse, und Füchse schlichen in Gruppen ums Haus. Obwohl unsere Kinder schon größer sind, konnte man auch an ihnen beobachten, dass da etwas auf uns zukam. Während ganz New York in Panik geriet, konnten wir in Ruhe abwarten, bis wir wieder »auftauten«. Sie können im Lauf der Zeit am Verhalten von Kindern ablesen, was der Tag an Energien bringt, wenn Sie die Zahlen des Geburtsdatums mit den Zahlen des Tages in Verbindung bringen.

Zurück zu den natürlichen Antennen dieser Signatur. Der Osten sorgt für Einfühlungsvermögen und wirkt in alle Richtungen ausgleichend, ähnlich wie die Mitte. Hat die Mitte hier aber den Schwerpunkt inne, nämlich zwei oder gar drei Zahlen, dann kann sich ein solches Kind verschließen wie eine Muschel. Zusätzlich Geduld und gleichzeitig Aufmunterung sollten dann von den Eltern kommen. Es dauert also einige Zeit, die Vorlieben dieses Babys kennenzulernen. Im Großen und Ganzen dankt es Ihnen diese kleine Mühe damit, dass es angenehm, pflegeleicht und gleichzeitig meist fröhlich ist.

Später im Kindergarten fallen diese Kinder so gut wie nie unangenehm auf und haben eine ausgeprägte Gruppenfähigkeit. Sie sind beliebt, machen gern überall mit und tragen viel dazu bei, dass KindergärtnerInnen auch heute noch ihren Beruf lieben. Fast alle freuen sich an diesen Kindern, und man tut gut daran, ihre Gutmütigkeit nicht auszunützen. Machen sie nämlich öfter schlechte Erfahrungen, können sie bockig werden. Es dauert dann einige Zeit, bis das Vertrauen zurückgewonnen ist.

Die Farben Schwarz, Blau und Weiß vermisst dieses Kind, sie sollten von den Eltern viel mit eingebunden werden. Weiß in der Baby- und Kleinkinderzeit, und Schwarz, wenn es älter wird. Meist kümmert sich das Kind selbst darum. Machen Sie beim nächsten Einkaufsbummel einfach ein Experiment. Stellen Sie Ihr Kind vor die Wahl: entweder ein weißer Eisbär, Teddy, ein Puppenbettchen oder Ähnliches, oder ein grünes Stofftier, Auto ... Mit hoher Wahrscheinlichkeit wird es sich für Weiß entscheiden. Allerdings sollte das Angebot gleichwertig sein (also nicht einen grünen Traktor einem weißen Lolli gegenüberstellen!). Die Energien von Farben lassen sich überall im Alltag einsetzen. Vielleicht hatten Sie bis jetzt viel rote Bettwäsche und Kleidung und wunderten sich, warum Ihr Kind schlecht schläft? Oder zu viele grüne Vorhänge? Achten Sie in Zukunft darauf, welche Farben Sie selbst brauchen (denn oft wählt man diese Farben unterbewusst), und versuchen Sie, auf die fehlenden Farben des Kindes Rücksicht zu nehmen.

OSTEN/SÜDEN/MITTE *für Teenager*

Die Pubertät naht, und auch diese Signatur geht ihre eigenen Wege im Umgang mit der Achterbahn der Teenagergefühle. Wenn kein Norden vorhanden ist, kann sich die Wirkung dieser naturgegebenen Phase noch verstärken. Ohne Norden zweifelt man manchmal daran, etwas neu Begonnenes bis zum Ende durchhalten zu können. Wobei nicht das Durchhalten selbst zum Problem wird, sondern die Entscheidung zu Beginn. Dabei wäre es furchtbar traurig, wunderbare Fähigkeiten brachliegen zu lassen, nur weil der Start zu schwierig erscheint. »Auch die längste Reise beginnt mit einem einzigen Schritt« – ein altes Sprichwort, das dieser Signatur in vielen Situationen weiterhelfen könnte. Trotzdem: Lange Studienzeiten gehören nicht zu ihren Leidenschaften, aber wenn von Anfang an der Sinn dahinter erkennbar ist, halten sie durch. Quälen Sie Ihren Jugendlichen nicht mit Dingen, die er ganz und gar nicht mag. Sie beißen sich die Zähne aus, und Ihr Teenager besitzt genügend weitere Talente. Er ist menschenfreundlich, geduldig, ausgeglichen, musikalisch, naturverbunden und schöpferisch begabt. Mit seiner charismatischen Ausstrahlung und seinem Temperament ist er überall beliebt. Er geht den Dingen auf den Grund, ist nicht oberflächlich und ist überall als zuverlässig bekannt. Wenn seine Natur allerdings von unserer materialistischen Welt übergangen wird, besteht die Gefahr, dass er in eine aggressive Haltung rutscht. Negative Energien entwickeln sich meist dann, wenn die eigenen Begabungen unterdrückt werden. Es ist nicht leicht, aus einer akademisch geprägten Familie auszubrechen und einen sozialen Beruf zu ergreifen, der viel Arbeit und wenig Geld bringt. Bedenken Sie aber, wie wichtig es ist, mit der eigenen Wahl glücklich zu werden. Kaum irgendwo anders passt der Spruch vom Geld, das allein nicht glücklich macht, so gut wie hier. Entwicklungshelfer, Einsatzkräfte, Katastrophenhelfer, Hilfsschwestern ... Sie alle würde es nicht geben, wenn es nicht Menschen gäbe, die ihre Arbeit mit Liebe machen, nicht des Geldes wegen.

Johanna erzählt:

Als im Jahr 2002 Österreich und Deutschland unter einer Hochwasserkatastrophe zu leiden hatten, mussten wir alle zusammenhelfen. Unsere Kinder spielten gerade mit Brettern Bootfahren auf der Straße, als ich einen vorübergehend arbeitslosen Bekannten anrief. Ich wollte ihn bitten, uns zu helfen, weil uns einfach die Kraft ausging. Thomas meinte, ob ich ihn wirklich fragen wollte (bei den Zahlen im Geburtsdatum?). Mein Optimismus ist manchmal grenzenlos, und so hoffte ich auf ein erfreuliches Gespräch. Die Antwort unseres Bekannten am Telefon war eine Frage: »Was bekomme ich pro Stunde?«

Eine solche Antwort würde ein Mensch mit dieser Signatur niemals geben. Er hätte geholfen und wahrscheinlich sogar, ohne dass ein Telefonat nötig gewesen wäre. Unser Bekannter ist heute noch arbeitslos – die Signatur Nr. 21 neigt da eher zum anderen Extrem, nämlich zur Selbstverausgabung. Den Mittelweg zu finden ist ebenfalls eine Aufgabe, die nicht unterschätzt werden sollte. Jugendliche sind mit den zahlreichen Gefühlswallungen oft hoffnungslos überfordert. Nein sagen ist tatsächlich eine besondere Kunst, denn es ist ein Unterschied, ob man Nein sagt, weil zum Beispiel zu wenig Profit zu erwarten ist, oder ob es kein Nein gibt, gleichgültig wie die Umstände aussehen. Letzteres zehrt an Körper und Seele und macht auf Dauer krank. Wenn dagegen Fähigkeiten und Talente genützt werden, wirkt sich das aufs ganze Leben positiv aus. Fehlende Himmelsrichtungen sollten ausgeglichen werden, und wenn das nur mit Farben geschieht. Einem Teenager muss man nur selten sagen, dass er mehr Schwarz tragen soll, um seinen Norden zu ergänzen. Weiß wäre immer gut, wenn es um schulische Dinge geht. Bei den nächsten Tests und Prüfungen einfach Schwarz und Weiß kombiniert tragen. Den Unterschied kann man spüren! Es ist wie ein unsichtbarer Schutzmantel. Die Farben unterstützen die inneren Kräfte und geben mehr Sicherheit.

Bei einer Signatur mit drei besetzten Himmelsrichtungen weist immer mindestens eine davon zwei oder mehr Zahlen auf. Die dort versammelten Talente sollten unbedingt bei der Berufswahl Berücksichtigung finden. Die Jahreszahl am Ende des Geburtsdatums muss allerdings ebenfalls »mitmischen« dürfen. Allein in diesen beiden Elementen lässt sich eine gute Richtung entdecken. Musikalische Fähigkeiten, kombiniert mit Temperament und Charisma, das ist schon die halbe Musikerkarriere. Ein Sänger oder Musiker mit Ausstrahlung wirkt einfach ganz anders. Wir kennen das alle, es gibt Musiker, die sind einfach grandios, und selbst wenn sie schon den Fuß auf die Bühne setzen, leuchtet alles auf. Dabei müssen sie nicht einmal nach geltenden Standards besonders gut aussehen. Möge dieser Teenager uns alle zum Leuchten bringen!

OSTEN/SÜDEN/MITTE *für Erwachsene*

»Frechheit siegt« – ein Spruch, der leider allzu oft Wahrheit wird. Opfer solcher Unarten sind nicht selten Menschen wie Sie, die ausgenützt oder übergangen werden. Lassen Sie das ab jetzt nicht mehr zu! Ihre Zahlen im Süden (❼ und/oder ❷) können Ihnen dabei helfen und dafür sorgen, dass das aufhört. Stellen Sie sich auf die Füße und sagen Sie laut und deutlich Nein! Sie glauben »das geht nicht, weil ...«? Vielleicht scheuen Sie die Reaktion? Wenn ein Mensch immer alles richtig machen möchte, versteckt sich dahinter meist nur der Wunsch nach allseitiger Harmonie und die Angst vor Konflikten. Der Preis ist aber immer viel zu hoch, denn erstens gelingt die Perfektion niemals, und zweitens und viel wichtiger: Es ist Ihr Leben, das Sie leben sollen, es ist Ihre Verantwortung, die Sie übernehmen müssen. Gerade Erwachsene wähnen sich oft in Situationen festgefahren, die angeblich nicht mehr zu ändern sind. Falsch! In Sekunden kann sich alles ändern, wenn Sie Ihr Denken ändern. Festgefahrene Situationen sind festgefahrene Denkweisen. »Wenn das Haus brennt, fliegt der Zahnschmerz zum Fenster raus«, sagt ein Sprichwort.

Die Kunst ist es, die Dinge in die richtige Perspektive zu setzen. Wenn Sie Talente haben, wenn Sie Wünsche haben, die Sie nicht leben, dann ändern Sie das. Ihr Leben wird viel erfüllter sein. Schulungen, Wohnungswechsel, Kurse und so weiter werden anfangs vielleicht erforderlich sein. Nur Mut! Es ist immer wieder traurig, wenn ein Mensch zulässt, dass seine Talente langsam verschüttet werden. Manchmal helfen schon winzige Anstöße, damit man wieder aufwacht. Das Gefühl »Irgendwie habe ich es schon immer gespürt« wird geweckt – und dann kann es losgehen. Wenn die Angst erst einmal nachlässt, tritt eine sprudelnde Quelle von Ideen an ihre Stelle!

In »trockene« bürokratische Berufe sollten Sie sich nicht lebenslang einsperren lassen, weil Ihre Talente sonst verschwendet sind. Menschen, Zaubern, Unterhaltung, Musik, Tanz – das macht Sie munter. Eine Party ohne Sie ist nicht die gleiche wie mit Ihnen. Die Fähigkeit, einen ganzen Saal zu begeistern, hat nicht jeder! Viele Menschen unterliegen dem verbreiteten Trugschluss, dass mit dem Erwachsenwerden »Schluss ist mit lustig«! Nicht bei dieser Signatur. Das Tolle an ihr ist, dass auch ernsthafte Berufe wie Arzt oder Heiler ausgeübt werden können und sie dennoch alles unter einen Hut bringt. Wenn man zum Arzt geht und sich dort verstanden fühlt, dann hat in dieser Sekunde die Heilung schon begonnen. Nichts Schlimmeres als ein Arzt, der Überheblichkeit ausstrahlt und damit den Patienten im Stich lässt. Deshalb sind Ärzte mit Osten, Süden und Mitte ein solch großer Schatz.

Manchmal kommt es vor, dass sich jemand in der Beschreibung seiner Zahlen nicht wiedererkennt. Das ist besonders dann der Fall, wenn er oder sie von Kindheit an in eine wesensfremde Richtung gedrängt wurde. Nicht immer muss sich das negativ auswirken, denn viele Menschen suchen gezielt Berufe in fehlenden Himmelsrichtungen, um diese Lücken zu füllen. Später kommt es darauf an, ob man sich damit begnügt. Wenn Sie tief drinnen das Gefühl haben, dass in Ihrem Leben noch etwas »Gravierendes« fehlt, dann achten Sie auf solche Zusammenhänge.

Affirmationen für die Signatur Nr. 21

Meine kreativen Ideen lebe ich voll aus.

Für mich ist Musik wie Medizin.

Auf allen Wegen begleitet mich innerer Frieden.

Mit meiner natürlichen, hilfsbereiten Art kann ich vielen Menschen den Tag verschönern.

Ich kann musikalische Begabung mit heilerischen Fähigkeiten verbinden.

Um finanzielle Dinge kann sich auch ein anderer kümmern, aber ich behalte den genauen Überblick.

Damit in meinem Leben alles schön rund läuft, halte ich Kontakt zu Menschen mit Norden im Zahlenrad.

Sanftmut, Heiterkeit und Lebenslust begleiten mich im Alltag.

Lesen Sie die Abschnitte zu Ihren einzelnen Himmelsrichtungen ab Seite 23 nochmals einzeln genau durch und erforschen Sie dabei Ihre Gefühle. Sicher finden Sie dann heraus, was Ihnen helfen würde, einen anderen Weg einzuschlagen. Es sollte sich aber auch niemand verpflichtet fühlen, etwas zu ändern, nur weil nicht alle Begabungen ausgelebt sind, solange er sich wohl fühlt. Wer kann das schon – alle Fähigkeiten ausleben? Die Fähigkeit zum Umgang mit Menschen ist Ihnen in die Wiege gelegt, während das Hantieren mit technisch-mechanischen Dingen nicht so sehr Ihr Fall ist. Lassen Sie ruhig einen Handwerker kommen, wenn es nötig ist, und nehmen Sie sich Zeit für die ureigenen Belange. Nicht jeder muss alles können, und »Leben und leben lassen« ist ein wichtiges Grundprinzip. Hauptsache, die Dinge laufen rund. Wenn Sie beispielsweise einen Beruf ausüben, wo ein Manager nötig wird, zögern Sie nicht, ihn auch für sich zu engagieren. Ihre Talente liegen auf anderen Gebieten. Halten Sie sich nicht mit Organisationsarbeiten auf, sondern schreiben Sie lieber einen neuen Song für die Hitparade. Oder als Schauspieler: Da sollten Sie frei sein für Ihr Können. Gute Verträge aushandeln, das können andere für Sie tun. Achten Sie nur darauf, von Ihren Helfern nicht hinters Licht geführt zu werden. Ihr Berater sollte unter allen Umständen einen Westen (❾ und/oder ❹) im Geburtsdatum aufweisen, am besten eine ❾. Diese Menschen haben nicht nur einen Draht zu Zahlen, sie blühen mit ihnen regelrecht auf. Das Tiroler Zahlenrad funktioniert am besten, wenn sich in einer Gruppe, in einem Team alle Zahlen finden: Ihre Mitarbeiter, Kollegen, Freunde, Berater sollten den Westen (❾ und/oder ❹) fürs Finanzielle aufweisen und den Norden (❻ und/oder ❶) für den Schritt in die Öffentlichkeit und für das Neue, die Innovation. Wenn Sie sich als Allroundtalent sehen, unterstützen Sie sich dennoch selbst mit den Farben Weiß, Schwarz und Blau. Weiß hilft Ihnen in allen geschäftlichen Dingen und Schwarz und/oder Blau bei Neuem aller Art. Weil es hier eine große Chance auf eine Null in der Mitte gibt, sind eventuell sogar alle Talente vorhanden. Übernehmen Sie sich dann nicht und bleiben Sie gelassen!

OSTEN/SÜDEN/MITTE *für Senioren*

Dürfen wir raten? Wahrscheinlich haben Sie gar nicht bemerkt, dass Sie sich dem Rentenalter nähern oder es vielleicht schon erreicht haben. Aktive Menschen altern viel langsamer und haben immer etwas zu tun. Die berüchtigten »Abnützungserscheinungen« befallen ja nur Menschen, die wenig bis nichts tun. Wer rastet, der rostet – und wer sich und seine Talente nützt, der nützt sich nicht ab. Sie haben Talent für Bewegung, Tanz und Sport und sind bei allen Menschen gern gesehen. Das Altern überlassen Sie gern anderen. Natürlich sieht ein Bewegungstalent anders aus als eine Couchkartoffel. Das Herumhängen prägt nicht nur die Körperhaltung, sondern auch den Charakter. Das ewige Gejammere, wie schlecht die Welt heute ist, ging Ihnen wahrscheinlich schon in jungen Jahren auf die Nerven. Gerade ältere Menschen müssten endlich wissen, dass sich noch kein Mensch zum Erfolg oder gesund gejammert hat. Bleiben Sie also bitte Ihrem inneren Wesen treu und leben Sie auch jetzt Ihre wertvollen Begabungen.
Manchmal erlebt man ein Tief, entweder gesundheitlich oder weil es einem guten Freund schlecht geht oder weil ein lieber Mensch gestorben ist. Ab und zu braucht es länger, bis man sich wieder erholt. In solchen Zeiten ist es wichtig, sich wieder auf das Wesentliche im Leben zu besinnen. Mithilfe von Meditation und durch gesunde, biologische Ernährung lässt sich vieles zum Guten wenden. Ältere Menschen sollten nicht den Fehler machen, für sich allein nicht mehr gut zu kochen. Das schwächt Körper, Geist und Seele. Die Seele deshalb, weil sich darin nicht nur Bequemlichkeit äußert, sondern auch ein Mangel an Selbstachtung.
Die Gesprächsbereitschaft, Freundlichkeit und Hilfsbereitschaft dieser Signatur macht es einfach, mit ihr zusammenzuarbeiten. Dabei ist nicht nur die Arbeit während der Berufszeit gemeint, sondern viele Jahre darüber hinaus. Ehrenamtliche Vereine, Kurse, Theatergruppen, Singkreise und so weiter wären aufgeschmissen ohne Menschen wie Sie.

Die heutige Gesellschaft in allen Schichten hat vielfach versäumt, auf die Bedingungen der Moderne zu reagieren. Auf Großfamilien, die vieles aufgefangen haben, muss heute fast überall verzichtet werden – mit allen negativen Konsequenzen. Selbstverständlich hatte der Großverband aller Generationen unter einem Dach nicht nur Vorteile, doch sie überwogen bei Weitem. Heute ist das aus verschiedenen Gründen nicht mehr machbar, aber wir brauchen dringend Ersatz! Wenn Kinder heute krank werden, bekommen sie sofort Symptomkiller, also Medikamente, weil sich kaum noch jemand leisten kann, bei seinem kranken Kind zu Hause zu bleiben. Jemand hat mehr als zwei Kinder? Das gilt in manchen Kreisen schon fast als asozial, und viele wissen nicht mehr, wo sie ein krankes Kind unterbringen können. Zahllose Lebenslagen erfordern tatsächlich, dass beide Elternteile Geld verdienen müssen.

Ältere Menschen mit viel Einfühlungsvermögen wie Sie könnten da einspringen. Die Organisation dafür einzurichten ist vielleicht nicht Ihre Sache, aber mitmachen, dafür wären Sie umso besser geeignet. Was spricht dagegen, solche Formen der Nachbarschaftshilfe zu gründen? Warum werden wertvolle, erfahrene Menschen nicht mehr eingesetzt? Wann kommt endlich jemand auf die Idee, hier eine Selbsthilfegruppe zu gründen?

Bei allen möglichen Problemen wurden schon solche Gruppen ins Leben gerufen, und plötzlich gibt es einen neuen Berufszweig. Die Gesellschaft hat da viel nachzuholen und sollte sich diesbezüglich auf den Weg machen, statt immer nur über »Haftungsprobleme« nachzudenken.

Leider ist es mit dem allgemeinen Erziehungsniveau nicht sehr weit her, und deshalb schrecken ältere Menschen manchmal zu Recht davor zurück, die kleinen Energiebündel zu betreuen. Obwohl fast immer nur die falsche Ernährung Nervensägen erzeugt, wissen sich Eltern selten wirklich zu helfen. »Wie soll es dann ein anderer Mensch schaffen?«, fragen sie sich. Aber ein neuer Mensch bringt neue Impulse in das Leben einer Familie – oft Impulse hin zum Besseren. Außerdem würde ein Minimum an Aufklärung über die echten Zusammenhänge sehr oft genügen, um zu gesunden Verhältnissen zurückzukehren. Wir haben beispielsweise schon hunderte Male erlebt, wie sich alles wieder zum Guten fügt, wenn man nur auf den Ernährungstyp achtet. Es wäre mühelos machbar. Haben Sie den Mut, eine entsprechende Selbsthilfegruppe zu gründen! Wir versprechen Ihnen, dass wir alles tun werden, Ihnen zu helfen – beispielsweise indem wir den Ernährungstyp aller Kinder und Eltern ermitteln (siehe unser Buch »Alles erlaubt!«, Seite 397, und unsere Website, Seite 396). Niemand muss dann mehr vor sich hin kränkeln, am Zappelphilippsyndrom oder an Allergien leiden. Für das Organisieren suchen Sie sich Partner mit Westen (❾ und/oder ❹) und zum Veröffentlichen Menschen mit Norden (❻ und/oder ❶), damit Sie nicht alles allein machen müssen. Einige Familien können dann in Ruhe ihrer Arbeit nachgehen und ihre Sprösslinge am Nachmittag abholen – gut versorgt mit der richtigen Ernährung. Wenn Sie mit mehreren Personen zusammenarbeiten, haben Sie auch nicht so viel Verantwortung zu tragen. Statt eines Altenheims gäbe es dann ein »gemischtes Heim«, wo Jung und Alt (und Junggebliebene) tagsüber unter einem Dach leben, mit einem Familiengefühl, das sie bisher vermissen mussten. Im heutigen System der Krankenversicherung und der Pensionskasse steht ohnehin alles auf wackligen Beinen. Betrachten Sie bei der Zusammenstellung Ihres Teams ruhig die Zahlen der Helfer, damit ein wirklich gutes Team daraus wird. Vielleicht haben Sie im Bekanntenkreis ähnlich denkende Menschen? Schon würde sich die Tür öffnen und vielen wäre gedient. Zu wenig Mut? Ziehen Sie weiße und schwarze Kleidung an und starten Sie durch!

Signatur Nr. 22

Süden/Westen/Mitte

*Guten Dingen den Start erleichtern –
mit Hingabe und Gefühl für den richtigen Zeitpunkt*

DIE ZAHLEN: 7 und/oder 2, 9 und/oder 4, 0 und/oder 5
vorhandene Farben: Rot, Weiß und Gelb/fehlende Farben: Blau und Grün

+ positive Eigenschaften

- handwerklich begabt
- unabhängig
- charismatisch
- leidenschaftlich
- neugierig
- schöpferisch
- großzügig
- naturverbunden
- selbstlos
- ausgeglichen
- hilfsbereit
- erfolgsorientiert
- scharfsinnig
- durchsetzungsstark
- ehrgeizig

SÜDEN/WESTEN/MITTE *für Babys und Kleinkinder*

Neugierig, spirituell und scharfsinnig kam Ihr Baby schon zur Welt. Seine sympathische Ausstrahlung macht viele schlaflose Nächte wett. Es sind sicherlich nicht weniger als bei anderen Kindern, aber sie werden nicht als so elend lang empfunden. Ihr Baby ist nämlich unterhaltsam, und obwohl es noch nicht sprechen kann, zieht es alle in seinen Bann. An diese gegenseitigen Stunden der »Unterhaltung« gewöhnt sich Ihr Kind schnell, und wenn die Eltern dann doch einmal erschöpft sind, versteht es die Welt nicht mehr. »Dabei hatten wir es doch immer so lustig!« – das steht dann in seinen Augen geschrieben. Eine gewisse Routine sollte man schon früh einführen, sonst wandelt sich das Kind zur »Ein-Mann-Show«, und die braucht ihr Publikum. Bei besonders niedlichen Babys übersieht man natürlich die Grenzen besonders leicht.

Bei sehr vielen Eltern lässt sich beobachten, dass sie pausenlos auf das Baby einreden, unabhängig von der Signatur, fast wie in einer Art Selbstgespräch. Später muss das Kind dann natürlich viel unterhalten werden, weil es (noch) nicht gelernt hat, mit sich selbst etwas anzufangen. Auch wenn das Kind schon zehn Jahre alt ist, hört man den ganzen Tag nur das Wort »Mami!«. Die Mutter bemerkt den Zusammenhang natürlich nicht und ist der Meinung, tatsächlich Tag und Nacht parat stehen zu müssen. Das ist selbstverständlich unmöglich, und so werden unbewusst Lücken gesucht – die Mutter stellt sich taub. Beim Kind löst das den gewohnten Reflex aus, nämlich »Mami! Mami!« – wenn es sein muss, auch zwanzigmal hintereinander. Den ganzen Tag über werden Dinge gefragt, ohne auch nur einmal die Antwort richtig zu registrieren und wenigstens etwas dazuzulernen. Für Mitbewohner, Freunde, Verwandte, Geschwister, Partner ist das furchtbar lästig. Eltern tun gut daran, dafür zu sorgen, dass Aufmerksamkeit sich nicht in eine Droge verwandelt – das gilt natürlich nicht nur für diese Signatur, sondern für alle Kinder, nur ist hier die Veranlagung für ein solches Verhalten besonders gegeben.

Sie haben es hier mit einem klugen, scharfsinnigen Kind zu tun, das respektvoll und nicht kindisch behandelt werden will. Omas, die auf Besuch sind und vor Liebe das Kind fast erdrücken, lösen keine Begeisterung aus. Wenn die Oma lustig und lebensfroh ist, wird sie dagegen enthusiastisch empfangen. Ihr Kind möchte sich alles erobern und scheut keine handwerklichen Tätigkeiten. Schon beim kleinen Baby kann man erkennen, dass die Händchen eine besondere Dynamik besitzen. Greif- und Tastspiele erfasst es in Windeseile. Schnell werden sie deshalb uninteressant und verstauben in der Ecke. Es braucht wieder etwas Neues. »Etwas Neues« – diese beiden Worte begleiten wahrscheinlich das Kind ein Leben lang. Irgendwie nützt sich bei ihm alles schnell ab, man kann gar nicht genau sagen, wie und warum. Es sei schnell angemerkt, dass dieses Kind auch wirklich daraus lernt. Es gehört nicht zu den Nörglern, die ständig »etwas Neues« brauchen, weil sie nie zufrieden sind. Dieses Kind arbeitet mit dem Neuen, lernt dazu, und hat echte Freude daran. Deshalb machen Mitbringsel meist großen Spaß. Die handwerklichen Fähigkeiten sollten beim Kauf von Geschenken bedacht werden. Dinge zum Zusammenbauen machen mehr Freude als ein Stofftier. Ratespiele mag dieses Kind meist nicht so gern; Kinder, die davon nicht genug bekommen können, haben meist viel Norden (❻ und/oder ❶) im Geburtsdatum. Der fehlende Norden hat hier oft zur Folge, dass sich das Kind länger im Kindergarten wohl fühlt als andere und nicht schon mit vier Jahren am liebsten in die Schule gehen würde. Das hat Zeit. Wenn es erst in der Schule ist, hat es keine Lernschwierigkeiten, es ist jedoch kein Streber. Was es wissen will, wird mühelos aufgenommen. Wenn es etwas nicht wissen will, kann es so manchen Lehrer und auch die Eltern zur Verzweiflung bringen, es ihm beibringen zu wollen. Achten Sie deshalb früh genug auf die Begabungen und Vorlieben Ihres Kindes und seien Sie zwischendurch notfalls auch einmal streng, wenn es um notwendige Lernschritte geht. Später kann Ihr Kind diese Lücken nicht mehr so leicht füllen. Manchmal müssen einfach Eltern klüger sein und Durststrecken überwinden helfen.

Der fehlende Osten wird wahrscheinlich nicht so stark vermisst, weil die Mitte besetzt ist. Findet sich dort eine Null, wird auch der Norden nicht so sehr als Lücke empfunden. Dennoch sollten alle fehlenden Himmelsrichtungen ein Leben lang mit den entsprechenden Farben unterstützt und ausgeglichen werden. Hier wären dies Schwarz, Blau und Grün. Bei Lernschwierigkeiten hilft eine blaue Schreibunterlage oder Tischdecke, sich besser zu konzentrieren. Auch in der Natur draußen könnte Ihr Kind gut lernen. Ideal wäre eine überdachte Terrasse, die vom zeitigen Frühjahr bis zum Herbst benützt werden kann. Ein kleiner Springbrunnen im Kinderzimmer hilft ebenfalls. Er sollte vor dem arbeitenden Kind aufgestellt werden, nicht irgendwo in einer Ecke oder im Rücken. Wenn das Kinderzimmer im Osten oder Norden liegt, fühlt sich Ihr Kind wohler. Im Süden würde es unruhig werden, wenn nicht sogar fiebrig. Ein Westzimmer würde auf längere Sicht eher destruktive Kräfte fördern.

SÜDEN/WESTEN/MITTE *für Teenager*

Viele Wünsche kommen jetzt auf die Eltern zu. Die technische, mechanische und schöpferische Begabung bricht sich Bahn. Sein Temperament lässt ihn zudem nicht zur Ruhe kommen. Abwechselnd reagiert er sogar völlig wider seine Natur. Das passiert jedem Jugendlichen ab und zu, aber hier mit solcher Bestimmtheit, dass man glauben könnte, er meine es ernst. Aber auch diese Phase vergeht, und es wäre ja schade, wenn er den falschen Beruf erlernt. Fingerspitzengefühl ist also gefragt.

Sich in der Jugend auszuleben ist bei dieser Signatur sehr gefragt. Niemand sollte unterdrückt werden, aber ab und zu werden Sie hier die Bremse ziehen müssen. Außergewöhnliche Ideen allerdings sollten Sie nicht ignorieren. Sprechen Sie viel mit Ihrem Teenager. Wenn Sie den Norden (❻ und/oder ❶) und/oder Osten (❽ und/oder ❸) stark besetzt haben, wird das nicht ganz einfach sein. Er hat vielleicht Großes vor, nur nicht immer in einer Richtung, die sogleich Ihr Verständnis findet.

Johanna erzählt:

Eine Mutter bedankte sich bei uns, weil ihr Sohn aufgrund des Zahlenrads seinem Traum folgte und heute ein glücklicher Familienvater ist. Sein Wunsch, Techniker zu werden, war vom Vater nicht geduldet worden, er hatte ein Jurastudium beginnen müssen, um einmal die väterliche Kanzlei zu übernehmen. Seine Ausstiegsgedanken wurden vom Vater mit Drohungen beantwortet. Was der Vater unter großen Opfern aufgebaut habe, dürfe er nicht gefährden. Erst eine Unterhaltung unter vier Augen mit dem Vater brachte die Wendung zum Guten. Ich fragte den strebsamen Mann, was er wohl gefühlt hätte, wenn er als junger Mann eine Gärtnerei hätte übernehmen müssen. »Das ist ja wohl etwas anderes, denn dazu habe ich gar kein Talent!« Wie konnte er dann sicher sein, dass der Sohn das Talent zum Anwalt habe? Der konnte ja nicht einmal sich selbst in eigener Sache gegenüber dem Vater vertreten! Eine Kanzlei vom Vater zu übernehmen ist sicher ein großes Plus, aber auf Dauer können sich nur wirklich gute Anwälte behaupten. »Wollen Sie zuschauen, wie Ihr Sohn unter ständigem Erfolgsdruck leidet und trotzdem den Karren in den Graben fährt? Der Strom der Klienten versiegt langsam, wenn Ihr Sohn nicht mit ganzem Herzen dahintersteht.« Der Vater hatte sich einfach in seinen Traum verrannt, gerade weil der Sohn so viele Talente hatte. Nach ausführlichen Gesprächen wurde ihm klar, dass man zwar ein Kind zwingen kann, bestimmte Dinge zu lernen, aber man kann es nicht zwingen, darin auch Erfolg zu haben. Sein Stolz war es letztlich auch, der ihm beim Nachgeben half, denn er wollte den Sohn nicht als Verlierer dastehen sehen. Mit ein wenig Bauchweh, aber auch Verständnis lenkte der Vater ein und erlaubte einen Studienabbruch.

Wenn wir etwas gut meinen, ist es eben oft noch lange nicht wirklich gut genug. Falsche Berufsentscheidungen, oft um den Wünschen und Träumen der Eltern zu folgen, verbauen uns manchmal alle Wege zu einem glücklichen Leben. Es ist eine große seelische Belastung für ein Kind, einen

Berufsweg zu wählen, der von den Eltern nicht akzeptiert wird, ebenso wie es verheerend sein kann, einen Beruf zu ergreifen, den die Eltern ausgesucht haben. Lassen Sie es bitte nicht so weit kommen, Ihren Teenager mit seinem Beruf unglücklich werden zu lassen. Achten Sie auf seine Zahlen und betrachten Sie die eigenen, und schon können Sie alle Wünsche und Ängste verstehen. Diese Signatur zum Beispiel hat endlos viele Talente, und es ist sicher etwas Schönes dabei, das alle Beteiligten zufriedenstellt. Lesen Sie noch einmal die einzelnen Himmelsrichtungen ab Seite 18, damit Sie sich aus allem das Beste holen können. Manchmal sind Talente auch vergraben und müssen neu belebt werden. Aber selbst für eine solche Wiederbelebung sind alle Fähigkeiten vorhanden.

SÜDEN/WESTEN/MITTE *für Erwachsene*

Das Dreigespann Süden-Westen-Mitte lässt bei dieser Signatur kaum Wünsche offen. Alles, was sich Menschen erträumen, ist hier möglich. Sehnsüchte gibt es im Leben viele, diese Signatur erfüllt sie sich. Sollten Sie nicht zu den Glücklichen gehören, denken Sie darüber nach, was schiefgelaufen ist. Vielleicht hat man Ihnen in Jugendjahren zu wenig zugetraut? Oder Sie hatten das Pech, den falschen Beruf ergreifen zu müssen. Ändern Sie das sofort, zumindest unternehmen Sie die ersten Schritte! Es mag schon spät sein, aber nicht zu spät. So viel Zeit liegt noch vor Ihnen, die Sie ab jetzt besser nützen sollten. Ihre Talente – Scharfsinnigkeit, Geschäftstüchtigkeit, Geduld, Kreativität, Temperament – reichen locker aus, um neu anzufangen. Den ersten Schritt müssen Sie aber selbst machen. Mag sein, dass andere für Ihre Umwege verantwortlich waren, aber ab jetzt sind Sie es selbst, wenn Sie nichts ändern.
Wer sich selbstständig machen möchte, braucht den Westen (❾ und/oder ❹). Wer selbstständig bleiben möchte, profitiert vom Norden (❻ und/oder ❶). Der Norden fehlt hier, und es wäre fein, wenn ein Mitarbeiter, Kollege, Partner da ist, der diese Energien ausgleicht. Um am Ball zu blei-

ben, genügt Geschäftssinn allein nicht. Weitblick, Sensibilität und visionäre Ideen des Nordens könnten Sie tatkräftig auf Ihrem Weg unterstützen. Manchmal fehlt eben nur eine Kleinigkeit zum Erfolg!

Die Lücke im Osten (❽ und/oder ❸) ist vielleicht für das manchmal fehlende Feingefühl verantwortlich. Nicht, dass Sie zu wenig Gefühle hätten. Nein, nur der Umgang mit ihnen ist anders. Was andere Menschen normal finden, ist in Ihren Augen manchmal Gefühlsduselei. Was aber echte Gefühle sind, das empfindet jeder Mensch anders: »Jeder Topf hat seinen Deckel«! Dabei geht es nicht immer nur um Partnerschaft und Ehe. Auch in Geschäftsbeziehungen muss man sich täglich ergänzen können, damit die Sache rund läuft. Eine Assistentin ist nicht nur deshalb Assistentin, weil sie es gelernt hat, sondern weil sie schon im Voraus weiß, was ihr Chef braucht. Sie hat Qualitäten, die der Chef braucht, aber trotzdem nicht »automatisch« das Zeug zum Chef. Immer wieder gehen Menschen in Konkurs, weil sie als gute Arbeiter den Schritt in die Selbstständigkeit gewagt haben. Ein guter Arbeiter allerdings ist das eine, ein guter Chef das andere. Denn unter anderem wird der Spruch wahr: »Bist du selbstständig, arbeitest du selbst und ständig.«

Besorgen Sie sich gute Mitarbeiter und rechnen Sie damit, dass einige Jahre Durststrecke vor Ihnen liegen. Wenn das die finanzielle Lage nicht zulässt, wird es hart. Aber nicht jede Form der Selbstständigkeit ist gleich schwierig. Besonders Frauen haben oft die besten Ideen, weil sie näher am Alltag dran sind. Tausend Kleinigkeiten könnten verbessert werden, aber weil zu oft Männer das Sagen haben und Frauen übergangen werden, tut sich nicht wirklich etwas. Denken Sie nur mal an die moderne Waschmaschine: Eine Heerschar von Ingenieuren zerbricht sich die Köpfe, wie sie das Teil noch raffinierter bauen können, wie viele Sensoren noch Platz haben und so weiter.

Am Ende kann sie doch nur waschen, und das längst nicht so gut, wie Frauen sich das wünschen. Warum? Weil die Maschine alles berücksichtigt, nur nicht den Alltag. Was brauchen Menschen, die Wäsche waschen wol-

Affirmationen für die Signatur Nr. 22

Mit Scharfsinn und Leidenschaft lässt sich viel erreichen.

Ich freue mich jeden Tag über das Geschick meiner Hände.

Zu meinem Alltag gehört es, immer wieder Gleichgewicht und Ausgleich zu finden.

Es gelingt mir, mein schöpferisches Denken in die Tat umzusetzen.

Meditation hilft mir, immer wieder meine Mitte zu finden.

Um meine Ideen zu verwirklichen, lasse ich mich von Menschen mit Norden im Zahlenrad unterstützen.

Immer öfter gelingt es mir, im Umgang mit anderen Menschen geduldig zu sein.

Tag für Tag wächst meine Einsicht, dass es nicht nur eine Wahrheit gibt.

len? Sie brauchen »Warm«, »Heiß«, »Kalt« und »Wolle«, sie brauchen »Nur spülen«, manchmal »Nur einweichen« und eine regelbare Schleuderdrehzahl. Fertig. Komisch, das konnten die Maschinen schon vor 60 Jahren. Also wird an feinen Sensoren gearbeitet, die uns nicht mehr einfach nur schleudern lassen, weil der Sensor erst das Gewicht verteilen möchte. Geht aber nicht, weil wir ja nur drei Pullover schleudern wollen. Also dauert es 40 Minuten, bis der Sensor aufgibt und entweder ein bisschen oder gar nicht schleudert. Mal ehrlich, würden Männer die Maschine so konstruieren, wenn sie selbst für die ganze Familie waschen würden? Frauen mit dieser Signatur könnten die Welt verändern. Männer auch (aber vielleicht nicht gerade in der Waschmaschinenentwicklung).

SÜDEN/WESTEN/MITTE *für Senioren*

Wer eine Firma besitzt, hört meist nicht auf zu arbeiten, nur weil mal eben das Rentenalter erreicht ist. Das wäre bei dieser Signatur auch traurig. Überhaupt ist es traurig, dass viele kluge, erfahrene und weise Menschen so wenig eingesetzt werden. Vielleicht könnte man ja einen Kompromiss schließen: Die schweren Arbeiten für die Jüngeren und die beratenden für die Älteren? Trotzdem, alle haben es verdient, irgendwann in den Ruhestand zu gehen. Manche tun sich allerdings sehr schwer damit. Plötzlich hat ein anderer das Sagen in der Firma, oder plötzlich ist der Partner den ganzen Tag zu Hause. Das wäre ja kein Problem, aber dann sollte er auch zum Gelingen des Ganzen beitragen. Manche würden ja zu Hause mithelfen, aber sie machen es nicht »richtig«. Aber auch hier will alles gelernt sein! Menschen ohne Norden (❻ und/oder ❶) sind manchmal gar nicht begeistert, etwas Neues zu lernen. Wenn dann auch noch der Partner viel Norden hat, wird es problematisch. Jeder hat völlig andere Ansichten – aber jeder hatte zuvor sein Reich und konnte woanders ein Auge zudrücken. Kleinigkeiten können nun zur Weißglut bringen, weil sie irgendwann als Lieblosigkeit gesehen werden. Der Satz »Er (oder sie) meint es ja nicht so« hilft auf Dauer auch nicht weiter. Solche Reibereien lassen sich leicht beseitigen, wenn man die Zahlen des anderen betrachtet: Dann erkennt man sofort, warum er so denkt und fühlt und nicht anders. Lesen Sie die Talente, Vorlieben, Begabungen und Sehnsüchte Ihres Partners einzeln nach, und vor allem Ihre eigenen, und Sie können sofort verstehen, wie der andere tickt und warum. Die schönsten Jahre Ihres Lebens könnten Sie dann noch vor sich haben!

Gartenliebhaber freuen sich meist besonders auf den Ruhestand. Bei kaum einem anderen Hobby kann man sich so sehr entfalten. Leider ist die Arbeit oft beschwerlich, und Folgeschäden sind nicht selten, besonders dauernde Kreuzschmerzen. Gehen Sie als ersten Schritt zu einem Chiropraktiker und beginnen dann mit der Mondgymnastik – täglich eine Minute. Die Übungen für Bandscheibenprobleme dauern drei Minuten täglich, und Sie sind Ihre Kreuzschmerzen los. Besonders ältere Menschen profitieren davon und fühlen sich wieder jung. Bei allen Arbeiten im Garten achten Sie auf die Mondrhythmen, und sie gehen Ihnen leicht von der Hand. Der Erfolg wird Sie überraschen!

Die Himmelsrichtungen jeder Signatur bringen Talente und Begabungen mit sich. Werden diese nicht entfaltet und gelebt, kommt es auf die individuellen Ansichten und Einsichten an, wie weit sich negative Energien ausbreiten. Ein Beispiel: Der Süden (❼ und/oder ❷) bringt viel Temperament und Begeisterungsfähigkeit mit. Wird er aus irgendwelchen Gründen nicht gelebt, kommt es leicht zu Gereiztheit, Arroganz, Geiz und zum anderen Extrem, zur Langeweile. Viele Menschen ändern ihren Charakter aufgrund negativer Erfahrungen oder weil sie ihre wahren Gefühle, Wünsche und Bedürfnisse unterdrücken. Wenn Menschen in den Ruhestand gehen, sollten sie unbedingt ihre Chance neu nützen, egal ob Sie allein oder in einer Partnerschaft leben.

Signatur Nr. 23

Norden/Westen/Mitte

Mit langem Atem zum Erfolg aller Unternehmungen – unterstützt von der besonnenen Kraft der Mitte

DIE ZAHLEN: ❻ und/oder ❶, ❾ und/oder ❹, ⓿ und/oder ❺
vorhandene Farben: Blau, Weiß und Gelb/fehlende Farben: Grün und Rot

⊕ positive Eigenschaften

- aufnahmefähig
- tiefgründig
- visionär
- handwerklich begabt
- kreativ
- erfolgsorientiert
- scharfsinnig
- durchsetzungsstark
- ehrgeizig
- wissensdurstig
- großzügig
- naturverbunden
- ausgeglichen
- hilfsbereit
- mutig

NORDEN/WESTEN/MITTE *für Babys und Kleinkinder*

Dieses Baby könnte man leicht unterschätzen: Das kleine intelligente Wesen beobachtet mit Scharfsinn und kann abwarten. Es hat gern alles unter Kontrolle, und dazu ist genaue Beobachtung nötig. Wenn es aber »wach« geworden ist, möchte es auch zufriedengestellt werden. Wünsche und Bedürfnisse bringt es klar zum Ausdruck, notfalls mit Gebrüll. Das ist nicht immer einfach für Eltern, die noch keine Erfahrung haben. Am Anfang sind sie unsicher und springen bei jeder Gelegenheit auf. Später ist das Baby dann meist verwöhnt. Diese Signatur liebt das auch und kommt erst einmal gar nicht auf die Idee, dass es auch anders gehen könnte. So ist das mit intelligenten Kindern. Ein klarer, liebevoller Kurs wäre hier notwendig. Wenn das Baby noch sehr klein ist, machen Eltern (nicht nur die unerfahrenen) oft den Fehler zu glauben, dass das Kind vieles noch nicht versteht. Nichts könnte der Wahrheit ferner liegen. Ein Baby muss nur erst unsere Sprache lernen und sich so ausdrücken können, wie es das wünscht. Und irgendwie ist das auch gut so, denn wenn ein Baby diskutieren könnte – bei diesen Diskussionen würden wir alle den Kürzeren ziehen. Alle richtigen Gefühle, das echte Gespür, die Ahnungen, die Intuition, auch die Ängste, alles ist vorhanden, nur die Zuordnung fehlt noch. Deshalb haben Sie keine Chance, wenn Ihr Baby plötzlich etwas anderes will als noch eine Sekunde zuvor. Es richtet sich nach Gewohnheiten und Erfahrungen. Wenn ein Baby aus dem Bett geholt wird, wie soll es dann wissen, dass die Mutter todmüde ist oder dass es nicht das Recht hat, immer im Mittelpunkt zu stehen? Es weiß auch noch nicht, wann der Kalender Sonntag anzeigt. Routine mit viel Liebe, das mag Ihr Baby. Gehen Sie schrittweise vor, je nachdem, was gerade ansteht. Lassen Sie Ihr Kind richtig wach werden und gehen Sie erst nach einiger Zeit zum Bettchen, um es zu holen. Verlängern Sie diese Zeit nach und nach und Sie werden sehen, dass Ihr Kind viel zufriedener wird. Lassen Sie es nie richtig schreien, aber ein wenig Nörgeln ist erlaubt.

Auch die Essenszeiten liebt dieses Kind relativ pünktlich und immer möglichst mit dem gleichen Ritual verbunden. Wenn Sie noch stillen, dann achten Sie darauf, wie dem Kind bekommt, was Sie selbst essen. Unter Umständen müssen Sie Ihre Ernährungsgewohnheiten ein wenig umstellen. Das Baby holt sich von der Mutter alles, was es braucht. Wenn es einen bestimmten Mineralstoff braucht, den die Mutter nicht mit der Ernährung zu sich nimmt, holt ihn sich das Baby von der Mutter direkt. Mit der Zeit wird diese immer schwächer und kennt den Grund nicht. Das passiert sehr oft, wenn Mutter und Kind verschiedenen Ernährungstypen angehören (siehe unser Buch »Alles erlaubt!«, Seite 397). Ist die Stillzeit beendet, erholt sich die Mutter zwar wieder, aber dem Kind geht es nicht so gut, weil es nur noch bekommt, was gefüttert wird. Es fühlt sich nicht mehr so wohl und hat oft Bauchweh. Omega-Kinder zum Beispiel vertragen nur selten Karotten oder Äpfel, während ein Alpha-Kind keine Tomaten oder Bananen verträgt. Also ist fast täglich mit Blähungen und/oder einem wunden Windelbereich zu rechnen. Wie soll sich da ein Baby wohl fühlen? Umgekehrt richtet sich eine Mutter fast instinktiv nach den Bedürfnissen des Kindes und isst das Richtige. Sie hat den passenden Appetit und manchmal sogar Lust auf Dinge, die sie noch nie zuvor gegessen hat. Das beginnt schon in der Schwangerschaft. Leider denken manche: »In der Schwangerschaft kann ich alles essen, später kann ich ja wieder abnehmen!« Das funktioniert leider nicht so. Die Gelüste entstehen zu Recht, denn das ungeborene und später gestillte Baby nimmt sich, was es braucht, und die Mutter sollte darauf Rücksicht nehmen, sonst wird sie »ausgezehrt«. Nach dem Abstillen sollten Sie also sofort zurückkehren zum gewohnten Essen, sonst nehmen Sie zu.
Um ein zufriedenes Kind zu haben, müssen Sie es genau kennenlernen. Mit dieser Signatur ist ein Baby zu Ihnen gekommen, das genau weiß, was es will, aber anfangs natürlich Ihnen ausgeliefert ist. Warten Sie nicht, bis es durch Gebrüll auf sich aufmerksam machen muss, denn sonst wird Schreien zur Gewohnheit. Das raubt allen viel Energie.

NORDEN/WESTEN/MITTE *für Teenager*

Welcher Teenager ist pflegeleichter: Derjenige, der alle seine Wünsche direkt äußert, oder derjenige, der abwartet, bis Sie es merken? Und schon sind wir beim Kern der Sache, denn jeder Erwachsene antwortet hier anders. Warum? Weil jeder es anders empfindet. In der Kindheit und Jugendzeit kommt es eben nicht nur darauf an, wie jemand charakterlich gestrickt ist, sondern wer mit wem zu tun hat. Eltern, die ähnlich strukturiert sind wie der Jugendliche, werden ihn besser verstehen und gleichzeitig die eigenen Fehler der Jugend verhindern wollen. Mutter und Vater, die in ihrer Ausrichtung völlig anders sind als ihr Kind, können natürlich gewisse Dinge überhaupt nicht nachvollziehen, bekämpfen aber dafür nicht die gleichen Dinge. Viele Eltern sind froh (heimlich oder unbewusst), gewisse Fehler an ihrem Nachwuchs nicht zu entdecken beziehungsweise gewisse Anlagen nicht bekämpfen zu müssen. Wenn Sie also mit einer bestimmten Neigung Ihres Kindes gar nicht klarkommen, können Sie jetzt erkennen, warum? Dann heißt es, großzügiger zu werden, mit sich selbst und mit dem Jugendlichen. Das ist leichter, als Sie denken! Talente und Begabungen sollten niemals unterdrückt werden, nur weil sie der eigenen Natur fremd sind. Jeder Mensch hat andere Qualitäten und will sie auch leben. In vorgefertigte Schablonen gepresst zu werden, nur weil es momentan bequem erscheint, rächt sich auf allen Seiten.

Klug, wissensdurstig, ehrgeizig, scharfsinnig, handwerklich begabt und kreativ – damit ist Ihr Teenager ziemlich genau beschrieben. Zugegeben, diese Kombination kann anstrengend werden, aber nur, wenn Sie nicht weise lenkend eingreifen. Mit diesen Begabungen wird es nicht immer einfach für Sie sein und auch nicht für den Jugendlichen. Er kommt manchmal über längere Strecken innerlich gar nicht zur Ruhe. Er möchte so viel erleben, erforschen und entdecken, aber es bleibt irgendwie nie genug Zeit dafür. Manche Teenager resignieren dann und lassen sich gehen. Ganz schlimm kann es hier werden, wenn ein Zwang ausgeübt wird in eine Richtung, die sie gar nicht wollen. Das kann sogar »nur« ein Musikunterricht sein. Solche Forderungen – für andere eine Freude beziehungsweise eine »Kleinigkeit« – können den Jugendlichen absolut zur Verzweiflung treiben.

»Ich kann so viel, warum also soll ich lernen, wozu ich überhaupt keine Lust habe?« So ähnlich spielt sich's im Kopf Ihres Kindes ab. Wenn geschäftliche und technische Begabungen zusammentreffen, lässt sich oft beobachten, dass das Musische etwas zu kurz kommt. Nichts ist hier besser oder schlechter, außer es wird verlangt oder Zwang ausgeübt. Kinder mit einer ❾ im Geburtsdatum setzen sich viel besser durch. Sparen Sie sich deshalb die langen Kämpfe und üben Sie Einsicht und Nachsicht. Freuen Sie sich lieber, dass Ihr Schützling weiß, was er will, und unterstützen Sie seine Talente und Träume. Vielleicht lesen Sie noch einmal seine Himmelsrichtungen Norden, Westen und Mitte (ab Seite 20) durch, und alles wird verständlicher und klarer. Wenn ein Elternteil völlig andere Zahlen hat, etwa viel Süden mit ❼ und/oder ❷ und Osten mit ❽ und/oder ❸, kann das gegenseitige Verständnis durch das Tiroler Zahlenrad wachsen, und eine bessere Zeit bricht in der Familie an. Fast immer sind es nur Kleinigkeiten, die korrigiert werden müssen, damit alles rund läuft.

Ihr Jugendlicher hat keinen Süden (❼ und/oder ❷) in der Signatur und braucht deshalb manchmal mehr »Feuer«. Unterstützend wirkt hier die Farbe Rot im Alltag. Besonders bei Mädchen lässt sich da gut arbeiten. Jungen sollte ruhig mehr Mut zeigen und mehr Rot tragen. Vielleicht ist das erste Auto ein rotes? Auch die Farbe des Ostens, das Grün, fehlt hier und sollte ergänzt werden. Für Pflanzen ist nicht jeder Jugendliche so richtig zu begeistern, aber einen Versuch wäre es wert. Als Alternative käme auch viel Aufenthalt draußen im Grünen in Frage.

Bei dieser Signatur kann es trotz aller Talente geschehen, dass sich der Jugendliche vernachlässigt beziehungsweise zu wenig beachtet fühlt. Er braucht einfach viel Aufmerksamkeit und steht gern im Mittelpunkt.

Meist wird dieser Wunsch vom Freundeskreis erfüllt, aber wenn gerade (etwa ferienbedingt) Flaute herrscht, dann wollen sie Ausgleich. Für manche Eltern ist es dann überraschend, wenn ihr Kind plötzlich wieder mehr Aufmerksamkeit braucht beziehungsweise erregt. Am nächsten Tag sieht die Welt schon wieder anders aus. Solche Flausen kommen und gehen. Den Teenager ernst nehmen, auch wenn seine Ideen ständig wechseln, das wäre hier eine wichtige Aufgabe. So ist eben seine Natur, und er wird ganz bestimmt seinen Weg finden, trotz oder gerade wegen seiner Vielfalt an Möglichkeiten und Talenten.

NORDEN/WESTEN/MITTE *für Erwachsene*

Ein zufriedenes Leben führen, zufrieden in erster Linie mit sich selbst: Diese Notwendigkeit ist immer gegeben! Was aber genau echte Zufriedenheit bedeutet, da scheiden sich die Geister. Diese Signatur braucht auf jeden Fall auch materielle Dinge, um glücklich zu sein. Geld allein macht nicht glücklich, aber um »Geld allein« geht es ja auch gar nicht. Geld und Liebe und Erfolg im Leben – das schließt sich ja gegenseitig überhaupt nicht aus! Diese Signatur lässt sich nicht mit dem Spruch »Hauptsache gesund« abspeisen. Schon früh sagt einem hier der kluge Verstand, dass auch eine gesunde Ernährung Voraussetzung ist, um Erfolg zu haben. Bildung und Ausbildung in allen Himmelsrichtungen sind eine Selbstverständlichkeit für diese Menschen. Warum sollte da der Erfolg in allen Himmelsrichtungen ausbleiben? Natürlich wäre es wünschenswert, dass auch die menschliche Seite noch mitkommt, aber auch das lässt sich im Laufe der Zeit aneignen. Von Natur aus achten Menschen mit dieser Signatur manchmal zu wenig auf sich selbst und andere. Sie sind zu sehr damit beschäftigt, an ihrer Karriere zu basteln. Auch das Familienleben kommt hier nicht selten zu kurz – ohne jede böse Absicht, es passiert einfach. Als »Gegenleistung« brauchen sich die Familienmitglieder kaum einmal finanzielle Sorgen zu machen.

Frauen mit dieser Signatur haben nicht selten eine Dreifachbelastung und merken es lange Zeit gar nicht. Sie sind die geborenen berufstätigen Mütter, bei denen die Kinder trotzdem nicht zu kurz kommen. Ohne schlechtes Gewissen verlangen sie auch viel, und das macht die Kinder zufrieden und selbstständig. Leider wurde den Frauen viel zu lange erfolgreich eingeredet (meist von ängstlichen Menschen), dass Kinder die Mutter immer zu Hause brauchen. Wir glauben jedoch, dass es inzwischen genügend verwöhnte, unselbstständige Erwachsene gibt, die sich auch mit 50 noch nicht von ihren Kinder- oder Teenagerjahren verabschiedet haben. Die Alternative ist natürlich nicht, die Kinder zu viel allein zu lassen. Den gesunden Mittelweg beherrschen hier nicht alle Menschen, aber wenn es jemand schafft, dann diese Signatur.
Der fehlende Osten sollte gezielt ausgeglichen werden, notfalls mit zahlreichen üppigen Grünpflanzen zu Hause und im Büro. Grün beruhigt diese Signatur, macht ausgeglichen und sorgt für Einfühlungsvermögen. Die Mitte gleicht hier vieles aus, zumal wenn eine Null vorhanden ist, aber die Farbe Grün aktiv einzusetzen kann nicht schaden. Der fehlende Süden hat hier zur Wirkung, dass im Unterbewusstsein manchmal eine leichte Unzufriedenheit aufkommt, die nicht zuzuordnen ist und sich unabhängig von der tatsächlichen Leistung breitmacht. In diesem Fall sollte viel mehr Rot getragen werden und in der Einrichtung, oder bei Bettwäsche, Handtüchern, Servietten, Bildern, Vorhängen und so weiter vorhanden sein. Bei dieser Signatur wirkt Rot beruhigend, während es bei anderen normalerweise für Belebung sorgt. Anders ausgedrückt: Wenn in einer Signatur der Süden ersetzt werden muss, sorgt das für eine schleichende Unruhe. Wird er aktiv ausgeglichen, beruhigt sich die Seele. Natürlich kennt auch diese Signatur Phasen mit Durchhängern. Auch dann ist die Farbe Rot angebracht, denn grundsätzlich wirkt die fehlende Farbe immer positiv auf den Menschen. Andersherum: Hat beispielsweise eine Signatur viel Süden (❼ und/oder ❷), dann sieht sie bei Rot wirklich »rot«! Es ist des Guten zu viel und wirkt schwächend oder macht grundlos zornig.

Affirmationen für die Signatur Nr. 23

Mit Zielstrebigkeit und Scharfblick gestalte ich mein Leben.

Meine Stärke ist die Leichtigkeit, mit der ich Lösungen finde.

Mein Wissensdurst hört mit dem Alter nicht auf.

Geschäftliche Angelegenheiten sind meine Stärke und machen mir Freude.

Als Ausgleich im Alltag liebe ich die Natur in allen Farben und Formen.

Durch meine handwerklichen Fähigkeiten kann ich mir und anderen Menschen helfen.

Die Fähigkeit zur Einfühlung erobere ich immer mehr.

Auf andere Menschen zuzugehen macht mir immer mehr Freude.

Großzügigkeit, Kreativität, Hilfsbereitschaft – das zeichnet mein Leben aus.

An Kleinigkeiten im Alltag lässt sich das gut erkennen. Wenn ein Partner ein neues Auto kauft und die Farbe ohne Rücksprache auswählt, kann es durchaus geschehen, dass die Farbe nicht gut »ankommt«. Die Marke stimmt, der Preis, der Zeitpunkt, die Qualität, aber nicht die Farbe. Eine solche Kleinigkeit ist normalerweise keine Debatte wert, trotzdem nervt etwas im Unterbewusstsein. Dasselbe kann mit einem Anzug passieren. Eine Verkäuferin hat vielleicht keinen Norden (❻ und/oder ❶) im Geburtsdatum und verkauft daher mit Vorliebe blaue und schwarze Anzüge. Der Kunde kann sich vielleicht gar nicht wehren, weil sie so überzeugend wirkt. Zu Hause stellt er fest, dass seine Anzüge alle gleich aussehen, und eigentlich wollte er dieses Mal eine andere Farbe. Achten Sie in Zukunft auf solche Kleinigkeiten, und der Alltag wird interessanter.

Im Großen und Ganzen haben Sie mit dieser Signatur das Gespür für ein erfolgreiches Leben eingebaut bekommen. Die noch fehlenden Kleinigkeiten können Sie jetzt ausgleichen. Sollten Sie aus irgendeinem Grund Ihre Talente noch nicht leben, fangen Sie neu an! Das ist sehr wichtig, weil sich sonst eine lähmende Frustration breitmacht, die letztlich in einen Teufelskreis mündet. Es ist selten zu spät, sich neu zu orientieren, und heutzutage sind die Möglichkeiten für einen Neubeginn viel breiter gestreut als jemals zuvor.

In ländlichen Gegenden hat das Internet viel dazu beigetragen, dass die Menschen weltoffener denken und handeln. Leider haben Erwachsene noch zu oft eine Scheu, es als nützliches Werkzeug zu akzeptieren. Die Jugend kann da aber gut weiterhelfen, denn es geht ja nicht nur um das Bedienen der Computerprogramme, auch der Umgang mit Abstürzen und der Virenschutz wollen beherrscht sein. Wenn das zu Ihrem Glück noch fehlt, dann holen Sie sich diese Kleinigkeit und starten Sie durch.

NORDEN/WESTEN/MITTE *für Senioren*

Nach einem arbeitsreichen Leben sollte sich jeder auf einen etwas geruhsameren Lebensabend freuen dürfen. Gesundheitliche Probleme aber machen oft einen Strich durch die Rechnung. Jetzt, wo man sich »alles« leisten könnte, fehlen Antrieb und Fähigkeit. Wir hoffen für Sie, dass das bei Ihnen anders ist, denn eigentlich besitzen Sie eine Signatur, die sich gern mal überarbeitet und die Folgen erst spät merkt. Zum Trost sei gesagt: Es lässt sich viel mehr wieder gutmachen, als es Pessimisten (und manchmal auch die Ärzte) Ihnen weismachen wollen. Dazu gehört lediglich ein Minimum an Disziplin und ein wenig Aufklärung über die menschengerechte Ernährung. Die Disziplin dürfte für Sie kein Problem sein, und die Aufklärung lässt sich nachholen. Vielleicht hilft Ihnen schon das Kurzinterview auf unserer Website (siehe Anhang Seite 396) zum Thema Alpha-Omega-Ernährungstyp. Wir helfen Ihnen gern! Vielleicht nur ein kurzes Beispiel: Kürzlich hatte eine alte Dame aus unserer Leserschaft begonnen, auf jegliches tierische Eiweiß zu verzichten. Nach sechs Monaten konnte sie die Medikamente gegen ihre chronische Polyarthritis absetzen. Wenn Menschen so wie Sie großes Können besitzen, dann ist es für andere nicht immer leicht, da mitzuhalten. Jeder schließt ja erst einmal von sich auf andere und erwartet daher vom Gegenüber die gleichen Leistungen. So lassen Sie einige Menschen in Ihrem Leben zurück, weil das Verständnis fehlte. Das ist verständlich, denn Sie haben das Gefühl, dass diese Menschen Sie nur aufhalten. In gewisser Weise ist das auch richtig, aber Nachsicht ist eine Kunst, in der Sie sich etwas mehr üben sollten – da sie Ihnen nicht unbedingt in die Wiege gelegt ist. Auf der anderen Seite trifft auch zu, dass man im Leben nicht viele echte Freunde braucht. Es müssen nur die richtigen sein. Auf alle Fälle sind Sie nicht der Typ Mensch, der ständig viele Freunde und Begleiter um sich haben muss und das mit Beliebtheit verwechselt. Solche Selbsttäuschungen haben Sie wahrscheinlich schon in ihrer Jugendzeit durchschaut.

Niemand ist beliebt, nur weil sich viele Menschen um ihn scharen. Jeder, der Sie zum Freund hat, weiß, was es bedeutet, eine lange Freundschaft zu pflegen. Sie tragen Ihr Herz nicht auf der Zunge und haben deshalb auch nicht die üblichen Alltagssorgen. Die macht man sich nämlich, wenn man den falschen Umgang pflegt. Wer zum Beispiel dauernd über Krankheit spricht, »hält sie sich warm«. Gerade im Alter sollte man darauf achten, welchen Umgang man pflegt.

Das Ausgehen ist möglicherweise in Ihrem Leben etwas zu kurz gekommen, durch die viele Arbeit, oder einfach, weil Sie nicht das Bedürfnis dazu hatten. Viele Menschen waren oder sind so eingespannt, dass es für private Kontakte gar nicht mehr reichte. Manchmal steht man dann vor dem Feierabend und fühlt sich etwas hilflos. Sollte das bei Ihnen der Fall sein, lesen Sie die Beschreibung Ihrer Himmelsrichtungen im Buch ab Seite 20 noch einmal in Ruhe durch. Sie werden sich wundern, was es bei Ihnen noch alles zu entdecken gibt. Anschließend lesen Sie dort die Abschnitte zu Ihren Lücken im Zahlenrad, dem Osten und dem Süden, dann erkennen Sie, was Ihnen zu Ihrem Glück noch fehlt. Sie müssen die dort versammelten Fähigkeiten nicht nachholen, sie sollten nur Verständnis dafür entwickeln. Meistens genügt es, diese Aufgabe mit den fehlenden Farben zu unterstützen, in Ihrem Fall also mit Grün für den Osten und Rot für den Süden. Im Unterbewusstsein erwählt man sich ohnehin die fehlenden Farben zu Lieblingsfarben. Häufig hilfreich ist bei dieser Signatur auch die Pflege eines kleinen Gartens, wobei eine erweiterte Fensterbank oft schon genügt. Viele Kräuter lassen sich einfach in Kästen säen oder pflanzen, und man gewinnt dann gleichzeitig Gesundheit in Form von Tee und Gewürz. Das Abenteuer, langsam in die Kräuterkunde einzusteigen, ist ein wunderbares Hobby. Bei der Pflanzenpflege achten Sie einfach auf die Mondrhythmen, und Sie werden viel mehr Freude als Arbeit haben. Nach jeder Garten-oder Pflanzkasten-Arbeit machen Sie eine Minute lang die Mondgymnastik, damit Sie nie Kreuzschmerzen bekommen (siehe Buchtipp Seite 397).

Wenn Sie das Gefühl haben, dass Ihnen die Farbe Rot, der Süden, mehr fehlt als das Grün des Ostens, dann gestalten Sie mehr Elemente Ihrer Wohnung in Rot. Rote Blumen wären besonders geeignet, um bei Ihnen als Energiequelle zu arbeiten. Manchmal hilft schon eine rote Teetasse, um sich fitter zu fühlen. Rote Säfte wirken nicht umsonst blutbildend, besonders wenn der Mond in den Tierkreiszeichen Stier, Jungfrau oder Steinbock steht. An Ideen, wie Sie die Farbe Rot in Ihren Alltag und Ihre Umgebung integrieren, dürfte kein Mangel herrschen.
Wenn Eigenschaften, Talente und Begabungen nicht zur Entfaltung kommen, fühlt sich der Mensch an Körper, Geist und Seele nicht wohl. Wenn die Talente dann auch noch so zahlreich auftauchen wie bei dieser Signatur, macht es die Sache nicht einfacher. Die negative Seite kann sich manchmal zu Wort melden, wie Berechnung und Egoismus im Westen. Bei der Mitte etwa wären das verschwenderische Neigungen und manchmal eine gewisse Geistesabwesenheit. Beim Norden würde sich das Ignorieren der Schätze als Machtgier äußern, die furchtlosen, spirituellen Energien wären verschwendet. Der ansonsten gute Charakter kann ins Fanatische kippen. Unser Rat: Geben Sie all Ihren guten Seiten eine Chance und genießen Sie den Lebensabend mit dem Maß an positiver Aktivität, für das Sie gedacht sind! Lassen Sie nicht zu, dass negative Gedanken den Alltag trüben und wecken Sie Ihre guten Eigenschaften immer wieder neu! Ansatzpunkte haben Sie dafür mehr als genug. Lernen Sie auch, Ihre Wünsche klar zu formulieren, dann können andere Menschen besser damit umgehen. Scheuen Sie die Öffentlichkeit nicht – und unternehmen Sie wieder mehr!

Signatur Nr. 24

Norden/Mitte/Süden

Überzeugend und charismatisch – hinaus in die Öffentlichkei
mit dem nötigen Temperament und der Kraft aus der Mitt

DIE ZAHLEN: ❻ und/oder ❶, ❼ und/oder ❷, ⓿ und/oder ❺
vorhandene Farben: Blau, Rot und Gelb/fehlende Farben: Grün und Weiß

➕ positive Eigenschaften

- aufnahmefähig
- willensstark
- tiefgründig
- mutig
- schöpferisch
- großzügig
- unabhängig
- charismatisch
- leidenschaftlich
- naturverbunden
- ausgeglichen
- hilfsbereit
- visionär
- wissensdurstig
- findet Gehör

NORDEN/MITTE/SÜDEN *für Babys und Kleinkinder*

Babys sind süß, oder? Mit diesem Satz liegt man fast immer richtig. Bei diesem Baby wird das von den Menschen, die es betrachten, nicht nur einfach so dahingesagt, sie empfinden es auch so! Ein herzliches, offenes, sympathisches und interessiertes Wesen hat die Welt betreten. Diese Eigenschaften zeigen sich schon sehr früh, und alles will untersucht und ausprobiert werden. Die Eltern können manchmal das Erwachen kaum abwarten, so gern knuddeln sie ihr Kind. Da passiert es natürlich manchmal, dass das Kleine zu oft gestört wird. Wenn sich das Kind dann an den Strom der Aufmerksamkeiten gewöhnt hat, sind die Eltern inzwischen todmüde und wollen mehr Ruhe. Natürlich lässt sich das Baby das nicht gefallen und möchte gefälligst immer hochgehoben werden. Zu Beginn noch ohne Gebrüll und mit dem Gedanken: »Also was ist jetzt?« Wie auch immer, es geht fast allen Eltern in diesem Punkt ähnlich. So auch mit dem Babygeplapper. Man redet und redet auf das Kind ein – und später heißt es: »Sei jetzt still!« Wenn man bedenkt, dass man für alles im Leben eine Ausbildung, Bescheinigung, Zulassung, Genehmigung braucht, dann ist nicht verwunderlich, dass ein Kind zu bekommen zur maximalen Herausforderung wird – so ganz ohne »Führerschein«. Plötzlich steht man da mit dem Wichtigsten, was man je besaß, und soll auf einmal alles können. Dabei kümmert's doch niemanden in der Umgebung wirklich, ob Vater und Mutter es schaffen oder nicht. Da ist das Herausnehmen aus dem Bettchen, obwohl noch nicht Zeit dafür ist, noch das geringste Problem. Trotzdem hat auch das Folgen, die erst später zum Tragen kommen. So entsteht auch der kluge Satz »Beim zweiten Kind ist alles anders«. Wie dem auch sei: Sie haben sich mit dieser Signatur einen Sonnenschein ins Haus geholt und werden es schaffen, so oder so.

Mit der Ernährung gleich richtig anzufangen ist das Klügste, was Eltern tun können. Zu Beginn, während der Stillzeit, muss die Mutter auf ihre Ernährung achten, denn Baby verträgt nicht alles, was die Mutter isst.

Wenn sie regelmäßig Zitrusfrüchte isst und Orangensaft trinkt, hat das bei einem Omega-Baby fast immer Wundsein zur Folge. Alpha-Babys dagegen vertragen das meistens. Meiden Sie in jedem Fall blähende Gemüse (Kohl, Zwiebeln, Hülsenfrüchte) und beobachten Sie, ob Stein- oder Kernobst besser ankommen. Diese beiden Obstsorten aber niemals mischen, denn das verursacht beim Baby fast immer Bauchweh, und oft auch bei der Mutter. Abends das Kind nicht vollstopfen, nur damit es durchschläft.
Bis zum Alter von sechs Monaten sollte Ihr Kind außerdem immer leichte Mützchen tragen, damit die Ohren geschützt sind. Danach bekommen die Kinder nicht mehr so schnell Ohrenschmerzen. Diese Kleinigkeiten helfen, ein gesundes Kind ohne ständige Wehwehchen zu haben.
Das sanftmütige, kleine Wesen ist sensibel, charismatisch, aktiv, temperamentvoll und geduldig zugleich. Schnelle Stimmungswechsel sind schon von klein auf ein Thema. Das müssen Sie nicht überbewerten, denn so schnell sie gekommen sind, so schnell vergehen sie auch. Das ist besonders bei Fieber der Fall. Ihr Kind bekommt wahrscheinlich schnell einmal Fieber, das auch schnell wieder vergeht. Oft genügen Wadenwickel, und die Sache ist vergessen. Trotzdem sollte lieber ein Arzt gefragt werden, außer Sie kennen Ihr Kind schon sehr gut.
Ihr Kind liebt sicher die Farben Weiß und Grün. Das sind die Farben der fehlenden Himmelsrichtungen Westen und Osten. Wenn Ihr Baby beruhigt werden muss, verwenden Sie am besten vorwiegend diese Farben. Ein weißes Bettchen, das liebt es. Spielsachen gibt es ja in allen nur erdenklichen Farben, aber wenn Sie sich nicht entscheiden können, bevorzugen Sie Weiß und Grün.
Sensibel sind alle Babys, aber nicht im gleichen Maße. Ihr Kind gehört zu den eher Sensibleren und sollte deshalb nicht unnötige Enttäuschungen erleben müssen. Es mag klare Linien und kann ein Nein, das sich zum Ja wandelt, nicht ausstehen, und umgekehrt. Es kann schon sehr früh gut mit den Entscheidungen der Eltern umgehen und mag keine Unsicherheit. Es ist nicht nötig, das Kleinkind vor allem und jedem zu beschützen. Das

Wichtigste ist hier die Wahrheit, damit kann es am besten umgehen. Eltern machen immer wieder den Fehler, Kindern nicht die Wahrheit zu sagen, aus Bequemlichkeit, um sie zu schützen, als Notlüge, als Schonung. Zumindest diese Signatur wird dadurch grundlegend verunsichert.
Wenn es erst einmal den Kindergarten besucht, hat das Kind genug zu tun, alle Erfahrungen einzuordnen. Bis dahin sollte das Elternhaus eine gesunde Stabilität vermittelt haben. Bei keiner anderen Signatur prägen sich Erfahrungen so früh ein, und obwohl es vielleicht unglaubwürdig klingt: Selbst die Entscheidung 20 oder 25 Jahre später, ob man eine Familie gründen möchte oder nicht, geht auf allerfrüheste Erfahrungen zurück. Mit großer Sorgfalt und viel, viel Liebe sollte dieses kleine Wesen auf die Welt vorbereitet werden, denn die Erinnerungen werden sein Leben prägen. Im Kindergarten wandelt sich dieses Kind nicht selten zum »Hahn im Korb« beziehungsweise zur allseits beliebten »Chefin im Ring«. Das Talent dazu ist in voller Blüte vorhanden, und Ihr Kind wird trotzdem oder gerade deswegen von allen geschätzt und geliebt.

NORDEN/MITTE/SÜDEN *für Teenager*

Schon jetzt zeichnet sich ab, dass sich etwas Besonderes aus Ihrem Teenager entwickeln will. Er hat starke Ziele, die außergewöhnlich sind. Wenn er Glück hat, findet er bei den Eltern Verständnis. Wenn nicht, geht er auch dann seinen Weg, aber mit Herzensweh. Er lässt sich das nicht anmerken, denn sein Stolz würde es nicht zulassen. Grundsätzlich hat dieser Jugendliche einen positiven Stolz, eine Würde, vor der alle Respekt haben. Eher selten und auch nur nach vielen Enttäuschungen kann sich falscher Stolz breit machen. Seine Auftritte können geradezu majestätisch sein, und auch deshalb wäre er gut in der Medienwelt aufgehoben. Nur wenige würden ihm eine Interviewanfrage abschlagen. Er ist allerdings auch bereit, für Erfolge in diesem Bereich alles zu geben.

Sind die Ziele erst einmal gedanklich fixiert, ist der Rest nur noch Formsache. Später dann fühlt sich die Zusammenarbeit mit ihm ein wenig wie das Zuarbeiten zu einem Superhelden an, denn er kann alles, und wenn nicht, weiß er sich zu helfen.
Diese Allround-Anlagen werden allerdings manchmal ausgenützt, was dazu führt, dass er misstrauisch wird. Aus seiner Sicht zu Recht, aus der Sicht anderer wirkt er vielleicht verletzend, weil das Misstrauen natürlich nicht immer berechtigt ist.
Die Jugendjahre sind sehr wichtig, um sich zum unerschütterlichen Helden, zur strahlenden Heldin zu entwickeln. Mädchen werden oft von den Mitschülerinnen bewundert, weil ihnen alles zu gelingen scheint. Was die Begleiter nicht wissen: Diese Signatur arbeitet hart für das Gelingen, aber eher hinter den Kulissen. Fähigkeiten zeichnen sich hier ab, von denen so mancher nur träumen kann. Da sind natürlich die Neider nicht weit. Kein Problem, denn Neider bremsen diesen Jugendlichen nicht, sondern machen ihn noch ehrgeiziger. Er will es »denen« beweisen!
Obwohl hier der manuell begabte Westen (❾ und/oder ❹) fehlt, kann diese Signatur mit mechanischen Dingen sehr gut umgehen. Das liegt an der speziellen »Pfeil«-Signatur Nord-Mitte-Süd: Zielstrebigkeit, Mut, Aufnahmefähigkeit und Temperament verbinden sich mit Schöpferkraft und Ausgeglichenheit. Da lässt sich schon was auf die Beine stellen! Diese Signatur lernt schnell aus direkter Erfahrung, auch im negativen Sinn: Wenn sie die Erfahrung machte, dass sich mit Trotz und Bockigkeit im Kleinkindalter Ziele erreichen ließen, dann werden sie eventuell immer noch praktiziert – und schon steht man sich selbst manchmal im Weg. Jetzt wäre es an der Zeit, Konsequenzen am eigenen Leib zu spüren und erkennen zu können, dass man Ziele so nicht erreicht. Das Verheerende bei einer solchen Einstellung ist nämlich, dass man zwar glaubt, sein Ziel erreicht zu haben, dabei aber nicht merkt, dass man nur eine Stufe genommen hat. Gönnen Sie deshalb dem Jugendlichen von Herzen die Erfahrung, dass man sich niemals selbst belügen kann.

Im Erwachsenenalter wird es nicht unbedingt einfacher, zu dieser Einsicht zu gelangen. Es laufen schon genug Erwachsene herum, die nicht nur ihre eigenen Lügen glauben, sondern dadurch auch ihre Lernfähigkeit opfern – und ihre Beziehungsfähigkeit. Sicherlich ist das erst einmal unbequem, aber diese Form der Bequemlichkeit sollten Sie nicht unterstützen.

Diese Signatur liebt es nicht nur, im Mittelpunkt zu stehen, sondern sie schätzt es auch, viele Freunde zu haben. Diesen Mittelpunkt hat sie sich allerdings auch wohl verdient durch viel Leistung und Einsatz. Unter vielen Freunden beziehungsweise Kollegen und Mitschülern fühlt sich der Teenager wohl. Nach außen wirkt er eher cool und abgeklärt, und auf den ersten Blick hat es den Anschein, als ob er auch ohne Publikum gut zurechtkommt. Er ist selten aufdringlich, eben ein stiller Genießer.

Der fehlende Osten (❽ und/oder ❸) macht es dem Jugendlichen manchmal nicht leicht, Gefühle zu äußern, und er erwartet dann, dass die anderen »gefälligst« das Gespür mitbringen, zu erkennen, was er braucht. Eine gewisse Neigung zur Verletzlichkeit und zum Beleidigtsein ist hier manchmal erkennbar. Natürlich würde er das nie nach außen zeigen. Besonders Mädchen »schmoren« manchmal lange vor sich hin, und wenn sie nicht selbst draufkommen, was da wirklich los ist, erfahren sie es manchmal erst nach zehn Jahren. Dann aber platzt es als Vorwurf heraus, nach der Melodie: »Hättest Du es gemerkt, würde es mir heute besser gehen!« Dieser Neigung lässt sich entgegensteuern, wenn der Jugendliche ein Zimmer im Osten bekommt, möglichst mit viel Grün drinnen oder draußen. Hört sich zu einfach an? Ausprobieren! Die Gefühlswelt kommt so leichter ins Gleichgewicht. Solche Kleinigkeiten haben oft eine viel stärkere Kraft als jede Psychotherapie.

Der fehlende Westen macht manchmal zu schaffen, weil der Teenager nicht gewohnt ist, alles im Griff zu haben. Für finanzielle Dinge lässt er sich zu wenig Zeit und übersieht das Kleingedruckte oder ist so misstrauisch, dass er das Geschäft gar nicht erst eingeht. Er braucht viel Weiß in der Kleidung, um bei finanziellen Dingen stärker zu werden.

NORDEN/MITTE/SÜDEN *für Erwachsene*

Sie kennen das sicher: Eingeladen zu einer Party kommen Sie voller Vorfreude dort an – und nichts ist los. Warum? Weil Sie gefehlt haben. Das ist tatsächlich so: Diese Signatur hat das Talent, andere mitzureißen und zu begeistern. Man kann nur für Sie hoffen, dass dieses Talent weder im Beruf noch im Privatleben zu kurz kommt. Wenn doch, sollten Sie schon einmal beginnen, darüber nachzudenken, was Sie ändern könnten. Manchmal geht man viel zu viel auf andere Menschen ein – ein sicherlich lobenswerter Zug, der aber das eine oder andere Mal stark bremsend im eigenen Leben wirken kann. Und das wäre nun nicht die beste Entwicklung, um all Ihr Potenzial zu entfalten. Das bedeutet nicht, dass Sie ab jetzt andere übergehen oder gar überfahren sollen, sondern es bedeutet, Kompromisse zu schließen zwischen gesunder Selbstliebe und dem Dasein für andere.
Ihre Begabungen liegen nicht nur im Bereich der Menschenkenntnis, sondern Sie haben Mut, sind kreativ, schöpferisch und begeisterungsfähig. Das allein würde schon genügen, um viel aus dem Leben zu machen. Menschen wie Sie können tun, wovor viele andere Angst haben: immer wieder etwas Neues anfangen. Sie sind wie geschaffen dafür, neue Ideen unter die Menschen zu bringen. Generell sind Persönlichkeiten wie Sie im Showbusiness gefragt. Eine kleine Gefahr sei hier erwähnt: Ab und zu neigt diese Signatur zum Geschichtenerzählen oder -erfinden, nach dem Motto »Gelegenheit macht Diebe«.
Manchmal sucht sich diese Signatur Lebenspartner von völlig gegensätzlicher Natur. Entweder sind diese Partner auffällig ruhig und zurückgezogen, zumindest in der Öffentlichkeit, oder sie sind besonders fröhlich und mitreißend. Letzteres ist zwar ebenfalls willkommen, wird aber im Laufe der Jahre ein wenig unterdrückt. Wer mit dieser Signatur zusammenarbeitet, bekommt oft den »Chef« in ihr zu spüren, auch wenn sie es offiziell gar nicht ist. Der Grund liegt klar auf der Hand, diese Signatur ist tatsächlich zum Chef geboren.

Affirmationen für die Signatur Nr. 24

Leidenschaft und Willensstärke erleichtern mir vieles im Leben.

Mit meiner charismatischen Ausstrahlung öffne ich viele Türen.

Wenn ich spreche, hören mir die Menschen zu.

Innere Unabhängigkeit und Wissensdurst lassen mich viele Erfahrungen sammeln.

Verantwortung für viele Menschen bringt eine positive Herausforderung für mich.

Auf meine finanziellen Angelegenheiten werde ich ab jetzt immer ein waches Auge haben.

Immer mehr berücksichtige ich, dass nicht alle Menschen den gleichen Sinn für Humor haben.

Meine Geduld mit Andersdenkenden wächst Tag für Tag.

Die beiden fehlenden Himmelsrichtungen können bei dieser Signatur zu schaffen machen. Im Osten wohnt die Gefühlswelt, und die ist hier nicht so stark entwickelt. Wobei gesagt sei, dass nicht die Gefühle fehlen – nur der Umgang mit ihnen gestaltet sich etwas kühler. Auf andere Menschen wirkt das manchmal eben allzu kühl, aber ihre Reaktionen treffen dann manchmal auf wenig Verständnis. Empfindliche Menschen sind eben schnell einmal beleidigt – was man von dieser Signatur nicht sagen kann. Zumindest erleben Außenstehende das so. Wenn bei einer Signatur der Osten fehlt, haben Mitmenschen oft Schwierigkeiten, die Situation richtig einzuschätzen. Der Kreislauf des gegenseitigen Unverständnisses setzt sich fort. Kennen Sie jemanden, der im Tierkreiszeichen Krebs geboren ist? Dann wissen Sie ungefähr, was wir hier ausdrücken wollen. Dieses Tierkreiszeichen verschließt sich gern, und nur wenige Menschen haben Zugang zu seiner inneren Wirklichkeit. Ähnlich verhält es sich, wenn der Osten fehlt. Wenn eine Haustür verriegelt ist, darf man nicht überrascht sein, wenn niemand aus und ein geht.

Der fehlende Westen bereitet immer wieder kleine Sorgen mit den Finanzen. Obwohl dieser Signatur der Erfolg nicht unwichtig ist, bleibt manchmal das Geld aus, einfach weil man sich zu wenig darum kümmert. Diese Schwäche sollte Ausgleich finden. Entweder erlernt man die entsprechende Kunst (etwa in Abendkursen) oder man lässt einfach nicht locker. Viel Weiß zu tragen wäre ein guter Anfang. Manche Menschen lernen sogar das Gewerbe der Steuerberatung, damit sie die Welt der Zahlen erobern. Sie werden meist auch sehr gut darin, sollten aber nicht vergessen, auch sich selbst zu beraten!

Im Großen und Ganzen kann man sagen: Was auch immer diese Signatur anpackt, wird ein Erfolg oder könnte zumindest einer sein. Lernen Sie deshalb, Ihren Westen zu besetzen, damit keine Ihrer Anstrengungen fruchtlos bleibt, und lernen Sie gleichzeitig, im privaten Bereich mehr Vertrauen zuzulassen. Der Mittelweg ist nicht immer der einfachste Weg.

Ob als Richter, Sänger, Anwalt, Philosoph, Architekt, Landwirt, Förster, Medienmensch oder Lehrer – leben Sie Ihre Zahlen und tragen Sie viel Grün und Weiß. Diese Farben sollten Sie auch in der Wohnung nützen. Wenn Ihr Partner ausgerechnet den Osten und Westen im Geburtsdatum besitzt, dann richten Sie sich wenigstens Ihre Ecke ein, denn zu viel Weiß und Grün verträgt Ihre »bessere Hälfte« nicht. Mit verständnisvoller Rücksicht lässt sich alles fein richten. Oft erkennt man die Zusammenhänge nicht und wundert sich dann, warum Sand ins Getriebe geraten ist. Das Zahlenrad hilft, andere zu verstehen, und schließlich kann man auch sich selbst viel besser verstehen. Talente sollten nicht geopfert werden, nur weil ein anderer sie nicht versteht. Das macht niemanden glücklich.

NORDEN/MITTE/SÜDEN *für Senioren*

Zielstrebige Menschen gehen mitunter nur höchst ungern in Pension. Kein Wunder, denn wer will schon so viel Erworbenes schlafen legen. Müssen Sie auch nicht! »Dir gehört, was bei einem Schiffbruch übrig bleibt«, sagt ein weises Sprichwort. So gesehen sind Sie wahrscheinlich sehr reich. Überlegen Sie in Ruhe, wie Sie Ihr Wissen einsetzen können. Bei dieser Signatur kommen manchmal Extreme zur Wirkung: So will der eine eigentlich gar nicht aus dem Arbeitsleben aussteigen, während sich der andere darauf freut, die fehlenden Himmelsrichtungen endlich mit Leben erfüllen zu können. Denn oft spürt man instinktiv, dass man noch etwas vorhat, um sich vollständig fühlen zu können. Vielleicht macht sich die Lücke im Osten durch den Wunsch bemerkbar, endlich öfter in die Natur hinaus zu »verschwinden«. Endlich der Garten im Visier, endlich Zeit zum Fischen, zum Skifahren an Wochentagen, ohne den Rückreisestress. Das sind tatsächlich hervorragende Ideen, denen man Leben einhauchen sollte. Wenn Sie sich dazu noch nicht fit fühlen, machen Sie einfach täglich fünf Minuten lang die Mondgymnastik (siehe Buchtipp Seite 397) – und Sie werden sich wundern!

Wenn jahrelange Schmerzen zwicken wegen der »Abnützungserscheinungen« (eine traurige Erfindung der Maschinenmedizin), dann versuchen Sie es einmal mit zwei Wochen ohne tierisches Eiweiß, also ohne Fleisch, Eier und Milchprodukte, in der Ernährung. Vegane Kochbücher helfen wunderbar, diese Zeit genussvoll zu gestalten. Und Sie werden ein weiteres »blaues Wunder« erleben! Bei den sogenannten Abnützungserscheinungen handelt es sich nur um scheuernde Ablagerungen in den Gelenken, die wir falscher Ernährung zu verdanken haben. Elend traurig ist, dass durch die falsche Vorstellung von einem Verschleiß Bewegung noch mehr gemieden wird, aus Angst vor noch mehr Abnützung! Denken Sie einfach an das Sprichwort: »Was ich nicht gebrauche, verkommt.«
Die Lücke im Westen des Zahlenrads macht Ihnen wahrscheinlich nicht so sehr zu schaffen. Wenn Sie dennoch Lust verspüren, mehr Ordnung in Ihre Finanzen zu bringen, ist das verständlich. Manche ordnen jetzt systematisch ihre Fotosammlungen, Dokumente und anderes. Vieles musste man ja während der langen Arbeitsjahre aufschieben.
Diese Signatur muss sich mit interessanten Dingen abgeben, nur in den Fernseher zu glotzen erfüllt sie nicht. Auffällig viele jung gebliebene Großmütter finden sich bei dieser Signatur. Würde man nicht wissen, dass sie Enkelkinder haben, würde man meinen, sie kämen gerade von der Arbeit. Viele Großmütter kennen kaum anderen Gesprächsstoff als die Vergangenheit und Krankheiten. Nicht so die Seniorinnen dieser Signatur. Sie beherrschen auch die Kunst, sich nicht allzu viele Sorgen um die Zukunft zu machen – eine Kunst, die jeder lernen sollte, denn noch niemals ist etwas nicht geschehen, weil man Angst davor hatte. Das genaue Gegenteil ist der Fall. Womit Sie sich gedanklich beschäftigen, das kommt. Also machen Sie sich schöne, gesunde, lebenswerte Gedanken und sprechen Sie so eine positive Einladung an das Universum aus. Es wird sie gern annehmen. Schon morgen können Sie sich so zu einem positiven Menschen gewandelt haben. Wenn Sie es, mit dieser Signatur ausgestattet, nicht ohnehin schon sind!

Johanna erzählt:

Eine ältere Frau kam nach einem Vortrag zum Buchsignieren und meinte ganz aufgeregt: »Ich habe kurz in der Signatur meines Mannes nachgelesen und ich bin sicher, Sie kennen ihn! Sie haben ihn ganz genau beschrieben!« Ich sagte ihr, dass wir selbst dann, wenn wir ihn kennen würden, eine Signatur niemals so schreiben, dass wir dabei an eine reale Person denken. Wir sprechen von Anlagen, Begabungen, Talenten, Sehnsüchten und über die fehlenden Himmelsrichtungen und deren Einfluss. Nicht immer erkennt man sich selbst in dieser Beschreibung wieder, weil vieles verschüttet ist. Jedenfalls: Die Dame konnte ihren Mann genau erkennen und sie konnte nun verstehen, warum ihr Mann im Rentenalter so vielbeschäftigt ist. Sie erzählte mir, dass er sich nie um etwas gekümmert hatte, was die Finanzen betraf. Jetzt führte er Buch, als ob jeden Augenblick eine Steuerprüfung ins Haus stehen würde. Ihr war das so fremd, dass sie befürchtete, irgendetwas würde nicht stimmen. Plötzlich musste sie lachen: »Eigentlich wollte ich gar nicht zu Ihrem Vortrag, weil ich nur als Chauffeur für meine Freundin eingesprungen bin, aber jetzt habe ich so viel gelernt wie schon lange nicht mehr. Meine Schwiegertochter wird sich auch freuen!« Ich weiß nicht, was damit gemeint war, aber es klang durchaus positiv. Und plötzlich war diese Frau von vielen anderen umringt, man unterhielt sich höchst lebhaft, und ich suchte mir einen anderen Platz zum Signieren.

Signatur Nr. 25

Osten/Mitte/Westen

Musisches Einfühlungsvermögen kombiniert mit gutem Gefühl fürs Business, ausbalanciert durch eine starke Mitte – manchmal genial!

DIE ZAHLEN: 8 und/oder 3, 9 und/oder 4, 0 und/oder 5

vorhandene Farben: Grün, Weiß und Gelb/fehlende Farben: Blau und Rot

+ positive Eigenschaften

- handwerklich begabt
- kreativ
- musikalisch
- mitfühlend
- geduldig
- schöpferisch
- großzügig
- naturverbunden
- ausgeglichen
- hilfsbereit
- kreativ
- erfolgsorientiert
- scharfsinnig
- ehrgeizig
- selbstlos

OSTEN/MITTE/WESTEN *für Babys und Kleinkinder*

Ruhig und sanft, so kennen wir die Babys aus der bunten Kunstwelt der Werbung. Zu Hause und im Alltag ändert sich das Bild. Eben noch gebadet und frisch angezogen, ist das Baby schon wieder »bis zum Kragen voll«. Oder es hat sich und die Mama vollgespuckt, fünf Minuten bevor das größere Kind in die Schule gefahren werden muss. Oder Baby schreit wie am Spieß, und keiner weiß warum. Gerade ist man für zehn Minuten eingeschlafen, und schon geht es wieder los! Aber keine Angst, das sind alles nur vorübergehende Startschwierigkeiten, die Sie allesamt mühelos in den Griff bekommen. Erst einmal haben Sie mit dieser Signatur das große Los gezogen. Der Osten und die Mitte im Zahlenrad bringen Harmonie und Geduld. Das ist kein Baby, das schon bei einer feuchten Windel zu schreien anfängt. Es verhungert auch nicht gleich, wenn es gerade wach geworden ist. Und sind Sie mal nach dem Aufwachen gerade nicht in der Nähe, schaut sich Ihr Kind erst einmal ein wenig um und unterhält sich allein. Diese Chance bekommt es anfangs eher selten, denn viele frisch gebackene Eltern liegen gewohnheitsmäßig »auf der Lauer«. Später dann holt einen doch die Müdigkeit ein. Müde wäre auch das Baby anfangs gewesen und durfte es nicht sein. Um ihren eigenen Rhythmus zu finden, brauchen Babys viel mehr Ruhe. Wir erwähnten es schon: Ein Alpha-Baby braucht viel mehr zusammenhängenden Schlaf, ein Omega-Baby mehr Schlaf zwischendurch. Vergleichbares zeigen die Essgewohnheiten: Ein Alpha-Baby trinkt viel auf einmal, und dann herrscht meist Ruhe, ein Omega-Baby braucht eher viele kleine Mahlzeiten. Wenn man es nach dem Motto »Iss, damit länger Ruhe ist« vollstopft, beginnt es zu erbrechen oder hat Bauchweh und Blähungen. Der Stoffwechsel arbeitet bei den beiden Ernährungstypen jeweils unterschiedlich, und es wäre fein, wenn sich diese Tatsachen allmählich bei den Kinderärzten herumsprächen. In unserer Zusammenarbeit mit ihnen begegnen wir anfangs natürlich viel Skepsis, aber kurze Zeit später kommen die Augenöffner.

Leider sind Ärzte nicht sehr mutig, und nur wenige gehen mit der frohen Kunde an die Öffentlichkeit. Dieses Versäumnis bringt jungen Eltern unnötig viele schlaflose Nächte. Vielleicht Ihnen jetzt nicht mehr!
Ein Kind mit dieser Signatur ist grundsätzlich nicht kompliziert im Zusammenleben. Einfach auf die Gefühle und Bedürfnisse eingehen und viel in Ruhe lassen. Später, etwa im Kindergartenalter, entwickelt sich zusehends der Westen. Das Kind wird wacher, unternehmungslustiger, noch scharfsinniger und will alles selbst machen. Es entdeckt sprichwörtlich die Welt. In der Puppenecke wird Mama gespielt, in der Bauecke der Handwerker, in der Autoecke der Rennfahrer. Alles wird genau ausgelotet und untersucht. Die vielseitigen Talente sorgen dafür, dass so schnell keine Langeweile einkehrt. Der Schule fiebert dieses Kind nicht gerade entgegen, denn langes Sitzen und Lernen uninteressanter Dinge wird schnell langweilig. Musik könnte dagegen zum Lebensinhalt werden. Wundern Sie sich nicht, wenn sich Ihr Kind schon nach einem Monat Flötenunterricht nachdrücklich eine Gitarre oder ein Schlagzeug wünscht. Erfüllen Sie, wenn möglich, diesen Wunsch, das lohnt sich für alle – die musikalischen Anlagen sind stark ausgeprägt.
Ihr Kind lernt zwar alles mit Leichtigkeit, aber über das schulische Minimum hinaus sollte man es zu nichts zwingen. Sie würden sich ohnehin die Zähne ausbeißen, aber auch Ihrem Kind fehlen dann ein paar »Zähne« – sprich: Sein Vertrauen leidet. Der fehlende Norden macht sich hier bemerkbar. Am besten, Sie füllen die Lücke mit schwarzen oder dunkelblauen Dingen. Ein schwarzes Klavier würde die Aufgabe erfüllen. Oft genügen bei Mädchen ein schwarzes Haarband oder schwarze Schuhe. Bilderrahmen, Schreibunterlage, Blumenvase oder Teetasse – überall können Sie Schwarz oder Blau in den Alltag einbauen.
Der fehlende Süden löst manchmal einen Durchhänger nach dem Essen aus. Hier wäre die Farbe Rot angebracht, sie ist aber erst im Teenager-Alter wichtig. Vorerst genügt es, einige rote Spielsachen, Vorhänge, Söckchen, Bettwäsche oder Kissen in Rot zu halten.

Wenn das Kind noch sehr klein ist und Sie es oft im Kinderwagen oder Autositz mitnehmen, dann achten Sie besonders auf die passende Kopfbedeckung. Mützchen sollten unbedingt zum Binden sein, damit sie nicht verrutschen. Ihr Kind ist in den ersten Jahren an den Ohren empfindlicher. Das Gleiche gilt für die Füßchen. Auch wenn es draußen warm ist, sollten Socken nie fehlen, zumindest nicht während der ersten beiden Jahre. Nicht jedes Kind ist gleich empfindlich, aber Eltern sollten nicht das eigene Temperaturempfinden zum Maßstab nehmen. Wenn der Mond in Widder und Stier steht, achten Sie besonders auf den Kopfbereich, an Fische-Tagen auf die Füße. An diesen Tagen das Kind wärmer halten, und Sie sparen sich so manchen Gang zum Kinderarzt!

OSTEN/MITTE/WESTEN *für Teenager*

Inzwischen ist Ihr Kind vielleicht schon ein richtiger Musiker. Zumindest müsste das Talent bereits offen zutage liegen. Gerade in der Pubertät ist es wichtig, dass Teenager ein Stückchen eigenes Reich haben, wo Eltern nicht mitbestimmen dürfen. Der Zeitgeist ist einfach sehr wichtig für die Entfaltung. Wir hatten es auch satt bis obenhin, wenn unsere Eltern über die Beatles schimpften oder die länger werdenden Haare der Jungen bekämpften. Zugegeben, es ist nicht alles schön, was laut ist, und manches, was aus den Kopfhörern brüllt, schadet nicht nur den Ohren, aber Verbote wären trotzdem die falsche Methode. Sie werden sicher einen Weg finden, und vielleicht haben Sie ja Glück und die Musik Ihres Kindes trifft auch Ihren Geschmack. Vielleicht stehen bei Ihrem Kind technische und handwerkliche Fähigkeiten im Vordergrund? Nach der Signatur würde das nicht überraschen. Auch die Naturverbundenheit könnte den Ton angeben. Die soziale Ader dieser Signatur wird eher von den Mädchen genützt, aber es gibt auch viele Jungen, die zum Beispiel als Pfadfinder beginnen und dann dort für viele Jahre Gruppenleiter bleiben. Mit dieser Signatur ist man jedenfalls für viele unterschiedliche Richtungen gerüstet.

Wundern Sie sich deshalb nicht, wenn Ihr Kind stets von einem Beruf in der Land- oder Forstwirtschaft träumte und sich dann für ein Medizinstudium entscheidet oder umgekehrt. Für Eltern schwierig nachzuvollziehen, aber mit dem Tiroler Zahlenrad lassen sich solche Rätsel lösen.
Wie bei jeder Signatur sollten Sie auch hier den Schwerpunkt genauer unter die Lupe nehmen. Die Jahreszahl am Schluss des Geburtsdatums gibt kräftig den Ton an, aber zwei oder mehr Zahlen in einer Himmelsrichtung wirken ebenfalls sehr intensiv. Finden sich mehr als zwei Zahlen an einer Station, kann es zwischenzeitlich zu einem Umkehreffekt kommen. Zum Beispiel stehen drei Zahlen im Osten (❽ und/oder ❸) für eine solch intensive Gefühlswelt, dass sich dieser Mensch oft schützt und dann eher kühl wirkt. Dieser Zusammenhang zeigt sich bei allen Himmelsrichtungen.
Der Westen beispielsweise fördert geschäftliches Denken. Zu viel Westen kann in Egoismus und manchmal sogar betrügerische Neigungen ausarten. Die Mitte bewirkt bei vielen Menschen, dass sich extremes Heimweh oder auch Fernweh einstellen, wenn sie mit Zahlen stärker besetzt ist. Ein Jugendlicher kann dann mit 15 schon die Koffer packen oder mit 30 noch im Hotel Mama leben wollen. Wieder andere lassen dann die genialen Fähigkeiten, die ein Schwerpunkt andeutet, ganz im Schatten verkümmern. Alle diese Phasen würden jedoch spurlos vorübergehen, es sei denn, man hat Erfolg damit; dann bleiben sie leider manchmal zu lange stecken. Wie gesagt, das gilt für jede Signatur, wenn eine Station viele Zahlen aufweist.
Die Teenager dieser Signatur sind oft darauf bedacht, auch körperlich eine gute Figur zu machen. Das beginnt bei einer wohlüberlegten Ernährung und hört bei sportlichen Leistungen auf. Wenn der Jugendliche sich in den Kopf gesetzt hat, Spitzensportler zu werden, zieht er das meist durch. Will er Sänger werden, achtet er auf Aussehen und Figur. Es fällt ihm anscheinend leichter als anderen, und während andere Jugendliche nicht einmal wissen, dass Eier und Käse todmüde machen, kommt er gar nicht auf die Idee, so etwas vor einem Wettkampf zu essen.

Niemand weiß genau, woher er dieses Wissen hat, aber er weiß es eben. Eine gewisse Eitelkeit kommt ihm dabei zu Hilfe. Solange er noch jung ist, versucht er sich so zu kleiden, dass er an Disco-Türen keine Probleme bekommt. Wenn er dann 40 Jahre später wieder Probleme hat, zieht er sich einfach jugendlicher an – und kommt damit durch. Zur Jugend dazugehören zu wollen, dieser Wunsch begleitet ihn lebenslang. Bei vielen Menschen wirkt das peinlich, hier jedoch nicht. Er schafft es tatsächlich, jung zu bleiben wie kaum eine andere Signatur.
Als Eltern wird Ihnen mit diesem Teenager sicher nicht langweilig – und wenn Sie ein wenig mithelfen, die fehlenden Stationen Norden und Süden nicht ganz zu ignorieren, werden Sie die turbulenten Jahre gut überstehen. Wählen Sie in der Wohnung viel Schwarz und Rot (die Wahl ihrer Kleidung haben diese Teenager längst selbst übernommen), auch bei Geschenken, als Bett- und Tischwäsche. Rot braucht der Jugendliche vor allem dann, wenn ihm einmal so ganz und gar der Antrieb fehlt. Zur Unterstützung in der Schule sind Schwarz oder Blau geeignet.

OSTEN/MITTE/WESTEN *für Erwachsene*

Interesse an Zusammenhängen, Ehrgeiz und Geduld – das sind nur einige der Eigenschaften, die die Träger dieser Signatur im Leben weit kommen lassen. Wo andere längst aufgegeben haben, halten sie durch. Die Durchsetzungskraft ist so markant, dass der Gedanke an Aufgabe gar nicht aufkommt. So gesehen ist es nicht einmal eine Frage von »Durchhalten«: Das will ich – das kann ich. Für die Mitmenschen ist das manchmal nicht einfach, man kommt sich daneben ab und zu richtig töricht vor.
Keine Signatur hat so viel Charme, obwohl hier der Süden fehlt, der normalerweise Charisma und Charme beherbergt. Auch eine gewisse Nüchternheit ist zu bemerken, besonders wenn konzentriert Pläne und Projekte geschmiedet werden. Da kann zwischendurch der Familienmensch auf der Strecke bleiben, weil auf allen Hochzeiten zu tanzen nicht so sehr zu den

Stärken dieser Menschen zählt. Deshalb wird zwischendurch auch einmal das eine oder andere vernachlässigt, was als nicht so wichtig empfunden wird. Begleiter dieser Signatur sollten diese Zusammenhänge durchschauen können, dann gäbe es keine Probleme im Zusammenleben. Nur wenn Dinge verlangt werden, die das Gegenüber nicht versteht, kommt es zu Ärgernissen.

Jede Signatur hat ihre starken Seiten, bei dieser Signatur ist es die soziale Ader. Sie darf allerdings nicht ausgenützt werden. Der überdurchschnittlich entwickelte Geschäftssinn beißt sich nicht selten mit dem Familienglück. Eine gute Einteilung wäre hier die beste Abhilfe. Warum sollte eine geschäftstüchtige Frau auf Familie und Kinder verzichten müssen? Auch heute muss man sich noch anhören, dass eine Frau besser zu Hause bleiben sollte, wenn sie ein Kind hat. Das ist für einige Zeit nach der Geburt sicher richtig, dann aber sollte auch Unterstützung von außen kommen. Betriebskindergärten gibt es leider noch viel zu wenige. Es sollte auch großzügiger möglich sein, zu Hause zu bleiben, wenn ein Kind kränkelt. Das ließe sich alles machen, aber leider hat heute jeder Angst um seinen Arbeitsplatz, und so entsteht zu wenig Druck für den Wandel in Richtung menschliche Arbeitswelt. Man müsste Familien unterstützen, wenn es notwendig ist, und nicht nur einfach die Frauen »benützen«. Beide Welten unter einen Hut zu bringen, beide in gesundem Maß, das wäre eine zufriedene Zukunft für alle.

Bei nicht gelebten Talenten machen sich negative Energien breit, die für alle Beteiligten von Nachteil sind. Dabei ist es gleichgültig, ob es sich um die Karriere eines Sportlers oder Arztes handelt. Niemand sollte das Gefühl haben müssen, seine Talente verschwendet zu haben. Da hat es diese Signatur gut, denn sie kann auch noch im Alter etwas aus ihrem Leben machen, was man nicht von allen Menschen sagen kann. Beginnen Sie früh genug, Ihre fehlenden Stationen Norden und Süden auszugleichen. Es ist vorteilhaft, im ersten Kapitel ab Seite 20 auch die fehlenden Stationen nachzulesen, das erleichtert das Verständnis für andere Menschen.

Deren spezielle Talente mögen Ihnen vielleicht fremd erscheinen, aber man

Affirmationen für die Signatur Nr. 25

Zwei Seelen wohnen in meiner Brust – ich gewähre beiden liebevoll Raum.

Es gelingt mir immer öfter, meine Mitte zu spüren.

Finanzielle Angelegenheiten nehme ich mit viel Einfühlungsvermögen selbst in die Hand.

Meine Musikalität begleitet mich mein ganzes Leben lang.

Je älter ich werde, desto mehr entwickle ich meinen inneren Frieden.

Wenn ich in der Öffentlichkeit bin, fühle ich mich allmählich immer wohler.

Meine Einzigartigkeit lebe ich mit Freude.

Von Zeit zu Zeit verwende ich die Farbe Rot, um mich zu stärken, wenn mich viele Menschen umgeben.

sollte versuchen, Verständnis zu entwickeln. Umgekehrt kann das Gegenüber Sie besser verstehen. Denn genau darauf kommt es an: Verständnis aufbauen und nicht erwarten, dass der andere so wird wie Sie. Viele Beziehungsprobleme könnten wir uns so ersparen. Heikel wird es, wenn jemand zu leiden hat, weil ein Partner »stehen bleibt« und nichts dazulernen will. Es ist nämlich ein gewaltiger Unterschied, ob ein Mensch nur »anders« ist oder ob er sich nie den gegebenen Situationen anpassen kann. Sich entwickeln ist nun einmal das Gegenteil von Stehenbleiben. Die verschiedenen Signaturen zeigen das immer wieder deutlich. Es kommt nicht darauf an, welche Zahlen jemand hat, sondern wie er sie nützt. Wenn ein Mensch alle Talente leugnen muss, weil Eltern, Großeltern, Lehrer und andere ihn in eine Schablone stecken, kann er unmöglich auf Dauer glücklich werden. Als Erwachsener entsteht die Verpflichtung zum Umdenken. Als Kind konnte man sich nicht wirklich wehren, aber heute sind die Umstände anders, und Sie sind derjenige, der für Ihr Glück verantwortlich ist. Weder Eltern noch Ehepartner, Kinder oder Kollegen haben Schuld an Ihrer Situation.

Mit den Fähigkeiten dieser Signatur sollten Sie auch aus unmöglichen Situationen gesund aussteigen. Notfalls tragen Sie vor den ersten Treppenstufen einige Wochen lang Rot. Schwarz hilft auch, klare Gedanken zu fassen, Rot aber gibt Ihnen die Power, die Sie gut gebrauchen können, mit deren Hilfe Sie den Weg zur Vollständigkeit antreten können.

OSTEN/MITTE/WESTEN *für Senioren*

Das ganze Leben lang muss man sich auf immer neue Situationen einstellen, so auch auf die »besten Jahre« und das Pensionisten-Dasein. Leider passiert es immer wieder, dass dieser Lebensabschnitt vernachlässigt wird, und zwar von allen Seiten. Nicht einmal die Rentner selbst bereiten sich gut vor. Woran das liegt, weiß eigentlich niemand so genau.

Ein Grund jedoch spielt sicher mit: Auf die Gesundheit ist nicht mehr so

recht Verlass, und vieles lässt sich nur machen, wenn auch der Körper mitmacht. Also warten viele erst ab, bis sie gesund sind – mit der Erkenntnis am Ende, dass so manches nicht besser, sondern eher schlechter wird. Mit Ihrer Signatur haben Sie jedoch die Chance, dieser Denkweise zu entkommen, weil die Veranlagung für körperliche Fitness bei Ihnen besser ist als bei vielen anderen. Wenn Sie das momentan nicht erkennen können, dann arbeiten Sie daran, möglichst ab sofort! Denken Sie im ersten Schritt über Ihre Ernährung nach, zweitens beginnen Sie mit der Mondgymnastik (siehe Buchtipp Seite 397). Schon nach nur einer Woche sieht die Welt anders aus! Nur wenn Sie gewohnheitsmäßig viel Käse oder Milchprodukte gegessen haben, dauert es eine Woche länger, bis Sie den großen Fortschritt fühlen. Der Entzug kann nach drei Tagen heftig ausfallen, aber danach wird es von Tag zu Tag besser. Ohne Ernährungsumstellung haben Sie dagegen keine Chance auf Gesundheit!
Ihre großartigen Fähigkeiten sollten nicht verschwendet werden. Viele Menschen haben überhaupt erst als RentnerIn Zeit, den eigenen Bedürfnissen nachzugehen. Aus der bunten Palette an Möglichkeiten suchen Sie sich Ihren größten Wunsch heraus und beginnen ihn zu verwirklichen. Was brauchen Sie dazu, welche Vorbereitungen sind nötig, wo bräuchten Sie Hilfe, von wem können Sie Unterstützung bekommen, was kostet es etwa, und ab welchem Zeitpunkt wäre das alles realistisch? Setzen Sie sich hin und gehen Sie das Vorhaben Punkt für Punkt durch. Der fehlende Norden könnte bei Ihrer Signatur bewirken, dass Ihnen gerade diese Vorbereitungsphase ein Dorn im Auge ist. Vielleicht haben Sie eine Freundin oder einen guten Bekannten mit Norden (❻ und/oder ❶) im Geburtsdatum? Fragen Sie gleich mal nach! Manchmal macht es ohnehin mehr Spaß, im Team etwas zu unternehmen. Ihrer Signatur nach brauchen Sie aber immer wieder etwas Ruhe, und das Alleinsein stärkt Sie. Eventuell sollten Sie deshalb für die Vorbereitungsarbeiten nur vorübergehend Hilfe von außen in Anspruch nehmen. Achten Sie auch nochmals darauf, in welcher Himmelsrichtung Sie eventuell mehrfach besetzt sind. Lesen Sie

diese Station noch einmal sorgfältig durch (ab Seite 20) und entscheiden Sie dann erst, wie das Ziel konkret aussehen soll. Wenn Sie früher Ihre echten Talente und Fähigkeiten ausleben konnten, wollen Sie vielleicht lieber die fehlenden Himmelsrichtungen Norden und Süden nachholen? Auch dann lesen Sie bitte diese Stationen genau durch, um besser verstehen zu können, welche Lücken noch gefüllt werden wollen. Immer wieder kommt es vor, dass ein fehlender Norden (❻ und/oder ❶) nachgeholt werden will – mit seiner starken Neigung zum Gang in die Öffentlichkeit. Das kann zum Beispiel ein Buch sein, das geschrieben und veröffentlicht werden will, oder der Sitz in einem Vorstand. In Ihrem Fall treibt der fehlende Süden vielleicht zu Reisen an, zu Vorträgen, zum Gang »unter die Leute«, zum Tanzkurs. Wissen können Sie genug vorweisen, vielleicht füllt genau das eine Lücke in Ihrem Leben. Wenn das alles nicht in Frage kommt, weil Sie zu stark gebunden sind, dann arbeiten Sie am besten mit Farben und anderen kleinen Änderungen. Beginnen Sie mit dem Kleiderschrank und sortieren Sie alles aus, was Sie seit mehr als zwei bis fünf Jahren nicht mehr getragen haben. Wahrscheinlich ist Wertvolles dabei, für das Sie viel Geld bezahlt haben. Heute aber ist der Preis, auf diese Dinge überhaupt nur einen Blick zu werfen, höher als der ursprüngliche Preis. Die Hoffnung, wieder »reinzuwachsen«, ist meist vergeblich. Also verschenken Sie die Sachen und schaffen Platz für Dinge, die Sie wirklich lieben! Sie brauchen zur Farbe Schwarz unbedingt Rot, gleichgültig ob Mann oder Frau. Rot bringt Sie in Schwung. Als Nächstes kommen Ihre vier Wände dran: Raus mit allem, woran Ihr Herz nicht (mehr) hängt! Nicht in den Keller oder, schlimmer noch, auf den Speicher stellen! Raus damit! Sie haben das Recht, Ihren Geschmack zu genießen. Auch in der Wohnung lässt sich viel ändern, mit wenig Aufwand und Ausgaben. Sagen Sie Ihren Lieben, was Sie gern haben möchten, falls Geburtstag oder Weihnachten anstehen.

Johanna erzählt:

Unsere Arbeit bringt uns mit vielen Menschen in Kontakt, besonders auch mit vielen Senioren. Ein heikles Problem kommt dann immer wieder einmal zur Sprache, nämlich die Frage wohin mit angehäuften »Dingen des Lebens«, mit Haus, Antiquitäten, Geldsummen, usw. Wer ist ihrer würdig, wer wird es schätzen und weise damit umgehen? Die Entscheidung ist oft sehr schwer, man schiebt sie vor sich her und dann bleibt meist alles beim Alten, die seelische Belastung wächst. Ein älterer Herr, dessen Frau verstorben war, bat uns eines Tages um Hilfe in einer solchen Sache, wobei es speziell um schöne antike Gegenstände ging. Mangels Erfahrung vermittelten wir ihn an einen seriösen Gutachter und Händler. Er war dort bestens aufgehoben, aber der Händler selbst ist uns dann als »Sorgenkind« geblieben. Während er früher den Beruf geliebt hatte, belastete ihn jetzt die Situation zunehmend. Er hatte begonnen, zu fühlen, dass alle Dinge eine eigene Geschichte haben und sie auch ausstrahlen. Zudem floss viel Neid benachteiligter Erben in seine Tätigkeit. Eines Tages hatte er genug von den alten Möbeln und ihrer Geschichte. Wir konnten ihn gut verstehen. Fast jeder alte Gegenstand ist mit Vergangenheit getränkt und sicherlich nicht immer eine positive. Eifersucht, Angst, falscher Ehrgeiz, bis hin zum Diebesgut – all das belastet nicht nur die Dinge, sondern auch die Menschen in der Umgebung. Natürlich hatte der Herr oft selbst erlebt, wie so manches schöne Stück im Streit den Besitz wechselte oder auch heimlich »unter die Leute« kam. Aber was hatte das mit dem »leblosen Objekt« zu tun? Heute denkt und fühlt er anders darüber, er hat seinen Traumberuf an den Nagel gehängt und fühlt sich glücklich und frei. Seltsame Entscheidungen sind es manchmal, die zum echten Glück führen. Dass zu viele oder die »falschen« Gegenstände belasten können, ist sicher kein Geheimnis. Sich aber zu entscheiden, sie loszulassen und nach dazu anderen eine große Freude zu machen, das ist sicher eine Überlegung wert.

Signatur Nr. 26

Norden/Osten/Süden/Mitte

Mit einer vielfarbigen Palette von Talenten – unbehelligt von materiellen Fesseln

DIE ZAHLEN: 6 und/oder 1, 8 und/oder 3, 7 und/oder 2, 0 und/oder 5
vorhandene Farben: Blau, Grün, Rot und Gelb/fehlende Farben: Weiß

+ positive Eigenschaften

- aufnahmefähig
- willensstark
- tiefgründig
- visionär
- wissensdurstig
- musikalisch
- mitfühlend
- geduldig
- kreativ
- unabhängig
- charismatisch
- leidenschaftlich
- großzügig
- naturverbunden
- hilfsbereit
- mutig

NORDEN/OSTEN/SÜDEN/MITTE *für Babys und Kleinkinder*

Interessierte und aufgeweckte Babys sind eine Freude für die ganze Familie. Je mehr Talente ein Kind mitbringt, umso mehr will es wissen. Diesem Baby können Sie anfangs etwas Gutes tun, indem Sie es viel in Ruhe lassen und sehr viel weiße Wäsche verwenden, in Kleidung, Bettwäsche, Vorhängen und so weiter. Weiß ist die einzige Farbe, die hier fehlt, und sie wird deshalb meist als angenehm empfunden. Weiß beruhigt und hilft dem Kind, »hier unten auf der Erde anzukommen«.

Mit dem Essen haben Sie bei Ihrem Kind wahrscheinlich keine großen Probleme, denn sein Verdauungssystem ist fast immer robust. Wenn Sie auch noch herausfinden, ob es ein Alpha- oder Omega-Typ ist, haben Sie schon viel gewonnen (siehe unsere Website, Seite 396, und den Buchtipp auf Seite 397). Schlaflose Nächte gehören dann bald der Vergangenheit an. Sollten Sie von Alpha/Omega noch nie gehört haben, können Sie sich behelfen: Mischen Sie einfach niemals Bananen und Steinfrüchte (Kirschen, Pfirsiche, Aprikosen, Mango, Zwetschgen ...) mit Kernfrüchten (Birne, Apfel). Zitrusfrüchte sollten bei Babys grundsätzlich sparsam verwendet werden, und wenn, dann mit Kernfrüchten mischen. Beerenfrüchte dagegen vertragen fast alle Babys.

Ist Ihr Kind schon etwas größer, wird es unternehmungslustiger, braucht aber das Gefühl des »Beschütztwerdens«. Nehmen Sie es früh genug ernst, aber überfordern Sie es nicht. Es kann nur schwer Nein sagen und will manchmal auf allen Hochzeiten tanzen. Bei größerer Unruhe geben Sie dem Kleinen Dinge zum Basteln. Der fehlende Westen macht es manchmal unsicher, und es sucht Bestätigung. Wenn dann etwas Selbstgebasteltes aufgestellt ist, fühlt es sich stabiler und vollständiger. Seien Sie dabei nicht zu streng im Urteil, denn handwerkliches Geschick ist nicht jedem gegeben. Das Kind will es intuitiv erlernen.

Im Kindergartenalter wird es die neue Welt erobern und vielleicht gleichzeitig ein wenig Heimweh verspüren. Seien Sie deshalb möglichst immer

pünktlich beim Abholen. Sie müssen nicht als Erste kommen, aber wenn möglich immer zur gleichen Zeit. Später ist das nicht mehr so wichtig – ihr Kind hat Vertrauen gewonnen und weiß jetzt, dass es nicht vergessen wurde. Ihr Kind ist ein besorgtes Wesen und braucht Sicherheiten. Ungerechtigkeiten untereinander mag es gar nicht und es ist schwer enttäuscht, wenn es von anderen Kindern hintergangen wird. Leider lässt sich das ab dem Kindergartenalter nicht vermeiden, und Ihr Kind muss lernen, damit umzugehen. Gerade Kinder in diesem Alter können furchtbar grausam sein. Stabilisieren Sie Ihren Schützling, reden Sie, lehren Sie durch viele Spiele das Verlieren, machen Sie Geschicklichkeitsspiele, Quiz, Ratespiele. Durch Spielen und Verlieren kann ein Kind sehr viel Stabilität und Selbstvertrauen gewinnen. Deshalb sind auch Straßenspiele so wichtig: Wenn viele Kinder zusammenkommen, verliert und gewinnt nicht immer der Gleiche. Manche Eltern lassen ihre Kinder grundsätzlich gewinnen. Das ist unklug, denn es nimmt dem Kind den Bezug zur Realität.
Am Abend sollte zwar grundsätzlich Ruhe herrschen, aber nicht immer ist das möglich. Die meisten Kinder sind viel weniger empfindlich, als Ihre Eltern vermuten. Nehmen Sie sich vor, eine Gutenachtgeschichte vorzulesen, aber bitte nichts, was Angst einjagt. Auch sanfte Musik wäre eine gute Idee. Manche Kinder lieben gruselige Abendgeschichten, aber nicht dieses Kind. Gewohnheit und Sicherheit werden hier großgeschrieben. Lassen Sie Ihr Kind niemals allein, wenn es annimmt, Sie seien zu Hause. Das verzeiht es lange nicht, und manchmal sitzt der Schock so tief, dass Sie nicht mehr aus dem Haus kommen ohne Riesentheater. Das wäre schade, weil Sie ein im Grunde selbstständiges Kind haben. Nur das Vertrauen dürfen Sie nicht aufs Spiel setzen. Setzen Sie sich durch, wenn es wichtig und angebracht ist, aber schwindeln Sie nicht.
Ausgeprägte Talente kommen bei dieser Signatur viele zum Vorschein, aber wenn auch noch eine Himmelsrichtung doppelt besetzt ist, wird Ihr Kind das intuitiv besonders spüren. Vielleicht sind Sie jetzt irritiert, weil Sie diese Talente an Ihrem Kind noch gar nicht erkennen können?

Oftmals hemmt eine stark besetzte Himmelsrichtung die dort wohnenden Fähigkeiten, und sie entfalten sich erst später. Wie bei allem im Leben ist mehr nicht immer besser. Die Dinge müssen hier gezielt in gesunde Bahnen gelenkt werden, sonst versteckt sich manches Talent, weil es nirgends auf Verständnis stößt. Jedes Kind spürt das genau.

NORDEN/OSTEN/SÜDEN/MITTE *für Teenager*

Ein Teenager kann es meist kaum erwarten, selbstständig und unabhängig zu sein und sein eigenes Geld zu verdienen. Das gilt nicht unbedingt bei dieser Signatur, sie lässt sich oftmals viel Zeit, so als ob eine eingebaute Gewissheit ihr sagt, dass alles in Ordnung kommen wird. Im Grunde ist dieses seelische Fundament beneidenswert, aber Eltern können da schon mal ungeduldig werden. Manchmal ist es auch nur eine Unsicherheit, die die Eltern spüren. Keine Angst – alles zu seiner Zeit! Bei einem Mädchen sind Eltern oft froh, dass die Tochter nicht allzu früh auf Achse sein will, besonders jene Väter, die selbst Draufgänger waren. Aber auch bei Jungen gibt es viele Eltern, die es durchaus genießen, den Sohn lange im Haus zu haben. Betonen wollen wir, dass es sich hier nicht um »Muttersöhnchen« handelt, sondern um Jungs, die es gern etwas bequemer angehen. Von einem Tag auf den anderen haben sie den Dreh raus und suchen ihre eigenen Wege, oftmals zielbewusster als viele anderen.
Es ist immer so eine Sache mit einem riesigen Blumenstrauß an Talenten. Wohin sich wenden, woher wissen, was richtig ist, was zu opfern ist? Obendrein fühlt sich oft vieles gleichzeitig »richtig« an. Deshalb ist es tatsächlich sinnvoll, sich Zeit zu lassen. Schnupperwochen, auch an der Universität, wären hier ideal. Allerdings ist die Gefahr des Verzettelns nicht gering: Das Interesse an der Umwelt ist ebenso gegeben wie das an globalen Zusammenhängen, an Religion, Musik, Politik, an philosophischen Themen, Medizin und Heilen, an der Medienwelt. Damit soll einer auf Anhieb klar kommen? Verständnisvolle Eltern sind hier gefragt.

Manchmal vergisst man, dass Jugendliche auch ein Privatleben brauchen. Der Schulstress kommt selten zum passenden Zeitpunkt, und mit diesem Bewegungstalent wartet so manche Tanzfläche. Manche verbinden Musik und Tanz, um auf ihre Kosten zu kommen. Diese Signatur sollte unbedingt ihr musikalisches Können und das Bewegungstalent ausleben dürfen. Gerade in der Pubertät lassen sich so einige Hürden meistern.
Leseratten finden Sie hier ebenfalls. Es gibt fast nichts, was diese Signatur nicht interessiert. Lesen bildet – aber es kann auch verbilden. So mancher Jugendliche wird leicht zum Opfer, auch in der Lese- und Bücherwelt. In diesem Alter kann man nicht mehr ohne Weiteres vorschlagen, geschweige denn diktieren, was gelesen werden darf. Aber es wäre eine gute Idee, ein wenig das Gespräch zu suchen. Fanatische, sektiererische Themen sollten immer hellhörig machen.
Wie bei jedem Prozess der Entfaltung hängt viel davon ab, wie verständnisvoll die Umgebung ist. Eltern mit ausgeprägtem Westen werden weniger Verständnis aufbringen als Eltern mit Osten, Süden oder Norden. Den Westen muss sich dieser Jugendliche erst erobern, und er muss lernen, dass Geld nicht vom Himmel fällt. Er braucht allerdings nicht so viel Geld wie andere und versteht die Aufregung darum nicht. So viel ist sicher: Ihr Teenager muss lernen dürfen, wozu er sich berufen fühlt, und nicht das, was am meisten »abwirft«, sonst wird er unglücklich. Nicht immer leicht einzusehen für die Eltern, aber die Mühe lohnt sich!
So manche Signatur ist in der Phase jugendlicher Rebellion nicht wiederzuerkennen. Einen gewissen Einfluss hat hier auch das Tierkreiszeichen der Geburt. Ein Löwe empfindet die Dinge grundsätzlich anders als ein Krebs, ein Fisch kann sich nicht leicht in einen Widder hineinversetzen. Es muss schon viel Wasser den Rhein, die Donau und die Isar hinunterfließen, bevor ein Widder merkt, dass es außer seiner auch noch andere Wahrheiten gibt. Ein Fisch zeigt seine Sturheit auf wieder andere Art. Dieses Zusammenspiel macht sich besonders in jungen Jahren bemerkbar, wo es so viele unterschiedliche Orientierungsmöglichkeiten gibt.

Johanna erzählt:

Nach einem Vortrag in München machte eine Astrologin mein Horoskop. Sie warf mir einen mitfühlenden Blick zu und sagte, ich solle mehr Geduld mit meinem Sohn haben, denn ich wäre fast immer zu schnell (zu hektisch) für ihn. So hatte ich das bis zu diesem Zeitpunkt nicht gesehen, denn in meinen Augen war mein Sohn immer zu langsam! Jedenfalls hat mir diese Einsicht damals sehr geholfen – und meinem Sohn auch!

NORDEN/OSTEN/SÜDEN/MITTE *für Erwachsene*

Haben Sie Ihre wahre Bestimmung schon gefunden? Suchen Sie noch? Sie hatten (und haben) die Qual der Wahl zwischen zahlreichen Berufsmöglichkeiten, die Sie sicherlich alle erfolgreich ausfüllen würden. Weniger talentierte Menschen als Sie haben es da manchmal einfacher. Andererseits: Die heutige Zeit erlaubt es oftmals gar nicht mehr, sich auf einem einzigen Beruf »auszuruhen«. Glücklicherweise gibt es viele Tätigkeiten, die gut kombinierbar sind beziehungsweise sich gegenseitig ergänzen. Schön wäre es, wenn auch noch für ein Familienleben Platz bleibt. Diese Signatur birgt nämlich neben der Talentvielfalt auch noch einen Familienmenschen. Geld ist ihm nicht so wichtig, deshalb kommt es auch kaum zu Konflikten wegen der Finanzen, zumindest gehen sie nie von ihm aus. Partner haben dafür manchmal weniger Verständnis, außer auch bei ihnen fehlt der Westen (❾ und/oder ❹). Viele Menschen machen den Fehler, ständig dem Geld hinterherzurennen und dabei die Schönheit des Lebens nicht mehr zu sehen. Oft haben sie auch gar keine Zeit, das Geld sinnvoll auszugeben, weil sich ein Dauerstress eingestellt hat. Mit solchen Menschen könnte diese Signatur »verrückt« werden, weil ihr dafür meist das Verständnis fehlt.
Die liebenswerte Person dieser Signatur verdient einen großzügigen Umgang. Das bedeutet sicher oft genug, beide Augen zuzudrücken, manchmal

auch noch das »Hühnerauge«. Die Fähigkeiten eines Menschen hängen nicht nur von seinen Talenten ab, sondern auch davon, wie viel Raum und Zeit zur Verfügung steht, Begabungen zu leben. Wie jeder weiß, gibt es da große Unterschiede. Tiefgründige Menschen sind eben das Gegenteil von oberflächlich, und das braucht Zeit.

Der fehlende Westen sollte dem Frieden zuliebe aktiv ausgeglichen werden. Ob Sie dazu die Familienkasse übernehmen oder den jährlichen Steuerbescheid, das ist nicht wichtig. Hauptsache Sie beginnen sich um die Finanzen zu kümmern. Nur allzu gern wird diese unangenehme Sache auf den Partner geschoben. Das ist deshalb gefährlich, weil Sie den Überblick verlieren könnten. Also am besten immer am Ball bleiben. Wenn Ihnen das schwerfällt, ziehen Sie viel weiße Kleidung an oder sorgen Sie zumindest für einen hellen Raum, wenn Sie sich an die Arbeit machen. Klingt einfach, hilft aber sehr gut. Blockierend bei dieser Signatur wirken auch unaufgeräumte Schreibtische oder Arbeitsbereiche. Bremsende Energien wie diese werden leider oft übersehen. Solche »Kleinigkeiten« sind es aber, die den Ausgleich des fehlenden Westens erschweren. Manche Menschen mit dieser Signatur sollten ein Zimmer im Westen des Hauses zum Arbeiten bekommen, andere müssen sogar in den Westen einer Stadt, eines Landes ziehen, um sich wirklich wohl zu fühlen. Auch das kann helfen, ausgeglichener zu werden. Sie haben es bestimmt schon beobachtet: Im Westen einer Stadt leben andere Menschen als im Osten, im Norden findet sich eine andere Mentalität als im Süden. Das sind alles keine Zufälle. Der Mensch prägt die Gegend, die Gegend den Menschen. Auch wenn die Unterschiede manchmal im Feinen liegen, so sind sie doch vorhanden und formen uns unsichtbar.

Wir haben schon öfter darauf aufmerksam gemacht, dass die Jahreszahl am Ende des Geburtsdatums eine ganz besondere Wirkung hat. Sie sollte bei der Berufswahl berücksichtigt werden. Wenn Zahlen in einer Himmelsrichtung mehrmals vorkommen, schlägt ihre Energie manchmal ins Gegenteil um. Bei der Jahreszahl aber, deren Himmelsrichtung noch von weiteren

Affirmationen für die Signatur Nr. 26

Es gibt nichts, was mir nicht gelingen könnte.

Meine Sehnsüchte bringe ich ab jetzt stärker zum Ausdruck und lebe sie auch.

Ich sorge für klare Gedanken, damit ich immer weiß, was Ja und Nein bedeuten.

In meiner Musikalität und durch Meditation finde ich innere Ruhe.

Meinen geistigen, spirituellen und kreativen Gedanken gebe ich Ausdruck.

Um mich rundum im Einklang mit mir selbst zu fühlen, kümmere ich mich zunehmend auch um das Finanzielle.

Meinen Träumen höre ich zu, habe aber Verständnis, dass nicht alle Menschen die gleichen Träume haben.

Von Andersdenkenden kann ich lernen, und ich kann sie akzeptieren.

Zahlen begleitet wird, verstärken sich die Talente. Das zu nützen ist vor allen Dingen notwendig, wenn man schon erwachsen ist und trotzdem seinen Weg noch nicht gefunden hat. Manchmal glaubt man ihn zu kennen, nur um bald darauf zum Abbiegen gezwungen zu werden. Das Tiroler Zahlenrad kann Ihnen hier unter die Arme greifen, wenn die neue Orientierung ansteht. Mit Ihrem Charme und Ihrem Können dürfte das nicht so schwierig werden. Sie sind eine schöpferische Natur, temperamentvoll, naturverbunden, großzügig, spirituell, kreativ und charismatisch. Lernen Sie die Dinge Schritt für Schritt durchzuziehen und nehmen Sie sich Zeit und Muße – und Sie werden sehen, dass sich auch ohne den Westen der Erfolg vom Baum pflücken lässt.
Was auch immer Erfolg im Einzelfall bedeutet: Sie müssen glücklich werden. Das ist unser aller Ziel, denn nur so kann ein harmonisches Miteinander in der Welt zustande kommen. Sie haben das Talent, wieder mehr Frieden und Ordnung in die Welt zu bringen. Dabei ist natürlich der erste Schritt unabdingbar, nämlich zuerst Ordnung in die eigene kleine Welt zu bringen. Leider gehören dazu auch die Finanzen. Einfach nicht vergessen: Die Farbe Weiß hilft Ihnen!

NORDEN/OSTEN/SÜDEN/MITTE *für Senioren*

Die Zukunft wird uns immer mehr dazu zwingen, bis zur Rente länger zu arbeiten. Dass für die Renten immer weniger Geld da ist, ist ja kein Geheimnis. Gut möglich aber, dass die Träger dieser Signatur sich bis zum heutigen Tag darüber keine Gedanken gemacht haben. Sicherlich aus verschiedenen Gründen, aber der Hauptgrund ist, und wir übertreiben nicht:
Sie merken es oft gar nicht, wenn sich das Rentenalter nähert. Das ist ein gutes Beispiel für zwei Dinge: Zum einen ist es tatsächlich so, dass diese Signatur bei einigermaßen gesunder Ernährung nicht so leicht altert, und zum Zweiten ist es dieser Signatur eher fremd, zu Geld (sprich: die Rente)

zu kommen, ohne dafür zu arbeiten. Es gibt genügend Signaturen, die alles Mögliche auf den Kopf stellen, um zu Geld zu kommen, nicht aber diese. Sie haben also vielleicht ohnehin vor, zu tun, was in Zukunft die Norm sein wird, nämlich länger zu arbeiten. Es ist ja auch verständlich: Mit diesen Begabungen ist man nicht an ein bestimmtes Alter gebunden.

Wenn Sie aus einem landwirtschaftlichen oder sonstwie körperlich stark belastenden Beruf kommen, dann sollten Sie sich jedoch um einen körperlichen Ausgleich bemühen. Die viele schwere Arbeit in der Landwirtschaft setzt dem Körper manchmal sehr zu. Mondgymnastik drei Minuten täglich könnten Ihnen viele Schmerzen ersparen (siehe Buchtipp Seite 397). Aber auch die »normale« Gartenarbeit belastet die Bandscheiben enorm. Hierzu gibt es ebenfalls eine wunderbare Ausgleichsgymnastik, die mit dem Märchen von den »Abnützungserscheinungen« aufräumen kann. Kommen Sie mit Ihrer Signatur zum Beispiel aus der Richtung Anwalt, Schriftsteller, Architekt, wo man viel Zeit vor dem Computer verbringt, wird ebenso eine Ausgleichsgymnastik mit den Jahren immer wichtiger. »Normale« Gymnastik ist meist zu anstrengend oder bringt langfristig nichts, manchmal ist sie außerdem regelrecht langweilig. Was immer Sie getan haben oder noch tun: Gönnen Sie sich diese drei Minuten täglicher Gymnastik in Harmonie mit dem richtigen Zeitpunkt und Sie fühlen sich wie ein neuer Mensch!

Gibt es einen Traum, den Sie schon seit langer Zeit geträumt haben? Dann jetzt aber los! Nützen Sie die Zeit, ergreifen Sie die Gelegenheit und machen Sie Ihren Traum endlich wahr. Die Neigung, vorher immer zuerst noch dies und das und jenes erledigen zu müssen, bremst Sie vielleicht, wie Sie es schon in der Vergangenheit zugelassen haben. Lassen Sie das nicht zu und geben Sie niemandem die Schuld dafür!

Setzen Sie sich das Ziel und wandern Sie Schritt für Schritt voran. Natürlich sollten Sie nicht alles auf einmal anpacken, denn dann türmt sich in kürzester Zeit ein Berg von Aufgaben und Vorhaben an, und am Ende bleibt keine Energie mehr übrig. Was müssen Sie tun, um sich Ihren lang-

gehegten Herzenswunsch zu erfüllen? Wohin wenden Sie sich? Wo melden Sie sich an? Wer berät Sie, wer begleitet Sie eventuell?
Manche können gut singen und/oder tanzen, manche wollten schon immer ein Buch schreiben und hatten nie die Zeit dazu. Gestalten Sie sich im Haus, in der Wohnung den einen, besonderen Platz, an dem Sie bequem und ungestört einige Stunden sitzen können. Ein im Westen des Hauses gelegenes Zimmer wäre ideal, muss aber nicht unbedingt sein. Der Ausblick nach Norden wäre ebenfalls geeignet, aber wichtig ist vor allen Dingen, dass Sie sich wohl fühlen. Notieren Sie einfach alle Gedanken und Ideen, die Ihnen einfallen, und arbeiten Sie sie erst später aus.
Solche Arbeiten können sehr glücklich machen, noch dazu können Sie zwischendurch auch im Freien arbeiten. Manchmal sieht man bei Ihrer Signatur, wie sich jemand einen wunderschönen Garten anlegt, mit Springbrunnen, Sitzgelegenheiten, Laube, Rosenbogen, Hängematte und was sonst noch dazugehört. Wenn das Ihr Hobby ist, arbeiten Sie am besten mit einem Mondkalender, damit alles schon beim ersten Mal gelingt. Ihrer schöpferischen und geduldigen Natur würde all das sehr entgegenkommen. Sollten Sie Lust haben, sich um Ihren fehlenden Westen aktiv zu bemühen, dann werden Sie spannendes Neuland betreten. Die Tatsache, dass Sie jetzt endlich genug Zeit dafür haben, bringt die tollsten Ideen hervor.
Wirklich interessant wird es, wenn man die Signaturen von Partnern oder Familienangehörigen ausrechnet. Plötzlich gehen einem diverse Lichter auf und man erkennt genau, warum jemand so ist, wie er oder sie ist. Warum bestimmte Anlagen so stark durchkommen und andere wiederum ganz fehlen. Selbst wenn man darauf nur ein Stück weit Rücksicht nimmt, wird der Alltag bereits um vieles einfacher und angenehmer.
Wenn Sie beispielsweise das nächste Mal ein Geschenk kaufen, achten Sie einfach einmal auf die Signatur der Person, und schon wissen Sie genau, was Sie mitbringen sollen, ob es eine Grünpflanze ist oder Blumen, neue Musiknoten, eine kuschelige Decke ... Dieses Geschenk noch in die Far-

ben verpackt, die in der Signatur des Glücklichen fehlen, und Sie haben schon gewonnen. Wenn Sie Blumen mitbringen, wählen Sie auch hier die richtigen Farben. Hat jemand keinen Süden in seiner Signatur, ist natürlich Rot angesagt. Fehlt der Westen, sind weiße Lilien, Rosen, Margeriten ... ideal. Die Beschenkten werden sich wundern, warum Sie immer das Passende finden! Jedenfalls ist das nicht nur versteckte Hilfe, sondern macht auch allseits Freude.

Es ist außerdem spannend, sich mit dem Zusammenhang zwischen Geburtszahlen und Charakter zu beschäftigen: Überlegen Sie beispielsweise, welche Zahlen Ihr Enkelkind hat, und achten Sie beim nächsten Besuch gezielt darauf. Sie werden nicht nur interessante Seiten an ihm entdecken, sondern auch Ihr Enkelkind bekommt einen ganz anderen Zugang zu Ihnen. Es fühlt sich verstanden. Manchmal ist das das Wichtigste und das schönste Geschenk, das Sie einander machen können! Immer wieder erlebt man leider, dass zu wenig Zeit ist für den guten Kontakt zu den Enkelkindern. Räumliche Entfernung, unterschiedliche Interessen, unterschiedliche Lebenseinstellung, das alles spielt ebenso eine Rolle. Das Zahlenrad ermöglicht Ihnen hier einen völlig neuen Zugang! Eine besondere Tür öffnet sich, wenn Enkelkinder spüren, dass Oma und/oder Opa wirklich auf sie eingehen und nicht nur oberflächliche Routine abliefern. Das gegenseitige Verstehen ist tausendmal mehr wert als ständige gute Ratschläge und Besserwisserei. Die Enkel jeder Generation müssen eigene Erfahrungen machen dürfen und die Erfahrungen der Großeltern sind nicht immer gefragt. Wir müssen uns nur erinnern, denn diese Wahrheit kennen wir aus der eigenen Kindheit. Genießen Sie den Alltag mitten unter Familienangehörigen, denn auch das gehört zu Ihrem Leben.

Signatur Nr. 27

Osten/Süden/Westen/Mitte

Mit Herz und Verstand –
alle Wege stehen offen, auch die stillen

DIE ZAHLEN: 8 und/oder 3, 7 und/oder 2, 9 und/oder 4, 0 und/oder 5
vorhandene Farben: Grün, Rot, Weiß und Gelb/fehlende Farbe: Blau

positive Eigenschaften

- scharfsinnig
- mitfühlend
- musikalisch
- ehrgeizig
- geduldig
- kreativ
- unabhängig
- charismatisch
- leidenschaftlich
- neugierig
- handwerklich begabt
- großzügig
- ausgeglichen
- hilfsbereit
- temperamentvoll
- findet Gehör

OSTEN/SÜDEN/WESTEN/MITTE *für Babys und Kleinkinder*

Ein Baby ist eigentlich zu allen Zeiten darauf angewiesen, dass die Eltern seine Bedürfnisse erkennen. Gerade junge, unerfahrene Eltern haben in dieser Hinsicht einen großen Lernprozess vor sich. Mit einem Baby dieser Signatur kommen Sie jedoch erst einmal gut klar. Sie müssen sich selbst gar nicht zu viel unter Druck setzen, denn das wäre so ziemlich das Einzige, was Baby unruhig machen würde. Es ist sehr sensibel, feinfühlig, scharfsinnig und spirituell zur Welt gekommen. Alles, was Sie diesem Kind in Ihrem eigenen Alltag vorleben, nimmt es wie ein Schwamm auf. Später ist das für seine Stabilität und sein Urvertrauen sehr wichtig. Wenn falsche Vorbilder herrschten, in welcher Richtung auch immer, wird es nicht leicht, die gewonnenen Überzeugungen wieder über Bord zu werfen. Im Unterbewusstsein hängen die alten Glaubenssätze fest.

Das Baby ist auch temperamentvoll, leidenschaftlich, naturverbunden und genügsam. Seine große Neugier sollte nicht eingedämmt werden. Auch aus diesem Grund kann es mit gestressten Eltern nicht so viel anfangen. Alles im Leben hat seine Zeit, das fühlt Ihr Kind genau, und wenn Sie für seine Interessen nie Zeit haben, wandelt sich bei manchen Dingen die Neugier in Gleichgültigkeit. Manchmal sind Eltern auch schlicht überfordert, wenn ein Kind mit so vielen Ideen auf den Plan tritt. Am besten wäre es da, die vier vorhandenen Himmelsrichtungen ab Seite 22 noch einmal durchzulesen und dann darauf zu achten, wo sich der Schwerpunkt befindet. Wenn Sie Talente aus dem Schwerpunkt dann besonders fördern, wird Ihr Kind viel zufriedener sein. Seine Natur ist nämlich nicht die Unzufriedenheit, es will einfach nur Ihr Verständnis spüren.

Im Kindergartenalter kann es trotz des großen Pakets an Talenten und Fähigkeiten vorkommen, dass erst einmal Schüchternheit die Oberhand gewinnt. Das betrifft jedoch meist nur die ersten Tage, dann freut sich Ihr Kind von Tag zu Tag mehr auf den Kindergarten. Wenn nicht, dann schauen Sie genau nach, was die Gründe sein könnten.

Ihr Kind kann sie meist nicht klar formulieren, aber nicht selten hat es mit einer Verletzung der Menschenwürde zu tun. Ungerechtigkeit spürt diese Signatur schneller, als sie sie in Worte fassen kann. Schenken Sie solchen Situationen genug Beachtung, sonst verliert das Kind an Vertrauen. Wortgewandtheit entwickelt sich hier nicht unbedingt an erster Stelle. Das fröhliche, sympathische Kind findet zwar schnell Anschluss, ist aber wählerisch, manchmal wirkt diese intuitive Vorsichtsmaßnahme auf Außenstehende überheblich. Wo es Unstimmigkeiten und negative Energien fühlt, verschließt es sich, manchmal in Sekundenschnelle. Wo sich Ihr Kind wohl fühlt, geht dagegen die Sonne auf. Freundschaften schließt es fürs Leben, will aber gleichzeitig viel Freiheit für sich.
Seine zahlreichen Begabungen empfindet es fast als Selbstverständlichkeit, und wenn dann doch etwas nicht funktioniert, reagiert es fast erstaunt und stuft den »Ausrutscher« als eigene Unfähigkeit ein. Dass vieles im Leben sich erst nach einer Zeit des Lernens und Übens erschließt, dafür fehlt durchaus schon mal das Verständnis. Erfahrungen und Überzeugungen sitzen oft sehr tief verankert bei dieser Signatur.

Johanna erzählt:

Im Rahmen der Nachbarschaftshilfe sprang ich bei einer Familie mit drei Jungen ein, weil das vierte Kind gerade unterwegs war. Wie immer verschaffte ich mir zuvor einen kurzen Überblick über die wichtigsten Gewohnheiten. Der zweitälteste Sohn hatte angeblich erhebliche Probleme mit der Gesundheit. Es zeigte sich, dass das nur an der Ernährung lag, also änderte ich den Speiseplan. Lange nach diesem Einsatz besuchte ich die Familie noch einmal. Als Erstes wollten die Jungs von mir einen Frühstücksbrei haben, obwohl schon Nachmittag war. Die Mutter hatte eine Winzigkeit im Rezept geändert, aber gute Erfahrungen sitzen tief, und der zweitälteste Junge bestand auf der genauen »Kopie«.

OSTEN/SÜDEN/WESTEN/MITTE *für Teenager*

Sie ist nicht immer leicht zu ertragen, diese Zeit als Teenager, eine Zeit, in der angeblich die Welt offen steht – aber man kann nicht hinaus, man hat kein Geld und keine abgeschlossene Ausbildung. Die vielen Talente sind momentan auch keine große Hilfe, weil sich dann das Gefühl verstärkt, dieses und jenes sollte noch schnell erledigt werden. Nur Ruhe! Alles kommt zu seiner Zeit! Das Leben soll noch lange dauern, und eine gute Grundausbildung hilft ein ganzes Leben lang. Achten Sie bei Ihrem Jugendlichen noch einmal genau auf seine Zahlen. Vielleicht werfen Sie auch noch einmal einen Blick auf die Himmelsrichtungen im ersten Kapitel dieses Buches (ab Seite 20). Holen Sie Ihren Teenager dann aus seiner vorübergehenden Verschlossenheit heraus. Manchmal hilft es, wenn Sie den Biorhythmus des Kindes kennen, denn Sie wissen dann schon vorher, wann es günstig oder ungünstig ist, ein Gespräch zu beginnen. Es gibt kaum etwas Nervtötenderes als Erwachsene, die auch noch mit weisen Ratschlägen antanzen, wenn die Stimmung ohnehin schon im Keller ist. Sollten Sie unser Buch »Aus eigener Kraft« (siehe Buchtipp Seite 397) bei der Hand haben, dann werfen Sie einen kurzen Blick in das Kapitel über den Biorhythmus. Das Wissen darum wirkt wirklich Wunder, und gleichzeitig lassen sich die schulischen Leistungen schon nach einem Monat verbessern.

Immer wenn in einer Signatur zwei gegenüberliegende Himmelsrichtungen vorhanden sind, wie beispielsweise hier Westen und Osten, kommt man zwischendurch einmal in Bedrängnis. Was ist jetzt wichtiger: Die soziale Ader ausleben (Osten) oder den nachrechnenden Geschäftssinn (Westen)? Natürlich lässt sich beides harmonisch verbinden, aber eben nur Schritt für Schritt. Nicht selten teilen sich auch unterschiedliche Anlagen in verschiedene Zeiträume auf. In der Jugend will man zum Beispiel eine Richtung ausleben, und später folgt man einer anderen Begabung, und zwar extrem.

Alles ist mit dieser Signatur möglich, und es wäre wirklich hilfreich, den Jugendlichen die Richtung selbst bestimmen zu lassen, mit wenigen wichtigen Einschränkungen. Einige Hintertürchen bereitzuhalten wäre nicht schlecht, denn manchmal schließen sich Türen tatsächlich für immer. Selbst dann gibt es noch Möglichkeiten, aber eben jetzt andere. Ein Sprichwort sagt: »Wenn der Herr eine Tür schließt, macht er ein Fenster auf.« Haben wir nicht aus einem Fenster fast immer eine schönere Aussicht als aus der Tür? Also: Nur Mut!

In den Jugendjahren ist Musik meist ein wichtiges Thema im Alltag. Mit dieser Signatur hat Ihr Schützling alle Voraussetzungen zum guten Musiker. Eltern meinen oft zu Unrecht, das sei kein »richtiger« Beruf. Natürlich darf eine gute schulische Basis nicht fehlen, aber wenn die Musik der Herzenswunsch ist, dann sollte er nicht unerfüllt bleiben. Das Schlimmste für einen Jugendlichen ist es, wenn Eltern schon das »Nest« hergerichtet haben, wenn er gerade »ausfliegen« möchte. Wenn sich dann dieses Nest nicht dort befindet, wo er aus eigener Kraft hinmöchte, ist das wie der Unterschied zwischen einer Schwalbe (so sehen ihn die Eltern) und einem Adler (so sieht sich der Teenager selbst). Das Nest muss einfach zu ihm passen und nicht zu jemand anderem, den es gar nicht gibt, da ihn sich die Eltern nur einbilden.

Auch umgekehrt ist das jedoch tragisch: Angenommen Ihr jüngeres Kind hat alle Zahlen, um einen elterlichen Betrieb zum beständigen Erfolg zu führen. Aber es ist ja das jüngere Kind, das aus Gründen der Tradition nun zusehen muss, wie der Älteste den Betrieb übernimmt, obwohl er zum Beispiel geradezu zum Künstler geboren ist. Der Jüngere und die Eltern müssen dann hilflos zuschauen, wie alles den Bach runtergeht. Achten Sie deshalb immer auf die tatsächlichen Begabungen, die echten Wünsche und Fähigkeiten Ihrer Kinder. Die Tradition, dass »der Älteste übernimmt«, ist nicht grundsätzlich falsch, aber sie ist auch nicht automatisch die beste Lösung. Viele Familientragödien ließen sich vermeiden, wenn sich Tradition mit Vernunft und Miteinander verbinden ließe.

Eines ist jedenfalls dieser Signatur zu eigen: eine Vielfalt von Begabungen und Fähigkeiten, die alle nur darauf warten, gelebt zu werden. Manchmal braucht der Teenager dieser Signatur ein wenig mehr Geduld und Liebe, beim Durchstarten einen zarten Tritt und seelische Begleitung. Die Ausgleichsfarbe ist hier Schwarz, sie kann optimal unterstützen. Auch Blau hilft sehr gut – besonders bei einem Neustart!

OSTEN/SÜDEN/WESTEN/MITTE *für Erwachsene*

Im Laufe eines Lebens unterliegt man vielen Versuchungen, den schmalen und geraden Pfad zu verlassen. Bei dieser Signatur ist das nicht anders, aber sie hat einen Riesenvorteil: Bei ihr ist der Aspekt des vernünftigen Handelns so stark im Vordergrund, dass alles möglich wird. Also zum Beispiel auch einer Versuchung zu entkommen, die vielleicht schon in eine Sucht ausgeartet war. Die meisten Menschen müssen einen harten Weg gehen, um wieder auf die richtigen Geleise zu kommen. Diese Signatur dagegen schafft Unmögliches. Nicht immer ganz ohne Hilfe, aber immerhin, sie kommt ans Ziel. Deshalb wäre es auch hier nicht verwunderlich, wenn eine Begabung erst dann zum neuen Beruf wird, wenn andere schon an die Rente denken. Auch Spätzünder erleben das manchmal und genießen Dinge, die andere schon vergessen haben.
Eigentlich werden die meisten Menschen viel zu früh erwachsen. Alles was Spaß macht, ist entweder verboten, macht dick oder krank oder ist strafbar. Zumindest könnte dieser Eindruck bei einem Außerirdischen entstehen, der uns besucht und sich betrachtet, was wir aus diesem Planeten und uns selbst machen. Er würde sich zum Beispiel fragen, warum so viele Menschen die echten Freuden des Lebens, die fast alle nichts kosten, eintauschen gegen Süchte, die teuer sind und körperlich, geistig und seelisch betäubend wirken. Einen großen Anteil daran hat da natürlich die Kirche. Um uns alle von ihr abhängig zu halten, hat sie Gebote aufgestellt, an denen sie inzwischen selbst zugrunde geht.

Alle können dies sehen, nur sie selbst natürlich nicht. Bevor sie das Gesicht verliert, verliert sie lieber alles andere. Das sollte aber nicht unsere Sorge sein, wenn wir als Individuum den richtigen Weg gehen. Es stimmt: Wer schon früh falsch geprägt wird, hat später Probleme, das Richtige zu erkennen. Die Gitterstäbe zu vergolden führt nicht aus dem Gefängnis heraus. Glücklicherweise hat diese Signatur Talent! Musikalität, Geschäftstüchtigkeit, Geduld, Vernunft, echte Spiritualität und handwerkliche Begabung – mit einem solchen Paket öffnet man alle Türen und reißt Mauern nieder (auch die selbstgemachten).

Wie erwähnt kommt es manchmal zu Startschwierigkeiten. Die Gefühlswelt sollte ausnahmsweise nicht überbewertet werden, wenn es darum geht, Neues zu beginnen. Vergessen Sie nicht, dass Sie nicht schon alles können müssen, sondern Zeit haben fürs Lernen und Üben. Trauen Sie sich einfach manchmal mehr zu. Sie haben viel organisatorisches Geschick, das nur auf seinen Einsatz wartet. Diese Fähigkeit ist so stark entwickelt, dass sie oftmals gar nicht im Sinne einer professionellen Ausbildung erlernt werden muss. Wenn irgendwo ein großes Fest stattfindet, übernehmen Sie ruhig die Organisation! Die Kehrseite ist, dass Sie mit Ihrem Ordnungssinn schon mal Ihren Mitmenschen auf die Nerven gehen können. Das kommt besonders häufig vor, wenn Sie einen Jugendlichen zu Hause haben, der mit ganz anderen Zahlen als den Ihren gesegnet ist. Sie erwarten dann meist zu viel. Das Heilmittel wäre hier, sich in Ruhe mit den Zahlen des Kindes zu beschäftigen, weil sich dann in kürzester Zeit das nötige Verständnis einstellt. Alles Mögliche auf einmal anzufangen und nicht zu Ende zu bringen, das ist auch nicht so Ihr Ding. Dieses Verständnis bringt dann wieder ein Jugendlicher nicht auf, der ständig »anfängt und aufhört«.

Der Mittelweg muss eben manchmal erst errungen werden. Eine gewisse Strenge brauchen junge Leute, aber vergessen Sie nicht, dass nicht jeder Ihre Vernunft geerbt hat. Ihre Vernunft sollte auch die Einsicht ermöglichen, dass man Menschen helfen muss. Das ist nicht nur edel und löblich, sondern für uns alle erstrebenswert.

Affirmationen für die Signatur Nr. 27

Mit Freuden nehme ich alle meine Talente an.

Mein starkes Einfühlungsvermögen kommt mir bei den Menschen und bei der Arbeit entgegen.

Mit meinen musikalischen Fähigkeiten könnte ich den Lebensunterhalt verdienen.

Handwerkliches Geschick kombiniert mit Sinn fürs Geschäft ist eine tolle Voraussetzung für den Alltag.

In Zukunft werde ich meine Talente mutiger verwirklichen.

Neuanfänge machen mir immer mehr Freude.

Ich brauche meinen spirituellen Freiraum, um mich vollständig zu fühlen.

Bei wichtigen Vorhaben trage ich die Farben Schwarz und Blau.

Bei Ihren Talenten kann es geschehen, dass man sie über die Maßen fordert. Lernen Sie ruhig von Anfang an, auch Nein zu sagen. Später hat nämlich dann kaum jemand Verständnis dafür und allzu viel wird schnell als »selbstverständlich« betrachtet. Der Schritt zur Ausbeutung ist klein. Ihre innere Überzeugung, dass Ihnen das nicht passieren kann, lässt Sie Fehler machen. Lernen Sie dazu und tragen Sie notfalls Schwarz in Ihrer Kleidung. Das macht Sie eher »unsichtbar«.
Wenn Ihr Süden (❼ und/oder ❷) einen Schwerpunkt aufweist, ist das umso wichtiger. Manche Erwachsene vergessen ganz, öfter einmal wieder auszugehen. Auf Partys vermisst man Sie aber, und Ihre tänzerischen Fähigkeiten brauchen Anerkennung, auch von Ihnen selbst. Sollte Ihr Temperament zu lange unterdrückt worden sein, müssen Sie es wieder wecken, denn es gehört zu Ihnen wie das Wasser zum Fisch. Diese Signatur ist absolut in der Lage, durch Kindheitsprägungen verschüttete Talente wieder auszugraben! Genießen Sie, dass Sie die Möglichkeit haben, den ganz eigenen Weg zu gehen, und leben Sie Ihre starken, vielseitigen Talente. Bringen Sie sie ans Licht für uns alle!

OSTEN/SÜDEN/WESTEN/MITTE *für Senioren*

Zu den größten Wünschen älterer Menschen gehört es wohl, gesund zu bleiben. Heutzutage leiden aber oft sogar schon junge Menschen an chronischen Beschwerden und Krankheiten und kommen ohne Medikamente nicht mehr aus. Die Nebenwirkungen werden schlicht ignoriert, weil es für die ja auch wieder Mittelchen gibt, und keiner weiß so genau, wo das hinführt. Die gute Nachricht ist: Weit über 80 Prozent aller Krankheiten sind ernährungsbedingt, und ebenso viele Krankheiten lassen sich genau auf diesem Wege erheblich lindern und meistens sogar heilen. Das größte Ziel sollte deshalb in Ihrem Alter (und eigentlich in jedem Alter) sein, sich gesund zu ernähren.
Manche Menschen müssen das erst ganz neu (wieder) lernen, weil während

der Berufszeit dafür kaum Zeit war. Zumindest glaubten sie das damals. Nun, der Status in puncto Gesundheit ist bei Ihrer Signatur grundsätzlich nicht übel, es dürfte Ihnen also nicht schwerfallen, gesund die späten Jahre zu genießen. Stellen Sie als Erstes Ihren Ernährungstyp fest, dann haben Sie schon halb gewonnen (siehe Buchtipp Seite 397). Wenn Sie sich dann noch biologisch ernähren und langsam von der Sucht nach tierischem Eiweiß befreien, dann ist der Sieg gewiss.
Sie haben jede Menge Organisationstalent und Sie sollten sich die Freude gönnen, es auch weiterhin zu nützen. Das geht auch ohne ständig auf den Beinen zu sein. Die Liebe zur Natur lässt so manches betagte Herz höher schlagen, und der Traum vom selbst bestellten Garten könnte nun, da Sie die nötige Zeit dafür haben, endlich wahr werden. Lassen Sie sich bei den groben Vorbereitungen aber unbedingt helfen, sonst muten Sie eventuell Ihrem Rücken zu viel zu.
Vielleicht gelingt Ihnen in Ihrem Garten ein Umdenken, und Sie betrachten nicht automatisch alles, was von selbst aufgeht, als »Unkraut«. Viele Pflanzen kommen zu uns, weil wir sie brauchen! Auch müssen Salatreihen nicht wie ein Soldatenregiment dastehen, weil dann die Schädlinge erst recht leichtes Spiel haben. Mischen Sie ruhig beispielsweise Zwiebeln mit Salat, weil sich diese Pflanzen gegenseitig schützen. Wieder andere Pflanzen »verstehen« sich zwar im Salat, aber nicht auf dem Beet, auch dies ist wichtig zu wissen. Für Anfänger und Fortgeschrittene eignet sich besonders gut unser Buch »Der lebendige Garten«. Es enthält jede Menge kostbares Wissen, mit dem Sie nicht nur Ihr Hobby genießen können, sondern auch noch gutes Gartengemüse ernten – die beste Medizin und Vorbeugung für die gesunde Zukunft. Nach getaner Arbeit und auch zwischendurch sollten Sie immer eine bis drei Minuten der Mondgymnastik widmen (siehe Buchtipp Seite 397)!
Frauen mit dieser Signatur sind übrigens oftmals als fleißige ehrenamtliche Helferinnen unterwegs, wo immer sie gerade gebraucht werden. Mit Ihren vielseitigen Begabungen ließe sich weit mehr daraus machen als spontane

Hilfe hier und da. Es fehlen beispielsweise immer noch genügend Einrichtungen für berufstätige Mütter und ihre Kinder. Hoffentlich besinnen sich genügend Menschen mit Ihrer Signatur auf diese Lücken. So könnte beispielsweise gutes, gesundes Essen diesen Müttern zur Abholung angeboten werden. Einer hat das Talent zum Kochen, die andere die entsprechend große Küche, und wieder jemand anderer übernimmt die Logistik. Und Sie wären geeignet, das alles zu organisieren! Tausende und Abertausende Mütter, besonders alleinerziehende, wissen täglich nicht, was sie kochen sollen beziehungsweise wie sie auch das noch schaffen werden. Andere Menschen wiederum wissen mit ihrer Freizeit wenig anzufangen, weil es keine Herausforderungen gibt. Hundert verschiedene Möglichkeiten brauchen aber einen Anfang und ein Konzept. Rentner mit Ihrer Erfahrung wären so wertvoll! Sie könnten sich auch spezialisieren: zum Beispiel auf Essen für Mütter und/oder Kinder mit einer Milchunverträglichkeit oder einer bestimmten Allergie. Erfahrungen weiterzugeben ist eine wertvolle Sache und eine Marktlücke. Wenn jemand so viele Fähigkeit besitzt wie Sie, dann wäre es schade, einfach hinter dem grauen Vorhang der Rente zu verschwinden.

Johanna erzählt:

Ein Tischler aus unserer Bekanntschaft fertigte wunderbare kleine Kunstwerke, nachdem der Sohn den Betrieb übernommen hatte. Immer wieder verkaufte er das eine oder andere Stück an Touristen. Ein ganzes Leben lang hatte er schöne Dinge hergestellt, aber sich hauptsächlich mit den Fenstern und Türen in seinem Betrieb abgegeben. Als wir bei einem Vortrag auch seinen Sohn kennenlernten, zeigte sich, dass beiden der Norden (❻ und/oder ❶) im Zahlenrad fehlte. Der Sohn war nicht weniger talentiert, hatte aber genau wie sein Vater eher im Verborgenen gearbeitet. Nur wenige wussten von seinen Talenten. Wir empfahlen, sich einen Partner mit Norden zu suchen, um all die guten Sachen auch öffentlich zu machen. Sie warfen sich erstaunte

Blicke zu und erzählten uns dann, dass die Frau des Sohnes genau diesen Vorschlag gemacht und auch schon Prospekte entworfen hatte. Vater und Sohn hatten immer gebremst und abgelehnt. Warum eigentlich, das konnten sie auch nicht genau sagen. Jetzt war es ihnen klar geworden: Eine Lücke im Norden sorgt eben manchmal dafür, dass man ausgetretene Pfade nur ungern verlässt. Ich brauche wohl nicht zu erwähnen, dass die Schwiegertochter den Norden mit einer ❻ und ❶ doppelt besetzt hielt. Jetzt kann auch sie sich entfalten und freut sich, dass ihr Mann nicht mehr so »ängstlich« ist. Dem Vater geht es auch glänzend, denn er arbeitet gern mit seiner Schwiegertochter zusammen. Sie ergänzt seinen fehlenden Norden. So schließt sich ein Zahlenrad zum Wohle aller.

Viele Menschen haben Probleme, im Leben ganz neu anzufangen, aus den unterschiedlichsten Gründen. Bei dieser Signatur macht sich jedoch oft nur der fehlende Norden bemerkbar, wenn der Mut dazu fehlt. Die Farbe Schwarz und/oder Blau könnte hier für den nötigen Schwung sorgen. Neues zu beginnen ist schließlich kein Privileg der Jugend, ein solches Gesetz gibt es nicht! So mancher Senior ist besser drauf als junge, gleichgültige Erwerbstätige. Natürlich sollte man finanzielle Risiken in Grenzen halten, aber für die Verwirklichung eines Traums ist es nie zu spät. Überlegen Sie genau, was nötig wäre, um etwas Neues anzufangen, und machen Sie sich auf den Weg. Lassen Sie sich dabei helfen, Teamarbeit ist für Sie etwas Beruhigendes. Talente sollten nicht ungenützt bleiben, sonst fehlt ein Grundpfeiler zum Lebensglück.

Signatur Nr. 28

Norden/Süden/Westen/Mitte

Mit klarem Verstand, Leidenschaft und Genialität – für eine bessere Welt

DIE ZAHLEN: 6 und/oder 1, 7 und/oder 2, 9 und/oder 4, 0 und/oder 5
vorhandene Farben: Blau, Rot, Weiß und Gelb/fehlende Farbe: Grün

+ positive Eigenschaften

- großzügig
- aufnahmefähig
- tiefgründig
- mutig
- willensstark
- visionär
- unabhängig
- charismatisch
- leidenschaftlich
- neugierig
- handwerklich begabt
- kreativ
- scharfsinnig
- ehrgeizig
- ausgeglichen
- temperamentvoll

NORDEN/SÜDEN/WESTEN/MITTE *für Babys und Kleinkinder*

Wenn Sie ein Baby mit dieser Signatur bekommen haben, ist ein Sonnenschein in Ihrem Leben angekommen! Es ist liebenswürdig, wach, interessiert und kreativ. Die ganze Familie lässt sich in seinen Bann ziehen.

Dass sich alles ändert, wenn ein Baby eintrifft, ist ja nichts Neues, aber was das für den Alltag der Familie bedeutet, lernt man erst nach und nach. Bei diesem Baby fällt die starke Präsenz auf: Es erfüllt nicht nur den Raum, sondern auch die ganze Umgebung, wenn es wach geworden ist. Ständig hat es etwas zu beobachten, zu lernen, zu plappern, zu entdecken. Wenn es erst einmal zu reden beginnt, kann es gar nicht genug davon bekommen, diese wunderbare Fähigkeit auszuprobieren. Das fasziniert nicht nur die Eltern, sondern die ganze Familie. Mit herzerwärmender Selbstgewissheit erfüllt es alles mit Leben. Natürlich übersieht man dann leicht, dass es allmählich komplett in den Mittelpunkt rutscht, sich dort einrichtet und garantiert nicht mehr weg will. Alles dreht sich um den kleinen Prinzen oder die kleine Prinzessin. Ist alles nicht ungewöhnlich, aber bringen Sie dem kleinen Herrscher mal bei, dass heute keine Zeit für Audienzen ist! Diese Fähigkeit will gelernt sein, sonst haben Sie bei dieser Signatur keine Chance. Ein Nein muss unbedingt ein Nein bleiben, und nicht ein »Nein ... aber vielleicht«. Solche Lücken in der guten Absicht weiß diese Signatur gnadenlos auszunützen.

Mit seiner Art, auf die Menschen einzugehen, gelingt es diesem Baby immer, Eindruck zu hinterlassen. Auch später im Kindergarten ist es sehr beliebt. Der mitgebrachte Ehrgeiz fasziniert nicht nur die anderen Kinder, er imponiert auch den KindergärtnerInnen. Nichts ist diesem kleinen Wesen offenbar zu viel. Wird im Kindergarten gemeinsam gekocht, dann muss es genau dasselbe auch zu Hause geben. Wird eine Laterne gebastelt, dann muss die gleiche auch zu Hause nachgebastelt werden. Am besten Sie halten zu Hause immer so viel Kleber und Bastelmaterial bereit, als ob Sie einen kleinen Schreibwarenladen hätten.

Sie wissen nämlich niemals im Voraus, was gerade gefragt ist, und mit den Worten »haben wir nicht im Haus«, lässt sich Ihr Kind sicherlich nicht abspeisen. Ton zum Formen, Stifte zum Malen, Kleister, Scheren (mehrere!), Wolle, leere Papierrollen und so weiter – alles wird gebraucht. Bremsen Sie Ihren Nachwuchs nicht, denn die schöpferische Natur ist sehr wertvoll, wenn auch manchmal »lästig«. Nicht immer ist gerade Zeit dafür, und ab und zu fehlt den Erwachsenen auch das Verständnis für die eine oder andere Kreation. Ihr schlechtes Gewissen kann sich aber getrost in Grenzen halten, wenn Sie mal Nein sagen müssen, denn es sind noch viele andere Talente vorhanden, die erst einmal unter einen Hut gebracht werden wollen.
Die musikalischen Fähigkeiten sind nicht immer sehr stark ausgeprägt, aber durch die Mitte (0 und/oder 5) wird das manchmal ausgeglichen. Was noch zum guten Musiker fehlt, wird mit großem Ehrgeiz aufgeholt. Die Lücke im Osten sorgt manchmal für einen Gemütszustand, den das Kind selbst nicht erklären kann – ein wenig vergleichbar mit den Gefühlen in der Pubertät. Von einer Minute auf die andere will das Kind etwas »ganz unbedingt«, und es spielt keine Rolle, ob dies realistisch ist oder nicht. Wenn ja, dann ist es auch nicht zufrieden. Ungeübte Eltern kann dieses Verhalten schon mal zur Verzweiflung bringen. Noch dazu, wenn ihr Kind sonst so geduldig und lieb ist. Die Grenzen auszuloten ist eine Kunst, aber bei dieser Signatur unbedingt notwendig. Es wäre sonst traurig, zuschauen zu müssen, wie es immer unglücklicher wird. Innere Zufriedenheit hängt nicht von materiellen Dingen ab, weil jede Seele genau weiß, dass sie einem jederzeit genommen werden können. Trotzdem braucht dieses Kind materielle Dinge zu seinem Glück. Aber eben nicht »alles«: Bis heute weiß niemand, ob nicht erfüllte Kinderwünsche ein Drama sind beziehungsweise ein Trauma bewirken – oder ob sie ein Segen sind, weil sich das Kind sonst nie auf den eigenen Weg macht beziehungsweise lernt, mit der Wirklichkeit umzugehen. Wahrscheinlich trifft beides nicht zu, und irgendwie wird es der goldene Mittelweg sein.

Wenn sich ein Kind dieser Signatur etwas aus tiefstem Herzen wünscht, wird es auf jeden Fall eine harte Probe, wenn Sie Nein sagen wollen oder müssen. Bremsen Sie niemals künstlich »aus Prinzip«, sondern wägen Sie vorher gut ab, damit Sie sich unnötige Diskussionen ersparen. Streitgespräche ohne Gefühl dafür, dass Ihr Nein wirklich Sinn hatte, führen Sie lieber nicht, das wird nur nervig. Ihr Kind ist sehr wahrheitsliebend und sollte nie hinters Licht geführt werden. Die eigene Wahrheit lässt sich aber trotzdem nicht auf alle übrigen Menschen übertragen, und es ist eine Herausforderung, Ihrem Kind die Einsicht in diese gleichberechtigt nebeneinander existierenden Varianten zu ermöglichen.

NORDEN/SÜDEN/WESTEN/MITTE *für Teenager*

Inzwischen haben Sie sicherlich ein ansehnliches Quantum Erziehungsarbeit hinter sich und können es locker angehen. Wenn nicht, steht Ihnen noch so manches Abenteuer mit Ihrem Teenager bevor. Sie haben jedoch das Glück, dass er in der Regel sehr verantwortungsbewusst ist und nach und nach selbst weiß, was für ihn gut ist. Er hat inzwischen schon öfter erfahren, dass nicht alles o. k. ist, was sich o. k. anfühlt. Was die berufliche Zukunft angeht, sollte hier eher ein Studium angestrebt werden, weil sich die Entscheidung für eine feste Richtung dann noch hinausschiebt. Machen Sie sich aber keine Sorgen, wenn er plötzlich einen Beruf erlernen möchte, für den ein Hauptschulabschluss genügen würde. Die Ideen sind so vielfältig, die Vorschläge und Ideen reichen vom Ausfahren für »Essen auf Rädern« bis zur Laufbahn in der Industrie. In jeder Berufsgruppe werden tüchtige Menschen gebraucht, und was auch immer Ihr Schützling vorhat, er muss es mit Liebe tun. Maler, Handwerker, Geologe, Anwalt, Politiker, Erfinder, Forscher, eine Arbeit in der Medienwelt – das ist nur ein kleiner Auszug aus der Palette der Möglichkeiten. Auch gute Schauspieler gehen mit dieser Signatur einen erfolgreichen Weg. In der Pubertät muss sich der Teenager erst einmal orientieren dürfen.

Wenn Eltern zu früh die Schienen legen, würde er unglücklich werden. Seine sympathische, vernünftige und charismatische Art könnte darunter leiden und der Heuchelei, Destruktivität und Rachsucht Platz machen. Normalerweise vergehen negative Gefühle in der Pubertät so schnell, wie sie gekommen sind, und es wäre völlig falsch, den Jugendlichen gleich abzustempeln. Jeder braucht eine gewisse Zeit zur Bewältigung neuer Gefühle. Früher erfuhren innerlich unabhängige Teenager hoffnungslose Unterdrückung, je nachdem, wie wichtig den Eltern das eigene Ansehen in der Außenwelt war. Dieser Druck hat nachgelassen, ist aber leider immer noch verbreitet. Ihr Teenager ist verwöhnt durch viele Fähigkeiten, hat aber mit der Wahrnehmung und Beurteilung seiner Gefühle immer wieder Probleme. Er zerbricht sich den Kopf und entscheidet sich dann doch nicht immer für das momentan Angebrachte. Aufgrund seiner gedanklichen Bemühungen ist er auch schon mal beleidigt, wenn das gewünschte Resultat ausbleibt. Gut gemeint ist nicht immer tatsächlich gut. Diese Erkenntnis zu gewinnen, das braucht bei dieser Signatur seine Zeit. Wenn Sie sich viel Zeit genommen haben, mit Ihrem Kind diese Zusammenhänge zu üben, ist es vielleicht schon auf einem guten Weg, sich mit sich selbst wohl zu fühlen. Wenn nicht, liegt diese Arbeit noch vor Ihnen. Geduld und Liebe sind die Schlüssel zu dieser Tür. Eltern sind eben auch nur Menschen und finden nicht immer gleich die richtigen Worte.

Streben Jugendliche nach Außergewöhnlichem, haben sie meist ihre inneren Fähigkeiten schon entdeckt. Wissen sie aber gar nichts mit sich anzufangen, bedeutet das nicht, dass sie keine besonderen Talente haben. Im Gegenteil: Vor lauter Bäumen erkennen sie den Wald nicht mehr. Lauschen Sie gemeinsam der »Musik« der Zahlen im Zahlenrad und Sie werden sicher eine Lösung finden. Nicht selten will die fehlende Himmelsrichtung ausgelebt werden, und hier bietet sich ein Weg zu Wohlfühlen und Selbstgewissheit an. Der Jugendliche entwickelt so eine Ganzheit, die ihm als Plattform für alles andere dienen kann. Die Wege zum Glück sind sehr verschieden, das macht die Schönheit des Lebens aus.

Auch die künstlerische Ader, die diese Signatur auszeichnet, würde die Förderung lohnen. Es gibt zu allen Zeiten zu wenige Menschen, die sich etwas Besonderes zutrauen. Wir alle schimpfen nur allzu oft auf das Fernsehen und dass zu wenige wirklich gute Filme gezeigt werden. Gute Schauspieler, Regisseure und Drehbuchautoren wachsen aber nun mal nicht auf Bäumen. Wenn eine gute Grundausbildung vorhanden ist, lässt sich leichter ein Risiko eingehen.
Bei dieser Signatur könnte man auch darauf Rücksicht nehmen, wie sich die Mitte gestaltet. Finden Sie hier eine ⓪ oder eine ⑤? Die ⓪ würde den fehlenden Osten so gut wie ausgleichen, während einer ⑤ das nicht so leicht gelingt. In diesem Fall wäre es wichtig, viel Grün bei Kleidung, Einrichtung, Bildern oder durch Pflanzen ins Leben des Jugendlichen zu holen. Grün wirkt harmonisierend, gleicht aus und macht Ihren Teenager etwas ruhiger, wenn er gerade wieder in einem Wellental seiner Gefühlswelt nach Luft schnappt, etwa nach dem Motto: »Keiner/keine liebt mich!« Kaufen Sie ruhig manchmal Blumen oder eine schöne Grünpflanze, auch wenn er/sie immer vielleicht wieder das Gießen vergisst. Wir haben alle unsere kleinen Schwächen.

NORDEN/SÜDEN/WESTEN/MITTE *für Erwachsene*

Nun, haben Sie die Finanzwelt erobert, oder ist die Filmindustrie durch Sie reicher geworden? Sind Sie Hausmutter in einem Waisenhaus oder haben Sie sich der Geisteswissenschaft verschrieben? Was Sie genau tun, ist nicht so wichtig, denn die Hauptsache ist, dass Sie ein erfülltes Leben führen. Das sollte unser aller Ziel sein, denn das Maß, in dem wir uns verwirklichen, bestimmt unser wirkliches Glück. Damit sprechen wir nicht von der gekünstelten »Selbstverwirklichung« der 80er-Jahre des letzten Jahrhunderts, die oft nichts anderes als ein anders Wort für Egoismus bedeutet. Aber die Talente und Fähigkeiten leben, noch besser, sie zu Beruf und Berufung machen, das ist ein Segen für alle.

Immer wieder erfreulich ist es, zu beobachten, wie viele Chancen es gibt und wie viel Verständnis heute herrscht, wenn man einen Neuanfang wagt. Man ist nicht mehr so stark auf einen einzigen Beruf fixiert, und die Stelle öfter zu wechseln ist kein Auslöser mehr für schiefe Blicke im Personalbüro der neuen Firma. Diese Chancen sollte man aber auch nützen! Wenn Sie aus irgendeinem Grund nicht zufrieden sind, dann lesen Sie noch einmal die Himmelsrichtungen (ab Seite 20) durch. Schenken Sie auch Ihrer fehlende Himmelsrichtung, dem Osten, Aufmerksamkeit, denn vielleicht verbirgt sich genau dort die Blockade.

Es gibt zahlreiche Möglichkeiten für einen Neuanfang, wobei Sie mit Ihren Zahlen den großen Vorteil haben, teamfähig zu sein. Gründen Sie einfach wenn nötig ein neues Team und machen Sie etwas Außergewöhnliches. Achten Sie dabei darauf, dass Sie auch Menschen mit dem Osten (❽ und/oder ❸) im Geburtsdatum ins Boot holen. Innerhalb eines Teams sollten alle Zahlen des Zahlenrads zu finden sein. Je nach gestellter Aufgabe kann es hilfreich sein, eine Himmelsrichtung stärker einzusetzen als eine andere. Im sozialen Bereich sollte der Osten zum Zug kommen, im finanziellen eher der Westen, für Öffentlichkeitsarbeit eher der Norden und bei Arbeiten mit Publikum eher der Süden. Die richtigen Kontakte dürfen dabei nicht unterschätzt werden. Im Büro oder in Arbeitsräumen sollten Farben zum Zug kommen. Alle Farben eher dezent verteilen und die jeweils fehlenden Farben stärker betonen, das wäre der richtige Weg.

Bei jeder Form von Vorhaben ist es von großem Vorteil, sich mit den Farbwirkungen zu befassen und sich auszukennen. Sie glauben es vielleicht nicht, aber solche Kleinigkeiten sind wichtig und oftmals ausschlaggebend für Erfolg und Misserfolg.

Das Privatleben kommt bei dieser Signatur oft zu kurz. Dabei sehen ihre Träger das nur selten als Problem, weil sie ja überall zu Hause sind. Wenn man sich mit seiner Arbeit wohl fühlt, kommt man nicht so erschöpft nach Hause und braucht »seine Ruhe«. Dafür haben aber viele Menschen keinerlei Verständnis, und es besteht obendrein die Gefahr, sich unmerklich

Affirmationen für die Signatur Nr. 28

Mit meinen Ideen kann ich die Welt zum Guten verändern.

Wenn ich Einmaliges geleistet habe, geht mein Herz auf.

Meine unabhängige Natur kann ich mehr und mehr genießen.

Ich liebe meine Kreativität und mein Talent für gesunde Kompromisse.

Mutig und aufgeschlossen gehe ich der Welt entgegen.

Meine innere Ruhe finde ich durch Meditation oder Gebet.

Ich entwickle immer mehr Verständnis für die Wahrheiten anderer Menschen.

Die Welt wartet auf meinen leidenschaftlichen und mutigen Einsatz!

zum Arbeitstier zu entwickeln. Auch Abschalten will gelernt sein. Wenn Sie erst einmal auf den Geschmack gekommen sind, wie gut ein gesundes Verhältnis zwischen Arbeit und Entspannung tut, hält Sie nichts mehr auf. Es würde nicht wundern, wenn aus der neu gewonnenen Fähigkeit zur Muße sofort wieder eine neue Idee geboren wird ... und zum Beispiel ein Wellnesshotel entsteht, wie es noch nie eines gab. Diese Signatur schafft einfach alles, und es müsste schon jemand ganze Arbeit geleistet haben, um die Quelle solcher Inspiration zu verschütten. Aber auch das gibt es natürlich. Kein Berg Gold ist so groß, dass man ihn nicht mit einem Haufen Schutt überdecken könnte. Wenn ein Kind von Anfang an zu spüren bekommt, dass es den Erwartungen der Eltern und/oder der Umwelt nicht entspricht, dann resigniert es irgendwann. Eltern mit einem geringen Vorrat an Nachsicht können das schaffen. In ländlichen Gegenden ist es teilweise heute noch schwierig, besondere Fähigkeiten auszuleben.
Wenn dann die Eltern noch sehr konservativ beziehungsweise fanatisch christlich waren, machte das die Sache nicht einfacher. Sie sind aber inzwischen erwachsen und haben alles selbst in der Hand! Steigen Sie aus und lassen Sie diese Enge hinter sich, denn jeder Mensch hat das Recht, seine eigentliche Familie zu suchen und zu finden. Und das sind immer jene Menschen, die Verständnis und Liebe für Sie haben. Manchmal wohnen sie eben ein Stück weit weg. Wenn Sie mit dieser Signatur von Menschen ohne Verständnis umringt sind, haben Sie auch dann keine Chance, wenn Sie Erfolge vorweisen können. Sie würden nur Misstrauen und Neid ernten.
Der fehlende Osten lässt Sie manchmal in die Haltung hineinrutschen, es jedem Menschen recht machen zu wollen, und Sie selbst fühlen sich trotzdem nicht gut dabei. Leben Sie entschlossen Ihre ehrlichen, kreativen und erfolgversprechenden Talente. Achten Sie darauf, nichts aus Egoismus zu tun. Gehen Sie Ihre eigenen Wege! Nur wenn jeder seine Begabungen ausleben darf, herrscht echter Frieden, nicht nur ein wackliger Waffenstillstand. Sie haben es verdient, Erfolg zu haben!

NORDEN/SÜDEN/WESTEN/MITTE *für Senioren*

Wir machen Ihnen nichts vor: Sie werden noch lange Zeit gefragt sein, und an ein müßiges Zurücklehnen ist wohl kaum zu denken – auch weil Sie das selbst nicht aushalten würden. Wer will schon auf solche Fähigkeiten wie die Ihren verzichten? Ob Sie im Berufsleben erfolgreich waren, hängt sicher davon ab, wie Sie Ihre Talente ausleben durften. Für Frauen ist das manchmal immer noch kein leichter Weg. Wahrscheinlich ist es Ihnen aber dennoch gelungen, auch als Frau. Jetzt aber einfach einmal die Hände in den Schoß zu legen, das ist nicht Ihr Fall. Vielleicht kommen Sie überhaupt jetzt erst zu Ihrem Kern und zu Ihrer Berufung. Für außergewöhnliche Ideen braucht man eben auch viel Zeit, denn sie wollen in Ruhe reifen. Beruflicher Stress, Kindererziehung, Familie, Hausbau und so weiter lassen es nicht immer zu, die eigenen guten Ideen zu verfolgen, und Zeit und Geld fehlen leider oft genau dann, wenn man sie am meisten bräuchte. Das ist der große Vorteil des Pensionistendaseins: Zumindest ist endlich der große Schatz Zeit da, das Geld lässt sich auch jetzt immer noch beschaffen (was Ihnen mit dieser Signatur nicht allzu schwerfallen dürfte).
Einen Strich durch die Rechnung macht Ihnen oft eine angeschlagene Gesundheit. Aber selbst diese haben die Träger dieser Signatur besser im Griff als viele andere Menschen, unter anderem, weil Neugier zu ihren Wesenseigenschaften gehört. Alles will erforscht werden, und Bildung ausschließlich durch das Studium der Tageszeitung und anderer Medien kommt nicht in Frage. Zu genau spürt diese Signatur, dass sie dort nur mit Ablenkungsmanövern konfrontiert wird, die Missstände in Politik und Wirtschaft vernebeln sollen. Nur ein kleiner Teil des Medienangebots trägt wirklich zur Allgemeinbildung bei.
Auch deshalb sind die Zusammenhänge zwischen Ernährung und Gesundheit nichts Neues für Menschen mit dieser Signatur. Ein wenig Bewegung und die richtige Ernährung (siehe Seite 397) – das wär's. Vielleicht müssen Sie hier doch ein wenig nachholen?

Das machen Sie am besten im ersten Schritt, dann kann's losgehen. Informieren Sie sich gründlich über alle Aspekte Ihrer Ideen und holen Sie sich eventuell Hilfe wegen des fehlenden Ostens. Wenn es Ihr Traum ist, noch etwas auf die Beine zu stellen – ein besonderes, kleines Hotel, ein Buch, ein Traumgarten –, dann zögern Sie nicht. Nichts, aber auch gar nichts haben Sie zu verlieren. Vielleicht wollten Sie schon immer eine Reise in den Osten machen, aber keiner zog so richtig mit? Vielleicht wollten Sie aber auch nur in den Osten Ihrer Stadt ziehen? Keiner dieser oder anderer Wünsche ist unberechtigt, und sie sollten nicht ein Leben lang ignoriert werden, nur weil sie nirgends auf Verständnis stoßen. Zum vollständigen Lebensglück gehören auch solche Kleinigkeiten.

Jeder Mensch ist mit dem Wunsch geboren worden, sich vollständig und ganz zu fühlen. Deshalb gehört es zu unseren Lebensaufgaben, fehlende Himmelsrichtung in irgendeiner Weise auszugleichen. Das lässt sich in Ihrem Fall erreichen, wenn Sie beispielsweise ein Zimmer in der Ostseite des Hauses oder der Wohnung beziehen oder sich zumindest viel in einem solchen Ostzimmer aufhalten.

Immer wieder haben wir die Erfahrung gemacht, dass mit fortschreitendem Alter solche feinen Energien wieder deutlicher wahrgenommen werden. So kann beispielsweise ein Partner ein bestimmtes Zimmer nicht mehr leiden, obwohl er bis jetzt immer nachgegeben und sich damit arrangiert hat. In ländlichen Gegenden, die noch Großfamilien kennen, passiert es manchmal, dass sich ältere Menschen auf einmal gar nicht mehr wohl fühlen. Keiner kennt den Grund und auch sie selbst können es nicht in Worte fassen. Die Vermutung, dass es mit einem kleinen Umzug zusammenhängt (zum Beispiel in ein »Austragshaus«), wird zwar oft in Betracht gezogen. Andererseits scheint im neuen Zuhause doch alles viel bequemer und schöner zu sein, so dass der Gedanke schnell verworfen wird. Tatsächlich aber liegt oft genug genau hier »der Hund begraben«. Angenommen, ein Großelternteil hat keinen Osten (❽ und/oder ❸) und der andere keinen Westen (❾ und/oder ❹) in seiner Signatur.

Nicht immer weist eine Wohnung eine Ost- und Westaussicht zugleich auf. Der Partner mit dem fehlenden Osten fühlt sich dann in der neuen Umgebung auf einmal nicht mehr wohl, wenn es kein Ostzimmer gibt. Das kann auch umgekehrt der Fall sein, wenn es kein Westzimmer gibt. In früheren Jahren war das nicht so gravierend, weil man tagsüber viel unterwegs war und in alle Himmelsrichtungen gekommen ist, aber alte Menschen halten sich viel mehr in ihren Räumen auf, und plötzlich ist ihre Energie geschwunden. Zu den seelischen Umstellungen im Alter kommen dann auch noch solche Umstände hinzu.
Sollte es in einer solchen Situation räumlich keine Alternativen geben, arbeiten Sie einfach mit heilsamen Tricks. Jeder sollte sich dann seine »Ecke« einrichten dürfen, beziehungsweise das Bett an die »richtige« Wand stellen. Arbeiten Sie außerdem viel mit den fehlenden Farben und wählen Sie als Lektüre gute, interessante, anregende Dinge, denn oberflächliches Gequatsche und Geschreibsel sind dieser Signatur im Grunde zuwider. »Konsumliteratur« zur Unterhaltung zwischendurch ist schon in Ordnung, aber auf Dauer trocknet sie die Quelle Ihrer besonderen Fähigkeiten aus. Das wäre traurig für uns alle.

Signatur Nr. 29

Norden/Osten/Westen/Mitte

Bereit, die Welt zu erobern und zu verbessern – und fähig dazu

DIE ZAHLEN: ❻ und/oder ❶, ❽ und/oder ❸, ❾ und/oder ❹, ⓿ und/oder ❺
vorhandene Farben: Blau, Grün, Weiß und Gelb/fehlende Farbe: Rot

+ positive Eigenschaften

- aufnahmefähig
- tiefgründig
- visionär
- wissensdurstig
- musikalisch
- mitfühlend
- geduldig
- handwerklich begabt
- kreativ
- scharfsinnig
- ehrgeizig
- willensstark
- großzügig
- naturverbunden
- hilfsbereit
- mutig

NORDEN/OSTEN/WESTEN/MITTE *für Babys und Kleinkinder*

Tagsüber quicklebendig und fröhlich, nachts ruhig schlafend – leicht möglich, dass Sie mit dem Baby dieser Signatur den »Volltreffer« gelandet haben. Die Kombination von Genügsamkeit und Durchsetzungsvermögen ist unverwechselbar. Wenn allerdings, was auch vorkommt, Ihr Baby ein nachtaktives Wesen ist, brauchen Sie gute Nerven. Mit Geduld können Sie das Ruder herumreißen: Reden Sie tagsüber laut und viel mit Ihrem Baby und sorgen Sie für genug Tageslicht. Sprechen Sie dagegen nachts so gut wie gar nicht mit ihm und machen Sie nur so viel Licht wie unbedingt nötig. Auch beim Stillen nicht reden! Versuchen Sie fürs Baby einen Raum zu wählen, bei dem nicht gleich die ganze Familie zusammenläuft, wenn es ein wenig nörgelt oder mal kurz weint. Akzeptieren Sie, dass es nicht schlafen will oder kann, aber spielen Sie nicht und reden Sie nicht. Wickeln Sie nur wenn notwendig und nicht automatisch alle vier Stunden. Nachts wickeln gehört zu den größten Fehlern junger Mütter. So kann sich gar kein Tag-Nacht-Gefühl entwickeln. Wickeln Sie einfach abends eine zusätzliche Stoffwindel und achten Sie darauf, dass keine Nässe nach außen kann, weil das Baby sonst abkühlt.

Johanna erzählt:

Eine junge Mutter erzählte mir, dass sie am liebsten den Familienhamster verschenken möchte, weil sich ihr Kind nach ihm richtet. Kaum wacht der Hamster abends auf, ist auch ihr Kind nicht mehr zum Schlafen zu bewegen. Tagsüber dagegen schlafe es sehr viel. Es ist sicher eine gute Idee, den Hamster nicht in der Nähe des Kindes zu halten, nicht nur aus hygienischen Gründen. Trotzdem lag es natürlich in der Natur des Kindes und nicht am Hamster, dass der Tag- und Nachtrhythmus umgekehrt lief. Warum sich manche Kinder das so einrichten, weiß niemand.

Der fehlende Süden in dieser Signatur sorgt dafür, dass Ihrem Baby insgesamt eher zu kalt ist. Dafür hat es weniger Probleme mit Fieber bei kleinen Erkältungen (Kinder mit viel Süden – ❼ und/oder ❷ – im Geburtsdatum haben öfter Fieber). Kalte Füßchen sollte Ihr Kind niemals bekommen, hier verbirgt sich eine Schwachstelle. Ein Kind ohne Norden im Geburtsdatum (❻ und/oder ❶) ist dafür am Kopf empfindlicher. Alle Menschen bekommen Erkältungen aus den verschiedensten Gründen, Ihr Kind in erster Linie aufgrund unterkühlter Füße. Dabei ist völlig gleichgültig, welche Außentemperaturen herrschen und ob es Sommer oder Winter ist. Nur weil Juli im Kalender steht, hat Ihr Kind keine warmen Füße. Es sollte vielleicht noch erwähnt werden, dass ein häufiger Schnupfen fast immer Folge einer Milchunverträglichkeit ist. Eine ständige »Rotznase« hat nichts mit Erkältungen zu tun, sondern ist meist Zeichen einer beginnenden Allergie. Sie trägt auch dazu bei, dass Ihr Kind nachts nicht durchschläft. Massieren Sie einfach die Zehenspitzen, und Ihr Baby kann meist sofort durchatmen, besonders während des Stillens.

Im Kindergartenalter fällt besonders auf, dass es fast nichts gibt, was Ihr Kind nicht sofort kann. Kreativ, intelligent, sanftmütig, scharfsinnig und sympathisch – diese Eigenschaften entfalten sich allmählich immer mehr. Obwohl es viele ungewöhnliche Talente mitbringt, ist es selten großspurig oder hochmütig. Manchmal steht es sogar nur in der Ecke und fühlt sich allein. Das lässt sich gut beheben, wenn Sie Ihrem Kind viel Rot anziehen, auch wenn es ein Junge ist. Rot ist die Farbe, die diese Signatur zu ihrer Vervollständigung braucht. Auch im Kinderzimmer sollte nicht damit gespart werden. Rosa ist auch in Ordnung, auch wenn diese Farbe bei Mädchen oft fürchterlich übertrieben zum Zug kommt. In Innenräumen fühlt sich Ihr Kind an einer Südwand oder in einem Südzimmer am wohlsten. Der Süden ist »Medizin« für Ihr Kind in jeder Hinsicht. Solche Kleinigkeiten unterstützen den Alltag sehr. Bei der Bettwäsche unterscheiden Sie am besten zwischen Tag und Nacht: nachts entweder Weiß, Blau oder Grün und tagsüber eventuell Rot.

NORDEN/OSTEN/WESTEN/MITTE *für Teenager*

Inzwischen haben Sie sich schon stärker bemerkbar gemacht, die zahlreichen Talente Ihres Teenagers: Zielstrebigkeit, Ehrgeiz, Willenskraft, Geduld, Gespür für Musik und noch viel mehr. Natürlich ist nicht jede Begabung sogleich präsent, manche ist sogar vergraben, aber sie existieren! Wenn mit zahlreichen Wahlmöglichkeiten konfrontiert, setzt auch sogleich die Qual der Wahl ein. Lesen Sie einfach noch einmal alle vorhandenen Himmelsrichtungen ab Seite 42 durch und rufen Sie sich in Erinnerung, welche große Palette es gibt. Während andere Eltern froh sind, dass ihr Teenager früh den richtigen Beruf ansteuert, müssen Sie vielleicht etwas länger Geduld haben. Es sind einfach zu viele Möglichkeiten, die sich auch noch lange Zeit gleichwertig anfühlen. Nicht immer fühlt das der Jugendliche als großen Reichtum. Der fehlende Süden kann manchmal bewirken, dass ihm Lust und Inspiration völlig fehlen. Vielleicht hilft es, die Dinge einfach umzudrehen? Besprechen Sie mit Ihrem Kind einmal all die Dinge, die es gänzlich ablehnt und überhaupt nicht mag. Alles, was also gar nicht in Frage kommt. Es besteht ja auch immer die Möglichkeit, dass Eltern ganz andere Zahlen, ganz andere Vorstellungen haben als ihr Kind. Die Kinder merken das intuitiv und wagen es manchmal nicht, ihre Fantasie in »familienfremde« Richtungen schweifen zu lassen. Spielen Sie im Gespräch einfach herum, ohne Überredung und Druck und fragen Sie: »Was wäre, wenn …« Vielleicht stellt sich heraus, dass ein Beruf, der mit vielen Menschen zu tun hat, ein Graus wäre. Oder: bloß nicht in ein Bürokämmerchen eingesperrt! So entwickelt sich langsam eine Orientierung. Geht die Neigung in Richtung Kunst oder Psychologie? Liebt Ihr Kind einen handwerklichen Beruf, sollten Sie es nicht zum Studium zwingen! Obwohl das hier fast bedauerlich wäre, denn das Zeug dazu hätte Ihr Kind. Ab und zu fehlt ihm nur ein wenig der Mut, sich hohe Ziele zu stecken: Arzt, Heiler, Diplomat, Anwalt, Erfinder, Ingenieur, Pilot, Gartenarchitekt – mit dieser Signatur ist alles machbar.

Das Selbstvertrauen versteckt sich öfter, weil der Süden fehlt. Und in der Pubertät tauchen gern Selbstzweifel auf, die manchmal überbewertet werden. Es wäre schade, wenn man dieser Gefühlsachterbahn erlaubt, die Berufslaufbahn zu beeinträchtigen. Andererseits gibt es immer noch Eltern, die ihre Kinder in einen bestimmten Beruf hineinzwingen. Das hat teilweise verheerende Folgen, weil das Glück eines Menschen radikal aufs Spiel gesetzt wird. Grundsätzlich hat diese Signatur so viel Willenskraft, dass sie einer solchen Gewalttat erfolgreich Widerstand leisten kann, aber der fehlende Süden lässt manchmal den Wunsch, nicht aufzufallen, die Oberhand gewinnen. Lassen Sie es nicht so weit kommen!
Musikalische Talente unter dieser Signatur sollten nicht vergessen, dass nicht jeder ins Rampenlicht muss, um Talente und Träume zu verwirklichen. Im Orchester ist man ganz vorn dabei, aber doch nicht im strahlenden Lichtkegel – das ist für viele Teenager sehr wichtig. Sie spielen gern und gut Musik, können aber mit der Vorstellung, allein da vorn zu stehen, nichts anfangen. Kinder mit dieser Signatur fühlen sich oft zurückgesetzt und unbeachtet, auf der anderen Seite lieben sie es, im Verborgenen zu glänzen! Ihre hervorragenden Leistungen spielen sich oft hinter den Kulissen ab. Alle Menschen sollten ihre speziellen Talente leben, um zufrieden zu werden. Die negativen »Begabungen« einer Signatur melden sich sonst zu Wort. Gegenüber früheren Zeiten haben wir heute einen großen Vorteil: Die erlernten Berufe muss man nicht lebenslang ausfüllen, jede Form der Umschulung ist erleichtert worden, bis hin zu erfolgreichen Sprachkursen über das Internet. Allein die Informationsmöglichkeiten über das Internet sind so enorm, dass Jugendliche nicht mehr so sehr auf den Informationsfluss durch die Eltern angewiesen sind. Die Technisierung hat völlig neue Berufsbilder geschaffen. Wenn wir uns mit mehr Geduld um die Jugendlichen kümmern, können wir Eltern noch ungeheuer viel dazulernen, was auch unser eigenes Leben bereichert. »Kümmern« wäre hier das Stichwort, nicht »Einmischen«! Mit dem Tiroler Zahlenrad können Sie gemeinsam mit Ihrem Kind den richtigen Weg entdecken.

NORDEN/OSTEN/WESTEN/MITTE *für Erwachsene*

Als Erwachsener mit dieser Signatur können Sie sich im Leben so richtig breitmachen. Es gibt kaum etwas, was Sie nicht lernen und beherrschen können. Selbst wenn Sie aus irgendeinem Grund nicht das tun, was Sie sich schon immer erträumten, steht einem Kurswechsel nichts im Weg. Zumindest nicht, was Ihr Können betrifft. Vielleicht hat sich wieder der fehlende Süden eingemischt? Bringen Sie die Farbe Rot in Ihr Leben und satteln Sie um! Ohne Süden (❼ und/oder ❷) in der Signatur fehlt manchmal das nötige Quäntchen Selbstwertgefühl und blockiert die guten Absichten. Lassen Sie sich nicht aus der Ruhe bringen und streben Sie Ihr neues Ziel an, Schritt für Schritt. Gerade im Erwachsenenalter hat man sehr viel um die Ohren und da wäre es schade, nicht der eigentlichen Begabung und Berufung zu folgen. Wer viele Fähigkeiten gleichzeitig besitzt, tut sich nicht unbedingt leichter, das Richtige zu finden. Alle möglichen Alternativen und Richtungen fühlen sich gleich passend und erfolgversprechend an. Tauchen Sie gedanklich tief in die neue Situation ein, und Sie werden das richtige Gefühl für eine neue Entscheidung entwickeln. Bedenken Sie dabei, dass Sie auch alle Talente für den Weg in die Selbstständigkeit mitbringen. Sorgen Sie dann dafür, dass jemand in Ihrem Team den Süden im Geburtsdatum aufweist, sonst fehlen Ihnen im Laufe der Zeit wichtige Geschäftskontakte. In einem Betrieb muss immer alles rund laufen, im wahrsten Sinne des Wortes. Für alle denkbaren Situationen muss eine geeignete Person zur Verfügung stehen.

Manchmal begegnet man jemandem mit dieser Signatur und merkt anfangs gar nicht, dass der Süden fehlt. Meist hat sich diese Person ihn dann instinktiv angeeignet oder bewusst nachgeholt (etwa durch Rhetorik-Kurse). Das ist übrigens mit jeder fehlenden Himmelsrichtung machbar. Nur an Kleinigkeiten lässt sich dann ablesen, dass diese Seite erworben ist und nicht im Zahlenschatz schon vorhanden war. Beim fehlenden Süden wirkt sich das meist in erster Linie im Privatleben aus.

Öffentlich wird auf allen Hochzeiten getanzt, und wenn die Party zu Ende ist, sitzt man vielleicht allein da. Viele Menschen haben Angst vor einer solchen Talentvielfalt im Gegenüber und befürchten unbewusst, ihm im Alltag nicht das Wasser reichen zu können. Man seilt sich regelrecht ab, und diese arme Signatur versteht die Welt nicht mehr. Zum Glück gehören Sie zu den Menschen, die schnell dazulernen können. Bei öffentlichen »Auftritten« tragen Sie am besten etwas Rotes. Das schützt vor der Unsicherheit, die Sie ohnehin gar nicht nötig haben. In den eigenen vier Wänden könnten Sie dann mit der Farbe Rot auch etwas großzügiger umgehen, bis sich Ihr Süden »aufgefüllt« hat.

Wenn Paare sehr unterschiedliche Zahlen aufweisen, kann man getrost davon ausgehen, dass sich die beiden gesucht und gefunden haben. Im Alltag sieht die Sache dann manchmal nicht so leicht aus, weil die rosarote Brille bald trüb wird. Das ist der Augenblick, sie abzulegen und zu erkennen, dass auch dann alles wunderbar wäre, wenn man sich gegenseitig mehr in Ruhe lassen würde. Besonders Frauen neigen dazu, erst einmal zu heiraten oder mit dem Partner zusammenzuziehen und dann mit der »Anpassungsarbeit« zu beginnen (»Ich erzieh ihn mir schon noch«). Das ist natürlich vergeblich, zumindest, wenn man eine erfolgreiche Partnerschaft führen möchte. Männer dagegen zeigen allzu oft nur ihre »Schaufensterseite« und haben es später offenbar nicht mehr nötig, die Beziehung zu pflegen. Leider keine gute Idee! Freuen Sie sich über das Anderssein des Partners, denn zu Beginn spürten Sie ja die Ergänzung. Später müssen dann beide daran arbeiten, um etwas Gutes zu bauen.

Haben beide Partner die gleichen Zahlen, dann hat sich »Gleich und Gleich gern gesellt«. Man verstand sich scheinbar blind und ohne Worte. Was aber geschieht, wenn man sich nach Jahren nichts mehr zu sagen hat? Bleiben Sie offen, großzügig und arbeiten Sie immer an Ihrer Beziehung. Lernen Sie dazu und interessieren Sie sich auch für Dinge, die dem anderen wichtig sind. Die Zahlen geben Ihnen die entscheidenden Hinweise für den gemeinsamen Weg als gemeinsames Abenteuer.

Affirmationen für die Signatur Nr. 29

Mit meinem Einfühlungsvermögen für Mensch und Natur kann ich viel bewegen.

Meine musikalischen Fähigkeiten können auch »hinter den Kulissen« zum größten Erfolg werden.

Neue Wege gehen – spirituell, sozial, handwerklich – alles ist möglich.

Ich bin bereit, meine zahlreichen Talente auch zu verwirklichen.

Meine Willenskraft und meinen Mut ergänze ich mit Menschen aus dem Süden des Zahlenrads, um mehr Unabhängigkeit zu gewinnen.

Mein Inneres kennt ein undefinierbares Gefühl, das nach mehr Freiheit ruft – ich werde ihm nachgehen.

Tiefe Zufriedenheit kann ich mir nur selbst geben, ab sofort gönne ich sie mir.

NORDEN/OSTEN/WESTEN/MITTE *für Senioren*

Man muss ein Leben lang dazulernen, um mit sich und der Welt in Einklang zu sein – und Sie haben sicher Pläne, was Sie nun endlich alles tun werden. Es gibt noch viel zu erkunden, erobern, nachzuholen! Nicht jeder kann auf eine rosige Jugendzeit zurückblicken, und so kommt es leider immer wieder vor, dass Menschen in Schablonen gezwungen wurden, die nur wenig mit ihrer echten Berufung zu tun hatten. Mit dieser Signatur ausgestattet haben Sie wahrscheinlich noch das Beste aus allem gemacht, trotzdem sollten Sie das eine oder andere aus Ihrem Zahlenschatz noch einmal angehen. Sie müssen ja nicht unbedingt Extremsportarten in die engere Wahl rücken. Bei Frauen haben meist Kinder und Familie einiges auf der Strecke bleiben lassen. Nicht jeden macht das Gefühl, gebraucht worden zu sein, glücklich bis ans Lebensende. Besonders Frauen geben das nur ungern zu, weil es ja »egoistisch« klingen könnte. Die Kirche hat da ganze Arbeit geleistet, um sich handliche SklavInnen zu halten. Aber solche Wünsche haben großes Gewicht, denn unerfüllte Sehnsüchte können krank machen! Ihr fehlender Süden war da auch keine große Hilfe. Ziehen Sie ab sofort viel Rot an (oberhalb der Gürtellinie genügt), setzen Sie sich in Ruhe hin, ohne vollen Magen, und fangen Sie an, neue Pläne zu schmieden. Vielleicht kommen Ihnen dabei die Tränen, aber das ist nur positiv. Hinterher geht es Ihnen besser! Ihre Begabungen sind Gold wert. Vielleicht haben Sie den geheimen Wunsch zu schreiben? Für die Medienwelt hätten Sie ein Händchen, viele Zeitungen warten nur auf »frisches Blut«. Ihre Zahlen sprechen aber auch für machbare geschäftliche Geistesblitze. Der Osten (❽ und/oder ❸) hat die soziale Ader bei Ihnen geprägt, und die Mitte (⓿ und/oder ❺) verstärkt sie noch. Betrachten Sie Ihre Zahlen nochmals: Wo sind Sie mit mehr als einer Zahl besetzt? In welcher Himmelsrichtung liegt die Jahreszahl am Schluss des Geburtsdatums? Beides würde die jeweilige Himmelsrichtung und die damit verbundenen Kräfte verstärken. Viele Menschen mussten Talente ihr Leben lang unterdrücken – kein

Wunder, dass manchmal der (oft schuldlose) Partner als Blitzableiter herhielt. Aus dieser unglücklichen Lage sollte man sich befreien! Nichts ist trauriger als der Satz: »Das lohnt sich für mich nicht mehr!«. Verbannen Sie dies sofort aus Ihrem Kopf!
Viele ältere Menschen ernähren sich nicht mehr gesund, weil es sich angeblich nicht mehr lohnt. Dann geht es schnell bergab, mit allen bekannten Folgen, über die sich die Ärzte und Apotheken so freuen. Übergewicht, Müdigkeit, schmerzende Glieder, Diabetes, Osteoporose ... Wenn es schon so weit ist, kehren Sie noch heute um. Vielleicht haben Freunde und Bekannte ebenfalls die Nase voll, und Sie vollziehen den Umschwung gemeinsam. Machen Sie ab sofort täglich eine Minute Mondgymnastik, nach einer Woche zwei Minuten! Was die Ernährung betrifft, sollten Sie entdecken, ob Sie ein Alpha- oder Omega-Ernährungstyp sind (Seite 329).

Johanna erzählt:

In meinen Gesundheitswochen lernten die Teilnehmer auch, wie man den Ernährungstyp im Alltag beim Kochen berücksichtigt. Manchmal kam es vor, dass bei Paaren einer mitmachte (fast immer die Frau), während der andere im Hotel seiner Wege ging, weil er nur »mitgeschleppt« worden war. Also lud ich regelmäßig diese Außenstehenden persönlich zum Vortrag ein, wenn es gerade um den Ernährungstyp ging. Viele kamen, und es war interessant zu erleben, wie diese Männer begannen, den Rest der Woche voll mitzumachen, einschließlich der Mondgymnastik. Auch die Paare bekamen eine viel bessere Energie und Ausstrahlung, von der besseren Gesundheit ganz abgesehen.
Es funktioniert so einfach – mit viel Genuss und ohne jede Diätvorschrift und harte Selbstdisziplin!

Signatur Nr. 30

Norden/Osten/Süden/Westen

*Alle Wege stehen offen –
Traum kann Wirklichkeit werden*

DIE ZAHLEN: ❻ und/oder ❶, ❽ und/oder ❸, ❼ und/oder ❷, ❾ und/oder ❹
vorhandene Farben: Blau, Grün, Rot und Weiß/fehlende Farbe: Gelb

+ positive Eigenschaften

- unabhängig
- charismatisch
- leidenschaftlich
- tiefgründig
- aufnahmefähig
- visionär
- wissensdurstig
- musikalisch
- mitfühlend
- geduldig
- neugierig
- kreativ
- handwerklich begabt
- scharfsinnig
- ehrgeizig
- temperamentvoll

NORDEN/OSTEN/SÜDEN/WESTEN *für Babys und Kleinkinder*

Wenig ist wichtiger, als dem Baby dieser Signatur von Anfang viel Ruhe zu gönnen. Schenken Sie ihm eine Verschnaufpause, wenn es gerade wach geworden ist. Einer der größten Fehler junger Eltern ist es, das Baby sofort nach dem Aufwachen hochzuheben. Verständlich zwar, aber weder dem Baby noch sich selbst ist damit ein Gefallen getan. Träumen! – Das ist bei dieser Signatur das große Wort. Kaum ein Kind träumt so gern in den Tag hinein. Alles Mögliche geht ihm durch den Kopf, wird von allen Seiten betrachtet, gespürt, abgewogen, und dabei will es nicht ständig gestört werden. Die Kinder dieser Signatur gehören auch zu den wenigen, die hin und wieder freiwillig ins Bett gehen. Später meist nicht mehr, aber großes Theater machen sie auch dann nicht. Allein die Mitte mit der 0 und der 5 fehlt hier. Um das zu Anfang auszugleichen, braucht dieses Baby viel Ruhe und Geborgenheit – genau die Ruhe, die unerfahrene Eltern dem Kind oft nicht geben können oder wollen. Glücklicherweise können Sie mit der Farbe Gelb einiges ausgleichen. Gelb ist eine schöne warme Farbe für Babys und sollte hier großzügig verwendet werden – in Kleidung, Umgebung, Bettwäsche und so weiter. Ausnahme ist der Außenbereich, weil Gelb Insekten anlockt. Dennoch liebt Ihr Kind die freie Natur über alles. Bei großer Unruhe: Ab ins Freie! Auch später, wenn es schon größer ist und sich allein draußen aufhalten und spielen kann, geht es sicher nicht freiwillig nach Hause. Eine kleine Hütte, ein Zelt, ein »Nest« draußen im Freien, das lässt sein Herz höher schlagen. Auch zu Hause baut es gern Höhlen mit (gelben) Decken. Sollten Sie einen neuen Kühlschrank oder eine Waschmaschine bekommen, den Karton bitte nicht entsorgen! Er wird für Ihr Kind viele Wochen lang als Haus und Höhle dienen. Diese Signatur ist auch handwerklich besonders begabt, und Sie sollten ständig viel Bastelmaterial bereithalten. Material aus der Natur entdeckt das Kind am liebsten selbst, und kaum ein Stein wird nicht begutachtet auf seine Eignung zum Bemalen oder Basteln.

Es kann vorkommen, dass Kinder dieser Signatur größere Verlustängste entwickeln als andere Kinder. Ob es mit der fehlenden Mitte zusammenhängt, ist nicht so klar, aber es fällt auf. Sprechen Sie viel mit Ihrem Kind, wenn es das Bedürfnis hat, und nehmen Sie seine Ängste ernst. Ihr Kind wird traurig, wenn Sie das Problem ignorieren. Mit der Zeit gewinnt es an Stabilität und Vertrauen. Die Kinder dieser Signatur haben viel Mut, wobei man sie oft unterschätzt, weil sie ruhig und nachdenklich vor sich hin arbeiten. Sie sind keine Plappermäuler, sondern handeln im Stillen – für die heutige Zeit eher ungewohnt und manchmal fast beunruhigend. Im Kindergarten ist es ihnen anfangs oft viel zu laut. Sie flüchten dann manchmal in eine Ecke, was von den anderen als »schüchtern« erlebt wird. Nichts könnte ferner der Wahrheit liegen. Sie gehören zu den mutigsten Kindern überhaupt, brauchen aber Luft, bis ihre Zeit gekommen ist. Geduld wird deshalb von den Eltern gefordert, manchmal »Eselsgeduld« für längere Zeit. Hektische Eltern, Lehrer, Freunde sind deshalb nicht so sehr willkommen – wobei man Hektik nicht mit Schnelligkeit verwechseln sollte. Ihr Kind liebt Schnelligkeit und auch Lautstärke, aber eben nicht gekünstelt und nicht überflüssig. Es spürt genau, wie sehr beispielsweise die Lautstärke im Kindergarten einer nervösen Hektik und Künstlichkeit entspringt. Es ist in keiner Weise ein Spielverderber, es sei denn, es kann nicht erkennen, was denn jetzt gerade so besonders lustig sein soll. Gekünstelte Fröhlichkeit durchschaut es schnell. In solchen Situationen können Sie sich die Zähne ausbeißen, es wird nicht mitmachen. Die Konsequenz dieses Kindes überschreitet natürlich auch einmal die Linie zur Sturheit. Während Kinder ohne Osten (❽ und/oder ❸) dem Frieden zuliebe einlenken (und sich hinterher ärgern), geben Kinder ohne Mitte manchmal nicht einmal dann nach, wenn es vielleicht doch angebracht wäre. Mit dem Sprichwort »Der Klügere gibt nach« können Sie hier keinen Blumentopf ernten. Dazu kommt es aber nur, wenn das Kind zu lange ausgenützt worden ist. Grundsätzlich besitzt es einen ausgeprägten Gerechtigkeitssinn. Es durchschaut Situationen, in denen sich so mancher Erwachsene noch

blenden lässt, und hat für fast alles simple und einleuchtende Lösungen parat. Das Kind, das »des Kaisers neue Kleider« entlarvte, es hatte wahrscheinlich die Signatur Nr. 30.
Samt seiner Talentvielfalt ist Ihr Kind nicht der geborene Teamspieler. Es kann so viel aus eigener Kraft und ohne Hilfe auf die Beine stellen, da entwickelt es manchmal wenig Geduld, wenn sich ein Kind in seinen Augen »dumm anstellt«. Für Eltern ist das eine knifflige Aufgabe, denn das Kind muss lernen, dass nicht alle Menschen gleich begabt sind und deshalb nicht ständig überfordert werden dürfen. Jeder Mensch verdient Achtung und jeder hat andere Vorzüge. Leistungsdruck ist sicher für alle Kinder unangebracht, und trotzdem werden Sie bei diesem Kind ab und zu die Zügel in die Hand nehmen müssen, damit es nicht zu viel »verträumt« und von anderen gleichzeitig zu viel verlangt. Alles in allem ist dieses Kind auf einem besonderen, auf einem guten Weg, der uns allen viel Freude machen wird, wenn wir ihm bei der Entfaltung helfen.

NORDEN/OSTEN/SÜDEN/WESTEN *für Teenager*

Der geduldige, liebenswerte und sympathische Teenager dieser Signatur kämpft jetzt wie jeder andere Jugendliche um seinen Platz im Leben. Wenn Kinder von klein auf schwierig sind, fällt der Eintritt in diese Phase gar nicht so auf. Bei Ihrem Kind aber, das sich meist ruhig und vernünftig verhielt, wird dieser Schritt meist mit Verwunderung registriert. Diese Entwicklung ist dennoch sehr, sehr wichtig, wie wir alle wissen. Das Kind muss lernen, dass alles im Leben seine Grenzen hat. Die eigenen Grenzen zu respektieren und die Grenzen der Mitmenschen, das ist ein großer Lernprozess. Leider haben Eltern oft zu wenig Zeit, sich dieser Herausforderung zu stellen, und sind froh, wenn alles einigermaßen gut über die Bühne geht. Das Kind leidet darunter und fühlt sich nicht ernst genommen. Manche Eltern machen genau das Gegenteil und kontrollieren alles, damit es nicht zu unangenehmen Überraschungen kommt.

Ein Maximum an Respektlosigkeit und mit Sicherheit den Vertrauensverlust bedeutet es, ohne Anklopfen das Zimmer des Jugendlichen zu betreten. Solche Kontrolle bedeutet eine Unterdrückung des Jugendlichen. Sie führt geradewegs dazu, dass er zu lügen beginnt, um sein Eigenes zu schützen. Der Mittelweg wäre ideal, aber das ist leichter gesagt als getan.

Wenn er oder sie viele Talente im Zahlenschatz mitgebracht hat, kann das dem Teenager manchmal zu viel werden. Oft hilft es, Aufgaben neu zu verteilen und das eine oder andere abzuspecken. Auch ein Jugendlicher kann nicht auf zwei Hochzeiten gleichzeitig tanzen und wird oft überfordert. Konzentrieren Sie sich auf das Wichtige und lassen Sie unwichtige Dinge großzügig vorübergehend sausen. Vieles im Leben lässt sich nachholen, und nicht alles ist so wichtig, wie man glaubt – und erzwingen lässt sich gar nichts, außer um einen zu hohen Preis für alle.

Alle Himmelsrichtungen im Geburtsdatum ohne die Mitte – das ist nicht nur ein Geschenk, sondern auch eine große Herausforderung. Die Qual der Wahl ist hier ein zentrales Thema. Gerade in der Pubertät vergeht die Zeit viel zu langsam, alles dauert und dauert. Mit viel Verständnis und »gesunder Strenge« wird schließlich auch diese Zeit vorübergehen, und Ihr Schützling ist später dankbar oder zumindest froh, dass er nicht alles aufgegeben hat. In der Pubertät helfen oft die musikalischen Talente über das Schlimmste hinweg. Der Jugendliche kann »abtanzen«, singen, selbst in die Saiten und Tasten hauen, sich wirklich abreagieren und zurückziehen. Wenn für die Lautstärke mancher Instrumente nicht die richtige Umgebung zur Verfügung steht, ist das sehr schade. Vielleicht kann vorübergehend eine Garage als Refugium dienen? Das Auto ist schließlich nicht so wichtig wie Ihr Kind. Wenn jeder Note gelauscht wird, fühlt sich keiner frei. Man könnte auch mit den Nachbarn sprechen und Zeiten fürs Üben vereinbaren. Wer Lösungen sucht, der findet sie.

Ihr Jugendlicher weist besondere Charakterzüge auf. Er ist sehr gefühlvoll und besitzt einen starken Gerechtigkeitssinn. Er setzt sich für Minderheiten ein, und wenn zum Beispiel ein neuer Schüler unsicher herumsteht, kümmert er sich um ihn. Viele Freunde braucht er nicht, aber die wenigen müssen verlässlich sein. Verräter oder hinterhältige Charaktere haben schnell ausgespielt, selbst dann, wenn der Preis die Einsamkeit ist. Lieber geht er durch so manche Gefühlshöllen, statt bequeme Kompromisse einzugehen.

Das große Nachdenken über Gott und die Welt verlässt die Kinder mit dieser Signatur auch nicht in der heutigen Zeit. Deshalb sind Phasen des Rückzugs beinahe lebensnotwendig. Bei neuen Freunden löst das manchmal Unverständnis aus und wird als »Absage« gewertet. Sie haben es eben hier mit einem Denker, weniger mit einem Redner zu tun. Sogar die Mahlzeiten werden zum Nachdenken genützt, und manche Tischrunde fragt sich, ob er oder sie jemals mit dem Essen fertig wird. Wenn Ihr Kind obendrein ein Omega-Typ ist, sitzt es unter Umständen noch nach Stunden da. Bei Jugendlichen ist der Tag aber ohnehin immer zu kurz, zumindest der Abend! Würde man Schulen erfinden, die erst mittags beginnen, die Teenager mit dieser Signatur würden sich als Erste melden. Das wäre kein Fortschritt, denn der übliche Morgenstress wäre nur auf Mittag verschoben, es würde sich kaum etwas ändern. Aufstehen ohne viel Zeit für den Gang zur Schule, Uni und Arbeit ist hier einfach ein lebenslanges Problem. Wenn dann auch noch schon am Frühstückstisch diskutiert wird, würden sich diese Teenager am liebsten in Luft auflösen.

Wenn sich Ihr Schützling nicht richtig ernährt (siehe Buchtipp Seite 397), dann kann sich eine Frühjahrsmüdigkeit aufs ganze Jahr ausdehnen.

Das gesamte Immunsystem leidet. Unglücklicherweise meldet sich die eingebaute Sturheit des Teenagers gerade dann, wenn man ihm mit Engelszungen eine gesündere Ernährung nahelegen möchte. Wenn Sie bei vernünftigen Argumenten bleiben und geduldig immer wieder auf die Zusammenhänge hinweisen zwischen Cola und Kopfschmerzen, Fastfood und Schlaf auf der Schulbank, werden Sie ihn bewegen können, zumindest darüber nachzudenken. Mit dieser Signatur dauert einfach alles seine Zeit, denn die eigenen Erfahrungen überzeugen sie mehr als alles andere – ein wunderbares Fundament für ein schönes Lebensgebäude.

NORDEN/OSTEN/SÜDEN/WESTEN *für Erwachsene*

Im Reich der Erwachsenen angelangt, haben die Träger dieser Signatur schon viel Vorarbeit geleistet. Nur wenig wird dem Zufall überlassen, und das viele Überlegen und Nachdenken zeigt Früchte. Das kann in den verschiedensten Bereichen sichtbar werden – von einer gewissen Selbstdisziplin bei der Ernährung bis zu einer ausgereiften Weltanschauung. Meinungen sind nicht angelesen oder modische Begleiterscheinung, sondern die Überzeugungen beruhen schon auf echten Erfahrungswerten. Die »Sturheit« bei gewissen Dingen ist aber immer noch ein Thema – jeder hat einfach sein Päckchen zu tragen. Dank Scharfsinn, Temperament, Toleranz und Erfolgsstreben fällt es dieser Signatur aber nicht so schwer, das eine oder andere Paket zu schultern, denn es gibt fast nichts, wo nicht Lösungen in Sicht wären. Ihre Persönlichkeit ausleben, das sollten Sie nicht aufgeben, nur weil Sie vielleicht geheiratet haben oder weil wichtige Aufgaben erledigt werden müssen. Ideal wären Berufe, die viel persönliches Talent mit einfließen lassen, auch im Umgang mit Mensch und Tier (wenige Signaturen können mit Tieren so gut umgehen wie Sie!). Außergewöhnliche Musiker oder Heiler können diese Signatur tragen, und auch guter Geschäftssinn ist Ihnen in die Wiege gelegt. Ob als Politiker oder Lehrer, diese Menschen sind zugänglich und leicht zu verstehen, weil ihnen unnötiges Gerede fremd ist. Sie erinnern sich sicher noch an Lehrer, mit denen man sich herumschlug, weil sie selbst nicht wussten, wie sie den Lernstoff verständlich formulieren sollten. Sie leierten ihn einfach herunter, unter Verwendung möglichst komplizierter Begriffe, damit alles fein hochgestochen daherkam und die lange Studienzeit rechtfertigte. Wie sehr hätten wir uns mehr LehrerInnen mit dieser Signatur gewünscht: Einmal gesagt, und es sitzt! Speziell LehrerInnen in der Grundschule müssten viel inten-

Affirmationen für die Signatur Nr. 30

Ständige angenehme Begleiter auf meinem Weg sind Neugier und Wissensdurst.

Ich erfreue mich an meiner scharfsinnigen Beobachtungsgabe.

Musik, besonders die selbst gemachte, bringt mich in meine Mitte.

Meine heilerischen Fähigkeiten stelle ich der Menschheit zur Verfügung.

Dass man mit Tieren und Pflanzen kommunizieren kann, dafür brauche ich keinen wissenschaftlichen Beweis.

Mit Ruhe und Meditation erobere ich mein Selbstvertrauen immer wieder neu.

Ich akzeptiere immer mehr, dass es viele andersdenkende Menschen gibt, die mir ebenso am Herzen liegen.

siver auf ihre tatsächlichen pädagogischen Fähigkeiten geprüft werden, denn der Lehrplan bis zum Gymnasium ist von jedem leicht zu schaffen. Sie zerstören sehr viel mit ihrer Arroganz, wenn ein Kind nicht mitkommt, und benützen es zur Selbsterhöhung. Wie winzig und verletzt muss ein Selbstbewusstsein beschaffen sein, wenn man es nötig hat, auf kleinen Kindern herumzuhacken? In etwa 20 Jahren, wenn die ersten Kinder des neuen Jahrtausends (mit der Energie von ❷ und ⓪) etwas zu sagen haben, werden solche »Lehrer« in ihrer Zerstörungskraft erkannt und aussortiert – auch unfähige Politiker, die nur hinter Moneten und Macht her sind. Aber genug des Schimpfens, denn letztlich ist es völlig sinnlos. Jede Erfahrung bringt uns weiter, und schließlich lernen wir nur durch die Wahrnehmung von Unterschieden. Vielleicht kommt die Menschheit irgendwann zur Einsicht, dass nicht jedem das Gleiche in die Wiege gelegt worden ist und dass man anfangen sollte, nach Fähigkeit den Beruf zu wählen und nicht nach Schulnoten. Die Idee ist immer wieder aufgegriffen worden, nicht die Noten als Maßstab zu nehmen. Das System war nicht sehr erfolgreich, weil überempfindliche Eltern ihre Kinder in Schulen bringen wollten, in denen man sie mit Samthandschuhen anfasst und wo sie Narrenfreiheit genießen. Das kann nicht funktionieren, weil auch die »nichterziehbaren« Kinder in diese Schulen gesteckt werden. Das Geschäft blüht, aber den Kindern ist nicht wirklich geholfen. Wenn man bei »schwierigen« Kindern das Zahlenrad betrachtet, weiß man in Sekunden, warum sie schwierig erscheinen. Ein weiterer Blick auf das Zahlenrad der Eltern, und das Rätsel ist gelöst. Sollten Sie also mit dieser Signatur Nr. 30 noch nicht Ihre Berufung gefunden haben, werden Sie bitte Lehrer oder etwas Vergleichbares. Die Menschheit bräuchte Sie. Auch Ärzte müssen viel Verständnis, Menschenkenntnis und gute Nerven haben. Geeignete Berufe braucht man hier gar nicht aufzählen, denn alles ist machbar.
Die fehlende Mitte macht sich als einziges Element immer wieder einmal bemerkbar – meist als ein Gefühl von Unzufriedenheit, das in keiner Weise durch äußere Ereignisse oder den Grad Ihrer Erfolge gerechtfertigt scheint.

Sicher hängt es auch mit der Vielzahl der Talente zusammen. Sie müssten 300 Jahre alt werden, um sie alle auszuleben.
Üben Sie Bescheidenheit und freuen Sie sich über die große Auswahl. Machen Sie es sich auch zu Hause gemütlich, in einem hellen Wohnzimmer, und akzeptieren Sie, dass nicht alles machbar ist. Wenn Sie Kinder haben, die nicht Ihre Zahlen teilen, üben Sie Nachsicht. Für Kinder ist es nicht einfach, den Ansprüchen der Eltern gerecht zu werden. Auch wenn sie richtig gut sind, sind meist ein oder beide Elternteile besser. Also vergessen Sie einfach nie, dass es verschiedene Talente gibt und dass bei Weitem nicht jeder Mensch mit Ihrer Vielfalt gesegnet ist. Leben Sie Ihre Sehnsüchte und Begabungen, damit Sie glücklich sein können. Sollte es zwischendurch einmal nicht möglich sein, holen Sie es einfach später nach. Das Gefühl, das Sie hin und wieder begleitet, mit sich selbst noch nicht zufrieden zu sein, gleichen Sie am besten aus, indem Sie sich viel in die Natur hinaus begeben und viel gelbe Kleidung tragen. Meditation in allen Formen wären ebenfalls ideal für Ihre Signatur, ganz besonders an Tagen, wenn der Mond in Stier, Jungfrau oder Steinbock steht.

NORDEN/OSTEN/SÜDEN/WESTEN *für Senioren*

Wenn ein Mensch das Rentenalter erreicht hat, stellt sich die Frage: Was jetzt? Nur wenige machen sich früh genug Gedanken, aber mit dieser Signatur sind Sie eigentlich davor geschützt – ganz abgesehen davon, dass Sie wahrscheinlich auch nicht der typische Rentner sind. So vieles gibt es noch zu tun! Manchmal haben Pensionisten noch weniger Zeit als vorher in den Berufsjahren. Musiker zum Beispiel gehen nur selten in Rente. Ärzte, Heilpraktiker, Lehrer, Gärtner übersehen auch oft das Rentenalter. Lehrer vielleicht nicht so sehr, weil sie ja gezwungen werden, die Laufbahn zu beenden, aber prinzipiell ist Lehren nicht an ein bestimmtes Alter gebunden. Glücklich die Kinder, die einen Nachhilfelehrer mit Ihrer Signatur haben. Man muss sich natürlich nicht immer darauf konzentrieren, was noch alles zu tun ist. Einen wohlverdienten Feierabend sollte man auch genießen dürfen. Ideal wäre hier ein gutes Gleichgewicht! Aus beruflichen Gründen können viele Menschen keine Haustiere halten. Auch das wäre hier bedauerlich und sollte nachgeholt werden, denn diese Signatur kann mit Tieren wunderbar umgehen. Man hat den Eindruck, dass Sie die Sprache der Tiere verstehen und selbst sprechen. Tierärzte machen immer wieder die Erfahrung, dass es Menschen gibt, die ohne jede Ausbildung sofort bei ihnen als Assistent anfangen könnten. Oft begegnet man Menschen mit einem Feingefühl für Dinge, das andere auch durch ein Studium nicht erwerben können. Die künstlerische Ader dieser Signatur könnte jetzt ebenfalls endlich zu ihrem Recht kommen. Ob Sie dabei selbst aktiv werden – Malen, Zeichnen, Entwerfen – oder ob sich diese Ader in Museumsbesuchen oder Kunstgalerien Bahn bricht, das ist nicht wichtig. Sich mit schönen Dingen zu beschäftigen ist wichtig, nicht nur für diese Signatur. Man rutscht auch nicht so leicht in das Alltagsgejammer, das man ringsherum zu hören bekommt. Wer sich nur in Wartezimmern aufhält und alle nur denkbaren Krankheiten durchdiskutiert, macht sein Leben nicht reicher.

Die richtige Ernährung ist für alle Menschen wichtig, aber das Alter hat den besonderen Vorteil, dass man »Sünden« schneller zu spüren bekommt. Nehmen Sie sich unbedingt die Zeit, richtig zu kochen, sonst leben Sie auf Sparflamme. Wenn Sie beispielsweise immer das Gleiche in geringer Variation essen, bekommen Sie automatisch Mangelerscheinungen, selbst wenn das Essen von bester Qualität ist. Die Gewohnheit kann sich in einen Feind verwandeln. Holen Sie sich neue Ideen und beginnen Sie, verschiedenste Lebensmittel auszuprobieren. Topinambur zum Beispiel schmeckt wunderbar, auch roh! Am Anfang kostet es Überwindung, aber wenn Sie dann die neue Energie spüren, wissen Sie, dass es der richtige Weg war. Vielleicht tun Sie sich mit einigen anderen Menschen zusammen und kochen zweimal in der Woche füreinander? Sie essen gut, Sie essen gemeinsam und Sie tauschen Erfahrungen aus – gleich drei Vorteile! Viele

Menschen wollen nur ungern allein essen und kochen genau deshalb nicht. Dabei mangelt es selten am Können.
Lange Reisen sind für ältere Menschen oft zu beschwerlich und können nicht mehr unternommen werden. Achten Sie einmal genau darauf, warum! Und dann gehen Sie den Grund an, den Sie erkannt haben. Beginnen Sie mit kleinen, aber entschlossenen Schritten. Es gibt fast nichts, das nicht noch änderbar wäre zum Guten. Geben Sie sich niemals damit zufrieden, dass »die Dinge eben so sind«. Sie sind es nicht! Mit Gymnastik beispielsweise würden Sie einen wichtigen Schritt tun. Die Mondgymnastik (siehe Buchtipp Seite 397) können sogar Bettlägerige machen. Schnell würde es bergauf gehen. Sie haben ein großes Talent, anderen etwas beizubringen, und könnten das in dieser Hinsicht gut nützen. Leiten Sie einen neuen Senioren-Gymnastikkurs oder beschäftigen Sie sich intensiver mit dem Zahlenrad. Sie werden spannende Zusammenhänge erfassen und Menschen verstehen lernen, die fast niemand versteht – ein interessantes Abenteuer. Was spricht dagegen, Erfahrungen mit diesem Buch zu sammeln und weiterzugeben? Sie sollten nur darauf achten, niemandem auf die Nerven zu gehen. Nicht jeder Mensch ist so aufnahmebereit, und besonders ältere Menschen gehen gern den einfachen Weg – Augen zu und notfalls jammern. Nur weil Sie selbst anders ticken, können Sie das leider nicht von anderen Leuten erwarten. Wenn Sie jetzt noch ein wenig daran arbeiten, Ihre Mitte auszugleichen, damit sich die innere Unruhe nicht meldet, dann sind Sie wirklich gut im Rennen. Vergessen Sie nicht: Gelb ist Ihre Farbe. Sollte Gelb einfach nicht Ihren Geschmack treffen oder wollen Sie Ihre Garderobe nicht vergrößern, dann setzen Sie Akzente in der Wohnung. Auch unsichtbar getragene gelbe Kleidung würde schon die Aufgabe erledigen, beispielsweise Unterziehpullover oder Socken. Wünschen Sie sich zum nächsten Geburtstag zwei Dinge: gelbe Blumen und ein wenig mehr Geduld mit Menschen, die nicht so fit sind wie Sie.

Signatur Nr. 31

Alle Himmelsrichtungen

Alle Wege stehen offen

DIE ZAHLEN: ❻ und/oder ❶, ❽ und/oder ❸, ❼ und/oder ❷,
❾ und/oder ❹, ⓪ und/oder ❺
vorhandene Farben: Weiß, Blau, Grün, Rot und Gelb/fehlende Farben: keine

positive Eigenschaften

- vielseitig talentiert
- tiefgründig
- mutig
- charismatisch
- leidenschaftlich
- neugierig
- visionär
- wissensdurstig
- musikalisch
- handwerklich begabt
- mitfühlend
- scharfsinnig
- ehrgeizig
- großzügig
- hilfsbereit
- willensstark

ALLE HIMMELSRICHTUNGEN *für Babys und Kleinkinder*

Was eine Signatur an Fähigkeiten und Talenten in diese Welt mitbringt, zeigt sich im Laufe der Zeit immer deutlicher. Besitzt aber jemand Zahlen in allen Himmelsrichtungen sowie in der Mitte, dann sind die Talente so breit gestreut, dass es unter Umständen länger dauern kann, bis die jeweiligen Vorlieben zum Vorschein kommen. Ein Baby interessiert dieser Zusammenhang erst einmal nicht, weil es Ruhe braucht, Nahrung, Geliebtwerden, Verstandenwerden und allmählich auch Unterhaltung. Fast unmerklich langsam zeichnen sich dann die verschiedenen Talente ab. Als Eltern haben Sie es erst einmal mit einem liebenswürdigen, ruhigen Kind zu tun. Ausgeglichen und interessiert schaut es aus dem Bettchen, fast wie in den Werbefilmen der Babykost-Industrie. Von Anfang an weiß es, was es will, es schreit aber nicht pausenlos, wenn man es einmal nicht versteht. Die mitgebrachte Geduld sollte allerdings nicht ausgenützt werden, sonst wird es unruhig und nach längerer Zeit auch misstrauisch. Vertrauen ist nach der Liebe das wichtigste Gut und sollte schon bei Babys ehrlich und gewissenhaft gepflegt werden. Kinder können ein Nein fast immer gut vertragen, auch wenn sie momentan etwas anderes erwarten. Ein Nein jedoch aus Bequemlichkeit oder unüberlegt macht unsicher. Den Unterschied, so viel ist gewiss, spürt jedes Kind! Niemals darf man Kinder Launen aussetzen. Jede Mutter und jeder Vater hat das Recht, zu entscheiden, wann es ein Nein geben muss, aber Launenhaftigkeit können Kinder nicht ausstehen. Sie sind dann den Eltern hilflos ausgeliefert, und das rächt sich. Fast alles aufsässige Verhalten von Kindern soll nur die Eltern prüfen, nach dem Motto: »Ich hoffe, sie wissen jetzt endlich, was richtig ist.« Aber keine Sorge: Ein Kind mit dieser Signatur wird Ihnen das alles im Laufe der Zeit beibringen. Wenn Sie aber nicht von Ihrem Kind lernen wollen, haben Sie eine harte Zeit vor sich.

Auch später im Kindergarten setzt sich Ihr Nachwuchs für Gerechtigkeit ein und hat keine Angst vor Diskussionen, wenn es denn sein muss.

Er passt sich nicht einfach an, sondern erkennt die Notwendigkeit einer Gruppendisziplin. Das Geschick beim Basteln und die Freude am Singen zeichnen sich ab. Nur wenn Ihr Kind etwas völlig ablehnt, kann es ziemlich stur werden. Manchmal fehlt einfach der Blick für eine Sache, und wenn keine Notwendigkeit zu erkennen ist, kann sich selbst eine Kindergärtnerin »totreden«. Meist wird das aber großzügig übersehen, weil diese Kinder ja ansonsten überall mitmachen. Manche entdecken schon im Kindergarten die Liebe zum Theaterspielen. Andere wiederum basteln nicht, sondern lassen wahre Kunstwerke entstehen. So können im Laufe der Jahre viele Talente getestet werden.

Kinder dieser Signatur erzählen zu Hause nicht viel über den Kindergarten. Sie gehen gern hin und auch gern wieder nach Hause. Fast immer sind sie sehr interessiert und gehen trotzdem nicht mit ewiger Fragerei auf die Nerven. Sie saugen alles auf wie ein Schwamm. Wenn sich LehrerInnen sehr überzeugend darstellen, kann es durchaus geschehen, dass deren Meinung als unantastbar empfunden wird. Das gilt auch für den Einfluss von Freunden. Mit viel Fingerspitzengefühl müssen hier Eltern manchmal eingreifen, bevor sich das Kind verrennt. Steht Ihr Kind dagegen unter einem positiven Einfluss, können Sie als Eltern buchstäblich einige Zeit lang die Hände in den Schoß legen.

Eine ausgeglichene, gesunde Ernährung ist natürlich für alle Kinder wichtig, aber die Träger dieser Signatur können sich zu wahren Feinschmeckern entwickeln. Erkunden Sie deshalb früh genug, welcher Ernährungstyp Ihr Schützling ist (siehe unser Buch »Alles erlaubt!«, Seite 397). Ständiges Bauchweh oder früh einsetzende Allergien könnten sonst die Folge sein. Auch Säfte und Limonaden lösen oft Bauchschmerzen aus. Achten Sie darauf, Steinobst nicht mit Kernobst zu mischen (siehe unsere Website, Seite 396, und prüfen Sie, welches Obst Ihr Kind verträgt. Der Alltag wird sonst für das Kind schmerzhaft, und es kann sich nicht mehr konzentrieren. Solche Kleinigkeiten haben große Wirkung und müssen berücksichtigt werden, besonders bei Schulanfängern.

In den ersten Schuljahren wird es Ihrem Kind wahrscheinlich bisweilen langweilig. Das ist insofern tragisch, weil die LehrerInnen das oft missverstehen und Ihr Kind als »lernschwach« einstufen. Nichts könnte ferner der Wahrheit sein. Ein zusätzliches Problem ist, dass beim Tagträumen in der Schule tatsächlich irgendwann der Anschluss verloren geht, was zu völlig überflüssigen Problemen führt. Der Unterschied zwischen einem Kind mit Lernproblemen und einem unterforderten Kind ist oft schwer zu erkennen. Die Folgen sind aber umso ernüchternder: So manches Genie landet in der Sonderschule. Viel Geduld, Fingerspitzengefühl und Einfühlungsvermögen von Eltern und Lehrern ist hier gefragt.
Wenn Kinder viel Umgang mit anderen Kindern haben und spielen dürfen beziehungsweise wenn Erwachsene sie nicht einfach immer »gewinnen« lassen (auch durch unangebrachtes Lob!), dann lernen Kinder am meisten über soziales Verhalten. Mit Ungerechtigkeit richtig und menschlich umzugehen will geübt sein. Werden diese Kinder zu spät damit konfrontiert, können Sie manchmal mit Zorn und Wut nicht angemessen umgehen. Der entscheidende Schritt für diese Lektion ist aber erst im Teenager-Alter wirklich wichtig. Ihr Kind darf jetzt ruhig noch spüren, wie sich Wut anfühlt, denn auch das ist ein berechtigtes Gefühl, das nicht einfach aus der Palette gestrichen werden kann. Wer so viele Talente hat, dass andere davon träumen, muss Zeit bekommen, mit ihnen umgehen zu lernen. Dann können die guten Gaben sich voll entwickeln und reifen.

ALLE HIMMELSRICHTUNGEN *für Teenager*

Jetzt ist Ihr Teenager mittendrin, sich selbst und die Welt kennenzulernen. Er erfährt auch, dass Können allein nicht ausreicht, um alle Klippen des Lebens zu umschiffen. Freunde und Mitschüler spalten sich jetzt in echte Freunde und in Neider, die eigene Überzeugung kommt nicht immer an. Diese Entwicklung muss jeder durchmachen, um zu fühlen, ob eine Meinung der Wirklichkeit standhält oder nachgeplappert ist.

Aber Ihr Teenager tut sich damit manchmal schwerer als andere. Seine Erfahrung, dass er mehr weiß und meist den besseren Durchblick hat, lässt seine Überzeugung wachsen, dass es nichts gibt, was er nicht im Griff hat. Seine Umgebung lässt sich langsam durch die gezeigte Kompetenz verwöhnen, und das bewirkt bei ihm oft den Wunsch, Erwartungen zu erfüllen. So entsteht Leistungsdruck. Während andere Jugendliche büffeln, sollte er sich manchmal eine Auszeit gönnen (unterstützt natürlich von den Eltern!). Er akzeptiert zwar, dass nicht alle gleich schnell sind, aber gegenüber eigenen Schwächen ist er nicht so tolerant. Mit sich selbst weniger streng umzugehen wäre jetzt sein wesentlicher Lernschritt!
Freunde können sich auf ihn verlassen, er ist eine treue Seele. Sein Bewegungstalent und die musikalischen Fähigkeiten machen ihn als Bandmitglied sehr beliebt. Nicht selten wird er zur Schlüsselfigur einer Musikgruppe, denn ohne ihn hätte sie eine ganz andere Energie. Besonders die Mädchen dieser Signatur tun sich einfach immer leicht im Alltag. Sie wissen das auch und strahlen, wenn sie einen Raum betreten. Die Neider, die das auf den Plan ruft, bringen eine weitere Herausforderung, mit der sie umgehen lernen müssen. Im stillen Kämmerlein sind sie manchmal traurig, weil sie erst lernen müssen zu verstehen, warum es so viele Neider gibt. Aber auch das lernen sie irgendwann, und fast immer haben sie auf ihrer Lebensreise einen guten Freund, eine gute Freundin zur Seite.
Teenager dieser Signatur sind keine stummen Gesellen, die sich wochenlang mit ihrer Lieblingsmusik ins Zimmer verdrücken. Sie sind aufgeschlossen, diskutieren gern, sind neugierig, entschlossen, hilfsbereit und haben immer etwas zu erzählen. Man muss sich nur für sie Zeit nehmen und nicht nur oberflächlich zuhören. Das kann sie aus der Fassung bringen, und sie ziehen sich zurück. Oberflächliches Geplapper ist nicht ihr Fall. Politische Themen interessieren sie ebenso wie Musik, Kunst, Sport, Medien, Natur, Recht, Umwelt und die verschiedenen Religionen. Einem intelligenten Menschen mit dieser Signatur kann man nicht damit kommen, dass es nur eine einzige »richtige« Religion gibt.

Mit den beruflichen Wünschen ist das bei dieser Signatur so eine Sache. Bis alle Talente erprobt und entdeckt sind, vergeht viel Zeit. Haben Sie Geduld und lassen Sie Ihrem Teenager mehr Zeit als sonst üblich. Er wird ganz sicher seinen Weg finden, nur vielleicht nicht beim ersten Anlauf. Wenn Sie wissen, dass nicht Bequemlichkeit dahintersteckt, haben Sie vielleicht mehr Verständnis. Das soll nicht heißen, dass sich nicht zwischendurch auch einmal eine Phase der Trägheit einstellt. Büffeln hat diese Signatur nämlich nie nötig, und da kann man schon mal etwas träge werden. Wenn sich Berufswünsche melden, die in Ihrer Familie so gar keinen Hintergrund finden, lassen Sie dem Wunsch trotzdem Raum. Einer fängt eben mal an mit dem Arztberuf, irgendwann verschreibt sich der erste in der Familie der Politik oder der Laufbahn eines Richters. Die Eignung dafür bringen er oder sie in jedem Fall mit. Sollte Ihr Teenager mal wieder von einer Trägheitsphase eingeholt werden, rechnen Sie seinen Biorhythmus aus (Siehe unser Buch »Aus eigener Kraft«). Sie werden feststellen, dass er diesen Rhythmus instinktiv fühlt, und in ein paar Tagen, nach dem Wellental, kommt der übliche Fleiß zurück. Kaum ein Mensch empfindet den eigenen Biorhythmus so präzise wie die Signatur Nr. 31. Ohne in der Auswertung nachzuschauen, nützen sie die guten Tage zum Lernen und haben das Gelernte auch in der schlechten Lernphase noch parat. Dann beginnt gleich wieder die gute Phase – und so fort. Leben mit dem eigenen Rhythmus, das wäre für uns alle ideal. Zwingen Sie den Jugendlichen dieser Signatur niemals zu etwas, das er nicht ausstehen kann. Wir sprechen nicht von Kleinigkeiten wie das Üben für einen Mathe-Test. Wir meinen die Wahl der Berufsrichtung, denn nichts wirkt sich verheerender im Leben aus als ein Beruf, der keine Freude macht. Lieber ein oder zwei Jahre Studium vergeblich dreingeben, als lebenslang einen Weg gehen, der für einen nicht gedacht ist. Eltern fällt diese Einsicht manchmal nicht leicht, doch Gefühl und Zufriedenheit kommen an erster Stelle. Manche Jugendliche wissen auf Anhieb, was sie werden möchten, andere etwas später. Liebe und Verständnis wird allen den Weg weisen.

ALLE HIMMELSRICHTUNGEN *für Erwachsene*

Ab wann ist man erwachsen? Das Gesetz gibt zwar eine Antwort, die Seele aber meist eine andere. Ist auch nicht so wichtig, denn jeder Mensch empfindet es anders. Was die berufliche Entscheidung betrifft, hatte man früher gefälligst ruck, zuck erwachsen zu sein. Heute dauert es dagegen manchmal zu lange. So mancher Student schließt mit 28 das Studium ab, ohne einen Funken Lebenserfahrung in den Knochen zu haben. Den richtigen Weg aus eigener Kraft zu finden und damit auch glücklich und erfolgreich zu sein ist nach wie vor eine heikle Angelegenheit. Einfacher wird sie auch dann nicht, wenn man auf eine reiche Palette von Talenten zurückgreifen kann wie bei dieser Signatur. Vielleicht sind Sie ein guter Anwalt und merken im Alltag im Umgang mit den Klienten, dass Sie auch ein guter Architekt, ein leidenschaftlicher Pilot wären? Solche oder ähnliche Gedanken sind bei dieser Signatur nichts Seltenes. Manche haben damit kein Problem und wechseln tatsächlich alle paar Jahre den Beruf. Es gibt sie – die Menschen, die alles, was sie berühren, in Erfolg verwandeln. Dazu muss man nicht unbedingt diese Signatur haben, aber es erleichtert die Sache ungemein! Auch hat nicht automatisch jeder Mensch mit der Signatur Nr. 31 Erfolg, aber sie ist häufig bei erfolgreichen Menschen zu finden. Wichtig wäre nur, dass Sie genau jetzt damit anfangen sollten, aus diesem Erbe etwas zu machen, wenn es aus irgendwelchen Gründen bisher noch nicht geklappt hat. Im Inneren haben Sie es vielleicht schon immer gespürt, aber äußere Umstände zwangen Sie auf einen anderen Weg. Versuchen Sie zumindest, Ihre größten Träume zu erfüllen. Manche wachsen in Familien auf, die keine Debatten zulassen, wenn es um die Berufswahl geht – die Schienen sind ausgelegt. Das hat schlimme Folgen, die sich auf die gesamte Umgebung auswirken. Als Erwachsener haben Sie die Freiheit, alles ändern zu können. Suchen Sie nach Wegen, klopfen Sie alle Möglichkeiten ab, lassen Sie sich beraten. Machen Sie sich auf einen Weg, den Sie mit Freude gehen.

Affirmationen für die Signatur Nr. 31

Mit Liebe und Dankbarkeit nehme ich meine Fähigkeiten an.

Es macht mich glücklich, aus meinem Leben etwas zu machen und anderen Menschen hilfreich zur Seite zu stehen.

Ich akzeptiere, dass ich nicht alles auf einmal tun kann, und teile mir alles besonders gut ein.

Mit Einfühlungsvermögen achte ich darauf, was momentan das Wichtigste ist.

Meine scharfsinnige Auffassungsgabe setze ich für edle Zwecke ein.

Mit zunehmendem Alter gewinne ich immer mehr Geduld mit andersdenkenden Menschen.

Ich sehe ein, dass viele Arbeiten, die ich schon gut beherrsche, trotzdem immer wieder neu gemacht werden müssen.

Die Tore stehen in allen Richtungen offen, weil Ihr Schatz alles birgt: Angenehmer und gewinnender Umgang mit Menschen, Willenskraft, Mut, Kreativität, Temperament, musikalisches Gehör, Spiritualität, Naturverbundenheit. Achten Sie jetzt auf Ihre Jahreszahl, die Zahl am Schluss des Geburtsdatums. Das Jahr, in dem Sie geboren worden sind, zählt noch mehr als die anderen Zahlen. Im Jahr 1962 geboren, ist Ihr Süden (❼ und/oder ❷) stärker entwickelt. 1964 wäre es der Westen (❾ und/oder ❹). Während der 62er-Jahrgang mehr zum überzeugenden Vertreter neigt, ist der 64er der geborene Mechaniker. Manchmal helfen solche Hinweise, um eine Entscheidung zu fällen. Es spricht auch nichts dagegen, sich ein zweites Standbein zu sichern. Auch völlig unterschiedliche Richtungen sollten zu ihrem Recht kommen dürfen. Ein Meistergärtner kann sich durchaus am Abend in den beliebtesten Diskjockey des Viertels verwandeln! Das macht diese Signatur aus, diese bunte Vielfalt unter einen Hut zu bringen. Auch altersentsprechende Aufgaben sollte man berücksichtigen. Firmengründer beispielsweise haben die Aufgabe, für jeden Arbeitsgang die richtigen Mitarbeiter zu finden. Oder sie machen im Ein-Mann-Betrieb alles selbst. Nicht alle haben das Händchen dazu, alles in den Griff zu bekommen und deshalb gehen auch bei bestem Willen viele Firmen wieder in Konkurs. Wenn man beispielsweise keinen Westen hat (❾ und/oder ❹), muss man strengstens darauf achten, nicht über den Tisch gezogen zu werden. Zu nachgiebig, zu gutgläubig, zu naiv – das sind die Vorwürfe, die man sich ohne Westen öfter anhören muss. Für die Veröffentlichung von Dingen, Produkten, Ideen, Kampagnen ist der Norden fast unabdingbar (❻ und/oder ❶ im Geburtsdatum), für die Werbung der Süden (❼ und/oder ❷), für das harmonische Miteinander in der Firma und im Kundenkontakt der Osten (❽ und/oder ❸). Wenn zum Beispiel ein Verkäufer relativ erfolglos bleibt, muss es keineswegs am Produkt liegen. Der Zeitpunkt der Veröffentlichung hat nicht gepasst, oder der Verkäufer ist gewillt und fleißig, hat aber nicht genug Süden. Das ist manchmal der Schlüssel zu einer guten Lösung und zum Erfolg.

Spätestens jetzt wissen Sie, warum dieser Signatur fast alles gelingt. Beziehungsweise gelingen könnte, denn so mancher ihrer Träger traut dem Frieden nicht und wagt erst gar nicht den Versuch. Es braucht wohl nicht erwähnt zu werden, warum das bedauerlich wäre. Eine Gefahr sei hier angesprochen: Diese Signatur kann Aufträge und Aufgaben in letzter Sekunde erledigen – meist mit gutem Ergebnis. Das war schon in der Schulzeit so: Hausaufgaben morgens im Bus, schnell ein ganzes Buch querlesen, und trotzdem alles mit guten Noten. Dadurch lernt man oft nicht, etwas mit eiserner Disziplin durchzuhalten. Diese »sture« Beharrlichkeit kann später in bestimmten Situationen fehlen, und es kann durchaus geschehen, dass Gelegenheiten verpasst werden, weil ein anderer schneller war. Verspätungen rächen sich, und wenn es darauf ankommt, ist manchmal nicht der Bessere, sondern der Schnellere am Hebel. Wer auch noch diese Lektion gelernt hat, der hat alle Karten für das Spiel des Lebens. Genießen Sie also Ihr Können und machen Sie etwas daraus, wenn es bis heute noch nicht gelungen ist. Lernen Sie, anderen Menschen mit Großzügigkeit zu begegnen, denn jetzt wissen sie, warum sie anders sind als Sie. Wenn Sie Kinder haben, drücken Sie ruhig einmal ein Auge zu und freuen Sie sich an ihrer Persönlichkeit, nicht nur an ihren Talenten.

ALLE HIMMELSRICHTUNGEN *für Senioren*

Das Schönste für jeden Pensionisten ist es wohl, jetzt endlich den Lieblingshobbys nachgehen zu können, wenn es die Gesundheit zulässt. Es wäre wirklich jedem zu gönnen. Diese Signatur hat den Vorteil, eine Auswahl ohne Ende vorzufinden. Was sich natürlich auch genau deshalb in eine gewisse Qual der Wahl verwandeln kann. Die Himmelsrichtungen ab Seite 40 noch einmal in Ruhe durchzulesen könnte den entscheidenden Tipp bringen. Andererseits ist es manchmal die beste Idee, etwas völlig Neues auszuprobieren. Zahnärzte haben sich schon in gefragte Goldschmiede verwandelt, Steuerberater in Meisterbildhauer.

Wann war schon Gelegenheit dazu, wann konnte man es riskieren? Um den Lebensabend wirklich zu genießen, muss er unbedingt in Abständen neu gestaltet werden. Viele erfüllen sich einen lang gehegten Traum, andere glauben, es habe ohnehin keinen Zweck. Wenn Letzteres bei Ihnen der Fall ist, geben Sie sich bitte mit dieser Überzeugung nicht zufrieden. Setzen Sie sich so lange in eine stille Ecke, bis Sie dieser Überzeugung auf den Grund gegangen sind. Wo liegt der Haken, was löst diese Meinung aus? Danach gehen Sie es Schritt für Schritt an. Der Traum von der eigenen Werkstatt, vom Reisen, vom Paradiesgarten – bei allen Signaturen haben wir Tipps gegeben, wie man besser die eine oder andere fehlende Himmelsrichtung vervollständigen kann. Solche Tipps sind bei Ihnen nicht angebracht, weil Sie alle Stationen besetzt halten. Trotzdem kann so manche Energielinie unter bestimmten Prägungen in Richtung Selbstzweifel verschüttet sein. Sie sollten hier Wiederbelebungsversuche starten. Eine besondere Herausforderung, die sich immer lohnt.

Liebe Leserinnen und Leser,
wenn Sie uns schreiben wollen, Fragen und Anregungen haben oder mehr über unsere Bücher und unsere Arbeit erfahren möchten, dann schreiben oder mailen Sie uns an folgende Adresse:

Mondversand
Mammendorfer Str. 12, D-88287 Jesenwang
info@mondversand.de

Wir haben unsere Zelte inzwischen auch im Internet aufgeschlagen:
www.paungger-poppe.com
Hier finden Sie Infos zu allen möglichen Dingen, Leseproben, können auch unsere Bücher, Kalender und Produkte direkt bestellen und Alpha/Omega-Fragebögen direkt herunterladen. Die Homepage ist auch komplett in Englisch online!

Weitere Bücher der Autoren

Das große Tiroler Zahlenrad
Das Geheimnis Ihrer Geburtszahlen

Fragen an den Mond
250 Antworten zu Gesundheit, Haushalt und Garten – im Einklang mit dem Mond

Moon Power
Das ganze Wissen vom richtigen Zeitpunkt
Leben im Einklang mit Natur- und Mondrhythmen

Alles erlaubt!
Zum richtigen Zeitpunkt
Ernährung und Körperpflege in Harmonie mit Mond- und Naturrhythmen

Der lebendige Garten
Gärtnern zum richtigen Zeitpunkt
In Harmonie mit Mond- und Naturrhythmen

Aus eigener Kraft
Gesundheit und Gesundwerden in Harmonie mit Natur- und Mondrhythmen

Die Mondgymnastik
Sanfte Übungen für natürliche Gesundheit
im Wellenschlag von Mond- und Naturrhythmen

Der Mond im Haus
Renovieren, Hausbau, Holzverarbeitung zum richtigen Zeitpunkt

Das Mondlexikon
Vom richtigen Zeitpunkt
Das Standardwerk

Vom richtigen Zeitpunkt
Die Anwendung des Mondkalenders im täglichen Leben

Register